JOEL OSTEEN

Ganz einfach

glücklich!

Über den Autor

Joel Osteen ist seit 1999 Hauptpastor der *Lakewood Church* in Houston, Texas. Diese ist derzeit Nordamerikas größte Gemeinde. Osteen ist mit Victoria Iloff Osteen verheiratet, die selbst gelegentlich in der Gemeinde predigt, normalerweise aber die Frauenarbeit in *Lakewood* betreut. Victoria und Joel haben zwei Kinder, Jonathan und Alexandra.

Von Joel Osteen auf Deutsch ebenfalls lieferbar: »Guten Morgen!« (Andachtsbuch) und »Lebe jetzt!«.

JOEL OSTEEN

Ganz einfach glücklich!

Warum Sie gerade heute Grund zur Freude haben

Aus dem Englischen von
Eva-Maria Nietzke

GerthMedien

MIX
Papier aus verantwortungsvollen Quellen
FSC® C014496

Verlagsgruppe Random House FSC®N001967
Das für dieses Buch verwendete FSC®-zertifizierte Papier *EOS*
liefert Salzer Papier, St. Pölten, Austria.

Die amerikanische Originalausgabe erschien im Verlag FaithWords,
Hachette Book Group, 237 Park Avenue, New York, NY 10017,
unter dem Titel »Every Day a Friday«.

Dieses Werk wurde vermittelt durch die Literarische Agentur
Thomas Schlück GmbH, 30827 Garbsen.

2. Auflage 2014
Bestell-Nr. 816734
ISBN 978-3-86591-734-8

Umschlaggestaltung: Björn Steffens
Umschlagfotos: Aleksander1, Shutterstock
Satz: Greiner & Reichel, Köln
Druck und Verarbeitung: GGP Media GmbH, Pößneck
Printed in Germany

Dieses Buch ist Victoria, Jonathan und Alexandra gewidmet.
Ich habe euch lieb, jeden Einzelnen von euch.
Eure Liebe, Freude und Fröhlichkeit erhellen mein Leben,
und ich freue mich jeden Morgen beim Aufwachen
auf einen neuen Tag mit euch.

Inhalt

Teil 3

Leben ohne Krücken

Teil 4

Reisen mit leichtem Gepäck

Teil 5

Lachen Sie oft

Teil 6

Helfen Sie anderen, ihre Träume zu verwirklichen

Teil 7

Feiern Sie sich selbst

Teil 1

Vergeuden Sie Ihre Kraft nicht

Kapitel 1

Machen Sie jeden Tag zu einem Freitag

John war 92 Jahre alt und blind, doch als seine Frau Eleanor heimging, war sein Verstand nach wie vor hellwach. Er war sich bewusst, dass er nicht allein leben konnte, also beschloss er, in ein nettes Seniorenheim zu ziehen. Am Morgen des Umzugs war er um acht Uhr fertig. Wie immer sah der bejahrte Gentleman tadellos aus, seine Haare waren ordentlich gekämmt, und sein Gesicht war glatt rasiert.

Er wurde von einem Taxi abgeholt und ins Seniorenheim gefahren. John kam, wie es für ihn typisch war, zu früh dort an und musste mehr als eine Stunde warten, bevor eine junge Hilfskraft namens Miranda ihn auf sein Zimmer führte. Während John seine Gehhilfe durch die Flure manövrierte, beschrieb ihm Miranda sein Zimmer in allen Einzelheiten. Sie sagte, dass das Sonnenlicht durch ein großes Fenster in den Raum ströme, es gebe eine bequeme Couch und einen schönen Schreibtisch.

John unterbrach ihre Schilderungen: »Ich liebe es. Ich liebe es. Ich liebe es.«

Miranda lachte und sagte: »Wir sind doch noch nicht da. Sie haben noch nichts gesehen. Warten Sie eine Minute, und ich zeige Ihnen das Zimmer.«

»Nein, Sie brauchen es mir nicht zu zeigen«, erwiderte John.

»Ob ich mein Zimmer mag oder nicht, hängt nicht davon ab, wie die Möbel darin aufgestellt sind. Es hängt von meiner inneren Einstellung ab. Glücklich zu sein ist etwas, für das man sich vorab entscheidet.«

Der alte, weise John hatte begriffen: **Glücklich zu sein ist eine Entscheidung.** Wenn Sie morgens aufwachen, können Sie wählen, wie Sie den Tag erleben wollen. Sie können beschließen, gut gelaunt zu sein, oder sich dafür entscheiden, schlechte Laune zu haben.

Entscheiden Sie sich dafür, glücklich zu sein

Ich möchte Sie mit diesem Buch dabei unterstützen, dass Sie sich Tag für Tag dafür entscheiden, glücklich zu sein. Mit welchen Herausforderungen Sie zu kämpfen haben, welche Umstände Sie auch bedrücken – Sie können entscheiden, wie Sie darauf reagieren. Nur Sie selbst können bestimmen, wie Sie Ihr Leben leben. Es hängt nicht von den Umständen ab. Es hängt von Ihren Entscheidungen ab. Abraham Lincoln sagte dazu treffend: »Die meisten Menschen sind so glücklich, wie sie es sich vorgenommen haben.«

Lincoln hätte sich vor diesem Hintergrund bestimmt über das Ergebnis einer kürzlich durchgeführten Studie gefreut, die besagt, dass die Menschen freitags 10 Prozent glücklicher sind als an anderen Wochentagen. Wie kommt das? Nun, sie freuen sich auf das bevorstehende Wochenende, und so nehmen sie sich unbewusst vor, glücklicher zu sein. Freitags beschließen die meisten Menschen unwillkürlich, ihr Leben mehr zu genießen.

Ich möchte Sie vor die Herausforderung stellen, jeden Tag zu einem Freitag zu machen. Erlauben Sie sich selbst, jeden Tag ganz einfach glücklich zu sein. Nicht nur am Wochenende. Nicht nur bei besonderen Ereignissen. Nicht nur im Urlaub.

Wenn Sie die richtige innere Haltung haben, können Sie montags genauso glücklich sein wie freitags. In der Bibel heißt es nicht:

»Freitag ist der Tag, den der Herr gemacht hat«, sondern: »*Diesen* Tag hat der Herr zum Festtag gemacht« (Psalm 118,24).

»Diesen Tag«, das bedeutet Montag, Dienstag, Mittwoch und jeden anderen Tag der Woche. Sie können glücklich sein, selbst wenn es regnet, wenn Sie einen langen Arbeitstag haben oder den Abwasch erledigen müssen.

Warum beschließen Sie nicht, jeden Tag glücklich zu sein? Es gibt eine englische Abkürzung, die auch der Namensgeber einer Restaurantkette ist: »TGIF – Thank God it's Friday« – »GsDeiF – Gott sei Dank, es ist Freitag.«

Doch eigentlich sollten wir im Deutschen entsprechend sagen: »GsDeiM – Gott sei Dank, es ist Montag.«

»GsDeiD – Gott sei Dank, es ist Donnerstag.«

»GsDeiS – Gott sei Dank, es ist Sonntag.«

Laut einer anderen Studie erleiden Menschen montags häufiger einen Herzanfall als an anderen Wochentagen. Offenbar beschließen viele in gewisser Weise, dass der Montag ein stressiger Tag ist. Sie leiden unter dem Montagmorgen-Syndrom.

Doch wenn Sie am Montagmorgen aufwachen, sollten Sie den negativen Gedanken, die an Ihre Tür klopfen, eine Absage erteilen; Gedanken wie: *Es wird ein harter Tag und eine lange Woche. Der Verkehr wird schlimm sein. Ich habe schrecklich viel Arbeit auf dem Schreibtisch. Ich wünschte, es wäre Freitag.* Lassen Sie solchen Gedanken keinen Raum.

Sagen Sie sich stattdessen: »Nein danke. Ich habe dem Tag bereits die Tür geöffnet, und der allmächtige Gott, der Schöpfer des Universums, hat mir persönlich seine Freude geschenkt. Ich weiß, dass dies ein wundervoller Tag werden wird.«

Nehmen Sie sich vor, dass es für Sie keinen Montagmorgen-Blues geben wird. Sagen Sie sich vielmehr: »Ich *kann* lächeln. Ich *empfinde* Freude. Gott *schenkt* mir seine Gunst. Ich *werde* meine Woche erfolgreich bewältigen.«

Ich weiß, dass manche Tage schwieriger sind als andere. Wenn Sie jedoch Ihre Gedanken auf das Positive ausrichten, brauchen Sie sich nicht mühsam durch solche Tage zu schleppen und verzweifelt auf den Freitag zu warten, um endlich das Leben zu genießen.

Der Glaube bezieht sich immer auf den gegenwärtigen Moment. Nehmen Sie doch die folgende Haltung ein: »Ich freue mich, in diesem Moment zu leben. Ich freue mich, heute zu atmen. Ich freue mich über meine Familie, meine Gesundheit und die Möglichkeiten, die sich mir eröffnen. Es gibt so viele Gründe, in diesem Moment glücklich zu sein.«

Sie haben das Recht, glücklich zu sein

Wenn man den Verfassern der amerikanischen Unabhängigkeitserklärung glaubt, so hat unser Schöpfer jedem Menschen das Recht auf Leben, Freiheit und das Streben nach Glück geschenkt. Selbst der britische Premierminister David Cameron erkannte dies an, als er vor Kurzem vorschlug, jeder Einwohner solle einmal jährlich sein »allgemeines Wohlbefinden« (auf Englisch GWB = *general well-being*) einschätzen.

»Das allgemeine Wohlbefinden kann nicht in Geld gemessen oder auf den Märkten gehandelt werden«, sagte er in einem Interview. »Es geht um die Schönheit unserer Umwelt, die Qualität unserer Kultur und vor allem um die Stärke unserer zwischenmenschlichen Beziehungen.«

Ein australischer Forscher fand heraus, dass unsere Lebensziele und Entscheidungen genauso viel oder sogar mehr Einfluss auf unser Glücksempfinden haben als unsere Körperchemie oder unsere genetische Veranlagung. Einer anderen Studie zufolge wird mehr als die Hälfte unseres Glücksempfindens von nichtbiologischen Faktoren bestimmt. 10 Prozent hängen mit den Lebensumständen zusammen und die restlichen 40 Prozent mit den Entscheidungen, die wir treffen.

Es ist Ihre Entscheidung, glücklich zu sein. Beschließen Sie, diesen Tag zu genießen, ein gesegnetes, erfolgreiches Jahr zu erleben. Es mag manche Rückschläge geben, und vielleicht verändern sich

Ihre Lebensumstände, aber lassen Sie sich dadurch nicht von Ihrer inneren Haltung abbringen. Bleiben Sie bei Ihrer Entscheidung, glücklich zu sein.

Nicht das, was Ihnen widerfährt oder was Sie haben beziehungsweise nicht haben, ist ausschlaggebend. Entscheidend ist, wie Sie innerlich eingestellt sind und welche Entscheidungen Sie treffen. Als unsere Tochter Alexandra noch ein Baby war und ich morgens zu ihrem Gitterbettchen ging, hüpfte sie voller Vorfreude auf und ab. Wenn ich sie dann herausnahm, schlang sie ihre Arme und Beine um mich und gab mir einen dicken Kuss.

Warum war sie so aufgeregt? Sie freute sich einfach auf einen neuen Tag. Sie freute sich, am Leben zu sein und einen neuen Tag zu genießen. Diese Begeisterung hat Gott in jeden von uns hineingelegt. Wir sollten niemals vergessen, jeden Tag freudig zu begrüßen. Doch wenn wir älter werden, passiert es oft, dass wir uns von den Schwierigkeiten des Lebens niederdrücken lassen und die Freude verlieren.

Wir müssen uns klarmachen, dass jeder Tag ein Geschenk Gottes ist. Wenn der Tag vorbei ist, können wir ihn nicht mehr zurückholen. Wenn wir den Fehler begehen, Entmutigung, Unzufriedenheit oder schlechter Laune Raum zu geben, haben wir den Tag vergeudet. Manche Menschen verschleudern ein Jahr nach dem anderen und sind unglücklich, weil sie sich von jemandem ungerecht behandelt fühlen oder weil sie nicht ihren Willen bekommen oder weil ihre Pläne sich nicht so schnell realisieren lassen, wie sie es sich gewünscht hätten. Ich habe beschlossen, keinen einzigen Tag mehr zu vergeuden. Ich nehme jeden Tag als Geschenk aus Gottes Hand.

Bereiten Sie sich darauf vor, siegreich zu sein

Zu Beginn eines neuen Tages stellen wir uns auf Sieg oder auf Niederlage ein. Wenn wir morgens aufwachen, sollten wir unsere Gedanken in die richtige Richtung lenken. Vielleicht fühlen Sie sich entmutigt und deprimiert und denken: *Ich habe heute keine Lust, zur Arbeit zu gehen.* Oder: *Ich will mich nicht um die Kinder kümmern.* Oder: *Meine Probleme wachsen mir über den Kopf.*

Wenn Sie den Fehler begehen, solchen Gedanken nachzuhängen, bereiten Sie sich im Grunde innerlich schon auf einen schlimmen Tag vor. Sie lenken Ihren Glauben in eine falsche Richtung. Drehen Sie Ihre Gedanken um 180 Grad: *Dies wird ein wundervoller Tag! Mir wird etwas Gutes passieren. Gott hat gute Pläne für mich, und ich darf darauf vertrauen, dass er mir neue Möglichkeiten, göttliche Begegnungen und übernatürliche Durchbrüche schenkt.*

Wenn Sie diesen Ansatz wählen, öffnen Sie Erfolg, Wachstum und Erneuerung Tür und Tor. Ich stelle mir dann immer vor, dass Gott zu den Engeln spricht: »Habt ihr das gehört? Sie rechnen mit meiner Güte. Sie rechnen damit, erfolgreich zu sein, obwohl die Wirtschaftslage so schlecht ist. Sie rechnen damit, dass es ihnen gut geht, obwohl die Diagnose des Arztes etwas anderes sagt. Sie rechnen damit, dass es ihnen gelingen wird, ihre Träume zu erfüllen, auch wenn sie im Moment nicht über die nötigen Mittel verfügen.«

Wenn Sie jeden Tag voller Vertrauen in das beginnen, was Gott tun kann, und mit etwas Gutem rechnen, dann wird er seinen Engeln befehlen, sich an die Arbeit zu machen und die Umstände zu Ihren Gunsten einzurichten. Er schenkt Ihnen Momente der Ruhe, bringt Sie mit den richtigen Personen zusammen und öffnet die richtigen Türen.

So kann Gott wirken und erstaunliche Dinge tun. Manchmal werden Sie deutliche Verbesserungen in Ihrem Leben sehen, wenn Sie nur diese kleine Korrektur vornehmen. Sie werden nicht nur mehr Energie haben, sondern auch eine bessere Grundeinstellung, und Sie werden produktiver sein. Sie werden sehen, wie sich neue Türen öffnen. Sie werden neue Freunde finden. Sie werden einige der Durchbrüche erleben, für die Sie gebetet haben – wenn Sie morgens aufstehen und sich nicht auf Niederlage, sondern auf Sieg einstellen. Rechnen Sie mit Wachstum. Rechnen Sie mit Gottes Gunst.

Zu Beginn eines neuen Tages müssen Sie die Richtung bestimmen. Wenn Sie Ihre Gedanken im Leerlauf lassen, werden die negativen Gedanken sich ganz von allein einstellen.

Wie oft ist es schon vorgekommen, dass Sie morgens im Bett lagen und ganz plötzlich an all die Fehler dachten, die Sie am Vortag begangen hatten, und an all die Probleme, die vor Ihnen lagen? Das ist der Feind, der versucht, Ihre Gedanken so auszurichten, dass Sie einen negativen, schlimmen Tag haben werden, an dem Sie eine Niederlage nach der anderen erleben.

Tappen Sie nicht in diese Falle! Paulus rät in einem seiner Briefe: »Richtet also eure Gedanken nach oben …« (Kolosser 3,2). Ergreifen Sie die Initiative. Sagen Sie, wenn Sie morgens aufwachen, wie David: »Dies ist ein neuer Tag, den der Herr gemacht hat. Egal, wie ich mich fühle, egal, wie die Wirtschaftslage aussieht, egal, was die Diagnose besagt: Ich will mich freuen. Ich entscheide mich dafür, diesen Tag glücklich zu erleben.«

Wissen Sie, was Sie in Wirklichkeit sagen, wenn Sie sich für diesen Ansatz entscheiden? Sie verkünden: »Ich werde nicht zulassen, dass irgendjemand mir heute meine Freude stiehlt. Ich werde nicht zulassen, dass Enttäuschungen und Rückschläge mir den Mut rauben. Ich werde mich nicht auf meine Probleme und Fehler konzentrieren. Ich habe beschlossen, diesen Tag zu genießen.«

Einer meiner Freunde ist an Krebs erkrankt. Er ist noch jung, sehr talentiert und sportlich. Wenn er es mir nicht gesagt hätte, hätte ich nie geahnt, dass etwas in seinem Leben nicht in Ordnung ist. Ich habe nämlich noch nie gehört, dass er sich beklagt hätte. Er ist stets freundlich, optimistisch und voller Lebensfreude.

Neulich fragte ich ihn, wie er sich in einer so schwierigen Lebenssituation eine derart positive Haltung bewahren könne. Er sagte: »Wenn ich morgens aufwache, stelle ich mir die Frage: *Soll ich heute deprimiert oder glücklich sein*? Und dann beschließe ich, glücklich zu sein.«

Wenn Sie glücklich sein wollen, dann sollten Sie sich vornehmen, glücklich zu sein. Wenn Sie morgens aufwachen, können Sie nicht einfach *warten* und sehen, wie der Tag so verläuft. Sie müssen *entscheiden*, wie Ihr Tag werden soll. In Psalm 30, Vers 6 lesen wir, dass die Freude am Morgen kommt. Wenn Sie morgens aufwachen, schenkt Gott Ihnen also eine »Extraportion« Freude. Wenn Sie voller Vertrauen aufstehen und sagen: »Dies wird ein guter Tag«, dann antworten Sie damit auf Gottes Klopfen an Ihre Tür. Ich wache jeden Morgen auf und bete: »Vater, ich danke dir für einen neuen wunderbaren Tag. Ich will glücklich sein. Ich werde diesen Tag genießen. Ich möchte das Leben einer anderen Person ein wenig heller machen. Ich werde dein Geschenk der Freude annehmen.«

Sie haben alles, was Sie zum Glücklichsein brauchen

Wir haben meistens alles, was wir brauchen, um glücklich zu sein. Das, was fehlt, ist die richtige Perspektive. Vielleicht sind Sie beispielsweise in diesem Moment unzufrieden mit Ihrer Arbeit. Doch wenn Sie Ihren Arbeitsplatz verlieren und womöglich mehrere Monate auf das Geld von der Agentur für Arbeit angewiesen sind, wären Sie wahrscheinlich froh, diese Stelle wiederzubekommen.

Verstehen Sie, was ich meine? Sie hatten das, was Sie zum Glücklichsein brauchten. Doch es war Ihnen nicht bewusst. Ich kenne Menschen, die vollkommen gesund sind, aber sie sind nie so richtig zufrieden. Es gibt immer etwas, worüber sie sich ärgern. Sie hätten gern ein größeres Haus oder einen besseren Job. Ich bin sicher: Sollten sie plötzlich krank werden und von dieser Krankheit genesen, so wären sie überglücklich. Sie haben also, was sie brauchen, um glücklich zu sein.

Manchmal höre ich, dass Frauen sich wieder und wieder über ihre Ehemänner beklagen und umgekehrt auch Männer, die immer wieder über ihre Frauen klagen: »Er (oder sie) ist einfach viel zu ...« oder: »... viel zu wenig ...« Doch sollten sie plötzlich ihren Partner verlieren, sich Monat für Monat einsam fühlen, keinen Gesprächspartner und niemanden haben, mit dem sie ihre Mahlzeiten einnehmen, dann wären sie wahrscheinlich sehr froh, ihre »alten Nervensägen« zurückzubekommen.

Versuchen Sie, das Leben aus der richtigen Perspektive zu sehen. Jeder von uns hat in diesem Augenblick etwas, worüber er sich freuen kann: Gesundheit, Arbeit, Familie oder eine besondere Chance.

Dabei muss ich an ein Ehepaar denken, das sich ständig über sein Haus beklagte. Es war zu klein und zu abgelegen. Jahr für Jahr war dieses Haus eine Quelle des Frustes für die beiden. Doch als die Wirtschaftskrise kam, verringerten sich ihre Einkünfte erheblich und sie hätten beinah ihr Haus verloren. Kurz vor der Zwangsversteigerung durch die Bank konnten die beiden eine Refinanzierung erreichen und das Haus retten.

Stellen Sie sich vor: Nun ist dieses Haus für das Ehepaar das tollste Haus auf der Welt. Sie zeigen es stolz vor, als hätten sie es gerade erst gebaut. Wie kam es dazu? Sie haben ihre Perspektive geändert.

Oft höre ich Leute sagen: »Ich *muss* heute arbeiten gehen.«

Dabei sollten wir doch lieber sagen: »Ich *gehe* heute zur Arbeit. Ich habe einen Job. Ich habe Möglichkeiten. Ich habe genug Grund, mich zu freuen und zu lächeln.«

»Ich *muss* das Haus putzen. Und das ist so unglaublich anstrengend.«

Nein, sagen Sie: »Ich *werde* das Haus putzen. Ich bin gesund und stark. Und außerdem habe ich ein Haus. Ich muss nicht irgendwo unter einer Brücke schlafen.«

»Ich *muss* mich um die Kinder kümmern. Ich mache den ganzen Tag nichts anderes als zu kochen, zu putzen und Wäsche zu waschen.«

Nein, sagen Sie: »Ich *kümmere* mich um die Kinder. Sie sind Gottes Geschenk an uns. Sie sind ein wertvoller Schatz.«

Es gibt nur wenige Dinge im Leben, die wir tun *müssen.* »Ich *muss* meine Steuern zahlen.« Nein, in Wirklichkeit zahlen Sie Steuern, weil Sie Geld verdient haben, was bedeutet, dass Gott Sie gesegnet hat.

»Ich *muss* heute Lebensmittel einkaufen.«

Das bedeutet aber, dass Sie überhaupt die Möglichkeit haben, Nahrungsmittel einzukaufen. Sagen Sie also lieber: »Ich *gehe* heute Lebensmittel einkaufen.«

»Ich *muss* mich heute durch den Verkehr kämpfen.«

Dann hat Gott Sie mit einem Auto gesegnet. Sagen Sie also: »Ich *fahre* gleich mit dem Auto irgendwohin.«

»Ich *muss* meiner Frau zum Valentinstag ein Geschenk kaufen.«

Gott hat Sie also mit einer Ehefrau gesegnet. Sie *müssen* ihr kein Geschenk kaufen. Sie *werden* ihr ein Geschenk kaufen, weil Sie sonst sehr unglücklich werden. Denn wenn Ihre bessere Hälfte nicht glücklich ist, sind Sie es auch nicht!

Ob Sie glücklich sind, hängt von Ihrer Perspektive ab

Ich habe von zwei Männern gelesen, die schon seit mehr als 30 Jahren als Maurer arbeiteten. Sie waren gerade an einem riesigen Hochhaus in der Innenstadt tätig. Einer der beiden war ständig entmutigt, beklagte sich und kam jeden Tag mit hängenden Schultern zur Arbeit. Der andere Mann war das genaue Gegenteil. Er war jeden Tag mit Begeisterung bei der Sache und hatte eine positive und zuversichtliche Einstellung zum Leben.

Eines Tages kam ein Freund an der Baustelle vorbei und fragte die beiden nacheinander, was sie da machten. Der Erste sagte: »Ach, weißt du, wir vermauern halt. Wir machen das schon seit 30 Jahren. Es ist so langweilig. Immer einen Stein auf den anderen.«

Als er den zweiten Mann fragte, erhellte sich dessen Gesicht, und er sagte: »Nun, wir bauen an einem großartigen Hochhaus. Dieses Gebäude wird mehrere Generationen überdauern. Ich bin ganz aufgeregt, weil ich daran mitarbeiten darf.«

Das Glücksempfinden des einen und die Unzufriedenheit des anderen hingen mit ihrer Perspektive zusammen. Sie können simple Maurerarbeiten verrichten oder an einem großartigen Gebäude mitbauen. Sie müssen die Wahl treffen. Sie können jeden Tag zur Arbeit gehen, die Zeiterfassung betätigen, es grauenvoll finden und nur das Nötigste tun. Sie können aber auch begeistert ankommen und Ihr Bestes geben, weil Sie sich bewusst sind, dass Sie dazu beitragen, die Welt ein Stückchen besser zu machen.

Ich bin überzeugt, dass wir einen Großteil unserer Unzufriedenheit selbst verursachen. Wir sehen das, was nicht funktioniert, und übersehen das, was gut läuft. Wir richten unsere Aufmerksamkeit stärker auf das, was wir nicht haben, als auf das, *was* wir haben. Wir genießen nicht jeden Tag in dem Bewusstsein, dass er ein Geschenk Gottes ist.

Vor einigen Jahren traf ein Mann in einem Zug ein sehr erfolgreiches Ehepaar. Die Frau trug teure Kleidung und Schmuck. Offenbar waren die beiden relativ wohlhabend. Der Reisende saß mit dem Paar in einem Abteil der ersten Klasse, was sehr komfortabel war. Doch von Anfang an beklagte sich die Frau über alles und jeden. Es war zu kalt, nicht hell genug, das Essen war nicht gut, und ihr Sitz war schmutzig. Sie sorgte so dafür, dass sich alle Anwesenden unwohl fühlten.

Während der Fahrt kam unser Reisender mit dem Ehemann ins Gespräch. Er fragte diesen, welchen Geschäften er nachginge. Sein Gegenüber antwortete, er sei in der Autobranche tätig gewesen und Gott habe ihn sehr reich gesegnet. Doch dann fügte er hinzu: »Meine Frau ist in der Produktion tätig.«

Der Reisende dachte: *Das ist seltsam. Sie ist so elegant gekleidet und wirkt so vornehm. Das scheint gar nicht zu ihr zu passen.*

Und er entgegnete neugierig: »Was produziert sie denn?«

»Unzufriedenheit«, erwiderte der Ehemann. »Wo sie auch hingeht, sie ist immer unglücklich.«

Vielleicht müssen Sie Ihre Tätigkeit ändern – aber nicht physisch, sondern innerlich. Kehren Sie der Produktion von Unzufriedenheit den Rücken. Hören Sie auf, sich auf das zu konzentrieren, was nicht gut klappt. Hören Sie auf, die Fehler zu sehen, und beginnen Sie, das Gute zu entdecken. Beginnen Sie, für das dankbar zu sein, was Sie haben.

Haben Sie immer ein Lied auf den Lippen

Neulich musste ich sehr früh am Morgen aus dem Haus. Ich hörte die Vögel singen; es war ein lauter und fröhlicher Gesang. Kleine Vögel zwitscherten ohne Unterlass, und große Vögel sangen eine Melodie. Man hätte meinen können, dass sie ein großes Fest feierten. Am liebsten hätte ich gesagt: »Hallo, ihr Vögel. Habt ihr nicht vor Kurzem einen Blick in die Zeitung geworfen? Habt ihr die Börsenberichte gesehen? Ihr solltet nicht singen und das Leben genießen. Was ist los mit euch? Ihr tut so, als ob alles in Ordnung wäre.«

Nun, was war mit den Vögeln los? Sie kennen ein Geheimnis. Sie wissen, dass ihr himmlischer Vater alles unter Kontrolle hat. Sie wissen, dass Gott versprochen hat, sich um sie zu kümmern, und so gehen sie singend und voller Lebensfreude durch den Tag, trotz der Lebensumstände.

So sollten auch wir jeden Tag beginnen. **Singen Sie in Ihrem Herzen ein Loblied, wenn Sie morgens aufstehen.** Lächeln Sie. Gehen Sie hinaus in den neuen Tag mit dem Entschluss, ihn zu genießen. Der Apostel Paulus schrieb: »Freut euch immerzu! Betet unablässig! Dankt Gott in jeder Lebenslage!« (1. Thessalonicher 5,16–18).

Wie lange sollen wir uns freuen? Wie lange sollen wir lächeln? Solange die anderen uns gut behandeln? Solange wir uns gut fühlen? Solange die Wirtschaft boomt? Nein, die Bibel sagt: »Freut euch *immerzu*.« Mit anderen Worten: in guten und in schlechten Zeiten, bei Regen und bei Sonnenschein.

Wenn sich dunkle Wolken über Ihrem Kopf zusammenbrauen und Sie Ihr Leben deprimierend und trübselig finden, dann denken Sie stets daran, dass über diesen dunklen Wolken die Sonne scheint. Vielleicht können Sie die Sonne in Ihrer derzeitigen Lebenssituation nicht sehen, aber sie ist trotzdem da. Sie ist nur hinter den dunklen Wolken verborgen. Die gute Nachricht lautet: Die Wolken gehen vorüber. Sie werden nicht für immer dort hängen bleiben. Irgendwann wird in Ihrem Leben die Sonne wieder scheinen.

In der Zwischenzeit möchte ich Sie dazu ermutigen, Ihre Freude zu bewahren. Freuen Sie sich, was auch immer geschieht. Lassen Sie nicht zu, dass die Wolken Ihr Leben verdunkeln. Gott lässt es über die Gerechten und die Ungerechten regnen. Das bedeutet, dass wir alle mit Enttäuschungen, ungerechten Situationen, Prüfungen, Unannehmlichkeiten und Versuchungen konfrontiert werden. Doch machen Sie sich eines klar: Direkt nach der Prüfung kommt der Gewinn; jede überstandene Schwierigkeit ist mit Wachstum verbunden. Wenn Sie die Widrigkeiten mit einem Lächeln und einem Lied in Ihrem Herzen durchlaufen, wartet auf der anderen Seite eine Belohnung auf Sie.

Doch so oft verlieren wir in schwierigen Zeiten den Mut. »Ich bin heute deprimiert, weil die Geschäfte nicht laufen.« Oder: »Ich bin ganz außer mir, weil der Arzt mir diese schreckliche Diagnose gestellt hat.« Oder: »Ich mache mir Sorgen darüber, dass ich dieses juristische Problem nicht in den Griff kriege.«

Wir Menschen neigen dazu, auf Schwierigkeiten negativ zu reagieren. Doch die Bibel fordert uns auf, genau das Gegenteil zu tun: »Nehmt es als Grund zur Freude, zur reinsten Freude, wenn ihr in vielfältiger Weise auf die Probe gestellt werdet« (Jakobus 1,2). Manche halten das für widersinnig. »Soll das etwa heißen, dass wir mitten in den größten Problemen fröhlich sein sollen?«, fragen sie. Ja, genau, denn wenn wir unsere Freude verlieren, verlieren wir auch unsere Kraft.

In schwierigen Zeiten brauchen wir unsere Kraft mehr denn je, und unsere Kraft hängt auch von unserer Freude ab. Wenn wir in eine finanzielle Krise geraten oder mit einer Krankheit ringen, wenn eine Beziehung auseinanderbricht oder wir durch ein rebellisches Kind auf die Probe gestellt werden, dann brauchen wir Kraft. Und wenn wir mit negativen Gefühlen, Bitterkeit und Mutlosigkeit auf solche Herausforderungen reagieren, werden wir nicht die nötige Kraft haben, um den guten Kampf des Glaubens zu kämpfen.

Wir können uns unsere Freude bewahren, wenn wir uns bewusst machen, dass auf der anderen Seite dieser Prüfung die Belohnung auf uns wartet. Auf der Gegenseite jedes Rückschlags erwarten uns neue Möglichkeiten, nach jeder überstandenen Kränkung werden wir feststellen, dass wir uns weiterentwickelt haben. Die Schwierigkeiten, mit denen wir konfrontiert werden, sollen uns nicht fertigmachen. Sie sollen uns dabei helfen, uns geistlich weiterzuentwickeln.

Erinnern Sie sich immer wieder daran: »Auch wenn es mir schwerfällt, auch wenn ich diese Sache nicht verstehe, auch wenn mir die Situation ungerecht erscheint – ich will eine positive Haltung bewahren und an der Freude festhalten. Denn ich weiß, dass dies alles mich nicht zurückwirft. Es bringt mich näher zu Gott, der mich auf die andere Seite führen wird, wo mich etwas Gutes erwartet.«

Der Schlüssel zum Umgang mit Widrigkeiten

Wenn Sie sich beklagen, bleiben Sie auf der Stelle stehen. Wenn Sie negativ und bitter werden, werden Sie die Prüfung nicht bewältigen. Es hat Sie etwas Gutes erwartet. Es gab Gelegenheiten zum Wachstum, doch Sie haben sie nicht »als Grund zur Freude genommen«, und sind deshalb am Ziel vorbeigeschossen. Die gute Nachricht lautet: Gott wird Ihnen weitere Gelegenheiten schenken. Er kann Sie noch immer dahin bringen, wohin Sie nach seinem Willen kommen sollen. Wenn Sie zum Beispiel von jemandem gekränkt werden, sollte Ihre Reaktion in etwa folgendermaßen aussehen: »Ich werde mich nicht ärgern, denn mir ist bewusst, dass mir auch diese Schwierigkeit einen Grund zur Freude bietet. Ich weiß, dass dies eine Prüfung ist, aber wenn ich richtig damit umgehe, dann erwartet mich auf der anderen Seite etwas Gutes.«

Wenn die Geschäfte nicht gut laufen, dann nörgeln Sie nicht, sondern nehmen Sie es als Grund zur Freude. Sagen Sie sich: »Auch dieses Tief wird vorübergehen. Ich weiß, dass Gott sich um all meine Bedürfnisse kümmert.« Wenn Sie mit einer Enttäuschung konfrontiert werden, werden Ihre negativen Gefühle Ihnen einreden wollen, dass Sie deprimiert und mutlos sind. Sie werden Selbstmitleid entwickeln. Doch statt solchen negativen Gefühlen Raum zu geben, sollten Sie sich selbst Mut zusprechen: »Steh auf. Sei stark. Das ist nicht das Ende, vor dir liegen noch gute Tage.«

Auf diese Weise bestehen Sie die Prüfung. So nimmt man alles als Grund zur Freude an.

Wenn Sie harte Zeiten erleben, sollten Sie nicht überrascht sein, wenn Sie spüren, dass Niedergeschlagenheit von Ihnen Besitz ergreifen will. Wundern Sie sich nicht darüber, dass Gedanken aufkommen wie: *Das wird nie funktionieren. Mir wird es nie mehr gut gehen. Es ist vorbei.* Schenken Sie diesen Lügen keinen Glauben. Sie müssen sich nicht von Ihren Gefühlen leiten lassen. Nicht Ihre Gefühle sind am Zug, sondern Sie. Lassen Sie nicht Ihren negativen Gefühlen freien Lauf, sondern sagen Sie selbst, wo es langgeht.

Wenn Sie morgens aufwachen und negative Gedanken in Ihnen hochkommen – etwa: *Das wird ein furchtbarer Tag* –, dann stimmen Sie nicht zu: »Ja. Es wird bestimmt ein furchtbarer Tag, und ich fühle mich schrecklich.« Drehen Sie vielmehr den Spieß um, und sprechen Sie zu sich selbst. Sprechen Sie laut aus, dass Sie Gott vertrauen wollen: »Dies wird ein großartiger Tag. Es wird mir gut gehen. Gott wird dafür sorgen, dass es mit meiner Gesundheit wieder aufwärts geht.«

Setzen Sie Ihre Hoffnung wieder auf Gott

Genau das tat König David. Er vertraute Gott. Seine Niedergeschlagenheit drohte dafür zu sorgen, dass er nicht der Mann werden konnte, der er nach dem Willen Gottes eigentlich sein sollte. Er wurde in diesen dunklen Zeiten deprimiert und sehr mutlos. Doch er sagte: »Warum bin ich so mutlos? Muss ich denn verzweifeln? Auf Gott will ich hoffen!« (Psalm 42,5).

Er fragte sich selbst: *David, was ist denn mit dir los? Warum bist du so mutlos? Warum hast du deine Freude verloren? Gott sitzt noch immer auf dem Thron. Gott hält noch immer gute Dinge für dich bereit. Setze deine Hoffnung wieder auf Gott.*

Wenn die Niedergeschlagenheit von Ihnen Besitz zu ergreifen droht, dann machen Sie es wie David. Schauen Sie in den Spiegel, und sagen Sie: »Hör mir gut zu: Kopf hoch! Du musst diese Sache aus einer neuen Perspektive betrachten. Du musst nicht deprimiert und wirst nicht ewig unterlegen sein. Du darfst darauf vertrauen, dass Gott auch diese Sache in der Hand hält.«

Es gibt so viel Dunkelheit und Leid in unserer Welt, so viele negative Nachrichten. Wenn wir nicht aufpassen, besteht die Gefahr, dass wir uns davon mitreißen lassen. Niedergeschlagenheit wird uns überkommen, unsere Begeisterung lähmen und uns unsere Freude rauben.

»Aber es ist ja auch alles so schlimm«, wenden Sie vielleicht ein.

Die Bibel sagt uns, was wir in einer solchen Situation tun sollen: »Statt der Trauergewänder gebe ich ihnen duftendes Öl, das sie erfreut. Ihre Mutlosigkeit will ich in Jubel verwandeln, der sie schmückt wie ein Festkleid« (Jesaja 61,3; Hoffnung für alle). Wenn Sie spüren, dass sich Niedergeschlagenheit in Ihnen breitmacht und Ihnen einflüstert: »Es gibt keine Hoffnung mehr für die Zukunft. Die besten Tage liegen hinter dir«, dann müssen Sie als Erstes die alten Kleider der Niedergeschlagenheit ausziehen. Werfen Sie den Mantel des Selbstmitleids ab. Befreien Sie sich von den Kleidern der Mutlosigkeit, und ziehen Sie die Kleider des Lobes und Jubels an.

Danken Sie Gott für alles, was er bereits in Ihrem Leben getan hat. Danken Sie ihm für vergangene Erfolge. Danken Sie ihm dafür, dass er Sie schon bis an diesen Punkt gebracht hat. Und dann gehen Sie noch einen Schritt weiter. Danken Sie ihm im Voraus für die Siege, die er Ihnen noch schenken will. Danken Sie ihm für neue Türen, die er öffnen wird. Danken Sie ihm dafür, dass er die Situation wenden wird. Danken Sie ihm dafür, dass er gute Dinge für Sie bereithält.

Wenn Sie das tun, werden Sie spüren, dass neue Freude in Ihnen hochkommt. Sie werden merken, dass Ihr Glaube stärker wird. Sie werden nicht in der Opfermentalität verharren, sondern die Haltung eines Siegers einnehmen. Eines habe ich gelernt: **Man kann nicht Gott loben und preisen und gleichzeitig deprimiert und mutlos sein.**

Ziehen Sie die Festkleider des Lobes an

Wenn wir die Festkleider des Lobes anziehen, muss die Niedergeschlagenheit weichen. Manchmal wird es uns schwerfallen, eine positive Haltung zu bewahren und dankbar zu sein. Deshalb spricht Gott davon, »Opfer des Lobes zu bringen«. Gott weiß, dass es uns nicht immer leichtfällt, ihn zu preisen. Wir sollten in solchen Situationen dennoch standhaft bleiben und sagen: »Herr, mir ist nicht nach Danken zumute. Ich habe nicht den Eindruck, dass es klappen wird. Ich bin müde, einsam und mutlos. Aber, Herr, ich weiß, dass du noch immer auf dem Thron sitzt. Ich weiß, dass du gut bist, und zwar immer – und deshalb entscheide ich mich dafür, dich zu preisen. Ich will dich trotz allem preisen.«

Wenn Sie dieses Opfer des Lobes bringen, werden Dinge geschehen, für die Sie keine Erklärung haben. In der Bibel wird uns die Geschichte des Apostels Paulus und seines Gefährten Silas berichtet. Die beiden saßen wegen ihres Glaubens im Gefängnis. Sie waren zuvor ungerechterweise geschlagen worden. Was taten sie um Mitternacht in ihrer Zelle? Beklagten sie sich? Versanken sie in Selbstmitleid? Sagten sie: »Herr, das ist nicht fair. Wo warst du heute?«

Nein, sie sangen Loblieder und dankten Gott. Sie sagten gewissermaßen: »Herr, wir wissen, dass du größer bist als unsere Probleme. Wir wissen, dass du alles unter Kontrolle hast. Du bist in der Lage, uns hier herauszuholen.« Und dann ereignete sich ein großes Erdbeben. Die Gefängnistüren flogen auf. Die Ketten fielen von ihnen ab, und Paulus und Silas gingen als freie Männer hinaus.

Wie war das möglich? Das war möglich, weil sie Opfer des Lobes gebracht hatten.

Nun, jeder kann eine positive Haltung bewahren, wenn alles glatt läuft. Wir können alle Loblieder singen und dankbar sein, wenn es uns gut geht, doch wo sind die Leute, die Gott loben, wenn sie eine Talsohle durchlaufen? Wo sind die Menschen, die morgens aufwachen und mit Erfolgen und persönlichem Weiterkommen rechnen, obwohl sie mit schlechten Nachrichten aus aller Welt konfrontiert werden? Wo sind die Personen, die sagen: »Herr, ich preise dich, auch wenn die Diagnose des Arztes eher schlecht war«, oder: »Herr, ich danke dir, auch wenn die Dinge anders gelaufen sind, als ich es geplant hatte«?

Ich glaube, dass Sie zu diesen Leuten gehören. Ich glaube, dass Sie einen großen Glauben haben. Ihre Wurzeln reichen tief. Sie könnten sich beklagen. Sie könnten mutlos und gereizt sein, doch stattdessen hören Sie nicht auf, Gott zu loben. Sie haben ein Lächeln auf den Lippen. Sie machen das Richtige, obwohl gerade etwas schiefläuft.

Und deshalb dürfen Sie noch größere Siege erwarten. Erweitern Sie Ihr Blickfeld. Gott sind keine Grenzen gesetzt. Die besten Tage liegen noch vor Ihnen. Gott hält Erfolge für Sie bereit, über die Sie staunen werden. Er wird auf ungewöhnliche Weise eingreifen und handeln. Vielleicht machen Sie gerade eine schwierige Zeit durch, doch denken Sie daran: Der Feind greift immer dann am stärksten an, wenn er weiß, dass Gott etwas Großes für Sie bereithält.

Wenn es am dunkelsten ist, sind Sie dem Sieg am nächsten. Es ist der letzte Widerstand des Feindes. Verlieren Sie nicht den Mut. Beklagen Sie sich nicht. Bringen Sie Gott weiterhin Lobopfer.

Die Stimme der Freude

Der alttestamentliche Prophet Jeremia schrieb: »Aber seid gewiss: Jubel und Freude kehren zurück! Der Jubelruf von Bräutigam und Braut wird wieder zu hören sein. Das Volk wird wieder Dankopfer zu meinem Tempel bringen … Denn ich werde für dieses Land alles wieder zum Guten wenden; ich mache es wieder zu dem, was es früher war« (Jeremia 33,11). Es gibt zwei Begriffe in diesem Vers, die ich ganz besonders liebe: »zurückkehren« und »wieder zum Guten wenden«. Gott sagt hier: Wenn wir die Freude bewahren, wenn wir lernen, Lobopfer zu bringen, dann wird er die Dinge zu unseren Gunsten wenden. Er wird schlimme Situationen klären. Er wird wiederherstellen.

Doch beachten Sie, dass Wiederherstellung nicht auf Klagen und Bitterkeit folgt. Wiederherstellung tritt ein, wenn wir die Stimme der Freude hören lassen. Wenn wir morgens mit einem Lied im Herzen aufstehen. Wenn wir jeden Tag ein Lächeln auf den Lippen haben. Auch wenn die Dinge nicht immer nach unseren Vorstellungen laufen, brauchen wir den Mut nicht zu verlieren. Wir schütteln sie ab und »nehmen alles als Grund zur Freude«.

Wenn Sie so leben, können Sie mit Veränderungen rechnen. Gott wird die Dinge wenden und wiederherstellen. Er wird Finanzen sanieren, die aussichtslos waren. Er wird ein Unternehmen, das sich mühsam durchschlägt, wieder auf Trab bringen. Er wird eine Rechtslage zu Ihren Gunsten wenden. Er wird eingreifen und eine medizinische Situation verändern.

Doch es kommt noch besser: Gott wird auch wiederherstellen, was uns gehörte. Er wird uns die Jahre zurückgeben, die wir verloren haben, weil uns jemand Schaden zugefügt hat. Er wird eine Beziehung reparieren, die in die Brüche gegangen ist. Wiederherstellung wird eintreten, weil wir die Stimme der Freude haben hören lassen und weil wir Lobopfer dargebracht haben.

Lernen Sie, jedes Erlebnis als Grund zur Freude zu nehmen. Beschließen Sie nicht, niemals Probleme zu haben. Das ist nicht möglich. Aber Sie können beschließen, an Ihrer Freude und Ihrem Vertrauen festzuhalten, obwohl alles finster ist. Richten Sie sich innerlich auf das richtige Ziel aus.

Gleichgültig, was Ihnen widerfährt: Verlieren Sie Ihre Freude nicht. Lernen Sie, Lobopfer darzubringen. Wenn Sie der Stimme der Freude Raum geben, können Sie nicht deprimiert und unterlegen sein. Gott hat versprochen, die Dinge zu wenden und wiederherzustellen. Und darüber hinaus werden Sie aufgrund der Freude die Kraft finden, jeden Angriff, jedes Hindernis, jeden Feind zu überwinden. Sie werden all das werden, wozu Gott Sie geschaffen hat, und Sie werden alles besitzen, was Gott für Sie bereithält.

Kapitel 2

Vergeuden Sie Ihre Kraft nicht

Jeder Tag liefert uns viele Gründe dafür, verstimmt, entmutigt oder gekränkt zu sein. Vielleicht wurden unsere Pläne über den Haufen geworfen, oder unser Kollege war unhöflich zu uns, oder wir haben nicht wie erwartet eine, sondern gleich drei Stunden mit einer Aufgabe zugebracht. Das Leben ist voller Unannehmlichkeiten. Es wird immer Unterbrechungen und schwierige Menschen geben. **Wir können nicht alles, was uns widerfährt, kontrollieren, aber wir können kontrollieren, wie wir auf alles reagieren.**

Ich habe einmal gehört, dass das Leben zu 10 Prozent aus dem besteht, was uns zustößt, und zu 90 Prozent aus unseren Reaktionen darauf. Beginnen Sie jeden Tag mit einer positiven Grundeinstellung, voller Hoffnung, und rechnen Sie mit Gottes Wohlwollen. Seien Sie aber gleichzeitig realistisch, und machen Sie sich klar, dass die meisten Tage anders verlaufen werden als geplant. Wenn Sie Stress haben, weil Ihr Terminplan durcheinandergeraten ist; wenn Sie frustriert sind, weil jemand Sie gekränkt hat; wenn Sie aufgebracht sind, weil Ihr Kind das Frühstück verweigert – dann vergeuden Sie Ihre Kraft.

Es ist sicher nicht falsch, Pläne zu schmieden, doch beginnen Sie den Tag damit, diese Pläne Gott zu unterbreiten und zu sagen: »Herr, dies und jenes möchte ich heute gern tun. Doch ich weiß, dass du alles unter Kontrolle hast, und deshalb unterstelle ich dir alle meine Pläne. Und ich habe beschlossen, dass ich unter allen

Umständen ruhig bleiben werde, weil ich weiß, dass du meine Schritte lenkst und dass mir alle Dinge zum Guten dienen, wenn ich an dir festhalte.«

Leider haben viele Menschen heutzutage eine falsche Einstellung zum Leben: Sie glauben, dass sie nur dann glücklich sein können, wenn alles genau nach ihren Vorstellungen läuft. Aber das ist unrealistisch. Sie müssen an den Punkt gelangen, an dem Sie sagen können: »Es muss nicht so ablaufen, wie ich mir dies vorstelle, damit der Tag ein guter Tag wird. Damit ich glücklich bin, müssen nicht erst alle meine Pläne Wirklichkeit geworden sein. Ich kann das Leben nicht erst dann genießen, wenn jeder mich gut behandelt. Ich habe beschlossen: Was auch passieren wird, ich möchte meinen inneren Frieden bewahren und den Tag genießen.«

Im Johannesevangelium heißt es: »Diese Freude kann euch niemand nehmen« (Johannes 16,22). Es gibt nichts, das Ihnen Ihren inneren Frieden rauben kann. Keine Unterbrechung kann Ihre Begeisterung lähmen. Aber Sie müssen loslassen. Wenn Sie wieder einmal aufgebracht und frustriert sind, dann sollten Sie sich fragen: »Lohnt es sich, dass ich hierauf meine Kraft vergeude?«

Oder: »Der Mann am Telefon ist wirklich sehr unhöflich zu mir. Ich kenne ihn noch nicht einmal. Lohnt es sich, dass ich seinetwegen meine Freude verliere?«

Oder: »Mein Kollege ist nicht zu unserer Besprechung erschienen. Lohnt es sich, dass ich deswegen meinen Frieden verliere?«

Sie sind vielleicht deshalb nicht erfolgreich, weil Sie Ihre Kraft, Ihre Freude und Ihren Frieden immer wieder vergeuden. Das Leben ist zu kurz, um aufgebracht und gekränkt zu sein. Wenn Sie zulassen, dass die Umstände bestimmen, wie Sie sich fühlen, werden Sie feststellen, dass es immer Gründe dafür gibt, entmutigt zu sein.

»Es liegt an der Wirtschaftslage.«

»Die Börse ist schuld daran, dass ich so deprimiert bin.«

Hören Sie auf, Ihre Kraft zu vergeuden. Gott sitzt noch immer auf dem Thron. Die himmlische Wirtschaft schreibt schwarze Zahlen. Solange Sie mit Gott verbunden sind, wird alles gut gehen.

»Aber«, wenden Sie ein, »ich musste in diesem Jahr meinen Urlaub stornieren.«

Oder: »Es ist wirklich schwierig, mit meinem Chef auszukommen.«

Oder: »Dieser Nachbar geht mir auf die Nerven. Ich habe so oft gebetet, dass Gott ihn verändert.«

Ich habe gelernt, dass wir Gott niemals bitten sollten, jemanden zu verändern, ohne zuerst zu sagen: »Herr, verändere *mich*.«

Selbst wenn jener unangenehme Nachbar fortziehen sollte: Wenn Sie den Grundsatz, sich niemals von anderen die Freude rauben zu lassen, nicht verinnerlicht haben, werden zwei neue Nachbarn einziehen, die noch schlimmer sind als der erste.

Sie selbst müssen die Veränderung durchleben, nach der Sie sich sehnen

Jesus drückte es folgendermaßen aus: »Meinen Frieden gebe ich euch; einen Frieden, den euch niemand auf der Welt geben kann. Seid deshalb ohne Sorge und Furcht!« (Johannes 14, 27; Hoffnung für alle).

Beachten Sie, dass wir eine Entscheidung treffen müssen. Jesus sagte nicht: »Ich werde dafür sorgen, dass eure Lebensumstände vollkommen sind, damit ihr glücklich seid.«

Er sagte vielmehr: »Was euch gerade aufregt, *braucht* euch nicht aufzuregen. Die Menschen, die euch ärgern, *brauchen* euch nicht zu ärgern, auch wenn sie so bleiben, wie sie sind.« Wenn wir uns korrigieren lassen und unsere Einstellung ändern, können wir trotz der Umstände glücklich sein.

Ich möchte Sie heute dazu einzuladen, nicht länger zuzulassen, dass schwierige Zeitgenossen, Enttäuschungen und Unannehmlichkeiten Ihnen Ihre Freude rauben. Sagen Sie stattdessen entschlossen: »Dieses Kind – und ich liebe es wirklich! – geht mir auf die Nerven, aber ich werde darüberstehen. Ich lasse mich nicht von meinem Frust beherrschen.« Oder: »Dieser launische Chef fährt mich ohne Grund böse an, aber ich werde nicht zulassen, dass er auch nur einen weiteren Tage meines Lebens ruiniert.« So sieht es aus, wenn wir unsere Kraft nicht vergeuden wollen. Wir müssen entschlossen sein, unser Leben zu genießen.

Eine Frau erzählte mir von einem wirklich unerträglichen Verwandten ihres Ehemanns, der ihr gegenüber immer wieder sarkastische und erniedrigende Bemerkungen machte. Jedes Mal, wenn sie sich bei einer Familienfeier trafen, sagte er etwas Verletzendes. Sie regte sich darüber auf, und der ganze Ausflug war verdorben. Es wurde so schlimm, dass sie irgendwann nicht mehr bereit war, an Familienfeiern teilzunehmen. Schließlich sagte sie ihrem Mann: »Du musst etwas unternehmen. Es ist schließlich dein Verwandter.«

Sie rechnete damit, dass ihr Mann sagen würde: »Du hast recht, Liebling. Er sollte wirklich nicht so mit dir reden. Ich werde ihm mal gehörig die Meinung sagen.« Doch ihr Mann tat genau das Gegenteil. Er sagte: »Schatz, ich liebe dich, aber ich habe keine Kontrolle über diesen Mann. Er hat ein Recht auf seine Meinung. Er kann dir sagen, was er will, aber du hast es in der Hand, ob du dich durch seine Kommentare gekränkt fühlst.«

Zunächst konnte sie nicht verstehen, warum ihr Mann ihr nicht zu Hilfe kam. Und wenn wieder einmal eine Feier anstand, regte sie sich auf. Sobald der betreffende Verwandte im Raum war, ging sie in einen anderen Raum. Wenn er draußen war, blieb sie drinnen. Sie versuchte mit aller Kraft, dem Mann auszuweichen. Schließlich wurde sie es leid, dass er einen solchen Einfluss auf ihr Leben hatte. Ihr ging ein Licht auf, und sie begriff, dass niemand diesen Mann ernst nahm und dass sie ihre Kraft vergeudete. Sie hatte zugelassen, dass eine einzige Person, die selbst Probleme hatte, sie daran hinderte, die Frau zu sein, die sie nach Gottes Willen sein sollte.

Wenn wir zulassen, dass die Worte oder Taten einer anderen Person uns aufregen, dann geben wir dieser Person die Kontrolle über uns. Wenn wir sagen: »Du machst mich ganz verrückt«, dann sagen wir im Grunde, dass wir uns verrückt machen und uns die Kraft rauben *lassen*. Solange die andere Person weiß, dass sie nur auf den Knopf zu drücken braucht, damit wir wie üblich reagieren, dass sie nur eine Bemerkung zu machen braucht, damit wir uns schlecht fühlen, und dass wir ins Haus gehen, wenn sie nach draußen kommt – nun, dann geben wir dieser Person genau das, was sie will.

Die Menschen haben das Recht zu sagen, was sie sagen wollen, solange es nicht gegen das Gesetz verstößt. Aber wir können beschließen, uns davon nicht kränken zu lassen. Wir können darüber hinwegsehen. Wenn wir jedoch aufgebracht und ärgerlich reagieren, dann verändern wir uns zum Negativen. Wenn jemand den Raum betritt und wir innerlich angespannt sind, dann sollte uns bewusst werden, dass wir der Meinung dieser Person zu viel Bedeutung beimessen.

Was ein anderer über uns sagt, definiert keineswegs, wer wir sind. Seine oder ihre Meinung bestimmt nicht unseren Selbstwert. Lassen Sie seine oder ihre Worte von Ihnen abprallen. Der andere hat ein Recht auf seine Meinung, und Sie haben das Recht, sie zu ignorieren.

Ich habe entdeckt, dass es Menschen gibt, deren Berufung es zu sein scheint, die Fehler und Versäumnisse ihrer Mitmenschen aufzuzeigen. Sie finden ständig etwas zu kritisieren, finden immer irgendwelche Fehler. Es gibt nichts, das ihnen mehr Freude bereitet, als jemanden so richtig auf die Palme zu bringen und ständig in die Defensive zu drängen.

Stehen Sie darüber. Sie haben es nicht nötig, dass diese Person mit Ihnen einer Meinung ist. Sie sind nicht auf ihre Anerkennung angewiesen. Legen Sie dieses Bedürfnis ab, und seien Sie so, wie Gott Sie geschaffen hat.

Selbst der große Anführer Mose musste sich mit Verwandten auseinandersetzen, die etwas gegen seine Partnerwahl hatten, weil seine Frau einer anderen Nationalität angehörte. Sie kritisierten ihn öffentlich und sagten: »Wir sind nicht damit einverstanden. Wir weigern uns, dieser Eheschließung zuzustimmen.«

Doch tief in seinem Innern wusste Mose, dass er die richtige

Entscheidung traf. Er stritt sich nicht mit seinen Kritikern. Er regte sich nicht auf. Er kritisierte sie nicht seinerseits. Er behielt die Ruhe. Und schließlich erkrankte die Person, die am schärfsten Kritik geäußert hatte, an Lepra und verschwand erst einmal aus seinem Gesichtsfeld.

Sie müssen nicht auf jede Kritik antworten. Sie brauchen den anderen nichts zu beweisen. Bleiben Sie auf dem rechten Weg, und lassen Sie Gott Ihre Kämpfe für Sie ausfechten. Es werden Ihnen immer wieder Menschen begegnen, die Ihnen das Leben schwermachen und schlicht nicht in Frieden mit Ihnen leben wollen. Egal, was Sie sagen oder tun, der Betreffende wird Sie weiterhin kritisch beäugen. Selbst wenn Sie sich änderten, würde er dennoch Dinge finden, die er an Ihnen kritisieren kann. Wir müssen akzeptieren, dass es Menschen gibt, die nie Frieden mit uns schließen werden.

Als ich zum ersten Mal mit meiner damals zukünftigen Frau Victoria ausging, hatte ich einen hübschen, kleinen Sportwagen. Ich war Anfang 20 und wollte sie beeindrucken, und so sorgte ich dafür, dass der Wagen makellos war. Kein einziger Kratzer war darauf zu sehen. Als ich eines Abends spät von Victorias Elternhaus heimfuhr, ereignete sich ein Unfall. Ich hatte Grün und fuhr gerade über eine Kreuzung. Ein anderer Wagen, der in die gleiche Richtung unterwegs war, bog nach rechts in meine Straße ein und fuhr so unglücklich auf meinen Wagen auf, dass dieser sich um sich selbst drehte.

Ich versuchte einige Augenblicke lang, mich zu sammeln und ruhig zu werden, bevor ich aus dem Auto stieg. Ich wusste, dass ich keine Schuld an dem Unfall trug, und bin von Natur aus eher gelassen und rege mich selten auf. Ich untersuchte meinen bis dato makellosen Wagen, dessen Hinterteil nun komplett zerknautscht war.

Inzwischen war der Fahrer des anderen Wagens ausgestiegen. Es war dunkel, aber ich konnte sehen, dass er ungefähr 50 Jahre alt war. Er begann, zu schimpfen, zu toben und zu fluchen, und dann sagte er: »Menschenskind, lern du erst mal Autofahren. Ich bin wirklich sauer!«

Ich dachte: *Eigentlich bin ich derjenige, der sich aufregen sollte. Er ist abgebogen, ohne vorher zu gucken.* Er stand etwa 25 Meter von mir entfernt. Ich konnte sehen, wie er mit seiner Wut kämpfte. Dann rannte er plötzlich auf mich zu, und ich war fest davon überzeugt, dass er auf mich losgehen würde.

Mein erster Gedanke war: *Na, komm schon her.*

Nein, Sie ahnen vermutlich, dass das nicht stimmt! Mein erster Gedanke war: *Wie groß ist der denn?*

Als er nur noch etwa zehn Meter entfernt war, sah ich, dass er gefühlt doppelt so groß war wie ich. Und ganz plötzlich wurde mir eines klar: Dieser Kampf war aussichtslos.

Ich ging zur anderen Seite meines Wagens.

Sie sagen vielleicht: »Joel, soll das heißen, dass du feige warst?«

Nein, ich wollte mein Leben retten!

Dieser Mann gehörte zu der Kategorie von Menschen, mit denen man keine friedliche Lösung finden kann.

Als Jesus seine Jünger aussandte, trug er ihnen auf, in jedem Haus Frieden über die Bewohner auszusprechen. Er sagte: »Und wenn dort ein Kind des Friedens ist, so wird euer Friede auf ihm ruhen; wenn aber nicht, so wird sich euer Friede wieder zu euch wenden« (Lukas 10,5–6; Luther).

Wenn wir alles in unserer Macht Stehende tun, um mit anderen in Frieden zu leben, dann wird unser Friede – selbst wenn die anderen ihn nicht annehmen – wieder zu uns zurückkommen. Wir genießen dann nicht nur unseren eigenen Frieden, sondern auch den Teil, der für den anderen gedacht war. Wenn wir das Richtige tun, obwohl wir auf Widerstände stoßen, werden wir spüren können, dass Gott uns segnet.

Zwei Freunde gingen in einen Laden, um eine Zeitung zu kaufen. Der Verkäufer war sehr unhöflich zu ihnen. Einer der beiden bezahlte und lächelte den Verkäufer an: »Ich wünsche Ihnen einen schönen Tag.«

Als sie hinausgingen, sagte der andere: »Ist dieser Verkäufer immer so grantig?«

»Ja, jeden Tag«, antwortete der erste Freund.

»Und du, bist du immer so freundlich zu ihm?«

»Ja, jeden Tag.«

Sein Freund wunderte sich darüber und erkundigte sich, warum.

»Ich habe beschlossen, mir nicht von einer einzelnen Person den Tag verderben zu lassen«, lautete die Antwort.

Er hatte beschlossen, die Kontrolle über seine Einstellung oder Stimmung nicht einem anderen zu überlassen. Jener Verkäufer hatte das Recht, unhöflich und schlecht gelaunt zu sein, und jeder Kunde, der so von ihm behandelt wurde, hatte das Recht, sich nicht davon beeinflussen zu lassen und glücklich, nett und zuvorkommend zu bleiben.

Kontrollierte Kraft

Wenn Sie mit Menschen zu tun haben, die innerlich vergiftet sind, sollten Sie darauf achten, dass das nicht auf Sie abfärbt. Wenn Sie sich auf ihr Niveau herabbegeben und genauso kalt und unhöflich zu ihnen sind, dann *haben* Sie sich anstecken lassen. Stehen Sie darüber. Seien Sie Teil der Lösung, nicht des Problems. Sie können das Böse mit Gutem überwinden. Wenn jemand Sie unhöflich behandelt, dann segnen Sie ihn, lächeln Sie und gehen Sie weiter Ihres Weges.

Jesus sagte: »Selig sind die Sanftmütigen; denn sie werden das Erdreich besitzen« (Matthäus 5,5; Luther). Wenn wir das Wort »sanftmütig« hören, müssen wir oft an jemanden denken, der schwach, scheu und zurückhaltend ist. Eine schüchterne, zaghafte Person, die nicht für sich selbst einstehen kann und von jedermann überrannt wird. Doch das ist keineswegs mit »sanftmütig« gemeint. Sanftmut hat nichts mit Schwäche zu tun. Sanftmut ist kontrollierte Kraft.

Sanftmut ist wie ein wilder Hengst, der gezähmt wurde. Er ist immer noch stark und genauso schnell wie vor seiner Zähmung. Der Unterschied liegt darin, dass seine Kraft nun unter Kontrolle ist. Man kann auf den Hengst zugehen, ihn streicheln, herumführen und vermutlich auch satteln und reiten. Doch täuschen Sie sich nicht: Er verfügt noch über dieselbe Kraft, dieselbe Zähigkeit; er hat jedoch gelernt, sie zu kontrollieren.

Wenn Sie ein sanftmütiger Mensch sind, werden Sie nicht herumlaufen und jedermann zurechtstutzen. Sie werden nicht auf jede Kritik eingehen. Wenn andere über Sie reden, dann lassen Sie sich davon nicht aus dem Konzept bringen.

Kontrollieren Sie Ihre innere Kraft. Es geht nicht um Ihren Stolz oder darum, wie viele Personen Sie zurechtstutzen oder wie Sie sich selbst beweisen können. Wenn Sie mit einem Kritiker argumentieren und versuchen, sich zu rechtfertigen, dann lassen Sie sich auf dessen Niveau hinab. Tappen Sie nicht in diese Falle. Seien Sie wie der Adler, und erheben Sie sich darüber.

Vielleicht sind Sie durchaus dazu imstande, Ihre Kritiker zurechtzustutzen. Sie haben Lust, ihnen gründlich Ihre Meinung zu sagen. Eine kleine Stimme in Ihrem Innern flüstert Ihnen zu: *Du musst dich wehren. Zahl es ihnen heim. Rechne mit ihnen ab.* Hören Sie lieber auf das, was Paulus seinem Schützling Timotheus sagte: »Doch du sollst wachsam und besonnen bleiben!« (2. Timotheus 4,5; Hoffnung für alle). Mit anderen Worten: »Vergeude nicht deine innere Stärke. Kontrolliere deine Kraft.«

Ein Mann aß in einem kleinen Landgasthaus einen Hamburger, als eine Motorradgang hereinkam. Es waren große, starke und gefährliche Kerle. Um zu zeigen, wer hier der Boss war, kam einer von ihnen zum Tisch des Mannes, warf dessen Hamburger auf den Boden, nahm sein Wasserglas und schüttete den Inhalt über den Kopf des Mannes.

»Oh, tut mir leid, das war ein Versehen«, sagte der Motorradfahrer sarkastisch.

Er versuchte, einen Streit vom Zaun zu brechen. Der Mann blieb ruhig sitzen, nahm seine Serviette, wischte sich das Wasser ab, stand auf und verließ das Restaurant.

Der Motorradfahrer schüttelte den Kopf und sagte zum Kellner: »Na, das war kein richtiger Mann, oder?«

»Nein, und auch kein guter Fahrer«, erwiderte die Bedienung. »Er hat gerade zwölf Chopper mit seinem Wagen plattgefahren.«

Kontrollierte Kraft.

Wenn Sie sich leicht aufregen, dann können Sie sich ändern. Wenn Sie zulassen, dass Kleinigkeiten wie Schlange stehen, schlechtes Wetter, ein mürrischer Verkäufer oder eine unhöfliche Empfangsdame Ihnen oft Ihre Freude rauben, dann sollten Sie jetzt eine Entscheidung treffen: »Wisst ihr was? Es reicht. Ich will meine Kraft künftig nicht mehr vergeuden. Ich werde ruhig, gelassen und gefasst bleiben.«

David J. Pollay, der Autor von *The Law of the Garbage Truck*, saß in einem New Yorker Taxi, als plötzlich direkt vor dem Taxi ein Auto aus einer Parklücke ausscherte. Das Taxi musste eine Vollbremsung machen, der Wagen schlingerte, die Reifen quietschten, und schließlich blieb das Taxi nur wenige Zentimeter hinter dem anderen Wagen stehen. Der Fahrer des anderen Wagens drehte sich herum und begann, wütend zu hupen und zu schreien. David war überrascht, als der Taxifahrer nur ein breites Lächeln zeigte und dem anderen zuwinkte.

»Dieser Mann hätte beinahe Ihr Taxi zu Schrott gefahren und uns ins Krankenhaus gebracht«, kommentierte David. »Ich kann es nicht fassen, dass Sie nicht zurückgeschrien haben. Wie haben Sie es geschafft, so ruhig zu bleiben?«

Die Antwort des Taxifahrers, die David »Das Gesetz des Müllwagens« nennt, lautete: »Viele Menschen sind wie Müllwagen. Sie sind frustriert, wütend und enttäuscht. Wenn sich all dieser Müll anhäuft, suchen sie nach einem Platz, wo sie ihn entladen können. Wenn Sie es zulassen, dann kippen Sie diesen Müll über Ihnen ab. Wenn also jemand versucht, seinen Müll bei Ihnen abzuladen, dürfen Sie das nicht persönlich nehmen. Es hat nichts mit Ihnen zu tun. Lächeln Sie, winken Sie, wünschen Sie ihm alles Gute, und gehen Sie Ihres Weges. Glauben Sie mir, so werden Sie glücklicher sein.«

Erfolgreiche Menschen lassen nicht zu, dass man Müll bei ihnen ablädt. Wenn jemand versucht, seinen Müll bei Ihnen abzuladen, dann ärgern Sie sich nicht. Regen Sie sich nicht auf. Seien Sie nicht gekränkt. Wenn Sie es doch tun, werden Sie schließlich den Müll der anderen mit sich herumschleppen und ihn selbst irgendwann auf jemand anderen abladen.

Behalten Sie die Kontrolle, auch wenn das manchmal sehr schwer ist. Heutzutage laden so viele Menschen ihr Gift in Form von Kritik, schlechten Nachrichten und Wut bei anderen ab, aber Sie müssen dem gegenüber standhaft bleiben. Wir können die Leute nicht daran hindern, ihren Müll auszukippen, doch wenn wir standhaft bleiben, können wir sie dazu auffordern, den Müll lieber zu recyceln! **Bleiben Sie standhaft.**

Direkt nach den Anschlägen vom 11. September wurde ich von einem lokalen Fernsehsender im Rahmen eines Nachrichtenprogramms zu einem Interview eingeladen. Ich musste am Montagmorgen gegen halb sieben da sein. Ich war noch ziemlich müde von unseren Wochenendveranstaltungen und dem Sonntagsgottesdienst. Es war ein kalter, regnerischer Tag, und es war noch dunkel. Ich hatte eigentlich keine Lust, im Fernsehen aufzutreten, doch ich hatte meine Zustimmung gegeben, und deshalb machte ich mich auf den Weg. Man hatte mir zuvor mitgeteilt, dass ich auf einem speziell reservierten Parkplatz vor dem Gebäude parken könnte. Als ich den Sender erreicht hatte, bog ich auf diesen Parkplatz ein. Doch dann kam eine Sicherheitsbedienstete auf mich zu gehetzt, als hätte ich gerade ein Verbrechen begangen. Sie war alles andere als freundlich. Sie war absolut unhöflich.

»Was denken Sie sich eigentlich?«, sagte sie. »Sie können hier nicht parken. Dieser Platz ist für unsere speziellen Gäste reserviert.«

Am liebsten hätte ich gesagt: »Hören Sie, einen spezielleren Gast als mich gibt es nicht.«

Ich musste mir wirklich auf die Zunge beißen.

»Nun, ich bin heute auf Sendung, und man hat mir gesagt, dass ich hier parken kann«, erklärte ich.

»Ach, die wissen nicht, was sie sagen«, erwiderte sie. »Ich bestimme über diesen Parkplatz. Sie müssen vor der Schranke parken.«

Ich ging zu meinem Wagen zurück, konnte aber dann nirgendwo einen Parkplatz finden. Schließlich musste ich sehr weit entfernt in einem Wohngebiet parken, und es regnete weiterhin in Strömen. Ich hatte keinen Regenschirm. Während ich zu dem Sender lief, dachte ich bei jedem Schritt: *Das ist nicht in Ordnung. Ich muss jemandem von dieser Frau erzählen. Jemand muss ihr mal den Marsch blasen.*

Ich war im Begriff, meine Kraft zu verschenken, doch dann ging ich ins Gebäude und vergaß die ganze Angelegenheit.

Als die Sendung vorüber war, ging ich wieder hinaus, und die Sonne schien. Und stellen Sie sich vor: Die gleiche Sicherheitsbedienstete kam auf mich zu, und sie war wie ausgewechselt.

»Oh, Pastor Osteen«, sagte sie. »Wenn ich gewusst hätte, dass Sie es sind, hätte ich Sie dort parken lassen.«

Ich war so froh, dass ich mir vorher auf die Zunge gebissen hatte.

»Glauben Sie, Sie hätten Zeit, für mich zu beten?«, fügte sie hinzu.

Am liebsten hätte ich geantwortet: »Tja, wenn Sie mich nicht so weit hätten laufen lassen, dann schon.«

Fällen Sie den Entschluss, nicht zuzulassen, dass andere ihren Müll bei Ihnen ablassen. Sie laden ihn vielleicht ab, aber Sie müssen ihn nicht akzeptieren. Bleiben Sie standhaft.

Gefühle werden von den Umständen oder vom Charakter kontrolliert

In einem kleinen Topf bringt man Wasser am schnellsten zum Kochen. Entsprechend kann man die Größe einer Person daran messen, wie lange es dauert, sie auf die Palme zu bringen. Unsere Gefühle werden entweder von unseren Lebensumständen oder von unserem Charakter kontrolliert. Wenn uns jemand unhöflich behandelt, flüstern uns unsere Gefühle ein: *Zahl es ihm heim. Lass dir das nicht gefallen.*

Und um so zu handeln, braucht man keine Disziplin. Aber wenn wir unsere Kraft kontrollieren und unseren Charakter geformt haben, erkennen wir: *Ich stehe darüber. Ich werde mich davon nicht herunterziehen lassen. Es gibt Orte, wo ich hinmöchte, Ziele, die ich erreichen, und Träume, die ich umsetzen will.*

Ich finde es interessant, dass der Apostel Paulus nie in dem Sinne für andere betete, dass Gott sie von ihren Problemen befreien möge. Er betete, dass Gott ihnen die Kraft schenken würde, ihre Schwierigkeiten mit einer guten Haltung durchzustehen. Manchmal denken wir jedoch: *Herr, wenn du doch diese Leute verändern würdest, die mir das Leben so schwer machen. Herr, wenn du nur dafür sorgen könntest, dass mein Chef auf einen anderen Planeten versetzt wird. Herr, wenn du mich von diesen Personen befreien würdest, wäre ich endlich glücklich.*

Doch in Wahrheit werden diese Menschen sich vermutlich niemals ändern. Ich hoffe, dass sie es tun, aber selbst wenn nicht – *Sie* können sich verändern. Wenn Sie eine Korrektur in Ihrem Innern vornehmen, werden diese Personen Sie nicht mehr aufregen können.

Es liegt in Ihrer Macht, jetzt und hier ein von Freude, Glauben und Frieden erfülltes Leben zu führen. Doch dazu müssen Sie sagen: »Herr, auch wenn sich die Dinge nicht ändern – ich will mir nicht die Freude rauben lassen. Ich weiß, dass du mich in deiner Hand hältst. Ich weiß, dass du nur mein Bestes willst. Und deshalb will ich dir vertrauen.«

Der Feind kann alles gegen Sie verwenden, von dem Sie glauben, dass Sie es »brauchen«, um glücklich zu sein. Wenn Sie glauben, dass Sie heiraten müssen, um glücklich zu sein, dann kann der Feind das gegen Sie verwenden. Wenn Sie glauben, dass Ihr Chef sich ändern muss, damit Sie Ihre Arbeit gern tun, werden Sie Jahr für Jahr mit hängenden Schultern zur Arbeit gehen und davon überzeugt sein, dass Sie seinetwegen unglücklich sind.

Es ist gut, Hoffnungen und Träume zu haben. Es ist gut, jeden Tag erwartungs- und vertrauensvoll aufzuwachen. Doch warten Sie nicht darauf, dass sich diese Dinge erfüllen, bevor Sie das

Leben genießen und glücklich sein können. Dies ist der Tag, den der Herr gemacht hat, nicht morgen, nicht wenn alle Ihre Träume in Erfüllung gehen, nicht wenn alle negativen Menschen sich verändert haben – nein, *heute.*

Wir müssen begreifen, dass wir genau da sind, wo Gott uns hingestellt hat. Wenn wir lernen, dort glücklich zu sein, wo wir uns befinden, wird Gott uns dahin bringen, wo wir sein möchten. Er hat versprochen, dass uns das zufallen wird, was wir uns von Herzen wünschen, wenn wir unser Leben ihm anvertrauen. Wenn es etwas gibt, das Sie sich wirklich wünschen, dann möchte ich Sie dazu ermutigen, diese Sache auf Gottes Altar zu legen. Sagen Sie einfach: »Herr, ich möchte diese Sache so gern haben. Herr, du weißt, was mir am Herzen liegt. Ich würde so gern heiraten. Ich würde so gern eine Veränderung bei meinem Partner sehen. Ich würde gern befördert werden. Doch, Herr, ich will diese Dinge nicht etwa deshalb haben, um glücklich zu sein. Ich bin in der Lebenssituation glücklich, in die du mich hineingestellt hast.«

Nach einer solchen Gesinnung hält Gott Ausschau.

Veränderung zum Guten

Ich kenne einen Mann, der jahrelang Eheprobleme hatte. Seine Frau und er waren in vielen Dingen unterschiedlicher Meinung, und sie begleitete ihn nicht zur Gemeinde. Lange Zeit war er deprimiert und mutlos. Vor Kurzem sah ich ihn wieder einmal und erkundigte mich, wie die Dinge liefen. Er wirkte sehr optimistisch und sagte: »Es läuft großartig. Ich genieße mein Leben.«

Ich nahm an, dass er sich mit seiner Frau besser verstand und dass die beiden ihre Probleme ausgeräumt hatten. Doch er erwiderte: »Nein, meine Frau hat sich nicht verändert. Wir sind noch immer in vielen Dingen unterschiedlicher Meinung. Und sie kommt auch nach wie vor nicht mit zur Gemeinde.«

Und dann sagte er etwas sehr Interessantes: »Sie hat sich nicht verändert, aber ich habe mich verändert. Ich lasse mich von unseren Problemen nicht mehr runterziehen. Ich lasse mir davon nicht meine Freude rauben.«

Finden Sie heraus, was Ihnen die Freude raubt. Nehmen Sie eine Inventur Ihres Lebens vor. Was bringt Sie auf die Palme? Was raubt Ihnen tagtäglich den letzten Nerv? Finden Sie heraus, worauf Ihre Probleme zurückzuführen sind, und gehen Sie anders an diese Sache heran. Nichts wird dadurch besser, dass Sie sich aufregen. Wenn jemand Sie unfreundlich behandelt, werden Sie sich nur selbst den Tag verderben, wenn Sie es ihm gleichtun. Wenn Ihre Pläne sich zerschlagen, bleiben Sie ruhig. Regen Sie sich nicht auf, sondern machen Sie sich klar, dass Gott Ihre Schritte lenkt. Er hat sie dorthin gestellt, wo Sie gerade sind.

Neulich fuhr ich auf einen überfüllten Parkplatz und entdeckte schließlich einen freien Platz, doch ein anderer Fahrer schnappte mir diesen vor der Nase weg. Ich beschloss: »Ich überlasse ihm den Parkplatz, aber ich lasse nicht zu, dass mir das auch noch meine Freude raubt.«

Es ist befreiend, wenn wir begreifen, dass wir an unserer Freude festhalten können. Manchmal schieben wir anderen Personen oder Dingen die Verantwortung für Probleme in die Schuhe, die wir selbst verursacht haben. Wir machen uns nicht klar, dass unsere Weigerung, uns zu verändern, immer wieder dasselbe Problem heraufbeschwört.

Ich hörte einmal von einem Mann, der sich nicht gut fühlte. Er ging zum Arzt, und dieser wollte wissen: »Was fehlt Ihnen denn?«

Er sagte: »Nun, Herr Doktor, in letzter Zeit ist mir immer wieder mal schwindelig, und ich sehe weiße Punkte.«

Der Arzt untersuchte ihn und führte einige Tests durch. Ein paar Tage später rief er den kränkelnden Mann wieder zu sich und sagte: »Es tut mir sehr leid, aber ich muss Ihnen sagen, dass Sie an einer seltenen Krankheit leiden. Wir glauben, dass Sie nur noch etwa sechs Monate lang zu leben haben.«

Der Mann kündigte seinen Job und ging auf eine Weltreise, um alles zu erleben, was er sich immer erträumt hatte. Er verbrachte mehr Zeit mit seiner Familie und kaufte sich einen Sportwagen. Eines Tages fuhr er an einem bekannten Bekleidungsgeschäft vorbei und beschloss, sich einen Anzug schneidern zu lassen.

Der Schneider maß seine Armlänge: »83 Zentimeter.« Dann maß er seine Taille: »32.« Danach die Schrittlänge: »86 Zentimeter.« Schließlich maß er seine Kragenweite und sagte: »Kragenweite 40.«

Der Mann sagte: »Nein, ich trage Größe 39.«

Der Schneider maß erneut sorgfältig die Kragenweite. »Ich versichere Ihnen, Sie haben Kragenweite 40.«

Der Mann blieb hartnäckig. »Nein. Ich habe Kragenweite 39. Ich habe mein Leben lang 39 getragen. Ich möchte, dass Sie mir Kragenweite 39 machen.«

Der Schneider sagte: »Nun, in Ordnung. Ich mache Ihnen ein Hemd mit Kragenweite 39, aber es wird so eng sitzen, dass Ihnen schwindelig wird und Sie weiße Punkte sehen werden.«

Manchmal halten die Menschen an ihren Gewohnheiten fest und weigern sich, Veränderungen vorzunehmen, obwohl es ihnen damit schlecht geht. Wenn Sie bereit sind, Veränderungen vorzunehmen, und sich auf Korrekturen einlassen, werden Sie häufig feststellen, dass die »weißen Punkte« verschwinden. Ihre Frustrationen werden verschwinden.

Finden Sie heraus, worauf sich Ihre Probleme wirklich zurückführen lassen. Wenn Sie selbst der Grund sind, dann nehmen Sie Veränderungen vor. Wenn es eine andere Person ist, lassen Sie sich von ihr nicht Ihre Freude rauben. Vergeuden Sie nicht Ihre Kraft. Bleiben Sie standhaft. Wenn jemand versucht, seinen Müll bei Ihnen abzuladen, lächeln Sie, winken Sie, und gehen Sie Ihres Weges. Wenn Sie den Grundsatz, Ihre Kraft nicht zu vergeuden, verinnerlicht haben und sich darauf konzentrieren, Ihren Charakter weiterzuentwickeln, werden Sie das Leben viel mehr genießen.

Kapitel 3

Verleihen Sie Ihrer Freude Ausdruck

Eines Tages fuhr ich in ein Drive-in-Restaurant, und die Bedienung war sehr mürrisch. Sie fuhr mich an, noch bevor ich die ersten Worte meiner Bestellung ausgesprochen hatte.

»Warten Sie! Ich bin noch nicht so weit«, bellte sie mich an.

Dann machte ich den Fehler, sie zu fragen, welche Beilagen es gebe. Man hätte meinen können, ich hätte etwas ganz Unverschämtes gefragt.

Sie schrie mir die gesamte Liste der Beilagen ins Gesicht.

Ich musste mich ganz bewusst zur Ruhe ermahnen: *Du bist Pastor. Lass dir nicht die Freude rauben. Lass dich nicht von ihr aus dem Konzept bringen. Versuche du stattdessen, sie positiv zu verändern.*

In der Hitze des Gefechts müssen wir den in uns aufkommenden Ärger zum Schweigen bringen. Ich hätte ihr gehörig den Marsch blasen können, das wäre mir ein Leichtes gewesen. Anschließend hätte ich dann Buße tun können. Doch stattdessen erinnerte ich mich daran, dass man seinen Charakter formt, wenn man mit schwierigen Menschen zu tun hat.

Ich gab meine Bestellung so freundlich auf, wie es durch einen Drive-in-Lautsprecher nur möglich ist. Ich sagte »Bitte« und »Danke« und »Schönen Tag noch«.

Als ich dann an ihrem Schalter vorfuhr, schenkte ich ihr das angestrengteste Lächeln, das man sich vorstellen kann.

»Schön, Sie zu sehen«, sagte ich so munter, wie es mir eben möglich war.

Innerlich dachte ich: *Sie müssen mal zum Psychologen.*

Die mürrische Dame drehte sich zu mir um, sah mich an und guckte dann noch zweimal hin.

»Pastor Joel, ich sehe Sie mir ständig im Fernsehen an!«

Am liebsten hätte ich gesagt: »Und hören Sie mir auch zu?«

Dann reichte sie mir statt des bestellten Essens eines meines Bücher herüber (ich nehme an, dass sie es noch nicht gelesen hatte).

»Würden Sie mir das signieren?«, bat sie in einem Ton, der ein ganz klein wenig netter war als zuvor.

Ich öffnete das Buch, und es kitzelte mir in den Fingern, die Lektionen über die Freude farblich zu markieren.

Stattdessen schrieb ich: »Schenken Sie der Welt weiterhin ein wunderschönes Lächeln, Joel Osteen.«

Das Freudenöl

In Hebräer 1, Vers 9 lesen wir: »Darum hat dich Gott, dein Gott, gesalbt mit Freudenöl wie keinen deinesgleichen« (Hebräer 1,9; Luther).

Sie und ich sollten glücklicher sein als der Durchschnittsmensch. Gott hat uns nämlich mit Freudenöl gesalbt. Wir dürfen also unsere positive Einstellung nicht von der negativen Haltung eines anderen beeinträchtigen lassen. Stattdessen können wir diese Person mit einem Lächeln und einem freundlichen Wort beeinflussen. Gott weiß, dass uns immer wieder Menschen begegnen, die schwierig sind. Deshalb hat er gesagt: »Ich habe euch einen Vorteil gegeben. Ich habe euch mit Freudenöl gesalbt, damit ihr glücklicher seid als die Menschen in eurem Umfeld.«

Machen Sie Gebrauch von dieser Freude, und verstecken Sie sie nicht. Andere sollen sie sehen können.

Forschungen haben ergeben, dass ein Lächeln positive Auswirkungen auf uns selbst, aber auch auf alle hat, mit denen wir in Berührung kommen. In einer der Untersuchungen wurden die Teilnehmer aufgefordert, mit ihrer Mimik Angst und Wut Ausdruck zu verleihen. Ihre Körper reagierten daraufhin so, als fühlten sie diese Empfindungen wirklich; ihr Herzschlag beschleunigte sich, die Hauttemperatur nahm zu, und sie schwitzten. Dann wurden dieselben Personen aufgefordert zu lächeln, und ihre Herzfrequenz beruhigte sich, die Temperatur sank, und sie hörten auf zu schwitzen. Sie sagten aus, dass sie sich gut fühlten.

Unser Schöpfer weiß natürlich über diese Dinge bestens Bescheid. Gott bezieht sich in der Bibel mehr als 50-mal auf unsere Haltung und unseren Ausdruck. Immer wieder stoßen wir auf das Wort »Freut euch«. Sich zu freuen bedeutet nicht, dass wir ständig vor uns hinsingen sollen. Es bedeutet auch, eine heitere Miene zu haben, zu lächeln und fröhlich zu sein. Wenn wir mit einem Lächeln durch den Tag gehen, dann freuen wir uns auch innerlich wirklich. Wenn wir eine fröhliche Haltung zum Ausdruck bringen, freundlich sind und es Spaß macht, mit uns zusammen zu sein, dann preisen wir damit Gott.

So viele Menschen schleppen sich mit einem langen Gesicht durch den Tag. Es gibt Leute, die monatelang nicht lächeln. Und dann kommen sie mit dem gleichen mürrischen Gesicht nach dem Gottesdienst auf mich zu und sagen: »Ich habe Freude am Herrn.«

Und ich denke bei mir: *Dann solltest du deinen Gesichtsausdruck ändern!*

Die Bibel fordert uns auf, »nüchtern gesinnt« zu sein, nicht aber, ein nüchternes Gesicht aufzusetzen. Wir bekommen das zurück, was wir selbst ausstrahlen. Wenn wir mürrisch, griesgrämig und unfreundlich sind, werden die anderen uns auch mürrisch, griesgrämig und unfreundlich behandeln. Trübsal bleibt nicht gern allein. Wenn Sie trübselig aussehen, werden Sie auch Niederlagen, negatives Denken, Schwermut und Mutlosigkeit anziehen.

Wenn Sie dagegen lächeln und Wärme, Freundlichkeit und Herzlichkeit ausstrahlen, werden Sie Wärme, Freundlichkeit und

Herzlichkeit anziehen. Glückliche Menschen werden sich zu Ihnen hingezogen fühlen.

Wenn Sie nicht das empfangen, was Sie sich wünschen, dann überprüfen Sie, was Sie ausstrahlen. Niemand, der glücklich ist, hält sich gern in der Nähe eines Miesepeters auf. Niemand, der es zu etwas bringt, wird die Gegenwart von Personen suchen, die sich in ihrem Unglück suhlen. Solche Menschen werden vielleicht einige Male von ihren glücklicheren Freunden aus der Grube gezogen, doch irgendwann werden diese Freunde positiver eingestellte Menschen finden, mit denen sie ihre Zeit verbringen wollen.

Vielleicht haben Sie derzeit eine Menge Probleme. Ich möchte das keineswegs herunterspielen. Jesus sagte: »In der Welt wird man euch hart zusetzen, aber verliert nicht den Mut: Ich habe die Welt besiegt« (Johannes 16,33). Ich habe herausgefunden, dass man manchmal nur deshalb lächeln kann, weil man auf Gott und seinen guten Plan vertraut. Statt sich der Depression, der Mutlosigkeit und der Sorge hinzugeben, sollten wir sagen: »Was ich sehe, berührt mich nicht. Was ich weiß, das berührt mich. Und ich weiß, dass dies der Tag ist, den der Herr gemacht hat. Ich entscheide mich dafür, glücklich zu sein.«

Wenn wir lächeln, senden wir unserem Körper eine Botschaft: *Gott hat alles unter Kontrolle. Alles ist in Ordnung. Es wird ein guter Tag.* Warten Sie nicht ab, wie Sie sich fühlen, bevor Sie Ihrer Freude Ausdruck verleihen. Setzen Sie zuerst ein Lächeln auf. Dann wird sich die Freude einstellen.

Lächeln verbessert unsere Einstellung. Wir sehen das Leben in einem anderen Licht. Es ist schwierig, zu lächeln und gleichzeitig in Selbstmitleid zu baden. Es ist schwierig, in schlechter Stimmung zu sein, wenn man sich heiter und freundlich verhält. Ein Spezialist sagt sogar, dass wir unseren Körper austricksen, wenn wir lächeln, sodass wir uns dann wirklich gut fühlen. So hat uns Gott geschaffen. Lächeln bringt unsere Stimmung ins Lot.

Lächeln schenkt Kraft

Unsere Gemeinde in Houston wird von zahlreichen Menschen besucht, die in einer nahe gelegenen Krebsklinik behandelt werden. Viele von ihnen haben mich inspiriert, weil sie trotz ihrer schwierigen Situation lächeln. Sie haben inneren Frieden. Sie haben sich ihre Freude bewahrt, weil sie einen Grundsatz verstanden haben: Wenn man eine heitere Gelassenheit an den Tag legt, dann signalisiert man dem Körper, dass alles in Ordnung ist.

Lächeln Sie, und Sie werden mehr Kraft haben. Tun Sie alles dafür, dass sich Ihre Stimmung bessert, und Sie werden schneller gesund werden. Wenn Sie dagegen ein langes Gesicht ziehen, traurig und deprimiert sind, werden Sie sich auch erschöpft und schlapp fühlen.

Meine Schwester Lisa machte tatsächlich vor einigen Jahren genau diese Erfahrung. Monatelang war sie so deprimiert, dass sie nicht mehr aus dem Haus gehen wollte. Lisa betete dafür, dass sie endlich wieder glücklich und gesund sein würde. Sie kannte auch die Bibel und die Versprechen, die Gott darin macht, sehr gut. Ihre Freunde und ihre Familie taten alles, um sie aufzuheitern, doch nichts schien zu helfen.

Lisas Problem war, dass sie darauf wartete, sich besser zu fühlen, erst dann würde sie auch ein heiteres Gesicht machen. Doch sie zäumte das Pferd von hinten auf. Ich denke, dass man zunächst seine Miene aufhellen muss, um sich dann besser zu fühlen. Lisa fasste schließlich den Entschluss zu lächeln. Sie lächelte in der Kraft, die ihr ihr Glauben schenkte. Sie entschied sich dafür, eine heitere Miene zu machen.

Dieser Glaubensschritt war der Wendepunkt. Er befreite sie von den Ketten der Depression. Wenn Lisa nicht in der Kraft, die ihr ihr Glaube schenkt, gelächelt hätte, würde sie vielleicht immer noch dafür beten, dass das Glück sie wiederfindet. Sie hat ihre Geschichte in dem Buch *You Are Made for More* niedergeschrieben.

Kennen Sie den Spruch »Durch Schein zum Sein«? Vielleicht müssen Sie ein gezwungenes Lächeln aufsetzen, doch wenn Sie daran festhalten, wird Gott es in ein echtes Lächeln verwandeln. Lisa gewann ihre Freude zurück, und Gott belohnte sie doppelt für die durchgestandene Prüfung. Meiner Schwester ging es hinterher besser als zuvor. Und dieser Prozess begann, als sie beschlossen hatte, zu lächeln, obwohl ihr zu diesem Zeitpunkt noch nicht nach lächeln zumute war.

Wir alle können Gründe dafür finden, nicht zu lächeln, seien es die hohen Benzinpreise oder unser niedriges Einkommen. Unsere Antwort sollte lauten: »Ich wurde zu sehr von Gott gesegnet, um gestresst zu sein. Meine Zukunft ist so hell, dass ich eine Sonnenbrille brauche.« Oder wie jemand treffend sagte: »Wenn es mir noch besser ginge, bräuchte ich einen Zwilling, um all das Glück zu ertragen.«

Machen Sie eine fröhliche Miene

Wissenschaftlern zufolge sind die Menschen so programmiert, dass sie den Gesichtsausdruck anderer, denen sie begegnen, spiegeln. Unser Lächeln ist also ansteckend. Machen Sie es sich daher zur Gewohnheit zu lächeln. Wie ist das möglich? In der Bibel heißt es: »In deiner (Gottes) Nähe finde ich ungetrübte Freude« (Psalm 16,11).

Wenn es Ihnen an Freude mangelt, dann ist die Nähe zu Gott vermutlich unterbrochen. Wenn Sie traurig, frustriert und gereizt sind, dann haben Sie sich selbst von Gottes Gnade, Segen, Heilung und Wachstum abgeschnitten. Ihre Versorgungsleitung für Glück wurde abgekoppelt.

Tief in Ihrem Innern besitzen Sie Freude, aber manchmal müssen Sie diese Freude ans Tageslicht befördern, damit wir alle sie sehen und mit Ihnen teilen können. Einige Professoren der Universität Yale führten eine Untersuchung durch, in der es darum ging, wie unser Auftreten, unsere Persönlichkeit und unsere Haltung unsere Mitmenschen beeinflussen. Nach gründlichen Forschungen kamen sie zu dem Schluss, dass nicht das Aussehen, die

Körpergröße oder die Persönlichkeit ausschlaggebend sind. Das Element, das unsere Einstellung zu anderen am stärksten beeinflusst, ist das Lächeln. Es ist die wirkungsvollste Methode, um andere positiv zu beeinflussen.

Studien zufolge werden Menschen, die sehr oft lächeln, auch häufiger befördert und ergattern besser bezahlte Jobs. Wie kommt das? Ziehen Sie es nicht auch vor, mit Menschen zusammen zu sein, die zufrieden, glücklich und freundlich sind? Wir alle tun das.

Ich bin dafür bekannt, dass ich viel lächle. Mein Bruder Paul sagt immer, ich sei mit 98 Punkten auf der Glücksskala geboren worden. Er selbst sei mit nur 10 Punkten auf die Welt gekommen, aber er arbeite daran. Auf meinen ersten Babyfotos sieht man mich lächeln. Meine Mutter sagt, dass sie sich lange Zeit fragte, ob ich irgendetwas im Schilde führte, bis sie schließlich erkannte, dass ich einfach von Natur aus gern lächelte.

Vor einigen Jahren war ich mit meiner Frau Victoria in einem Einkaufszentrum, wo sie sich ein Kleidungsstück aussuchte. Sie beschloss, es zu kaufen, sah sich aber noch weiter im Laden um, sodass ich ihr vorschlug, mich schon mal mit der ausgesuchten Ware in die Warteschlange an der Kasse einzureihen. Als ich bei der Kassiererin ankam, lächelte ich und sagte: »Hallo.«

Die Dame lächelte zurück. Sie tippte gerade die Ware ein, als sie plötzlich innehielt: »Warten Sie einen Moment. Ich bin sofort zurück.« Sie ging ins Büro des Geschäftsführers, kam Augenblicke später zurück und meinte: »Dieser Artikel wird am Wochenende heruntergesetzt, aber ich habe die Erlaubnis, Ihnen schon heute diesen Preis zu berechnen.«

Mein Lächeln verbreiterte sich.

»Herzlichen Dank«, erwiderte ich.

Als sie die Kleider zusammenlegte, um sie einzutüten, sah sie plötzlich, dass eine kleine Naht aufgegangen war. »Hier gibt's ein kleines Problem. Sehen Sie das?«

»Oh, ja tatsächlich«, entgegnete ich.

»Ich werde sehen, was ich tun kann«, meinte sie.

Sie ging erneut ins Verkaufsbüro und kehrte nach wenigen Minuten zurück. »In Ordnung, ich kann Ihnen den Artikel zum halben Preis verkaufen.«

Ich dachte: *Du meine Güte, wenn ich noch mehr lächle, werden sie mir schließlich noch Geld dazugeben!*

Victoria meinte anschließend, ich solle häufiger mit ihr einkaufen gehen. Ich erzählte ihr, dass alles mit einem Lächeln begonnen hätte. Wenn ich wie ein alter Miesepeter an der Kasse gestanden hätte, dann hätte sich die Verkäuferin vermutlich nicht so sehr bemüht.

Fügen Sie Ihrem Lebenslauf ein Lächeln hinzu

Ich kann mich noch gut daran erinnern, wie Victoria mir zum ersten Mal zulächelte. Ich kam in den Juwelierladen ihrer Mutter und schaute mir ein paar Uhren an. Doch als ich hochblickte, entdeckte ich Victoria, die mir ein 10-Karat-Lächeln schenkte. Und bald darauf hatte sie auch einen passenden Ring zu diesem Lächeln. Ich weiß also, dass Lächeln ansteckend ist, denn ihr Lächeln steckt mich schon seit mehr als 25 Jahren an.

Ein Lächeln kann Wunder bewirken, ob man nun Verkäufer oder Kunde ist, und vor allem, wenn man sich selbst verkaufen muss. Ich las einmal davon, dass die Hotelkette »Holiday Inn« 500 neue Stellen besetzen wollte. 5000 Bewerber wurden interviewt. Jeder Bewerber, der während des Interviews weniger als viermal lächelte, wurde automatisch für ungeeignet erklärt.

Eine andere Untersuchung zum Thema »Lächeln« ergab, dass das glückliche Gesicht eines Freundes einen größeren Einfluss auf unsere Stimmung hat als eine Gehaltserhöhung von 5000 Dollar. Wussten Sie, dass Ihr Lächeln so viel wert ist? Nachdem ich diesen Artikel gelesen hatte, ging ich durch unser Gemeindebüro und schenkte jedem Mitarbeiter ein Lächeln. »Hier ist deine Gehaltserhöhung«, meinte ich. »Und hier deine und deine.«

Können Sie sich vorstellen, dass sie mir sagten, sie würden eine

Barauszahlung vorziehen? Wie auch immer – **lächelnde Menschen kommen beruflich besser voran.**

Als Alexandra zur Welt kam, steckte ich noch in den Anfängen meiner Arbeit als Pastor unserer Gemeinde, und Victoria half mir dabei, viele Aufgaben zu bewältigen. Wir benötigten einen Babysitter, der sich tagsüber um unsere Tochter kümmern konnte. Wir sprachen mit einem halben Dutzend Bewerberinnen. Einige davon waren hochqualifiziert und hatten hervorragende Referenzen. Doch wir nahmen keine von ihnen.

Stattdessen entschieden wir uns für eine 60-jährige Frau, die keinen beeindruckenden Lebenslauf vorweisen konnte. Sie war einfach, warmherzig und strahlte wie ein Frühlingsmorgen. Sie hatte ein wundervolles Lächeln, das sie während des Bewerbungsgesprächs immer wieder zeigte.

Es war eine der besten Einstellungen, die ich je vorgenommen habe. Jahrelang erfüllte diese Frau unser Haus mit Freude und Lachen. Sie fand alles, was Alexandra machte, lustig. Ich hatte bis dahin geglaubt, schon so einiges über die Kraft des Lächelns zu wissen, doch sie lehrte mich viel mehr. Sie brachte mir bei, dass ein Lächeln zu dem einlädt, was es ausdrückt: Freundlichkeit, Respekt, Güte und Warmherzigkeit.

Gott hat jedem von uns ein Lächeln geschenkt. Machen Sie von Ihrem Gebrauch? Verleihen Sie Ihrer Freude auch wirklich Ausdruck? Wie viel Gutes würde Ihnen passieren, wenn Sie Ihr volles Potenzial an Glück und Lebensfreude ausschöpfen würden?

Bringen Sie Licht in diese Welt

In der Bibel heißt es, dass die Gläubigen hier auf der Erde Gott repräsentieren: Wir sind Botschafter für Christus. Wenn wir Gott angemessen repräsentieren wollen, dann sollten wir das mit Freude, mit Begeisterung und mit einem Lächeln tun. Menschen des Glaubens sollen das Licht der Welt sein. Und ich glaube, dass der Schalter, der das Licht anmacht, ein Lächeln sein kann. Wer

Gott noch nicht kennt, will vielleicht auch gar nicht hören, was wir über unseren Glauben zu sagen haben, doch er wird ganz sicher beobachten, wie wir leben. Wir sind lebendige Briefe, die von den Menschen gelesen werden. Es gibt Menschen, die nicht in der Bibel, aber in unserem Leben lesen. Kennen Sie den Ausspruch von Franz von Assisi: »Predige das Evangelium zu jeder Zeit; wenn nötig, benutze Worte«?

Welche Botschaft strahlen Sie aus? Sind Sie freundlich, zufrieden, umgänglich? Ist Ihr Leben für Ihre Mitmenschen anziehend? Oder sind Sie verspannt, ungeduldig, gestresst und so mürrisch, dass die anderen Ihnen aus dem Weg gehen?

Ein Mitglied unserer Gemeinde, eine Frau, die für ihr strahlendes Lächeln und ihre Herzenswärme bekannt ist, ging eines Tages einkaufen, als der Verkäufer sie beiläufig fragte, wie es ihr gehe.

»Es geht mir gut«, sagte sie mit einem Lächeln. »Ich bin wirklich gesegnet, und ich glaube, dass dieses Jahr ein wundervolles Jahr werden wird.«

Der Verkäufer lächelte zurück und fragte: »Gehen Sie zur Lakewood-Gemeinde?«

Sie bejahte.

»Das hätte ich mir denken können«, meinte der Verkäufer. »Jeder, der mit einem solchen Lächeln hier hereinkommt, gehört erfahrungsgemäß zu Lakewood.«

Was für ein großartiges Zeugnis! Und doch wurde ich oft sehr scharf dafür kritisiert, dass ich so viel lächle. Man sollte doch meinen, die Leute würden sich darüber freuen, dass ich glücklich bin. Ein Reporter fragte mich einmal, ob ich mich gekränkt fühle, weil ich von einigen Leuten als »der lächelnde Prediger« bezeichnet werde.

»Nein, überhaupt nicht«, entgegnete ich. »Ich fasse das als Kompliment auf. Ich bekenne mich schuldig, glücklich zu sein. Ich bekenne mich schuldig, mein Leben zu genießen. Ich bekenne mich schuldig, mit Begeisterung zu leben.«

Diese Welt braucht mehr Freude. Und wenn ich Freude empfinde, will ich meine Mitmenschen daran teilhaben lassen.

Wenn Sie Ihre Freude zum Ausdruck bringen und mit einer heiteren Einstellung leben, seien Sie nicht überrascht, wenn andere Ihnen mit Misstrauen begegnen. Sie werden Sie misstrauisch beäugen und denken: *Warum ist diese Person so fröhlich? Sie heckt bestimmt etwas aus. Oder vielleicht ist sie high?*

Ja, ich bekenne mich schuldig. Ich bin »high« durch den Allerhöchsten. Ich bin glücklich, begeistert und voller Hoffnung. Und ich will, dass man mir meine Freude ansieht.

Das Vermächtnis des Lachens

Es fällt mir leicht zu lächeln, weil ich in einer glücklichen Familie aufgewachsen bin. Das Lächeln meiner Großmutter gehört zu meinen liebsten Erinnerungen. Jedes Mal, wenn ich in einen Raum kam und sie sah, lächelte sie mir zu. Manchmal lief ich aus dem Zimmer und kam wieder zurück, nur um erneut ihr Lächeln zu sehen. Sie war voller Freude, und sie hat diese Freude auf mich übertragen.

Mein Vater war genauso, aber er verlieh seiner Freude zusätzlich durch Pfeifen Ausdruck. Den ganzen Tag lang konnte man ihn vor sich hin pfeifen hören. Manchmal sagte meine Mutter: »John, könntest du mal einen Moment aufhören zu pfeifen?«

»Dodie, ich bin halt glücklich«, sagte er. »Ich preise Gott.«

»Das ist ja schön und gut, John, aber du pfeifst gerade die Melodie der ›Andy Griffith Show‹, und ich glaube kaum, dass Gott fernsieht.«

Ich glaube es auch nicht, aber ich bin davon überzeugt, dass Menschen, die sich in Maßen die richtigen Sendungen anschauen, eher geneigt sind zu lächeln als andere. 1983 rief ich die evangelistische Fernseharbeit meines Vaters ins Leben. Im ersten Jahr hatten wir einen erfahrenen Berater an unserer Seite. Er brachte mir etwas bei, das ich nie wieder vergessen habe.

Wir sahen uns gerade im Regieraum die Predigt meines Vaters an, und der Berater forderte uns auf, den Ton abzustellen. Er erklärte, wenn wir lernen wollten, wie Kommunikation im Fernsehen funktioniere, müsse man den Ton abstellen und die Mimik sowie die Körpersprache des Sprechers beobachten und herausfinden, welche Gefühle beides beim Betrachter auslöst.

Wir wandten diese Methode bei verschiedenen Predigern an. Einige wirkten sehr leidenschaftlich, doch wenn man den Ton abstellte, machten sie einen zornigen, einschüchternden Eindruck. Man hatte keine Lust, ihnen lange zuzusehen. Die Prediger, die lächelten und ein angenehmes, nicht bedrohliches Auftreten an den Tag legten, waren eher dazu angetan, den Zuschauer anzusprechen, auch ohne Ton.

Geben Sie es weiter

Ich erhalte immer wieder Briefe von Menschen, die sich nicht mehr an meine Predigt erinnern können, aber von der Freude, die ich ausstrahle, berührt wurden. Sie spürten, wie Liebe über den Bildschirm zu ihnen durchdrang. Dieser Grundsatz gilt auch im wirklichen Leben. Wenn wir freundlich und liebenswürdig sind, werden wir in den meisten Situationen mehr erreichen, und unser Lächeln wird in unserem Umfeld Freude verbreiten.

Lassen Sie Ihre Freude sichtbar sein, und geben Sie sie weiter. Seien Sie freundlich. Lächeln Sie bewusst und ohne Hintergedanken. Lächeln Sie den Polizisten an, auch wenn er Ihnen ein Knöllchen schreibt. Lächeln Sie den mürrischen Verkäufer an. Lächeln Sie Ihren Chef an, auch wenn er Sie gerade gebeten hat, an Ihrem freien Tag zu arbeiten.

Und wenn Ihr Leben schwierig wird, dann lächeln Sie mit der Kraft, die Ihnen Ihr Glaube schenkt. Warten Sie nicht, bis es Ihnen besser geht. Lächeln Sie, und die Gefühle, die damit verbunden sind, werden sich tatsächlich einstellen. Denken Sie daran: Sie wurden »mit Freudenöl gesalbt«. Sie können glücklich leben, auch wenn die Menschen um Sie herum mutlos sind.

Wenn Sie es sich zur Gewohnheit machen zu lächeln, wird Gott

Sie dafür belohnen. Sie werden sich nicht nur besser fühlen, Sie werden sich auch wohltuende Ruhepausen verdienen. Sie werden erleben, dass Sie sich weiterentwickeln und dass Sie weiterkommen. Die Menschen werden sich zu Ihnen hingezogen fühlen, und ich glaube fest daran, dass Sie das siegreiche Leben führen werden, das Gott für Sie bereithält.

Kapitel 4

Blühen Sie dort, wo Sie gepflanzt wurden

Vor einiger Zeit ging ich durch den Wald spazieren und gelangte zu einer großen Lichtung, auf der Unkraut wuchs. Mehrere Quadratkilometer voll von totem, vertrocknetem, braunem, hässlichem Unkraut. Als ich dann über das offene Feld ging, sah ich nach ein paar hundert Metern eine wunderschöne Blume. Sie war so leuchtend, so farbenfroh und erfrischend für das Auge. Sie blühte mitten auf diesem riesengroßen, mit Unkraut überwucherten Feld. Und ich dachte: *Genau das erwartet Gott von uns: Wir sollen dort blühen, wo er uns gepflanzt hat.*

Vielleicht arbeiten Sie ja mitten in einem Feld voller Unkraut, doch das sollte Sie nicht am Blühen hindern. Vielleicht sind Sie mit altem Unkraut verheiratet. Die gute Nachricht lautet: Sie können trotzdem blühen.

So viele Menschen sind negativ gestimmt und mutlos, weil ihnen ihre Lebensumstände nicht gefallen. Sie können ihren Ehepartner nicht mehr leiden. Sie hassen ihre Arbeit. Sie haben schwierige Kollegen. Der Ort, an dem sie leben, gefällt ihnen nicht. Sie wären gern woanders.

Wenn negativ eingestellte Menschen Überstunden machen müssen, verdirbt ihnen das den ganzen Tag. Sie kämpfen ständig gegen irgendetwas an. Und vielleicht denken sie sogar schon darüber nach, sich einen anderen Job zu suchen. Ich habe gelernt, dass Gott mehr daran gelegen ist, mich zu verändern als meine Umstände. Solange ich unzufrieden bin, weil die Dinge nicht nach meinen Vorstellungen laufen, solange ich entmutigt bin, weil ich ledig bin, wo ich doch so gern heiraten möchte, solange ich verärgert bin, weil mein Geschäft nicht wächst – so lange trete ich innerlich auf der Stelle.

Wenn Sie sich nach Veränderung sehnen, wenn Sie sehen wollen, wie Gott Ihnen neue Türen öffnet, dann müssen Sie dort blühen, wo Sie gepflanzt wurden. Sie denken vielleicht, dass es Ihnen besser ginge und dass Sie optimistischer wären, wenn alles endlich besser wird. Nein, Sie müssen genau dort, wo Sie gerade sind, Ihr Bestes geben.

Säen Sie für Gott

Lächeln Sie. Behandeln Sie Ihre Mitmenschen gut, auch wenn sie das Gegenteil tun. Seien Sie dankbar für den Ort, an dem Sie leben, auch wenn Sie lieber woanders wären. Wenn Sie dort, wo Sie gepflanzt sind, blühen, säen Sie eine Saat für Gott, der daraus etwas Neues macht.

In der Bibel lesen wir: »Der Herr hat Freude an einem redlichen Menschen und lenkt alle seine Schritte« (Psalm 37,23). Mit anderen Worten: Solange wir auf Gott vertrauen, befinden wir uns dort, wo Gott uns haben will.

»Das kann nicht sein«, sagen Sie. »Ich fühle mich nicht wohl. Ich bin nicht am richtigen Platz. Man behandelt mich nicht richtig.«

Es mag schwierig sein, doch Gott wird keine Schwierigkeit in Ihrem Leben zulassen, ohne eine göttliche Absicht damit zu verfolgen. Ich habe erkannt, dass die Dinge uns nicht *zustoßen*, sondern *für* uns geschehen. Wenn wir die richtige Einstellung bewahren, wird Gott dafür sorgen, dass diese Schwierigkeiten uns zum Guten dienen.

Wie steht es mit jener Person, die Ihnen das Leben schwermacht? Sie ist *für* Sie da. Gott gebraucht sie, damit Sie sich weiterentwickeln. Ihr Charakter wird geformt. Sie lernen, anderen Menschen Gutes zu tun, auch wenn sie sich Ihnen gegenüber alles andere als gut verhalten. Gott gebraucht schwierige Menschen wie Sandpapier, um unsere rauen Kanten abzuschleifen. Wenn Sie dieser Person das nächste Mal begegnen, dann versuchen Sie, sich nicht aufzuregen, sondern setzen Sie ein breites Lächeln auf, und sagen Sie: »Vielen Dank für alles, was Sie für mich getan haben.«

Das wird Ihr Gegenüber unter Umständen umhauen.

Wenn Gott Sie jetzt sofort von einigen Ihrer Probleme befreien würde, wären Sie nicht für das bereit, was er noch für Sie auf Lager hat. Wenn Sie mit großen Herausforderungen konfrontiert werden, dann beklagen Sie sich nicht, sondern sagen Sie: »Herr, ich bin nicht gerade sehr froh über diese Sache. Aber ich weiß, dass sie zu deinem göttlichen Plan gehört, und du hättest dies nicht zugelassen, wenn sie nicht auch etwas Gutes für mich beinhalten würde. Im Moment fühle ich mich zwar gar nicht gut damit, aber ich weiß, dass ich dadurch wachsen werde und du mich zu der Person machst, als die du mich geschaffen hast.«

Wir können uns das Glück nicht erkämpfen

Wie oft kämpfen wir um unser Glück! Wir versuchen ständig, etwas zu erreichen, das uns glücklich macht. »Wenn ich doch nur ein größeres Haus hätte.« Oder: »Wenn ich doch nur einen besseren Job finden würde oder wenigstens die Abteilung wechseln könnte.« Oder: »Wenn ich doch nur neue Freunde finden würde.«

Solche Gedanken werden Sie nur daran hindern, glücklich zu sein. Versuchen Sie lieber zu sagen: »Hierhin hat Gott mich gestellt, und solange er mir keinen anderen Platz zuweist, will ich hier glücklich sein.«

Wenn ich in einem Verkehrsstau stecke, kann ich beispielsweise sagen: »Ich wäre lieber woanders, aber Gott hat zugelassen, dass ich jetzt gerade hier bin, also bleibe ich entspannt und ruhig.«

Wenn ich Überstunden machen muss, braucht mich das nicht zu entmutigen: »Gott verfolgt vielleicht ein Ziel damit, dass ich so spät noch hier im Büro bin, also will ich mich darüber freuen und es genießen.«

Wenn mich jemand schlecht behandelt, will ich nicht zulassen, dass er mir den Tag verdirbt und mir meine Freude raubt. Stattdessen kann ich sagen: »Im Moment hat Gott mich hierhin gestellt, also will ich über dieser Angelegenheit stehen und trotzdem glücklich sein.«

Das meine ich, wenn ich Sie dazu ermutige, dort zu blühen, wo Gott Sie gepflanzt hat. **Wo immer Sie sich befinden, machen Sie sich bewusst, dass Gott Sie dorthin gestellt hat, weil er einen Plan für Sie hat.** Wenn Sie das begreifen, ist Ihre Stimmung nicht länger von den Umständen abhängig oder davon, wie die anderen Sie behandeln. Das stärkt Ihnen den Rücken. Sie werden ausgeglichener sein. Sie werden lächeln, in guter Stimmung und freundlich sein. Das sind die Kennzeichen einer reifen Person.

Übernehmen Sie Verantwortung für Ihre Haltung

Was ich an diesem Ansatz besonders mag, ist die Tatsache, dass wir keine Ausflüchte machen können und stattdessen die Verantwortung für unsere Lebensfreude übernehmen. Ich kenne so viele Menschen, denen ihr Job nicht gefällt. Es graut ihnen davor, zur Arbeit zu fahren. Es graut ihnen davor, Zeit mit den Arbeitskollegen zu verbringen. Es graut ihnen vor ihren Aufgaben selbst.

Ist das nicht ein schrecklicher Gedanke: 40 Stunden pro Woche zu arbeiten und diese Arbeit nicht gern zu tun? »Nun«, wenden Sie vielleicht ein, »Sie kennen ja meine Kollegen nicht. Sie haben keine Ahnung, wie schrecklich es bei uns ist.«

Aus der Bibel wissen wir, dass Gott uns die Kraft geschenkt hat, unsere Arbeit gern zu tun. Sagen Sie sich also nicht länger: »Ich kann hier nicht glücklich sein. Ich mag meinen Job nicht. Ich mag die Kollegen nicht. Ich kann es nicht erwarten, bis Gott mir neue Möglichkeiten eröffnet.« So machen Sie sich selbst unglücklich.

Sagen Sie sich stattdessen: »Ich kann diesen Job gern tun. Ich werde einen guten Tag im Büro verbringen. Ich werde gern mit den Kollegen zusammen sein. Ich werde produktiv sein. Ich werde genau hier, wo Gott mich gepflanzt hat, blühen.«

Vielleicht sind Sie mit Ihrer Arbeit unzufrieden, weil man Dinge von Ihnen erwartet, die Sie nicht gern tun. Machen Sie sich klar: Die Person beziehungsweise das Unternehmen, das Sie bezahlt, will, dass bestimmte Dinge so erledigt werden, wie es sich das vorstellt. Sie sind damit vielleicht nicht einverstanden. Sie sind davon überzeugt, die Dinge auf Ihre Weise besser zu machen, doch Ihr Chef unterschreibt den Gehaltsscheck, und folglich müssen Sie tun, was der Chef von Ihnen erwartet. Sie müssen die Größe besitzen, die Autorität Ihres Vorgesetzten anzuerkennen und seine Anweisungen mit einer guten Einstellung auszuführen, statt ständig alles infrage zu stellen und vor sich hin zu grummeln: »Der hat ja keine Ahnung.«

Seien Sie an Ihrem Platz treu

Ich habe 17 Jahre lang mit meinem Vater zusammengearbeitet. Ich war für die Fernsehproduktion verantwortlich. Wir übertrugen Sondersendungen und große Konzerte und lauter aufregende Dinge, die ich wirklich gern tat. Doch in seinen letzten Lebensjahren wollte mein Vater kürzertreten. Bei einer Gelegenheit hatte ich alles dafür in die Wege geleitet, dass verschiedene Rundfunkanstalten die Sendungen meines Vaters übertrugen. Ich hatte viele Arbeitsstunden in dieses Projekt investiert. Ich bat meinen Vater, eine Stunde pro Woche zu kommen, um seinen Teil aufzunehmen, und wir anderen würden dann die Eröffnungssequenzen und den Schlussteil erstellen. Aber er sagte: »Ich will nicht. Ich bin 75 Jahre alt. Ich will mich entspannen und mich nur noch um meine Gemeinde kümmern.«

Ich war sehr enttäuscht. Ich dachte: *Herr, ich bin jung. Ich will nicht weniger machen. Ich habe große Träume. Ich will mehr machen.*

Ich dachte darüber nach, diese Aufgabe sein zu lassen und mir etwas anderes zu suchen. Dennoch horchte ich erst einmal in mich hinein und erkannte, dass ich bei meinem Vater bleiben sollte. Ich beschloss: »Dies ist die Vision meines Vaters. 40 Jahre lang war er hier. Er hat diesen Ort geschaffen. Er hat das Recht zu tun, was er will. Und deshalb werde ich nicht zulassen, dass mir meine Unzufriedenheit meine Lebensfreude raubt. Ich werde nicht meine Sachen packen und verschwinden, nur weil es nicht so läuft, wie ich mir das vorstelle.«

Ich gab weiterhin Tag für Tag mein Bestes. Zwei Jahre später starb mein Vater. Heute ist mir klar, dass Gott damals diese Träume in mein Herz gelegt hatte, damit ich später meinen eigenen Dienst für ihn würde tun können. Aber der Zeitpunkt war noch nicht gekommen. Wäre ich nicht an dem Platz, an den Gott mich gestellt hatte, treu gewesen, hätte ich die Autorität meines Vaters nicht anerkannt und ihn geehrt; hätte ich nicht das Richtige getan, obwohl es mir schwerfiel, dann wäre ich heute nicht da, wo ich bin.

Wenn Sie die Prüfung, bei der es darum geht, dort zu blühen, wo Sie gepflanzt wurden, bestehen und eine positive Einstellung bewahren, auch wenn es Ihnen schwerfällt, und ruhig bleiben, wenn die Dinge nicht nach Ihren Vorstellungen laufen, und Autorität akzeptieren, auch wenn Sie eine andere Meinung haben, dann säen Sie Samen für Gott, sodass er Sie dorthin bringen kann, wo Sie nach seinem Plan sein sollen.

»Mein Chef ist schwierig. Meine Kollegen gehen mir auf die Nerven. Sie sind so negativ eingestellt. Sie jammern ständig herum. Ich bete schon seit drei Jahren um einen neuen Arbeitsplatz. Warum dauert es so lange?«, sagen Sie vielleicht.

Haben Sie je darüber nachgedacht, dass Gott Sie mit Absicht

an einem bestimmten Platz lässt, damit Sie dort ein Vorbild sein können? Gott möchte, dass Sie Ihr Licht leuchten lassen, damit Sie dort, wo Sie sind, etwas bewegen können. Vielleicht geht es ja nicht darum, Ihren Arbeitsplatz zu verändern – vielleicht sollten Sie Ihre Perspektive verändern?

Wenn Sie die Prüfung bestehen und blühen, wo Sie gepflanzt wurden, wird Gott Ihnen Türen öffnen. Doch solange Sie sich beklagen, wird es keine Veränderung geben. Gott kann Ihnen nicht zu Wachstum verhelfen, wenn Sie nicht dort, wo Sie sind, Ihr Bestes geben.

Vielleicht befinden Sie sich in einer schwierigen Situation. Machen Sie sich klar: Entweder arbeitet Gott an Ihnen oder aber er gebraucht Sie, um an einer anderen Person zu arbeiten. Gott verfolgt eine Absicht. Es ist nicht falsch, Gott um die Veränderung einer Situation zu bitten. Doch bis es so weit ist, müssen Sie darauf vertrauen, dass Sie sich an dem Platz befinden, den Gott Ihnen zugedacht hat.

Manchmal lässt Gott uns schwierige Zeiten durchmachen, damit wir jemand anderem helfen. Wir müssen dann einfach treu unsere Saat säen und ertragen, dass wir uns nicht wohlfühlen und unfair behandelt werden. Wir müssen dann besonders geduldig und freundlich sein und über Dinge hinwegsehen, damit diese Person so werden kann, wie Gott sie sich vorstellt.

Gott will uns zum Wohl der anderen gebrauchen

Joyce erlebte in ihrer Kindheit und Jugend viel Ungerechtigkeit. Ihre erste Ehe mit einem gewalttätigen, untreuen Mann hielt nicht lange. Sie heiratete wieder, und ihr neuer Ehemann hatte es sehr schwer mit ihr. Sie wollte keine schlechte Ehefrau sein, aber sie hatte so viel Schweres durchgemacht, wodurch sie verletzt und innerlich ganz zerstört war.

Sie hatte zu niemandem Vertrauen. Sie hatte eine negative Grundhaltung, war etwas kritiksüchtig, und es war alles andere als einfach, mit ihr zu leben. Ihr Mann Dave dachte unzählige Male darüber nach, sie zu verlassen. Niemand hätte ihm diesen Schritt verübelt. Doch tief in seinem Innern wusste er, dass er bleiben sollte. Es war das Schwierigste, was er jemals durchgemacht hatte. Monat für Monat, Jahr um Jahr lebte er mit dieser schwierigen Situation.

Es war unfair und problematisch, aber Dave blühte weiter dort, wo er gepflanzt war. Er gab weiterhin sein Bestes: Er war freundlich, geduldig, sah über Dinge hinweg und vergab. Er hatte das Gefühl, ständig zu geben, zu geben und niemals selbst etwas zu bekommen; ständig zu säen, aber niemals zu ernten.

Ich bin froh, dass ich Ihnen sagen kann, dass die Dinge heute im Leben dieses Paares völlig anders sind. Dave bezahlte einen hohen Preis. Er blieb bei seiner Frau. Heute, 35 Jahre später, erntet er die enormen Belohnungen. Seine Frau ist Joyce Meyer. Sie ist nicht nur vollständig geheilt, sondern die beiden leiten einen Dienst für Gott, der Menschen rund um den Globus erreicht und verändert.

Joyce und Dave sind erstaunliche Menschen. Joyce fragte einmal: »Was wäre passiert, wenn Dave wie mein erster Mann gehandelt und den einfachen Weg gewählt hätte? Wenn er nicht bei mir geblieben und den Preis bezahlt hätte?«

Manchmal erwartet Gott von uns, dass wir Dinge ertragen, um einer anderen Person zu helfen. Wo sind die Menschen, die selbstlos genug sind zu sagen: »Herr, ich vertraue dir. Es ist schwierig. Es ist nicht fair. Ich will es eigentlich nicht. Ich habe keine Lust dazu. Aber, Herr, ich halte durch, weil ich dir vertraue.«

Und Gott belohnt solche Menschen!

Der Apostel Paulus machte diese Erfahrung ebenfalls: »Ich habe gelernt, in jeder Lage zurechtzukommen und nicht von äußeren Umständen abhängig zu sein. Ich kann Not leiden, ich kann im Wohlstand leben; mit jeder Lage bin ich vertraut. Ich kenne Sattsein und Hungern, ich kenne Mangel und Überfluss« (Philipper 4,11–12).

Mit anderen Worten: »Ich blühe dort, wo ich gepflanzt wurde. Ich bin glücklich und habe eine gute Einstellung, weil ich weiß, dass Gott meine Schritte lenkt. Er hat alles unter Kontrolle. Und alles ist Teil seines göttlichen Plans für mein Leben.«

Seien Sie eine Rose unter Dornen

Wie Dave brauchen auch Sie es nicht zuzulassen, dass eine schwierige Lebenssituation Ihr Glück beeinträchtigt. Konzentrieren Sie sich nicht auf das Unkraut. Natürlich könnten Sie Ihre ganze Zeit damit zubringen, das Unkraut auszureißen. Also zu versuchen, alles in Ihrem Leben nach Ihren Wünschen auszurichten, versuchen, die anderen zu verändern, versuchen, Ihre Arbeitskollegen zu korrigieren.

Doch man kann die Menschen nicht verändern. Nur Gott kann das. Wenn jemand »Unkraut« sein will, dann können Sie alles versuchen – diese Person wird Unkraut bleiben. Wenn Sie all Ihre Energie und Zeit investieren, um diese Person zu verändern, dann hindern Sie sich selbst daran zu blühen. Das Beste, was Sie tun können, ist, mehr denn je mitten im Unkraut zu blühen. Sie können auch in Gegenwart von negativ eingestellten und kritischen Kollegen innerlich fröhlich sein und lächeln.

Seien Sie freundlich. Seien Sie liebenswürdig. Wenn die anderen sich beklagen, dann predigen Sie sie nicht an. Versuchen Sie nicht, sie daran zu hindern. Es ist nicht Ihre Aufgabe, das Unkraut auszureißen. Ihre Aufgabe ist es zu blühen. Sorgen Sie nur dafür, dass Sie ein Zeugnis sind. Je mehr die anderen sich beklagen, desto dankbarer sollten Sie sein. Je mehr sie von Niederlage reden, desto mehr sollten Sie von Sieg sprechen.

Wenn Ihre Kollegen morgens zur Arbeit kommen und Sie unhöflich und mürrisch behandeln, dann denken Sie nicht: *Ich werde nie mehr mit ihnen sprechen.* Gerade jetzt können Sie mehr denn je blühen. Lächeln Sie. Bewahren Sie sich trotz allem eine positive Einstellung.

Sie tragen Verantwortung *vor* anderen, aber nicht *für* sie

Wir sind dafür verantwortlich, anderen zu helfen und sie zu ermutigen, sie zu begleiten und ihnen weiterzuhelfen. Aber wir sind nicht für die Entscheidungen verantwortlich, die die anderen treffen. Wir können niemanden zwingen, eine positive Einstellung zu haben. Wenn jemand unglücklich und mutlos ist und in Selbstmitleid versinkt, dann ist das seine Entscheidung. Lassen Sie sich nicht von den anderen in ihre Grube hinabziehen.

Wenn Sie Ihre ganze Zeit damit zubringen, andere zu ermutigen, sie dazu zu bewegen, das Richtige zu tun, sie aufzuheitern, dann werden Ihnen diese Personen all Ihre Kraft und Energie rauben. Sie können nicht blühen, wenn Sie Ihre Zeit darauf verwenden, die anderen glücklich zu machen. Das liegt nicht in Ihrer Verantwortung.

Ich habe schon vor langer Zeit erkannt, dass manche Menschen einfach nicht glücklich sein *wollen*. Es gibt Menschen, die in ihrem Elend verharren wollen. Es gefällt ihnen einfach, dadurch die Aufmerksamkeit anderer zu haben. Schieben Sie dem einen Riegel vor: »Wenn du nicht glücklich sein willst, na gut, aber du kannst mich nicht daran hindern, selbst glücklich zu sein. Wenn du in deinem Elend verharren willst, so ist das deine Entscheidung, aber ich will mich nicht von dir runterziehen lassen. Wenn du Unkraut sein willst, dann sei Unkraut, aber ich bin eine Blume. Ich blühe. Ich entscheide mich dafür, mein Leben positiv zu sehen. Ich möchte lächeln. Ich bin trotz meiner Schwierigkeiten glücklich.«

Wenn Sie inmitten des Unkrauts blühen, dann säen Sie eine Saat, um andere Menschen zu inspirieren und ihnen zu Wachstum zu verhelfen. Und diese Saat kann Gott gebrauchen, um auch Sie zu formen.

Vielleicht sind Sie derzeit von negativ eingestellten Menschen umgeben. Menschen, die es nicht sehr weit bringen werden, weil es ihnen an Zielen, Träumen, Visionen und Begeisterung mangelt. Sie fragen sich vielleicht, ob Sie je selbst weiterkommen werden.

Und vielleicht erscheint es Ihnen leichter zu sein, die Dinge zu akzeptieren, wie sie sind, sich damit zu arrangieren und zu glauben, dass dies eben Ihre Bestimmung sei.

Lassen Sie sich von mir herausfordern: Dies ist nicht Ihre Bestimmung. Sie sind zu Höherem bestimmt. Gott hat unglaubliche Dinge für Ihre Zukunft geplant, aber Sie müssen Ihren Beitrag leisten und blühen, wohin er Sie gepflanzt hat. Was bedeutet das? Entwickeln Sie Ihre Gaben und Talente weiter. Was Sie auch tun, welcher Beschäftigung Sie auch nachgehen: Geben Sie Ihr Bestes. Verbessern Sie Ihre Fähigkeiten. Lesen Sie Bücher. Besuchen Sie Fortbildungen. Kehren Sie auf die Schulbank zurück, wenn es sein muss. Aber lehnen Sie sich auf keinen Fall zurück und denken: *Ich werde es nie weiter schaffen. Ich werde immer in dieser Nachbarschaft feststecken. Das ist eben mein Schicksal.*

Ihr Schicksal ist es, sich zu übertreffen. Weiterzugehen. In dieser Welt etwas zu bewegen. Halten Sie inne und sagen Sie sich: »Ich bleibe nicht auf der Stelle stehen. Ich bin zu Höherem bestimmt. Ich bin ein Kind des Allerhöchsten. Gott hat mir Saatgut mitgegeben, um zu wachsen und mich auszubreiten. Deshalb will ich hier und jetzt das Beste geben, denn ich weiß, dass Gott mich dahin bringen wird, wo ich nach seinem Plan sein soll.«

Gott wird auf den Plan treten

Wenn wir tun, was wir tun *können*, dann wird Gott auf den Plan treten und tun, was wir *nicht* tun können. Er wird uns Ruhezeiten schenken, die wir unserer Meinung nach vielleicht gar nicht verdienen. Er wird dafür sorgen, dass andere Personen gut zu uns sind, obwohl es dafür vielleicht gar keinen Grund gibt. Er wird Türen öffnen, die niemand schließen kann. So sieht es aus, wenn er uns segnet und uns seine Gunst schenkt.

Juan Rodriguez wuchs in Puerto Rico in extremer Armut auf. Seine Familie hatte kaum genug zu essen. Ihr Zuhause war nicht mehr als ein Bretterverschlag. Schon im Alter von sieben Jahren arbeitete er auf den Zuckerrohrfeldern und brachte den Arbeitern Wasser. Es sah ganz danach aus, als ob er keine Zukunft hätte und sich nie aus der Armut würde befreien können.

Doch in der Nähe seines Zuhauses gab es einen alten heruntergewirtschafteten Golfplatz, auf dem er mit sechs Jahren einen Job als Golfjunge bekam und ein bisschen zusätzliches Geld verdiente. Schon bald war Juan vom Golfsport völlig begeistert. Er konnte sich keinen Golfschläger leisten, also begann er, mit einem Stock zu spielen. Blechdosen dienten ihm als Golfbälle. Den ganzen Tag lang spielte er auf seinem behelfsmäßigen Golfplatz »Golf«.

Als einer der örtlichen Golfspieler sah, wie sehr sich Juan für das Spiel interessierte, besorgte er ihm einen Job auf dem Golfplatz, bei dem er täglich 35 Cents verdienen konnte. Und wenn Juan nicht arbeitete, spielte er Golf. Er verbesserte seinen Schwung und seinen Abschlag und gab sein Bestes.

Mit 21 Jahren wurde er fest als Golfjunge auf einem Golfplatz in Puerto Rico angestellt. Eines Tages kam ein professioneller Golfspieler vorbei und sah, wie talentiert Juan war. Er nahm ihn unter seine Fittiche und begann, mit ihm zu arbeiten, ihn zu unterweisen und zu trainieren.

Heute, viele Jahre später, ist Juan Rodriguez besser bekannt unter dem Namen Chi Chi Rodriguez. Er gewann 8 *PGA Tour*-Turniere und 22 Turniere der *Champions Tour*, wobei er einmal zum besten Spieler des Jahres gekürt wurde. Darüber hinaus gründete er die *Chi Chi Rodriguez Foundation*, die Not leidenden und misshandelten Kindern Vorbilder und Unterstützung zukommen lässt.

Blühen Sie dort, wo Gott Sie gepflanzt hat. Machen Sie keine Ausflüchte. Sagen Sie sich nicht immer wieder: *Ich bin benachteiligt. Mir stehen zu viele Hindernisse im Weg. Ich habe die falsche Staatsangehörigkeit. Ich wurde in die falsche Familie hineingeboren. Ich habe keine Beziehungen. Ich werde nie aus meinem Lebensumfeld herauskommen.*

Vielleicht können Sie selbst nicht sehen, wie sich Ihr Leben jemals zum Positiven verändern kann, aber Gott sieht es. Er hat bereits einen Plan. Ihr Schicksal wird nicht davon bestimmt, wie

Sie aufgewachsen sind, auch nicht von Ihren Lebensumständen oder davon, dass alles gegen Sie steht. Ihr Schicksal wird vom Schöpfer des Universums bestimmt. Wenn Sie das nehmen, was Gott Ihnen gegeben hat, und daraus das Beste machen, so wie Chi Chi Rodriguez es getan hat, dann wird Gott Türen öffnen. Er wird Ihnen Ruhepausen schenken und dafür sorgen, dass Sie den richtigen Menschen begegnen.

Versuchen Sie nicht, sich aus Ihrer Verantwortung herauszustehlen. Warten Sie nicht länger auf Veränderungen. Säen Sie Samen, und seien Sie jetzt und hier glücklich. Wenn Sie schwierige Zeiten durchmachen, dann denken Sie an eines: **Entweder arbeitet Gott an Ihnen, oder er gebraucht Sie, um an jemand anderem zu arbeiten.** Solange Sie Ihr Vertrauen auf Gott setzen, sind Sie genau an dem Ort, an dem er Sie haben will. Hören Sie auf, nach einem anderen Platz Ausschau zu halten. Geben Sie dort Ihr Bestes, wo Sie gerade sind. Wenn Sie den Entschluss fällen, dort zu blühen, wo Sie gepflanzt wurden, dann bestehen Sie die Prüfung. Gott verspricht, seine Segnungen über Ihnen auszugießen. Sie werden nicht nur Lebensfreude empfinden; Gott wird Sie auf eine Weise weiterbringen, die Sie sich nie hätten träumen lassen.

Kapitel 5

Genießen Sie die Reise

Einer meiner Freunde erhielt die Einladung, das Weiße Haus zu besichtigen und den Präsidenten zu treffen. Er war angesichts einer solchen Ehre schrecklich aufgeregt. Doch dann gewann die Basketballmannschaft seines Sohnes ein wichtiges Spiel und sollte im Finale um die Meisterschaft spielen. Doch leider fand das Meisterschaftsspiel am gleichen Tag statt wie der geplante Besuch meines Freundes in Washington. Er stand nun vor der Entscheidung, entweder dem Spiel seines Sohnes beizuwohnen oder aber den Präsidenten der Vereinigten Staaten zu treffen.

Er hätte sich sagen können: *Nun ja, ich kann mir das Spiel ja auch später auf Video ansehen. Ich kann anrufen und mich über den Spielstand informieren. Ich kann das Spiel wahrscheinlich auch im Radio verfolgen.*

Doch er musste gar nicht lange nachdenken. Er setzte das Büro des Präsidenten davon in Kenntnis, dass er nicht kommen könne. Er ging zum Spiel seines Sohnes, und es war ein spannendes, knappes Spiel. Beide Mannschaften übernahmen mehrmals abwechselnd die Führung, und in den letzten Spielsekunden stand die Mannschaft seines Sohnes mit einem Punkt im Rückstand. Es sah schlecht für sie aus. Doch dann gelang es seinem Sohn ganz knapp vor dem Schlusspfiff, den Siegestreffer zu erzielen, und seine Mannschaft gewann die Meisterschaft.

Hinterher sagte mein Freund: »Ich hätte diesen Augenblick um nichts in der Welt verpassen wollen. Es gab keinen Ort, an dem ich in diesem Augenblick lieber gewesen wäre. Selbst nicht bei einem Treffen mit dem Präsidenten.«

Im Leben geht es nicht wirklich um das Ziel, sondern darum, wie wir auf dem Weg dorthin leben. Wie oft sind wir so zielorientiert, dass wir uns zwar auf unsere Träume konzentrieren, dabei aber die einfachen Dinge übersehen, die wir täglich genießen dürfen. Das Leben ist wie eine Reise. Es gibt keine Ziellinie. Sobald wir einen Traum verwirklicht haben, wird Gott uns einen neuen Traum schenken. Wenn wir eine Herausforderung gemeistert haben, wird es eine neue geben. Es gibt immer wieder einen neuen Berg zu erklimmen.

Wenn wir den Fehler begehen, unseren Blick nur auf das Ziel zu richten, werden wir eines Tages innehalten und erkennen, dass wir den größten Teil unseres Lebens verpasst haben. Der größte Teil des Lebens besteht aus Routine. Die meisten von uns stehen jeden Morgen auf, gehen zur Arbeit, kommen nach Hause, essen zu Abend, gehen zu Bett, und am nächsten Tag geht es wieder von vorne los. Es gibt nur sehr wenige Berggipfel: den Schulabschluss, die Hochzeit, die Geburt eines Kindes. Und zwischen diesen wenigen Höhepunkten liegen viele Jahre.

Und doch leben viele Menschen nur für die Höhepunkte. Sie wollen unbedingt eine Beförderung erreichen, und so arbeiten sie Tag und Nacht. Sie genießen ihr Familienleben nicht. Sie sind so sehr von der Erziehung ihrer Kinder gestresst, dass sie ihre Kinder nicht genießen. Sie sind so sehr damit beschäftigt, ihre täglichen Probleme zu lösen, dass sie die besten Momente eines jeden Tages verpassen.

Schalten Sie einen Gang zurück, und genießen Sie die Reise. Auch ich musste genau das tun. Vor meiner Heirat reiste ich mehrmals pro Jahr mit meinem Vater ins Ausland. Ich lebte für diese großen Reisen. Ich konnte es kaum abwarten. Wenn eine Reise vorüber war, begann ich sofort, die Monate, Wochen und Tage bis zur nächsten Reise zu zählen.

Eines Tages wurde mir bewusst, dass ich auf der Suche nach

dem nächsten großen Kick durch mein Leben hastete. Natürlich ist es eine gute Sache, sich auf etwas freuen zu können. Es ist gut, Ziele zu haben. Doch bis diese Dinge eintreten, sollten wir nicht aufhören zu leben. Wir sollten jeden einzelnen Tag auf dem Weg dahin genießen.

Der ehemalige Footballstar Deion Sanders träumte davon, den *Super Bowl* zu gewinnen. Er wünschte sich diesen Sieg mehr als alles andere auf der Welt. Er trainierte Jahr für Jahr unermüdlich. Eines Tages ging sein Traum in Erfüllung. Seine Mannschaft, die *San Francisco 49ers*, gewann den *Super Bowl* der Saison 1994. Nach der großen Party war er tief enttäuscht. *Das war alles?*, fragte er sich. *Ich habe hart gearbeitet und den Gipfel meiner Karriere erreicht. Doch ich hatte mir das ganz anders vorgestellt. Ja, ich bin glücklich. Ja, Gott hat mich gesegnet. Aber es ist einfach anders, als ich es mir vorgestellt hatte.*

Manche Menschen verbringen ihr ganzes Leben damit, einem bestimmten Ziel nachzujagen, nur um dann festzustellen, dass es nicht die erwartete Erfüllung mit sich bringt. Wir sollten uns eines bewusst sein: Die wahre Freude liegt in den einfachen Dingen verborgen: mit Ihrer Familie zusammen zu sein, früh aufzustehen und den Sonnenaufgang zu beobachten, durch den Park zu schlendern, Ihre Tochter zum Essen auszuführen, mit Ihrer Frau oder Ihrem Mann eine Fahrradtour zu machen. Natürlich bringen erreichte Ziele oder Leistungen eine gewisse Befriedigung mit sich, aber diese Befriedigung geht vorüber.

Wir können nicht von Höhepunkten leben

Wir können nicht von den Höhepunkten des Lebens leben, denn wenn wir sie eine Weile genossen haben, wird Gott einen neuen Traum, etwas Neues, auf das wir uns freuen können, in unser Herz legen.

Ich habe mit vielen Menschen gesprochen, die auf ihrem Gebiet das Höchste erreicht haben, das es zu erreichen gibt. Und ausnahmslos jeder von ihnen hat sein Bedauern darüber geäußert, dass dieser Erfolg zu Lasten seiner Familie ging. Sie sagten mir: »Wenn ich noch einmal von vorn beginnen könnte, würde ich mir Zeit nehmen, innezuhalten und an Rosen zu schnuppern. Ich würde mir die Fußball- oder Basketballspiele meiner Kinder ansehen. Ich würde dafür sorgen, dass mein Leben nicht so stressig und ich nicht ständig so angespannt bin. Meine Gedanken würden nicht ständig um das eine kreisen: *Wenn ich nur erst die nächste Ebene erreicht hätte, könnte ich mein Leben endlich genießen.*«

Drosseln Sie das Tempo, und genießen Sie *heute* die Reise. Nehmen Sie sich Zeit für die Menschen, die Gott in Ihr Leben hineingestellt hat. Sie werden nicht immer da sein. In Jakobus 4, Vers 14 lesen wir, dass unser Leben wie »ein Dampfwölkchen« ist – wir sind eine kleine Weile hier, und dann nicht mehr.

Sagen Sie Ihrem Ehepartner, Ihren Kindern, den Menschen, die Ihnen am meisten bedeuten, jeden Tag, wie sehr Sie sie lieben. Neulich habe ich Victoria gesagt, wie viel es mir bedeutet, dass sie jeder meiner Predigten zuhört. Vor einiger Zeit hielten wir in einer anderen Stadt einen Gottesdienst ab. Danach kehrten wir nach *Lakewood* zurück und führten noch drei Gottesdienste am Wochenende durch. Mir wurde bewusst, dass meine Frau meine Predigt achtmal hintereinander gehört hatte. Ich persönlich habe nach dem achten Mal genug. Aber sie sitzt dort in drei Gottesdiensten pro Woche, und sie lacht immer wieder über meine Scherze, als ob sie sie zum ersten Mal hören würde. Ich weiß, dass sie nur so tut, aber immerhin tut sie es, damit ich mich gut fühle.

Ich finde das nicht selbstverständlich. Sorgen Sie dafür, dass die Menschen, die Ihnen nahestehen, wissen, wie sehr Sie ihre Aufopferung und ihre Unterstützung schätzen. Wir wären nicht da, wo wir sind, wenn nicht jemand anders den Preis gezahlt hätte, damit wir weiterkommen.

Meine Mutter ist ein weiteres Beispiel für diese Unterstützung. Bei jeder meiner Predigten höre ich, wie sie mich von der ersten Reihe aus anfeuert. Sie flüstert ständig: »Prima, Joel.« Egal, worüber ich spreche. Ich bin ihr Sohn. Sie findet alles, was ich sage, wunderbar. Ich kann zum Beispiel zur Gemeinde sagen: »Sie können sich setzen«, und meine Mutter wird sagen: »Oh, ganz hervorragend, Joel.«

Ohne die Menschen, die ihre Saat in mein Leben gesät haben, wäre ich heute nicht da, wo ich bin. Nie werde ich die Menschen, die mir am nächsten stehen – meine Familie, meine Freunde, meine Mitarbeiter, die so viele Opfer bringen, damit ich umsetzen kann, was Gott mir aufs Herz gelegt hat –, als selbstverständlich hinnehmen.

Konzentrieren Sie sich auf das, was wirklich wichtig ist

Viele Menschen leben heutzutage, um zu arbeiten. Sie arbeiten pausenlos, sind gestresst, tragen ihre Anspannung auch nach Hause und sind zu beschäftigt, um das zu genießen, was Gott ihnen gegeben hat. Machen Sie sich klar: Selbst wenn es auf das Ende Ihres Lebens zugeht, wird es im Büro immer noch Arbeit geben. Ihr Eingangskorb wird immer noch voll sein. Ihre Arbeit wird nie beendet sein.

Wenn Sie Ihrer Familie und den Menschen, die Sie lieben, nicht die richtige Priorität einräumen, wenn Sie nicht Zeit mit ihnen verbringen und in diese Beziehungen investieren, werden Sie das Allerwichtigste im Leben verpassen. Wenn Sie Ihre letzten Tage hier auf der Erde verbringen, wird Ihr Job Ihnen nicht Gesellschaft leisten. Aber Ihre Familie schon. Wenn Sie dagegen Ihre gesamte Zeit in Ihre Karriere investieren und das Beste, was Sie zu geben haben, in den Aufbau eines Geschäfts stecken, dann unterlassen Sie die Investition in das, was am meisten zählt – Ihre Familie –, und das könnte dazu führen, dass Sie zu einem sehr einsamen Menschen werden.

Es ist gut, sich auf ein Ziel zu konzentrieren und dieses ehrgeizig zu verfolgen. Es ist auch gut, hart zu arbeiten. Aber es ist wichtig, dass man seine Arbeit auch einmal liegen lässt und sagt: »Wisst ihr was? Diese Arbeit wird auch morgen noch hier sein. Ich werde heute mein Bestes geben und hart arbeiten. Aber ich werde mich auch bewusst entspannen. Ich werde die Zeit mit meiner Familie genießen. Ich werde mit meinen Kindern Spaß haben.« Wenn Sie diese Entscheidung nicht bewusst treffen, wird Ihre Familie nur Ihre Restzeit und Ihre Restenergie bekommen. Und sie verdient mehr als das.

Wenn Sie den Stress aus dem Büro mit nach Hause bringen, wird das ganze Haus angespannt sein. Lassen Sie nicht zu, dass das ungerechte Verhalten eines Kollegen oder eine unerledigte Aufgabe Ihnen Ihren Tag so sehr verdirbt, dass Sie das Problem mit nach Hause nehmen. Lassen Sie diese Dinge im Büro.

Ich weiß nicht, wie es Ihnen geht, aber ich würde lieber weniger verdienen und mein Leben genießen, als derart überarbeitet zu sein, dass ich keine Energie mehr habe. Ich lehne immer wieder Chancen ab, weil ich nicht will, dass mein Familienleben zu kurz kommt. Ich will nicht, dass meine Kinder aufwachsen, ohne überhaupt zu wissen, wer ich bin. Ich will nicht so beschäftigt sein, dass ich nicht nach Hause kommen und Sport treiben oder durch den Park laufen oder die Sterne betrachten oder frühmorgens aufstehen kann, um die Vögel singen zu hören.

Ich bin durchaus ein zielorientierter, disziplinierter Mensch, aber ich mache genau das, wozu ich Sie auffordere. Ich habe mir antrainiert, langsamer durchs Leben zu fahren und die Reise zu genießen.

Im Zickzack durch das Leben

Als Teenager schlenderte Frank Lloyd Wright, der später ein berühmter Architekt wurde, mit seinem Onkel über ein schneebedecktes Feld auf ein Haus zu. Auf einmal verließ Frank den Weg, um bei einer Scheune innezuhalten und die Tiere zu betrachten. Dann ging er zu einem kleinen Teich hinüber, um diesen zu bestaunen. Und schließlich entdeckte er in einiger Entfernung ein kleines Fort, also ging er in diese Richtung, um sich das Fort anzusehen.

Als er schließlich seinen Onkel auf dem schneebedeckten Feld einholte, sagte der Onkel zu ihm: »Nun, Frank, ich möchte dir gern eine Lektion beibringen. Schau mal auf unsere Fußspuren im Schnee zurück. Meine Spuren führen geradewegs hierhin. Ich bin nie vom Weg abgewichen und war schneller hier als du. Und nun sieh auf deine Spuren. Du bist den ganzen Weg über im Zickzack gelaufen und hast viel Zeit verloren, weil du ständig irgendwo angehalten hast.«

Frank Lloyd Wright erzählte später, dies sei eine der wichtigsten Lektionen seines Lebens gewesen. Allerdings lernte er genau das Gegenteil von dem, was sein Onkel ihm hatte beibringen wollen. Franks Philosophie lautet: »Ich bin am gleichen Ziel angekommen, aber ich habe unterwegs all die schönen Dinge genossen.«

Wir sollten beidem ausreichend Raum in unserem Leben geben: harter Arbeit, Zielorientierung und dem Erreichen von Träumen auf der einen und Zeiten der Ruhe, die wir uns bewusst nehmen, um an Rosen zu schnuppern auf der anderen Seite. Genießen Sie die großartigen Dinge, die Gott in Ihr Leben hineingelegt hat. Manche Menschen sind so auf Arbeit programmiert, dass sie gar keinen Spaß mehr haben. Wenn Sie Ihre Blickrichtung ändern, herunterschalten und die Reise genießen, werden Sie ebenfalls dort ankommen, wo Sie ankommen wollen, aber Ihr Leben wird viel erfüllter sein.

Ich habe diesbezüglich durch die Familie meiner Frau eine Menge gelernt. Sie lachen unwahrscheinlich gern. Sie lieben es, Spaß zu haben und sich miteinander zu amüsieren. Beim Abendessen können sie stundenlang zusammensitzen und sich unterhalten. Ich kann in zehn Minuten mit einer Mahlzeit fertig sein und denken: *Weiter geht's. Es gibt genug zu tun. Wir müssten Ziele erreichen, Träume verfolgen.*

Vor Kurzem kamen Victorias Mutter, ihr Bruder und noch andere Familienmitglieder nach dem Gottesdienst zu einem späten

Mittagessen zu uns nach Hause. Nachdem ich aufgegessen hatte, ging ich in den Nebenraum und sah mir ein Footballspiel an. Zweieinhalb Stunden später kehrte ich ins Esszimmer zurück, und alle saßen noch am Tisch, auf den gleichen Plätzen, und redeten, lachten und hatten Spaß. Ich war wirklich überrascht.

»Worüber redet ihr denn die ganze Zeit?«, wollte ich von meiner Frau wissen.

»Oh, über nichts Besonderes«, entgegnete sie.

Ich kann Ihnen versichern, dass diese Leute besser als irgendjemand sonst über nichts Besonderes reden können. Wie kommt das? Sie sind einfach gern zusammen. Sie haben mir beigebracht, mir Zeit zu nehmen, um an Rosen zu schnuppern.

Denken Sie einmal darüber nach: Gott schenkt uns jeden Morgen einen Sonnenaufgang. Haben Sie sich je daran erfreut? Er schenkt uns jede Nacht Sterne. Sehen Sie jemals nach oben und genießen diesen Anblick? Vielleicht leben Ihre Eltern ganz in Ihrer Nähe. Fahren Sie manchmal dort vorbei, um Zeit mit ihnen zu verbringen? Rufen Sie sie an, einfach nur um zu plaudern?

Gott hat viele von uns mit wunderbaren Kindern gesegnet. Erfreuen wir uns wirklich an ihnen, oder sind wir dermaßen damit beschäftigt, sie zu erziehen, ihnen Essen zu kochen, ihnen bei den Hausaufgaben zu helfen und aufzupassen, dass sie ihre Zimmer aufräumen, dass wir gar nicht in der Lage sind, dieses Geschenk Gottes wertzuschätzen? Ich weiß, dass die meisten Eltern ihre Kinder wirklich lieben. Doch viele erfreuen sich nicht wirklich an ihnen. Viele Eltern lassen zu, dass der mit der Erziehung verbundene Druck ihnen alle Freude raubt, die ihre Kinder ihnen zu bieten haben.

Einige Dinge, die Sie nicht zurückholen können

Als unsere Tochter Alexandra ungefähr drei Jahre alt war, stand sie oft nachts auf und kam in unser Schlafzimmer getapst. Natürlich brachten wir sie jedes Mal wieder in ihr Bett zurück. Einige

Monate lang wachte sie so jede Nacht zwei- bis dreimal auf und kam zu uns.

Kurz zuvor hatte ich die Aufgaben meines Vaters übernommen und angefangen, als Pastor zu arbeiten. Ich steckte in einem Lernprozess, der viel Stress und viele Veränderungen mit sich brachte, sodass ich nicht besonders viel schlief. Eines Tages sagte ich zu meiner Frau: »Wir müssen irgendetwas wegen Alexandra unternehmen. Sie kommt zu oft in unser Schlafzimmer. Weißt du, ich bin wirklich müde. Ich bekomme nicht genug Schlaf.«

Darauf sagte Victoria etwas, das ich nie vergessen werde: »Joel, denk daran, dass du in 20 Jahren alles dafür geben würdest, diese kleinen Füße die Treppe herunterkommen zu hören. Du würdest alles dafür geben, dass sie gern in unser Schlafzimmer kommt.«

Meine gesamte Blickrichtung änderte sich dadurch. Ich begann, mich auf Alexandras Kommen zu freuen. Ich genoss die Momente, die wir auf diese Weise miteinander verbrachten. Ihre Kinder machen Ihnen vielleicht gerade viel Arbeit, aber vergessen Sie darüber nicht, sich an ihnen zu erfreuen. Sie werden nicht für immer bei Ihnen sein.

Wir müssen uns darüber klar werden, dass es Dinge gibt, die wir nicht zurückholen können. Unsere Kinder werden nur eine begrenzte Zeit in unserem Haus leben. Nehmen Sie sich Zeit für die Menschen in Ihrem Leben. Verlassen Sie das Haus nicht, ohne Ihre Frau zum Abschied umarmt zu haben. Lassen Sie nicht zu, dass die Arbeit Sie daran hindert, den versprochenen Ausflug mit Ihrem Kind zu unternehmen. Kommen Sie nicht so müde nach Hause, dass Sie nicht mehr in den Park gehen und zusehen können, wie Ihr Kind Inlineskates fährt.

Schaffen Sie gemeinsame Erinnerungen. In 20 Jahren werden Sie zurückblicken und sagen: »Weißt du noch, wie unsere Kleine uns jede Nacht aufgeweckt hat? Weißt du noch, wie unser Sohn den entscheidenden Treffer erzielt hat? Könnt ihr euch erinnern, wie wir immer in den Park gegangen sind und Fangen gespielt haben? Wisst ihr noch, wie wir am Abendbrottisch saßen und uns lachend Geschichten erzählt haben?«

Nehmen Sie das Jetzt nicht als selbstverständlich hin. Ihre Familie braucht das, was Sie zu geben haben. Sie braucht Ihr Lächeln, Ihre Ermutigung, Ihre Unterstützung, Ihre Weisheit. Sie braucht die Gewissheit, dass sie Ihnen alles bedeutet. Es ist wichtig, dass Sie nicht nur *im* Haus, sondern wirklich *präsent* sind. Nehmen Sie wirklich teil, engagieren Sie sich. **Sie leben jetzt in jenen Tagen, die Sie später einmal als »die gute alte Zeit« bezeichnen werden.**

Jemand sagte einmal: »Es geht nicht um die Zeit, die wir miteinander verbringen, es geht um die Momente, aus denen wir Erinnerungen machen.«

Ich kenne viele Personen, die zwar Teil einer großen Familie, aber einsam sind. Jeder von ihnen ist so schrecklich beschäftigt. Jeder geht seinen eigenen Angelegenheiten nach. Niemand tritt vor und sagt: »Wisst ihr was? Wir sind doch eine Familie. Wir sollten uns zusammen an den Abendbrottisch setzen und einander erzählen, was wir heute erlebt haben. Lasst uns sein Fußballspiel oder ihre Tanzaufführung ansehen und ihn oder sie anfeuern. Lasst uns uns gegenseitig aufhelfen, wenn wir fallen. Lasst uns das genießen, was Gott uns gegeben hat.«

Man kann leicht zu beschäftigt sein. Wie schnell nimmt man nicht mehr Teil am Leben der anderen Familienmitglieder. Wenn wir jedoch das Beste aus unserem Leben herausholen wollen, dann sollten wir einen Schlussstrich ziehen und sagen: »Ich schalte einen Gang zurück und genieße die Reise. Ich nehme das, was Gott mir gegeben hat, nicht als selbstverständlich hin. Ich bin kein Workaholic, und ich will die Jahre, in denen meine Kinder noch zu Hause leben, nicht verpassen. Ich will nicht länger so gestresst sein, dass ich die einfachen Dinge des Lebens nicht mehr genießen kann.«

Verpassen Sie die Wunder des Alltags nicht

Vor einigen Jahren trommelte ich meine Familie zusammen, um zum Gottesdienst aufzubrechen, denn wir waren spät dran. Ich war furchtbar in Eile und sehr gestresst. Unser Sohn Jonathan war damals ungefähr acht Jahre alt. Jemand hatte uns eine Etikettiermaschine geschenkt – so ein kleines Gerät, mit dem man eine Beschriftung eintippen und ein Etikett mit selbstklebender Rückseite ausdrucken kann. Jonathan war gerade an der Haustür und damit beschäftigt, etwas in das Gerät einzugeben.

»Jonathan, leg das weg«, sagte ich. »Wir sind spät dran. Wir müssen sofort los.«

»Warte, Papa«, entgegnete er. »Ich brauche nur noch eine Sekunde.«

»Jonathan, wir haben keine Sekunde zu verlieren«, beharrte ich. »Wir werden zu spät zum Gottesdienst kommen. Leg das jetzt weg!« Ich wurde immer nervöser.

In diesem Moment druckte er das Etikett aus und gab es mir.

»Du bist der beste Papa der Welt« stand darauf.

Ich dachte: *Na ja, vielleicht sollten wir noch ein paar Augenblicke hierbleiben und ein paar zusätzliche Etiketten ausdrucken.*

Manchmal sind wir so von unseren Zielen eingenommen und auf das Endergebnis fixiert, dass wir all die Wunder verpassen, an denen wir unterwegs vorbeikommen. Nehmen Sie sich Zeit, an Rosen zu schnuppern. Erfreuen Sie sich an den unterschiedlichen Persönlichkeiten, die Gott in Ihr Leben hineingestellt hat.

Ich habe herausgefunden, dass die einfachen Dinge die größte Bedeutung haben. Man muss keinen teuren Urlaub verbringen, um gemeinsame Erinnerungen zu schaffen. Man kann Erinnerungen schaffen, wenn man gemeinsam am Abendbrottisch sitzt. Man kann einen unvergesslichen Moment erleben, wenn man seine Kinder beim Spielen auf dem Spielplatz beobachtet oder früh mit seinem Ehepartner aufsteht, um einen wunderschönen Sonnenaufgang zu betrachten.

Einige meiner schönsten Kindheitserinnerungen wurden geschaffen, als wir alle gemeinsam – meine vier Geschwister und ich – mit meinem Vater frühmorgens vor dem Kamin saßen und Kaffee tranken.

Mein Vater trank den ersten Schluck und sagte: »Ahhhh.«

Wir alle – vom Vierjährigen bis zum Vierzehnjährigen – machten dasselbe. Und wir versuchten, uns gegenseitig mit unseren »Ahhhhs« zu übertreffen.

Wir lachten und hatten viel Spaß zusammen. Mein Bruder Paul erzählt, dass seine Kinder immer noch morgens mit ihm Kaffee trinken und beim ersten Schlürfen »Ahhhh« sagen.

Ich trinke keinen Kaffee mehr. Ich bin wohl ein bisschen heiliger geworden als er …

Wir hatten nicht viel Geld, als wir Kinder noch klein waren, aber meine Eltern waren sehr erfinderisch. Manchmal fuhren sie mit uns zum nahe gelegenen Flugplatz, wenn dort gerade nichts los war, und dann fuhren wir gemeinsam mit dem Shuttlebus, was kostenlos war. Wir liebten es. Man hätte meinen können, sie hätten uns zu einem Vergnügungspark mitgenommen. Wir fuhren ein oder zwei Stunden lang zwischen Terminal A und Terminal B hin und her und hatten eine Menge Spaß.

Ich nehme an, dass viele Menschen dachten: *Diese arme Familie scheint ganz verloren zu sein. Sie wissen gar nicht, was sie da machen.* Wissen Sie, was wir machten? Wir schufen Erinnerungen. Wir hatten als Familie gemeinsam Spaß.

Das Leben ist so, wie wir es gestalten

Als unsere Kinder noch kleiner waren, fuhren wir mit ihnen ins Disneyland. Alexandra war damals ungefähr fünf Jahre alt. Da an jenem Tag viel Verkehr herrschte, war es ziemlich schwierig, in den Park zu kommen. Wir fuhren mit einem Leihwagen und fanden nur mit Mühe einen Parkplatz. Dann mussten wir lange anstehen, um in die Bahn einzusteigen, die in den Park hineinfuhr. Als wir endlich dort ankamen, war ich ziemlich gestresst. Nach einer knappen Viertelstunde sagte die kleine Alexandra: »Papa, ich will zurück ins Hotel und ins Schwimmbad.«

»Nein, nein, Alexandra«, erwiderte ich. »Schwimmen können wir überall. Das können wir zu Hause machen. Hier sind wir in Disneyland, der Welt der Magie.«

»Papa, ich will nicht in Disneyland sein«, beharrte sie. »Ich will schwimmen gehen.«

Ich versuchte, sie zu überzeugen, indem ich ihr sagte, wir würden vielleicht Micky Maus oder Schneewittchen sehen. Ich versprach ihr, dass wir ganz viel Spaß haben würden.

»Ich will aber hier keinen Spaß haben«, wiederholte sie.

Schließlich meinte ich: »Hör mal, Alexandra: Ich habe 50 Dollar für deine Eintrittskarte bezahlt. Du wirst Spaß haben, ob du willst oder nicht.«

Im Ernst: Man braucht nicht viel Geld auszugeben, um Spaß zu haben. So oft sind es die einfachen Dinge, an die wir uns am besten erinnern. Wie das Hotelschwimmbad!

Casey war ein waschechter Baseballfan, und so kaufte er seinem Sohn zum achten Geburtstag einen Baseball, der von allen Spielern der *New York Yankees* signiert worden war, die gerade die *World Series* gewonnen hatten. Er hatte viel Geld für den Ball bezahlt.

Casey war sicher, dass sein Sohn Logan diesen Ball jahrelang in Ehren halten würde. Doch als er seinem Sohn den Ball gab, war der Junge keineswegs aufgeregt. Er sah ihn nur kurz an und legte ihn dann zur Seite.

Casey war schrecklich enttäuscht.

»Logan, gefällt dir der Ball nicht?«

»Doch, Papa. Aber er hätte mir besser gefallen, wenn nicht jemand all diese Namen draufgeschrieben hätte.«

Wir müssen alle lernen, kleine Logans zu werden und uns über die kleinen Dinge des Lebens zu freuen. Heutzutage ist alles so kompliziert. Wir haben 500 Fernsehkanäle, das Internet überflutet uns mit Informationen, und nun strömen all diese Zerstreuungen sogar per Smartphone, iPad und anderen Geräten auf uns ein. Wir können unserer Arbeit oder unserer Zerstreuung gar nicht mehr entrinnen.

Wenn Sie nicht aufpassen, werden Sie rasch in die Falle tappen zu denken, dass Sie ständig beschäftigt und in etwas Großes, Aufregendes involviert sein müssen. Schalten Sie einen Gang herunter, und genießen Sie die einfachen Dinge. Schalten Sie den Fernseher aus, und verbringen Sie Zeit mit Ihrer Familie. Gehen Sie spazieren. Machen Sie eine Fahrradtour. Spielen Sie zusammen Gesellschaftsspiele. Machen Sie diese besonderen Dinge, für die Sie nichts zu bezahlen brauchen, für die keine Eintrittskarte erforderlich ist.

Als ich noch klein war, spielten wir oft Verstecken. Wir Kinder versteckten uns, und meine Eltern mussten uns im ganzen Haus suchen. Mit ihnen Verstecken zu spielen war einer der Höhepunkte meiner Kindheit. Meine Lieblingserinnerung ist die an meine Schwester Lisa, als sie im Trockner stecken blieb.

Gott sei Dank stand dieser auf »bügelfrei«!

Einfache Freuden sind die besten

Man kann sehr wohlhabend sein und sich dennoch einsam und elend fühlen. Man kann aber auch sehr wenig besitzen und trotzdem glücklich und erfüllt leben. Was auf uns zutrifft, hängt von unserer inneren Einstellung ab.

Ein wohlhabender Vater beschloss, seinem siebenjährigen Sohn zu zeigen, wie »die armen Leute« leben. Sie ließen ihr großes Haus in der Stadt hinter sich und fuhren zu einer kleinen Farm auf dem Land, wo ein Freund mit seiner »armen« Familie lebte.

Sie verbrachten die Nacht im kleinen Holzhaus der Familie. Die besaß keinen Fernseher, keine schicken Möbel und keine Teppiche. Da es im Haus keine andere Form der Unterhaltung gab, saß die Familie auf der Veranda vor dem Haus, man sang, erzählte sich Geschichten und lachte miteinander.

Nach zwei Nächten machten sich der wohlhabende Vater und sein Sohn auf den Rückweg. Der Vater war gespannt zu erfahren, ob sein Sohn die beabsichtigte Lektion gelernt hatte. Also fragte er ihn, wie es ihm gefallen habe.

Der kleine Junge sagte: »Ach, Papa, es war einfach toll.«

»Nun, mein Sohn, hast du jetzt gesehen, wie arm Leute sein können?«

»Ja, Papa.«

»Und was genau hast du nun gelernt?«

»Nun ja, ich habe gelernt, dass wir einen Hund zu Hause haben und sie haben vier. Wir haben ein Schwimmbad in unserem Garten, und sie haben einen riesigen, langen Fluss. Wir haben schicke Lampen an unserem Haus, und sie haben die Sterne. Wir gucken abends jeder für sich fern, aber sie sitzen alle zusammen und haben Spaß miteinander.«

Sein Vater schüttelte den Kopf. Er begriff, dass der Schuss nach hinten losgegangen war.

Doch dann fügte sein Sohn noch hinzu: »Danke, Papa, dass du mir gezeigt hast, wie arm wir in Wirklichkeit sind.«

Wertschätzen, was uns wichtig ist

Wenn es in Ihrem Leben Menschen gibt, die Sie lieben, sind Sie reich.

Wenn Sie gesund sind, sind Sie reich.

Wenn Sie die die Schritte Ihrer kleinen Tochter auf der Treppe hören können, sind Sie reich.

Wenn Sie mit Ihrer Familie über alles und nichts plaudern können, sind Sie reich.

Betrachten Sie das Leben aus der richtigen Perspektive. Schalten Sie einen Gang zurück, und genießen Sie die einfachen Dinge des Lebens. Gehen Sie öfter im Park spazieren. Betrachten Sie nachts den Sternenhimmel, und denken Sie über Gottes Güte nach.

Trinken Sie nicht einfach nur Ihren Kaffee, wenn Sie morgens aufstehen. Schlürfen Sie ihn genüsslich, und sagen Sie: »Ahhh.« Genießen Sie den Moment. Genießen Sie die Reise. Es wird immer wieder einen neuen Traum, ein neues Ziel, eine neue Herausforderung geben. Nehmen Sie sich Zeit für das, was am wichtigsten ist.

Lassen Sie es nicht zu, dass Sie so getrieben und fokussiert, so sehr mit dem, was Sie täglich zu erledigen haben, beschäftigt sind, dass Sie die Wunder entlang des Weges verpassen. Folgen Sie dem Beispiel von Frank Lloyd Wright, und beginnen Sie, zickzack zu laufen. Beginnen Sie, die verschiedenen Dinge, die Gott in Ihr Leben hineingelegt hat, zu genießen.

Jemand sagte einmal: »Es ist nicht so, dass das Leben zu kurz wäre. Wir warten nur so lange, bis wir damit beginnen, es auch zu leben.«

Warum fangen Sie nicht heute damit an? Umarmen Sie Ihr Kind, bevor es morgens aus dem Haus geht. Küssen Sie Ihre Frau/Ihren Mann. Rufen Sie Ihre Eltern an, und sagen Sie ihnen, wie sehr Sie sie lieben. Besuchen Sie die Verwandten, die Sie lange nicht mehr gesehen haben.

Wir werden nicht für immer hier sein. Es ist gut und wichtig, mit ganzem Einsatz zu arbeiten, aber lernen Sie auch, wie Sie den Schalter umlegen können. Sorgen Sie dafür, dass Ihr Leben im Gleichgewicht ist, und spannen Sie auch intensiv aus. Wenn Sie beschließen, zurückzuschalten und die Reise zu genießen, werden Sie erleben, was Gott für Sie bereithält.

So werden Sie am Ende Ihres Lebens nichts bedauern. Sie werden sagen können: »Ich habe aus meiner Zeit hier das Beste gemacht. Ich habe an meiner Familie Freude gehabt. Ich habe an meinen Freunden Freude gehabt. Ich habe meinen Lauf voller Lebensfreude beendet.«

Teil 2

Lernen Sie, was Sie ignorieren sollten

Kapitel 6

Alles eine Frage der Perspektive

Es ist so leicht, sich auf das zu konzentrieren, was in Ihrem Leben nicht gut läuft oder was Ihnen fehlt, und darauf, wie hoch die Hindernisse sind. Doch wenn Sie nicht aufpassen, werden Sie all die guten Dinge, die Gott für Sie getan hat, aus dem Auge verlieren. Nehmen Sie die Angehörigen, die Freunde und die Möglichkeiten, mit denen Gott Sie gesegnet hat, nicht als selbstverständlich hin. Wenn Sie so sehr in Eile und gestresst sind, dass Sie das Geschenk des heutigen Tages nicht genießen können, werden Sie Ihre Lebensfreude verlieren und nicht mehr in der Lage sein, an jedem Tag der Woche glücklich zu sein.

Alles dreht sich darum, die Dinge aus der richtigen Perspektive zu betrachten. Die Geschäfte mögen schlecht laufen, aber wenn Sie denken: *Das kriege ich nie in den Griff!*, dann betrachten Sie die Sache aus der falschen Perspektive. Die richtige lautet: *Gott sorgt für alle meine Bedürfnisse.*

Wenn Sie gerade eine Enttäuschung erleben, dann haben Sie die falsche Perspektive, falls Sie denken: *Ich hätte mir ja denken können, dass es so kommen würde. Mir passiert nie etwas Gutes.* Sie betrachten die Dinge aus der richtigen Perspektive, wenn Sie denken: *Wenn sich eine Tür schließt, wird Gott eine andere öffnen.*

Man kann zwei Personen in genau die gleiche Situation bringen, und die eine wird sich beklagen, frustriert sein und ihr Leben schlichtweg nur noch ertragen, während die andere unter den gleichen Umständen glücklich und dankbar sein und ihr Leben genießen wird. Worin besteht der Unterschied? In der Perspektive. Es kommt darauf an, wie man die Situation zu sehen beschließt.

Wir alle tragen Lasten, die uns die Lebensfreude rauben könnten und uns verbittern. Wenn wir glücklich leben wollen, dann brauchen wir das richtige Fundament: eine dankbare Grundeinstellung. **Die Samen der Mutlosigkeit können in einem dankbaren Herzen keine Wurzeln schlagen.** Wenn Sie heute unglücklich sind und Ihren Schwung verloren haben, dann werden Sie am schnellsten wieder nach oben kommen, wenn Sie die Dankbarkeit wiederentdecken. Statt auf das zu sehen, was Sie nicht haben, sollten Sie Gott für das danken, was er Ihnen geschenkt hat. Statt sich über das zu beklagen, was nicht gut läuft, sollten Sie Gott für das danken, was gut läuft.

Ich habe mit vielen Menschen gesprochen, die Enttäuschungen erlebt haben. Sie haben ihren Arbeitsplatz, ihren Ehepartner oder ihre Gesundheit verloren. Es fällt ihnen schwer, Grund zum Danken zu finden. Doch es ist wirklich eine Frage der Perspektive.

Ich hörte von einem Mann, der sich darüber beklagte, er habe keine guten Schuhe, bis er einen Mann traf, der keine Füße hatte. Seine Perspektive änderte sich schlagartig.

Die Wahrheit ist: Es gibt Menschen auf der Welt, die überglücklich wären, mit Ihnen zu tauschen. Es gibt Menschen, die gern in der Lage wären, so zu atmen wie Sie, so zu laufen wie Sie, dort zu leben, wo Sie leben. Haben Sie Gott in letzter Zeit für Ihre Familie, Ihre Freunde, Ihre Gesundheit und die Möglichkeiten gedankt, die er Ihnen gegeben hat?

Wer sich beklagt, tritt auf der Stelle

Wenn Sie sich darüber beklagen, dass Sie sich an dem Ort befinden, an dem Sie sich befinden, dann werden Sie nicht dahin gelangen, wo Sie gern sein möchten. Wenn Sie sich über das beklagen, was Sie haben, wird Gott Ihnen unter Umständen nicht mehr schenken.

Wenn Sie sich über Ihre alte Rostlaube, Ihr kleines Haus oder Ihren Ehepartner beklagen, wird Sie das nicht weiterbringen. Denken Sie an folgenden Ausspruch: »Klagen lässt verzagen, loben zieht nach oben.«

Wenn Sie die Dinge aus der richtigen Perspektive betrachten wollen, dann hilft Ihnen dabei eine Liste all der Dinge, für die Sie dankbar sind. Schreiben Sie zehn Dinge auf, mit denen Gott Sie gesegnet hat, und kleben Sie diese Liste an Ihren Badezimmerspiegel. Lesen Sie diese Liste jeden Morgen zwei- bis dreimal durch. Machen Sie dasselbe am Abend vor dem Zubettgehen.

Denken Sie über die guten Dinge nach, die Gott in Ihrem Leben getan hat. Schreiben Sie auf, wie oft Gott in der dunkelsten Stunde da war und Ihnen einen Weg gezeigt hat, wo kein Ausweg zu sein schien. Schreiben Sie Ihre Erfahrungen auf: Wie er Sie vor einem Unfall bewahrt hat, wie er Sie an den richtigen Platz gestellt hat, sodass Sie weiterkommen konnten, wie Ihre Gesundheit sich zum Guten gewendet hat, obwohl der Arztbericht sehr negativ war. Schreiben Sie auf, dass Sie gesunde Kinder, ein Dach über dem Kopf und einen liebevollen Ehepartner haben.

Wenn Sie über Gottes Güte nachdenken, wird das Ihre Perspektive zurechtrücken und auch Ihren Glauben anspornen. Auf diese Weise schließen Sie sich an seine Kraftquelle an. Sie werden erleben, wie er sich Ihnen zeigt und Ihnen etwas Neues schenkt, das Sie auf die Liste setzen können.

Nicholas, ein Mann in mittleren Jahren, fühlte sich sehr deprimiert und mutlos, und so wandte er sich an seinen Pastor.

»Nichts in meinem Leben läuft richtig«, sagte er. »Ich habe überhaupt keinen Grund, mich zu freuen oder dankbar zu sein.«

»In Ordnung, lass uns mal eine kleine Übung machen«, schlug der Pastor vor.

Er nahm einen Notizblock und zog genau in der Mitte eine Linie von oben nach unten.

»Wir werden alle Aktivposten hier links aufschreiben, also alles, was in deinem Leben gut läuft«, sagte der Pastor. »Auf der anderen Seite werden wir alle Schwierigkeiten und alles, was dir Mühe breitet, notieren.«

Nicholas lachte. »Es gibt nichts, das ich auf die linke Seite schreiben könnte«, sagte er mit hängendem Kopf.

»Okay, wir wollen es trotzdem versuchen«, meinte der Pastor. Dann fügte er hinzu: »Es tut mir wirklich leid, dass deine Frau vor Kurzem gestorben ist.«

Nicholas sah unvermittelt auf. »Wovon redest du? Meine Frau ist nicht gestorben. Sie ist gesund und munter.«

Der Pastor entgegnete ruhig: »Oh.« Und dann schrieb er auf die linke Seite »gesunde Ehefrau«.

Dann meinte der Pastor: »Nicholas, es tut mir wirklich leid, dass dein Haus abgebrannt ist.«

»Mein Haus ist nicht abgebrannt«, sagte Nicholas aufgebracht.

Wieder erwiderte der Pastor ruhig: »Oh«, und fügte auf der linken Seite »Dach über dem Kopf« hinzu.

Jetzt kam der Pastor richtig in Fahrt. »Nicholas, es tut mir so leid zu hören, dass du deinen Arbeitsplatz verloren hast.«

»Pastor, woher hast du all diesen Unsinn?«, entgegnete Nicholas aufgebracht. »Ich habe einen guten Job.«

Der Pastor schrieb »guter Job« auf die linke Seite.

»Kann ich die Liste mal sehen?«, fragte Nicholas, der endlich zu begreifen begann. Nachdem er die Liste durchgesehen hatte, fügte er ein Dutzend weiterer Segnungen hinzu, die er als selbstverständlich hingenommen hatte. Nicholas verließ das Büro des Pastors mit einer völlig anderen Einstellung.

Erkennen Sie, womit Sie beschenkt sind

Was war Nicholas' Problem? Er musste seine Blickrichtung ändern. Als er begann, sich auf die guten Dinge in seinem Leben zu konzentrieren, wurde er wieder glücklich und zufrieden.

Wenn es Ihnen schwerfällt, zuversichtlich und dankbar zu bleiben, dann erstellen Sie doch einmal eine Liste all der Dinge, mit denen Gott Sie gesegnet hat. Wenn Sie gesund sind, schreiben Sie dies auf die Aktivseite. Wenn Sie gute Augen haben, schreiben Sie es ebenfalls dort auf. Machen Sie dasselbe mit Ihrem Arbeitsplatz, Ihrer Familie, Ihren Freunden, Ihren Kindern und all den anderen Segnungen in Ihrem Leben. Stellen Sie die Liste fertig, und lesen Sie sie mehrmals am Tag durch. Auf diese Weise behalten Sie die richtige Perspektive.

Wir müssen alle erkennen, dass jeder Tag ein Geschenk Gottes ist. Da wäre es doch eine Schande, diesen oder einen anderen Tag niedergeschlagen, deprimiert, negativ, jammernd und ohne jede Begeisterung zu verbringen. Wir alle haben mit Problemen zu kämpfen. Wir alle müssen Schwierigkeiten überwinden, dennoch sollten wir an einer dankbaren Grundeinstellung festhalten: *Ich weiß, dass Gott auf dem Thron sitzt. Er hat mein Leben in seiner liebevollen Hand. Er hat gesagt, dass seine Pläne für mich zum Guten und nicht zu meinem Schaden dienen. Ich will diesen Tag nicht niedergeschlagen und deprimiert verbringen oder mich auf das konzentrieren, was ich nicht habe. Ich will meine Blickrichtung ändern. Ich danke Gott dafür, dass ich lebe. Ich danke Gott dafür, dass ich atme. Ich danke Gott dafür, dass ich gesund bin. Ich danke Gott für meine Familie. Ich will jeden Tag voll auskosten.*

Manche Menschen stöhnen unter der Last ihrer Pflichten und Verantwortungen, doch auch das sind Gaben. Sie beklagen sich, weil sie »zur Arbeit gehen müssen« oder weil sie sich »um die Kinder kümmern müssen«. Sie *müssen* gar nichts tun. Sie *dürfen* all diese Dinge tun. Gott schenkt Ihnen den Atem. Sie könnten nicht zur Arbeit gehen, sich um die Kinder kümmern oder den Rasen mähen, wenn Gott Ihnen nicht die Kraft dazu geben würde. Sie könnten nicht zur Arbeit gehen, wenn Gott Ihnen nicht die Möglichkeit dazu gegeben hätte.

Ändern Sie Ihre Perspektive. Sie *müssen* nicht zur Arbeit gehen, sie *dürfen* es tun. Sie müssen sich nicht um die Kinder kümmern, Sie *dürfen* es tun.

Wissen Sie, wie viele Menschen alles dafür geben würden, Kinder zu haben? Manche Paare geben viel Geld aus und lassen unangenehme medizinische Prozeduren über sich ergehen, um Kinder zu bekommen. Sie würden alles dafür geben, Kinder zu haben, hinter denen sie sauber machen müssen. Danken Sie Gott jeden Tag dafür, dass er Sie mit Kindern gesegnet hat. Sie sind eine Gabe Gottes.

Nehmen Sie nichts als selbstverständlich hin, nicht einmal die Tatsache, dass Sie heute Morgen ohne fremde Hilfe aus dem Bett gekommen sind. Als Sie die Augen öffneten, konnten Sie sehen. Als Sie Ihren Beinen den Befehl gaben zu laufen, gehorchten sie Ihnen. Als Ihr Ehepartner Ihnen sagte: »Ich liebe dich«, konnten Sie das hören. Als Ihr Kind Sie umarmte, spürten Sie das. Als Sie frühstückten, konnten Sie das Essen schmecken.

Wenn Sie Ihr Leben aus der richtigen Perspektive betrachten, können Sie die einfachen Dinge wertschätzen, mit denen Gott Sie gesegnet hat.

Nehmen Sie nichts als selbstverständlich hin

Ein Mitglied unserer Gemeinde erzählte mir, dass seine behinderte Schwester weder sprechen noch laufen kann und gefüttert werden muss. Sie braucht ständige Fürsorge. Als sie noch klein war, kümmerten er und die übrigen Mitglieder der Familie sich zu Hause um sie. Sie lernten, die verschiedenen Arten des Weinens ihrer Schwester zu unterscheiden, denn das war ihre einzige Möglichkeit der Kommunikation. Es gab ein bestimmtes Weinen für den Hunger, ein anderes, wenn sie aufstehen wollte, und wieder ein anderes, wenn sie zu Bett gehen wollte oder Durst hatte.

Am schwierigsten war der Laut, den sie machte, wenn sie einen Juckreiz hatte. Sie konnte den anderen nicht sagen, wo es sie juckte, also kratzten die anderen sie am ganzen Körper, um den Juckreiz zu stillen.

Das Leben mit seiner schwerbehinderten Schwester half diesem Mann, die einfachen Dinge des Lebens, die so viele von uns ganz selbstverständlich finden, wertzuschätzen. Sich zu kratzen, wo es juckt, ist keine große Sache, wenn man es tun kann. Wenn man es jedoch nicht kann, wird es zu einem echten Problem. Es ist fantastisch, dass wir unseren Armen befehlen können, was sie tun sollen, und sie tun es. Es ist fantastisch, dass wir unsere Augen öffnen und – ohne darüber nachzudenken – sehen können.

Wenn Sie morgens aufstehen und merken, dass Sie schon über Probleme nachgrübeln, darüber, dass Sie keine Lust haben, zur Arbeit zu gehen, und wie unfair das Leben ist – warum kehren Sie die Situation nicht um? Danken Sie Gott dafür, dass Sie sich kratzen können. Warum danken Sie Gott nicht dafür, dass Sie problemlos atmen können? Warum schauen Sie nicht aus dem Fenster und freuen sich über einfache Dinge wie die aufgehende Sonne, den Gesang der Vögel und die Blumen, die dort blühen?

Manchmal denken wir: *Mein Leben ist zur Routine geworden. Ich stehe auf und gehe zur Arbeit und komme nach Hause. Nichts Aufregendes passiert. Ich mache immer wieder dasselbe.* Doch wir sollten dankbar sein für die tägliche Routine. Es ist keineswegs selbstverständlich, dass man aufstehen und zur Arbeit gehen kann. Es ist nicht selbstverständlich, dass man sehen kann, Freunde und eine Familie hat. All diese Dinge sind Geschenke Gottes.

Allzu oft ist uns nicht bewusst, wie gut es uns geht – bis auf einmal irgendetwas über unser Leben hereinbricht. Ich spielte eine Zeitlang Basketball mit einem jungen Mann namens Matt, bis er Probleme mit seinen Augen bekam. Er war immer gesund und aktiv gewesen, doch es wurde so schlimm mit seinen Augen, dass er zum Arzt gehen musste. Nach einigen Tests teilte der Arzt ihm mit, dass er an Augenkrebs erkrankt sei. Er musste damit rechnen, sein Augenlicht zu verlieren.

Matt war außer sich und völlig verzweifelt. Er wurde operiert, und zur großen Überraschung des Arztes entdeckte man dabei, dass Matt nicht an Krebs litt. Stattdessen fanden die Ärzte einen ungewöhnlichen Pilz hinter dem Auge, der seine Sehfähigkeit beeinträchtigt hatte. Sie entfernten den Pilz und retteten sein Augenlicht.

Als Matt aus der Narkose erwachte und erfuhr, dass sein Augenlicht wiederhergestellt war, sagte er: »Dies ist der beste Tag meines Lebens.«

Denken Sie einmal darüber nach: Er hatte nicht im Lotto gewonnen. Er hatte sich kein tolles Haus gekauft. Er hatte keine Beförderung bekommen. Er hatte erfahren, dass er wieder sehen konnte.

Danach erzählte Matt mir: »Jeden Morgen, wenn ich aufstehe, schaue ich ganz bewusst umher. Ich betrachte meine Kinder und meine Frau. Ich gehe nach draußen und betrachte die Bäume. Ich beuge mich herunter und lese eine Eichel auf.«

Da Matt beinahe sein Augenlicht verloren hätte, bekam die Fähigkeit, normal sehen zu können, für ihn eine ganz besondere Bedeutung. Nie wieder wird er diese Fähigkeit als selbstverständlich hinnehmen. Sein Leben lang wird er für das Geschenk des Sehens dankbar sein.

Wie sehr änderten sich die Dinge für Matt, als er glaubte, etwas so »Normales« und »Selbstverständliches« wie sein Augenlicht zu verlieren! Wir sollten niemals als selbstverständlich hinnehmen, was Gott uns geschenkt hat. Wenn wir sehen, hören, laufen können, gesund sind, eine Familie, Freunde und einen guten Arbeitsplatz haben – dann sollten wir lernen, jedes dieser Geschenke wertzuschätzen.

Seid in jeder Lebenslage dankbar

Hören Sie auf, sich über all das zu beklagen, was nicht gut läuft. Ändern Sie Ihre Blickrichtung. Ich verstehe, dass Sie darüber frustriert sind, gesundheitliche Probleme zu haben, aber Sie haben immer noch Ihre Familie. Dafür können Sie dankbar sein. Vielleicht können Sie nicht laufen, aber Sie können sehen. Danken Sie Gott für Ihr Augenlicht. Vielleicht haben Sie zurzeit keinen Job, aber Ihr Verstand, Ihre Arme, Ihre Beine funktionieren. Wir haben alle etwas, wofür wir dankbar sein können.

Behalten Sie den richtigen Blickwinkel bei. Wenn Sie Einschlafprobleme haben, dann denken Sie doch einmal an all die obdachlosen Menschen, die überhaupt kein Bett haben. Wenn Sie in einem Verkehrsstau stecken, denken Sie an all die Leute, die sich kein Auto leisten können. Wenn Sie einen schlechten Tag im Büro haben, dann denken Sie doch einmal an all die Menschen, die keine Arbeit finden können. Wenn der Weg zur Gemeinde weit ist, dann danken Sie Gott dafür, dass Sie gesund sind und laufen können. Wenn Ihr Haar grau wird, dann seien Sie dankbar dafür, dass es nicht ausfällt!

Dankbarkeit ist der Schlüssel zum Glücklichsein. Deshalb sagte König David: »Den Herrn will ich preisen zu jeder Zeit, nie will ich aufhören, ihm zu danken« (Psalm 34,1). Haben Sie bemerkt, wir oft er Gott preisen will? Zu jeder Zeit! David kannte das Geheimnis: Man kann nicht Gott preisen und sich gleichzeitig beklagen.

Wenn Sie Gott unablässig für das danken, was er für Sie getan hat, und ihn unaufhörlich für seine Segnungen loben, indem Sie über seine Güte nachdenken, werden Sie sich nicht auf das konzentrieren, was schiefläuft, oder sich über etwas beklagen, das Sie nicht haben.

Wir alle werden täglich auf die Probe gestellt. In schwierigen Zeiten, wenn man Sie schlecht behandelt, wenn Sie Enttäuschungen erleben, wenn Sie eine schlechte Diagnose erhalten, wenn Ihre Kinder rebellisch sind – wie reagieren Sie da?

»Ich bin wirklich arm dran. Das kann doch einfach alles nicht wahr sein!«? Oder sagen Sie: »Vater, ich danke dir dafür, dass du mir hilfst, meine Probleme zu überwinden. Keine ›Waffe‹, die gegen mich gerichtet wird, wird mir Schaden zufügen. Du führst mich immer zum Sieg. Ich danke dir dafür, dass ich die Schwierigkeiten nicht nur überwinden kann, sondern dass es mir hinterher sogar noch besser geht als zuvor.«

Paulus schreibt in seinem Brief an die Gemeinde in Thessaloniki: »Dankt Gott in jeder Lebenslage!« (1. Thessalonicher 5,18). Merken Sie etwas: Er sagt nicht, dass wir für alles danken sollen.

Wir danken Gott nicht für unsere Probleme, für Krankheiten oder Unfälle. Doch wir danken ihm dafür, dass wir dabei sind, ein Problem zu überwinden. Wir danken ihm inmitten von Schwierigkeiten dafür, dass er uns helfen wird, damit fertigzuwerden. Wir danken ihm dafür, dass eine schlecht gehende Konjunktur langsam wieder an Fahrt gewinnt.

Jedes Mal, wenn Sie sich über etwas beklagen könnten, sollten Sie dies zum Anlass nehmen, Gott zu preisen. Betrachten Sie die Situation aus einem anderen Blickwinkel, und danken Sie ihm für das, was er in Ihrem Leben bewirkt. Denken Sie daran: Wer sich beklagt, zögert bessere Zeiten hinaus. Wenn Sie dagegen Gott preisen, wird er auf den Plan treten und Ihren Kampf für Sie ausfechten!

Zählen Sie Ihre Tage

Vor Kurzem las ich, dass jede Woche mehr als eine Million Menschen sterben. Denken Sie mal darüber nach: Im Gegensatz zu einer Million anderer Menschen haben Sie wieder eine Woche überlebt! Sie können Gott also dafür danken, dass Sie am Leben sind.

In dem gleichen Artikel stand, dass jeder, der ein Dach über dem Kopf hat, besser dran ist als 75 % der Weltbevölkerung. Und wenn Sie 15 Dollar Ihr Eigen nennen können, dann gehören Sie zu den 8 % der wohlhabendsten Menschen der Welt – mit nur 15 Dollar!

Behalten Sie also die richtige Perspektive bei. Ich las vor einer Weile das folgende Gedicht: »Ich bin dankbar für die Steuern, die ich jedes Jahr bezahle, denn das bedeutet, dass ich Arbeit habe. Ich bin dankbar für das Chaos, das ich nach einer Party aufräumen muss, denn das bedeutet, dass ich von Freunden umgeben bin. Ich bin dankbar für den Rasen, der gemäht werden muss, für die Fenster, die geputzt werden müssen, und für die Dachrinne, die repariert werden muss, denn das bedeutet, dass ich ein Haus habe. Ich bin dankbar für Muskelkater und Müdigkeit am Ende eines Tages, denn das bedeutet, dass ich hart arbeiten konnte. Ich bin dankbar für die Dame, die in der Kirche hinter mir sitzt und schief singt, denn das bedeutet, dass ich hören kann. Und ich bin dankbar für den Wecker, der mich morgens aufweckt, denn das bedeutet, dass ich noch am Leben bin.« Alles hängt von Ihrer Sicht der Dinge ab!

In 20 Jahren werden wir zurückblicken und uns an die »gute, alte Zeit« erinnern. Ich möchte Sie dazu ermutigen, die Gegenwart zu genießen. Schaffen Sie mit denen, die Sie lieben, Erinnerungen. Nehmen Sie sich Zeit für die Menschen, die Gott in Ihr Leben hineingestellt hat. Schauen Sie sich um, und nehmen Sie die unglaublichen Segnungen wahr, die Gott Ihnen zuteilwerden lässt.

Mose betete: »So lehre uns denn zählen unsere Tage ...« (Psalm 90,12; Elberfelder Bibel). Mit anderen Worten: »Herr, hilf uns zu erkennen, dass jeder Tag ein Geschenk ist. Hilf uns, die Herausforderungen und den Stress eines jeden Tages zu bewältigen und dabei zugleich das Geschenk jedes einzelnen Tages wertzuschätzen.«

Ich möchte Ihnen eine Fragen stellen: Wenn Sie nur noch eine Stunde zu leben hätten, wen würden Sie anrufen? Was würden Sie sagen? Und worauf warten Sie noch?

Nehmen Sie die Menschen, die Gott in Ihr Leben hineingestellt hat, nicht als selbstverständlich hin. Sie werden nicht immer da sein. Auch Sie und ich werden nicht immer hier sein. Und doch handeln und leben wir oft so, als wären wir unsterblich. Das Leben ist wie ein Dampfwölkchen. In einem Augenblick sind wir hier und im nächsten nicht mehr. Jemand brachte dies folgendermaßen auf den Punkt: »Wir vergessen, wie zerbrechlich das Leben ist. Wir warten bis zum Erntedankfest, um zu danken. Wir warten bis Weihnachten, um die anderen zu beschenken. Wir warten bis zum Valentinstag, um unserem Partner unsere Liebe zu zeigen. Wir sagen uns: ›Heute ist ein ganz gewöhnlicher Tag.‹ Und so warten wir, während die Uhr tickt. Wertvolle Momente ziehen vorüber. Doch in Wirklichkeit gibt es keinen *ganz gewöhnlichen Tag.*«

Jeder Tag ist ein Geschenk, einmalig und unersetzlich. Seine Stunden können genutzt oder falsch verwendet, investiert oder vergeudet werden. Herr, lehre uns, unsere Tage zu zählen.

Ich bete dafür, dass Sie die richtige Perspektive behalten, sich auf das Gute konzentrieren, es nichts als selbstverständlich hinnehmen und erkennen, dass jeder Tag einmalig und unersetzlich ist. Schalten Sie einen Gang zurück, und genießen Sie, was Gott Ihnen gegeben hat. Seien Sie dankbar für die kleinen Dinge, auch dafür, dass Sie sich selbst kratzen können. Umarmen Sie Ihre Kinder jeden Tag. Nehmen Sie sich Zeit für die Menschen, die Sie lieben. Finden Sie Gründe, dankbar zu sein.

Richten Sie Ihren Blick auf das, was gut läuft, nicht auf das, was schlecht läuft. Denken Sie daran: Der Same der Mutlosigkeit kann in einem dankbaren Herzen nicht Wurzeln schlagen. **Wenn Sie die Dinge aus dem richtigen Blickwinkel betrachten und wie David Gott unaufhörlich preisen, dann verspricht Gott, Sie zu stärken und zu segnen.** Er wird seine Segnungen und seine Gunst über Sie ausgießen!

Kapitel 7

Lernen Sie, was Sie ignorieren sollten

Vor Kurzem fragte mich ein Journalist, was ich über zwei bestimmte Personen dachte. Ich sagte ihm, ich würde diese Männer nicht kennen und hätte noch nie von ihnen gehört. Der Journalist konnte sich vor Lachen kaum halten. Er fand meine Antwort unglaublich lustig.

»Nun, wer sind diese Personen denn?«, fragte ich.

»Es sind Ihre beiden schärfsten Kritiker«, sagte er. »Sie reden ständig über Sie.«

Er konnte einfach nicht glauben, dass ich noch nie von ihnen gehört hatte. Doch ich habe folgenden Grundsatz gelernt: Ich verschwende keine Zeit auf Konflikte, die mich nichts angehen. Ich habe gelernt, dass Kritiker mich nicht von meiner Bestimmung abhalten können. Was sie über mich sagen, definiert nicht, wer ich bin.

Was auch immer *Ihre* Kritiker über *Sie* sagen: Es hat keine Bedeutung für Ihren persönlichen Wert. Sie sind ein Kind des Allerhöchsten. Der Schöpfer des Universums hauchte Ihnen seinen Atem ein. Sie tragen den Samen für Großes in sich. Sie wurden mit Segen gekrönt. Gott hat Sie bereits mit allem ausgestattet und bevollmächtigt, was Sie brauchen. Verschwenden Sie nicht Ihre kostbare Zeit mit dem Bemühen, sich bei anderen lieb Kind zu machen, Ihre Kritiker für sich zu gewinnen oder jemandem zu beweisen, dass Sie wer sind.

Akzeptieren Sie die Tatsache, dass einige Menschen Sie niemals schätzen werden. Sie werden Ihre Gaben niemals anerkennen. Das ist auch in Ordnung. Lassen Sie sich davon nicht verwirren. Gott hat bereits die richtigen Menschen in Ihr Leben gestellt, die Sie schätzen und ermutigen, Ihrer Bestimmung nachzukommen.

Wenn Sie siegreich durchs Leben gehen wollen, müssen Sie sehr sorgfältig darauf achten, wem und was Sie Ihre Zeit und Aufmerksamkeit schenken. Sie müssen wissen, welche Gedanken, welche Kommentare und – ich sage dies mit allem Respekt – welche Personen Sie ignorieren sollten.

Wenn ein Kollege Ihnen ständig auf die Nerven geht und sarkastische Bemerkungen macht, dann könnten Sie diese Person zurechtstutzen; aber damit würden Sie kostbare Zeit und Energie verschenken, die Sie besser in die Verwirklichung Ihrer Träume investieren könnten. Lassen Sie sich nicht ablenken. Ignorieren Sie solche Menschen.

Wenn ein Mitglied Ihrer Familie Ihnen niemals Anerkennung zollt, dann können Sie deswegen aufgebracht und frustriert sein oder aber darüber hinweggehen und sagen: »Kein Problem. Ich brauche seine Anerkennung nicht. Ich habe die Zustimmung des Allerhöchsten.«

Sie brauchen die anderen nicht zurechtzustutzen. Sie brauchen es den anderen nicht heimzuzahlen. Sie brauchen über etwas, das jemand gesagt hat, nicht gekränkt zu sein. Sie können es ignorieren und glücklich sein. Ich bin davon überzeugt, dass wir das Leben viel mehr genießen würden, wenn wir lernen würden, was wir lieber ignorieren sollten.

Bleiben Sie auf dem richtigen Weg

Nach dem Bericht in Markus 3, Verse 1 bis 5 hielt sich Jesus am Sabbat, dem Tag der Ruhe, im Tempel auf, als er einen Mann mit einer verkrüppelten Hand sah. Daraufhin sagte er schlicht: »Strecke deine Hand aus!« (Vers 5), und der Mann war umgehend geheilt. Die religiösen Führer, die Pharisäer, waren ebenfalls dort, und sie, gelinde gesagt, mochten Jesus nicht. Sie verstanden ihn nicht. Sie taten sich zusammen und sagten: »Ja, Jesus hat etwas Gutes getan. Er hat einen Mann geheilt. Aber wisst ihr was? Er hat es am falschen Tag getan. Er hätte am Sabbat nicht arbeiten dürfen.«

Wie jene Pharisäer im Fall von Jesus, so wird es auch in Ihrem Leben immer Menschen geben, die Sie verurteilen, egal, was Sie tun. Selbst wenn Sie sich verändern und alles tun würden, was diese Leute verlangen, würden sie dennoch etwas finden, das sie bemängeln können. Sie könnten ihnen einen neuen Mercedes kaufen und ihnen die Autoschlüssel in die Hand drücken, und sie würden dennoch sagen: »Wir wollen lieber Audi fahren.«

Lassen Sie mich Ihnen ein Geheimnis verraten, ein Geheimnis, das Ihnen Schmerz und Kummer erspart: Ignorieren Sie Ihre Kritiker. Sie brauchen Ihre Zustimmung nicht. Bleiben Sie auf Ihrem Weg. Je mehr jene reden, desto mehr wird Gott Sie segnen. Sie werden versuchen, Sie zu Fall zu bringen, doch Gott wird Ihnen Flügel verleihen.

Ich sprach mit einem befreundeten Pastor darüber, der schon lange im Dienst ist und allgemein respektiert wird.

»Wenn du noch einmal von vorn anfangen könntest, was würdest du anders machen?«, fragte ich ihn.

Ohne zu zögern, antwortete er: »Ich würde mehr Dinge ignorieren. Ich würde nicht mehr auf jede Kritik eingehen. Ich würde keine Zeit damit vergeuden, über Dinge zu diskutieren, die keinerlei Bedeutung haben. Ich würde keine Energie mehr in den Versuch verschwenden, dass alle mich verstehen und akzeptieren.«

Ich glaube, dass viele von uns weiter kommen würden, wenn wir unsere Kritiker ignorierten.

Vor vielen Jahren wurde ein junger Mann namens Saul auserwählt, der König von Israel zu werden (nachzulesen in 1. Samuel 10). Der Prophet Samuel segnete ihn und erklärte dem versammelten Volk: »Das wird euer König sein.«

Die meisten der Anwesenden freuten sich und gratulierten

Saul. Doch als er nach Hause kam, wurde er von einigen langjährigen Freunden verspottet: »Saul ist nicht unser König. Er ist kein Anführer. Er hat nicht die notwendigen Fähigkeiten.«

In Wirklichkeit waren sie nur neidisch. Sie waren verunsichert und eingeschüchtert und mussten Saul daher erniedrigen, um sich selbst größer und besser zu fühlen.

Wer andere kleinmacht, ist innerlich selbst klein. Kleingeister werden Ihnen nie Komplimente machen. Kleingeister werden immer neidisch sein. Sie werden schlecht über Sie reden, um Sie schlecht aussehen zu lassen.

Aber sie werden nicht dahin gelangen, wohin Gott *Sie* bringen will. Sie sind dazu berufen, ein Adler zu sein. Sie sind dazu berufen, sich aufzuschwingen und große Dinge zu tun. Wir alle haben ein paar Krähen in unserem Leben, die uns wütend ankrächzen, ein paar Hühner, die auf uns herumhacken, oder ein paar Habichte, die uns angreifen. Sie versuchen, uns in einen Konflikt zu verwickeln. Lassen Sie sich nicht darauf ein.

Sie haben einen Vorteil. Sie sind ein Adler. Sie können in Höhen fliegen, in denen andere Vögel nicht fliegen können.

Krähen lieben es, Adler zu plagen. Der Adler hat eine größere Spannweite, aber die Krähe ist wendiger und kann schnellere Manöver ausführen. Manchmal taucht die Krähe hinter dem Adler auf und greift im Sturzflug an. Aber der Adler kennt das Geheimnis: Er kann in Höhen fliegen, in denen die Krähe nicht fliegen kann – bis zu sechs Kilometer hoch.

Statt sich mit der lästigen Krähe und ihrem Krächzen abzugeben, steigt der Adler einfach höher und immer höher, bis die Krähe schließlich nicht mehr folgen kann.

Machen Sie dasselbe, wenn Ihnen jemand aus Neid oder Bosheit nachstellt: Schwingen Sie sich in die Luft. Lassen Sie diese Personen hinter sich.

Gott wird es wiedergutmachen

Gott hört, was Ihre Kritiker sagen, und wenn Sie weiterhin auf ihn vertrauen, wird er Ihnen den Rücken stärken und dafür sorgen, dass auch diese Kritik für Sie zum Guten dient. **Nutzen Sie stattdessen Ihre Zeit und Energie, um Ihre Fähigkeiten zu vervollkommnen und das Beste zu geben.** Gott wird Ihnen Begegnungen mit Menschen schenken, die Sie ermutigen und unterstützen.

Saul hätte leicht den Blick für das Wesentliche verlieren und Zeit darauf verschwenden können, sich zu verteidigen. Viele verachteten den neuen König: »Sie hatten nur Verachtung für ihn übrig und brachten ihm keine Geschenke« (1. Samuel 10,27).

Doch wie reagierte er?

Er ignorierte sie. In der Lutherübersetzung heißt es: »Aber er tat, als hörte er's nicht.«

Nehmen Sie sich das kluge Verhalten Sauls zum Vorbild. Schenken Sie Ihren Neidern oder Menschen, die versuchen, Sie zu Fall zu bringen, keine Beachtung. Diese Menschen haben Ihr Schicksal nicht in der Hand, Gott hingegen schon. Sie sind einfach nur Ablenkungen. Behalten Sie weiterhin Ihr Ziel im Blick, und tun Sie das, wozu Gott Sie berufen hat.

Am Ende Ihres Lebens werden Sie nicht Ihren Kritikern Rechenschaft ablegen müssen, sondern dem allmächtigen Gott, dem Schöpfer des Universums. Dann können Sie ihm in die Augen sehen und sagen: »Herr, ich habe mein Bestes gegeben. Ich habe den Lauf vollendet. Ich bin zu der Person geworden, als die du mich geschaffen hast.«

Das ist wahre Erfüllung. Dafür werden wir belohnt.

Seien Sie nicht überempfindlich

Es kommt mir manchmal so vor, als ob dieser Tage alle empfindlich und reizbar wären. Ein Mitglied unserer Gemeinde sagte mir neulich: »Ich bin seit zwei Monaten nicht mehr zum Gottesdienst gekommen, weil alle über mich geredet haben. Alle waren gegen mich.«

Ich sagte es nicht laut, dachte aber im Stillen: *Liebe Frau, es kennen Sie gar nicht alle.* Wir haben eine sehr große Gemeinde mit rund 17 000 Mitgliedern. Da ist es sehr unwahrscheinlich, dass alle auf einer Person herumhacken.

Diese Frau war überempfindlich, wie so viele Menschen heutzutage. Sie tappte in die Falle und schuf einen Konflikt, wo keiner war. Als Folge davon blieb sie zu Hause, verpasste das Gemeindeleben und schadete sich selbst. Seltsamerweise waren unsere Gottesdienste während ihrer Abwesenheit so gut wie immer …

Aber was ich noch schlimmer finde, als überempfindlich zu sein, ist, einen Groll zu hegen. Was für eine Verschwendung! Was haben Sie davon, außer Stress und Sorgen? Vor einigen Jahren wollte ich mit einem Freund gerade ein Einkaufszentrum verlassen, als er plötzlich vor den Türen, die Richtung Parkplatz führten, stehen blieb. Unser Auto befand sich nur rund 15 Meter von uns entfernt.

»Lass uns einen anderen Weg nehmen«, sagte er.

»Warum?«, fragte ich. »Unser Auto steht doch da vorne.«

»Ich will aber nicht an diesem Geschäft vorbeigehen«, gab er zurück. »Sie haben mir Unrecht getan.«

Ich hätte beinahe gelacht, aber er war so ernst und machte so ein tragisches Gesicht, dass ich dachte, sie hätten ihn vielleicht zu Unrecht des Diebstahls bezichtigt.

»Was ist passiert?«, wollte ich wissen.

»Sie haben sich geweigert, ein Paar Schuhe zurückzunehmen, als ich noch auf der Highschool war.«

Vor 20 Jahren?, dachte ich. *Wahrscheinlich ist der damalige Ladeninhaber schon längst gestorben oder lebt womöglich als Rentner in Florida.*

Am liebsten hätte ich gesagt: »Lass gut sein. Ich werde dir ein neues Paar Schuhe kaufen!«

Mein Freund hatte diesen Groll so lange mit sich herumgeschleppt, dass er unter dem Gewicht dieses Grolls vermutlich zehn Paar Schuhe abgetragen hatte.

Sind Sie reizbar, hegen einen Groll oder fechten Kämpfe aus, die im Grunde unwesentlich sind? Verschwenden Sie dadurch Zeit und Energie und lassen sich davon abhalten, sich auf die wirklich wichtigen Dinge zu konzentrieren – auf die Ziele und Träume, die Gott Ihnen gegeben hat?

Sie haben nur ein bestimmtes Maß an Energie. Wenn Sie sich auf dem Nebenschauplatz herumtreiben, haben Sie möglicherweise nicht genug Kraft zum Sieg, wenn ein echter Kampf auf Sie zukommt – ein richtiger Goliath-Kampf, dessen Ausgang darüber entscheidet, ob Sie Ihrem Ziel oder Ihren Träumen ein Stück näher kommen.

Menschen, die es allen recht machen wollen

In meinen Anfängen als Pastor fiel es mir schwer, meine Kritiker zu ignorieren. Ich wollte, dass alle mich mögen. Ich übernahm das Amt meines Vaters 1999 nach seinem Tod, und da er seine Gemeinde 40 Jahre lang geleitet hatte, war es kein einfaches Erbe.

Eines meiner Probleme bestand darin, dass ich mich bemühte, jedermann zufriedenzustellen. Ich wollte niemanden verlieren. Doch schließlich beschloss ich: *Ich will einfach nur ich selbst sein und die Dinge so tun, wie Gott mich führt.* 99 Prozent der Gemeinde standen hinter mir und verhielten sich sehr loyal. Doch es gab einige Mitglieder, die mich nicht unterstützten. Es gefiel ihnen entweder nicht, wie ich meinen Dienst versah, oder aber, wie ich die Gemeinde leitete.

Ich hatte das Gefühl, mich ihren Vorstellungen anpassen und so sein zu müssen, wie sie mich haben wollten. Doch Gott möchte, dass wir wir selbst sind. Wenn wir uns von anderen in ihre Form pressen lassen und dem Druck nachgeben, indem wir versuchen, es unseren Kritikern recht zu machen, verlieren wir unsere Identität und Einzigartigkeit.

Also handelte ich so, wie Gott mich führte. Ich nahm einige Veränderungen vor, und es gab ein paar Personen, die damit nicht einverstanden waren. Manche dieser verärgerten Personen waren schon sehr lange Mitglieder der Gemeinde. Sie kritisierten mich, doch ich tat genau das, wozu ich Sie jetzt auffordern möchte: Ich ignorierte ihre Kritik. Sie unterstützten mich nicht, aber ich nahm mir das nicht zu Herzen.

Ich verbrachte keine schlaflosen Nächte. Ich versuchte nicht, sie umzustimmen. Ich sagte nicht: »Hört doch mal, was mir am Herzen liegt.« Ich lief meinen Lauf zielorientiert, voll konzentriert und hielt an meinen Überzeugungen fest. Ich sah, wie Gott mir zunehmend seine Gunst schenkte. Schließlich verließen die Kritiker die Gemeinde. Doch Gott führte viel mehr neue Leute in die Gemeinde – rund 40 000 mehr. Wenn wir die Dinge so tun, wie es dem Willen Gottes entspricht, werden wir nie Verlierer sein.

Nachdem ich mehrere Jahre lang Zeit und Energie damit vergeudet hatte, meine Kritiker für mich zu gewinnen, beschloss ich, mich darauf zu konzentrieren, Gott zu gefallen und denen, die mich ermutigen und lieben. Ich lernte zu akzeptieren, dass manche Personen einfach nie entdecken würden, was für ein wunderbarer Mensch ich bin.

So wurde ich ein professioneller »Ignorierer«, und ich muss sagen, dass ich darin ziemlich gut bin. Ich versuche, jedermann mit Respekt, Freundlichkeit und Rücksicht zu begegnen. Doch ich versuche nicht länger, meine Kritiker zu beschwichtigen oder ihnen zu gefallen.

Ob wir uns Mutter Teresa oder Nelson Mandela, die Gebrüder Wright oder Steve Jobs anschauen: Jeder, der große Dinge erreicht, muss Gegenwind aushalten. Auch Sie werden das erleben. Ich hörte einmal folgenden Ausspruch: »Wenn man Sie in den Hintern tritt, dann bedeutet das nur, dass Sie an vorderster Front stehen.«

Und wer an vorderster Front steht, ist stets die Zielscheibe derer, die hinterherhinken. Je erfolgreicher Sie sind, desto mehr Ablenkungsmanöver wird es geben. Je höher Sie steigen, desto mehr Menschen wird es geben, die Sie hassen. Wenn Sie eine neue Stufe erreichen, weil Sie das getan haben, was Gott in Ihr Herz gelegt hat, werden die Eifersüchtigen, die Kritiker und Kleingeister aus ihren Löchern krabbeln. *Versuchen Sie nicht, Menschen zu gefallen, sondern Gott.*

Der Kampf um Anerkennung

Vor Jahren machte ich die Bekanntschaft eines Ehepaares. Ich wollte gern mit den beiden befreundet sein, doch sie schienen mit mir nie so recht warm zu werden. Sie begrüßten und behandelten mich mit der nötigen Herzlichkeit, doch zugleich wahrten sie eine gewisse Distanz. Ich konnte das nicht verstehen. Ich scheute keine Mühe, um ihre Anerkennung zu gewinnen. Ich stellte sie meinen Freunden vor. Eine dieser Verbindungen führte anschließend zu einer geschäftlichen Partnerschaft. Doch noch immer waren die beiden für mein Freundschaftsangebot nicht empfänglich.

Schließlich zogen sie in eine andere Stadt. Fragen Sie mich nicht, warum, doch ich trieb ein paar Personen auf, die ihnen beim Umzug halfen. Ich machte ihnen sogar ein Geschenk für ihr neues Zuhause. Trotz all dieser Bemühungen blieben sie auf Distanz.

Einige Jahre, nachdem sie die Stadt verlassen hatten, kam mir zu Ohren, dass sie schlecht über mich geredet hatten. Sie waren der Ansicht, ich hätte nicht genug für sie getan, obwohl ich mich derart um sie bemüht hatte.

Neulich stieß ich auf eine interessante Statistik zum Thema »Freundschaft«. Forscher haben herausgefunden, dass 25 Prozent der Leute, denen wir begegnen, uns nicht mögen. Weitere 25 Prozent mögen uns zunächst nicht, könnten aber umgestimmt werden. Wiederum 25 Prozent mögen uns, könnten aber vom Gegenteil überzeugt werden, und schließlich gibt es 25 Prozent, die uns mögen und unter allen Umständen zu uns halten werden.

Wenn wir diese Statistik ernst nehmen, brauchen wir uns keine Sorgen mehr darum zu machen, ob man uns mag oder nicht. Wir müssen uns einfach klarmachen, dass es immer Menschen geben wird, die uns nicht mögen, gleichgültig, was wir tun. Wir sollten also nicht Zeit und Energie mit dem Bemühen vergeuden, sie umzustimmen. Es gibt Personen, die wir stündlich mit Komplimenten überschütten könnten, wir könnten ihnen täglich Blumen schicken, jede Woche ihren Rasen mähen, und doch werden sie uns trotzdem nicht mögen.

Zu diesem Schluss kam ich bezüglich jenes Ehepaares, um das ich mich so sehr bemüht hatte. Mir ist nun klar, dass sie zu den 25 Prozent gehören, die mich nie mögen werden. Ich wünschte, ich hätte dies schon früher gewusst; denn dann hätte ich nicht meine Zeit verschwendet und versucht, sie umzustimmen.

Wenn jemand nicht mit Ihnen befreundet sein möchte, dann betrachten Sie das als Verlust für diese Person. *Pech für Sie. Sie wissen nicht, was Ihnen entgeht.* Als ich als junger Mann aufhörte, diese Kämpfe um Anerkennung und Akzeptanz auszufechten, begann Gott, mir Begegnungen mit Menschen zu schenken, die mich anfeuerten. Wenig später lernte ich Victoria kennen. Sie feuert mich an. Und ich feuere sie an.

Verschwenden Sie Ihre kostbare Zeit und Energie nicht damit, sich bei solchen Personen lieb Kind zu machen, die Sie ablehnen oder geringschätzig behandeln. Solche Leute sind nur Nebenschauplätze. Einer meiner Freunde nennt sie »Hintergrund-Kulisse meiner Lebensgeschichte«. Sie brauchen ihre Anerkennung nicht, um der Mensch zu sein, als der Gott Sie geschaffen hat. Sie brauchen ihre Akzeptanz nicht. Sie sind eines von Gottes geliebten Kindern.

Machen Sie sich nicht länger etwas aus der Ablehnung dieser Menschen, und vertrauen Sie darauf, dass Gott Ihnen Begegnungen mit Personen schenkt, die Ihre Talente, Ihre Persönlichkeit und Ihre Leistungen anerkennen werden. Mit ihnen können Sie entspannen und einfach so sein, wie Gott Sie erschaffen hat. Was auch immer Sie tun, diese Leute werden denken, Sie seien das Größte auf dieser Welt!

In den Augen meiner Großmutter konnte ich als Junge nichts falsch machen. Einmal hatte jemand vor dem Abendessen ihre selbstgemachten Schokoladenkekse aufgegessen, und sie hatte mich nicht einmal im Verdacht. Wer konnte das bloß gewesen sein?

»Nicht mein Liebling Joel«, sagte sie. »Vielleicht eine seiner Schwestern, aber Joel würde so etwas nie tun.«

Meine drei Schwestern waren ausgesprochen aufgebracht. Sie sagten: »Oma glaubt, Joel sei ein Heiliger.«

Ich konnte nichts dafür. Ich genoss schon damals ihre Gunst. Solche Menschen will Gott auch in Ihr Leben hineinstellen, Menschen, die das Beste von Ihnen denken.

Machen Sie sich folgende Gedanken zu eigen: *Ich habe etwas Wundervolles zu geben. Ich bin einzigartig. Ich habe eine großartige Persönlichkeit. Mein Aussehen ist in Ordnung. Ich will keine Zeit damit vergeuden, andere dazu zu bringen, dass sie mich mögen. Ich vertraue Gott, dass er mir Freundschaften schenken wird, die mich so, wie ich bin, anerkennen und lieben.*

Als Nehemia die Mauern von Jerusalem wieder aufbaute (nachzulesen in Nehemia 4), verbündeten sich zwei Männer gegen ihn – Sanballat und Tobija. Die beiden waren seine schärfsten Kritiker und riefen die ganze Zeit, während er arbeitete, Dinge wie: »Nehemia, komm herab und kämpfe mit uns. Du wirst diese Mauer nie fertigstellen. Du bist gar nicht in der Lage dazu.«

Ich bewundere, wie konzentriert Nehemia seine Aufgabe verfolgte. Diese Männer machten jede Menge Lärm, bedrohten und beleidigten ihn, doch ihm war bewusst, dass er nichts dabei gewinnen würde, wenn er mit ihnen kämpfte.

Wenn Gott Ihnen einen Traum ins Herz legt, wird es immer Sanballats und Tobijas geben, die Sie in Kämpfe verwickeln wollen, die im Grunde nicht von Bedeutung sind. Sie werden hinter Ihrem Rücken schlecht über Sie reden. Sie werden versuchen, Sie in einen Konflikt hineinzuziehen. Bleiben Sie diszipliniert. Erkennen Sie, welche Kämpfe es wirklich wert sind, ausgetragen zu werden.

Geben Sie Ihr Bestes, und lassen Sie Gott das Übrige tun

Ein Journalist fragte einst Bill Cosby nach dem Geheimnis seines Erfolges. Der amerikanische Schauspieler sagte: »Ich kenne das Geheimnis des Erfolges nicht, aber ich kenne das Geheimnis des Scheiterns, nämlich das Bemühen, jedermann zu gefallen.« Sie müssen akzeptieren, dass nicht jeder Sie unterstützten wird. Nicht jeder wird Sie mögen. Nicht jeder wird Sie verstehen. Das ist in Ordnung. Geben Sie Ihr Bestes, und Gott wird sich um Ihre Kritiker kümmern.

Sie haben keine Zeit, die Mauer zu vernachlässigen und ins Tal herabzusteigen. Sie haben keine Zeit, Ihre Kritiker zu überzeugen. Sie haben keine Zeit zu argumentieren. Sie haben eine Bestimmung zu erfüllen. Sie haben eine Aufgabe zu erledigen. Lernen Sie, die Sanballats und Tobijas' zu ignorieren. Schon bald werden Sie wie Nehemia die Mauer vollenden, und dann werden Ihre Taten für Sie sprechen.

Konzentrieren Sie sich auf die wesentlichen Ziele, die Gott Ihnen in Ihr Herz gelegt hat. Er wird erstaunliche Dinge tun. Wie David werden Sie Ihre Riesen besiegen. Wie Nehemia werden Sie Ihre Mauern vollenden. Ignorieren Sie die Ablenkungsmanöver, und Sie werden Ihre Ziele umso schneller erreichen.

Wählen Sie Ihre Schlachten sorgfältig aus

Viele der Herausforderungen, mit denen Sie konfrontiert werden, sind reine Ablenkungsmanöver, die Sie von Ihrer Bestimmung weglocken sollen. Wenn Sie versucht sind, Ihren Gefühlen freien Lauf zu lassen, weil jemand Sie verletzt oder verärgert hat, sollten Sie sich fragen: *Lohnt sich das? Selbst wenn ich diesen Kampf gewinne, welchen Preis muss ich dafür zahlen? Was wird dabei herauskommen, wenn ich um mich schlage?*

Sie könnten verpassen, was Gott für Sie geplant hat, während

Sie sich in Kämpfe verwickeln lassen, die keinerlei Bedeutung haben. Vielleicht versuchen Sie, Ihren Wert unter Beweis zu stellen, Ihre Kritiker zu überzeugen oder Anerkennung zu erlangen. All das sind unnötige Ablenkungen. **Wählen Sie Ihre Schlachten weise aus.**

In den ersten Jahren unserer Ehe ärgerte ich mich immer wieder über eine bestimmte Sache. Wenn Victoria beim Verlassen des Hauses nicht sämtliche Lichter ausschaltete, wurde ich sauer.

»Victoria, vergiss nicht, alle Lichter auszumachen!«

Ein paar Stunden später kam ich nach Hause und fand ein leeres Haus vor, in dem alle Lichter brannten. Das kam immer wieder vor, und jedes Mal sagte ich ihr, dass unsere Stromrechnung viel zu hoch sei.

Ich wusste, dass sie die Lichter nicht absichtlich anließ. Sie ging aus dem Haus, ohne an die Lichter zu denken, weil sie einfach etwas anderes im Kopf hatte. Ich bin jemand, der viel Wert auf Details legt. Victoria denkt eher in großen Zusammenhängen. Wir haben unterschiedliche Persönlichkeiten und unterschiedliche Stärken.

Ich brachte fünf Jahre lang immer wieder dieselbe Leier vor, bis ich endlich mein Lieblings-Konfliktthema fallen ließ.

Nachdem ich so lange Spannungen verursacht und mich geärgert hatte, wurde mir mit einem Mal bewusst: *Joel, dies ist ein Kampf, den es sich nicht zu kämpfen lohnt. Wenn ich zehn Dollar zu viel pro Monat für Strom ausgebe, damit in unserem Haus Frieden herrscht, dann lohnt sich das.*

Die potenziell niedrigere Stromrechnung war den größeren Stress und Kummer keinesfalls wert. Wie viel Spannung tragen Sie unnötigerweise in Ihr Haus hinein? Vielleicht werden Sie einen Sieg erringen, aber ist das wirklich all den Stress wert?

Es gibt einen humorvollen Ausspruch zu diesem Thema: »Eine Bulldogge kann Tag für Tag ein Stinktier angreifen. Aber sogar ein Hund erkennt irgendwann, dass sich der Gestank nicht lohnt.«

Gewinnen ist nicht alles.

Recht zu haben ist nicht alles

Es ist leicht, eine Auseinandersetzung vom Zaun zu brechen, aber schwierig, sie zu beenden. Die beste Strategie ist meines Erachtens folgende: einen Schritt zurücktreten, tief durchatmen und sich fragen: *Worum geht es hier wirklich?*

Im Buch der Sprüche, Kapitel 20, Vers 3 lesen wir: »Es ehrt einen Mann, sich aus einem Streit herauszuhalten.« Wenn Sie von Gott geehrt werden wollen, wenn Sie Ihr Leben genießen wollen, dann seien Sie ein Friedensstifter. Seien Sie jemand, der unnötigen Streit vermeidet.

Ihr Zuhause sollte ein Ort des Friedens sein. Sie und Ihr Ehepartner sollten in Harmonie miteinander leben. Sie sind gemeinsam stärker als jeder für sich allein. Und nicht nur das: Ihre Kinder brauchen ein Vorbild. Sie werden später ihre eigenen Partner so behandeln, wie sie es bei ihren Eltern gesehen haben.

Sie sollten nicht jeden Tag auf Ärger aus sein. Wahrscheinlich haben Sie Freunde, Angehörige oder Kollegen, die sich ständig aufregen. Sie ärgern sich ständig über jemanden, sei es ihren Partner, ihren Nachbarn oder einen Kollegen. Ihre Zeit und Energie wird von ihrem Groll verzehrt. Sie wissen nicht, wann ein Streit keinen Wert hat, weil er keinen Nutzen bringt. Und selbst wenn sie ihn gewinnen, sind sie auf dem Weg zu Glück und Erfüllung keinen Schritt weitergekommen.

Wenn Sie den Fehler machen, sich in jeden potenziellen Streit verwickeln zu lassen und ständig in der Defensive zu sein, Ihren Standpunkt zu verteidigen und die anderen zurechtstutzen, werden Sie vermutlich keine Energie mehr für die Kämpfe übrig haben, die wirklich von Bedeutung sind. Seien Sie ein Kämpfer – aber denken Sie daran: Auch ein Kämpfer weiß, wann er sich zurückhalten muss. Er spart seine Kraft für die Kämpfe auf, die wichtig sind; solche, die ihn näher zu seiner gottgewollten Bestimmung bringen.

Im 1. Buch Samuel, Kapitel 17 wird die Geschichte von David und Goliath erzählt. David, der Hirtenjunge, erhielt von seinem

Vater den Auftrag, seinen Brüdern, die gerade auf dem Schlachtfeld waren, Lebensmittel zu bringen. Sie nahmen als Krieger eine angesehene Position ein, während David zu Hause blieb, um die Herden der Familie zu hüten. Als er auf der Suche nach seinen Brüdern über das Gelände ging, hörte er, wie Goliath sein Volk verhöhnte. David fragte die Männer, die in seiner Nähe standen: »Welche Belohnung bekommt der Mann, der diesen Riesen besiegt?«

»Er bekommt eine der Königstöchter zur Frau und muss keine Steuern mehr zahlen«, lautete die Antwort.

David erkannte, dass sich dieser Kampf lohnte. Dem Sieger stand ein großer Gewinn in Aussicht. Als Davids älterer Bruder Eliab hörte, wie David darüber sprach, den Riesen zu bekämpfen, versuchte er, ihn vor den anderen Soldaten zu blamieren.

»David, was treibst du überhaupt hier?«, fragte er. »Und was ist mit den Schafen, die du hüten solltest?«

Eliab versuchte, David einzuschüchtern.

Was nun folgt, gefällt mir ausnehmend gut. Wir lesen, dass David sich umwandte und Eliab stehen ließ. David war wie Sie und ich – auch er hatte Gefühle. Ich bin sicher, dass er am liebsten gesagt hätte: »Oh, Eliab, du hältst dich wohl für jemand ganz Besonderen. Aber das bist du überhaupt nicht.«

Er hätte sich mit seinem Bruder anlegen können. Doch er tappte nicht in diese Falle. Er konzentrierte sich auf das, was wirklich wichtig war. Wenn David seine Zeit und Kraft darauf verwandt hätte, sich mit seinem Bruder zu streiten, wer weiß, ob er Goliath besiegt hätte?

Sie sollten sich folgende Fragen stellen: *Sind die Kämpfe, in die ich verwickelt bin, es wirklich wert, ausgefochten zu werden? Gibt es irgendetwas zu gewinnen? Bringen sie mich auf meinem Weg zu meiner gottgewollten Bestimmung weiter?*

Wenn ein Kampf nicht zwischen Ihnen und Gottes Bestimmung für Ihr Leben steht, sollten Sie ihn einfach ignorieren. Wenn jemand nicht mit Ihnen befreundet sein will oder Sie unfreundlich behandelt, dann lohnt es sich nicht, dafür zu kämpfen.

Wenn Sie sich in belanglose Kämpfe verwickeln lassen, dann

laufen Sie Gefahr, den Goliath zu verpassen, den Gott Ihnen in den Weg stellt, damit Sie Ihre göttliche Bestimmung erreichen. Die Kämpfe, die sich wirklich lohnen, werden zwangsläufig auf Sie zu kommen. Sparen Sie Ihre Energie für das auf, was von Bedeutung ist.

Entwaffnen Sie Menschen, die einen Streit vom Zaun brechen wollen

Schon kurz nach Antritt meines Pastorenamtes kam ein älterer Herr mit ernster Miene auf mich zu: »Ich muss wissen, wie Sie über die zweite Austeilung des Heiligen Geistes denken«, sagte er.

Ich dachte: *Ach du liebe Güte, da muss ich wohl die erste Austeilung verpasst haben.*

Meine übliche Taktik ist in solchen Situationen unverhohlene Ehrlichkeit.

»Hören Sie«, entgegnete ich daher, »ich weiß überhaupt nichts darüber.«

Das brachte ihn offensichtlich aus der Fassung. Er wollte mit mir debattieren, und da ich nicht darauf einging, breitete er seine eigenen Ansichten vor mir aus.

»Nun, Joel, ich glaube dies … und das … und das …«

Ich behielt die Ruhe. »Wissen Sie was?«, sagte ich. »Ich glaube, Sie haben recht. Ich stimme Ihnen zu.«

Meine Weigerung, in die Falle zu tappen, ließ ihn innehalten. Aber nicht lange.

»Ja, aber ich glaube dies … und das … und das …«, sagte er.

»Ich bin völlig einverstanden«, wiederholte ich.

Sein Gesicht wurde ganz rot. Ich brachte ihn mit meiner unheimlichen Freundlichkeit völlig durcheinander.

»Ja, aber ich glaube dies … und das … und das …«

Der arme Kerl hatte seinen »Streit« schon dreimal gewonnen, aber er war nicht glücklich. Er war nicht zufrieden. Er wollte weiter argumentieren. Er war auf Streit eingestellt.

Schließlich schien er halbwegs davon überzeugt zu sein, dass ich einverstanden war. Er wandte sich zum Gehen. Nachdem er ein, zwei, drei, vielleicht zehn Schritte gegangen war, sagte ich: »Entschuldigen Sie. Ich bin nicht sicher, dass ich mit dieser einen Sache einverstanden bin.«

Er wirbelte herum.

»Das war nur ein Scherz«, sagte ich.

Glauben Sie mir, er hatte wirklich die Fäuste geballt. Er war bereit, sich in den Kampf zu stürzen, doch ich duckte mich bloß und wich ihm leichtfüßig aus.

Gut zu leben ist die beste Form von Rache

Es gibt Menschen, die von Natur aus streitsüchtig sind. Sie streiten sich sogar mit ihrem Spiegelbild. Lächeln Sie also, und folgen Sie weiter Ihrem Weg, denn es wird immer Leute geben, die nach einem Streit oder einer Auseinandersetzung Ausschau halten.

Im 2. Buch Samuel, Kapitel 16, Verse 5 bis 14 lesen wir, wie König David eine Straße entlangging und ein junger Mann begann, sich über ihn lustig zu machen, ihn zu beleidigen und sogar Steine nach ihm zu werfen. Er folgte ihm überall hin, drangsalierte ihn, um ihn auf die Palme zu bringen und einen Streit vom Zaun zu brechen.

Schließlich sagten Davids Freunde: »Sollen wir ihn zum Schweigen bringen? Er ist unerträglich.«

Ich bewundere Davids Antwort. Er sagte: »Nein, lasst ihn nur reden. Gott wird sehen, dass er mir Unrecht tut, und wird die Flüche in Segen verwandeln.«

Und genau diese Einstellung brauchen wir auch. Jegliche Anspannung wird dadurch abgebaut. Wir brauchen nicht zu kontern. Tatsächlich hat unser Angreifer uns einen Gefallen getan, denn Gott wird für uns streiten. Was uns schaden sollte, wird Gott gebrauchen, um uns zu segnen.

Kapitel 8

Die Stimme des Anklägers zum Schweigen bringen

Der neunjährige Sam besuchte die Farm seiner Großeltern. Er liebte es, mit seiner Steinschleuder durch den Wald zu streifen. Er zielte auf Bäume, Flaschen und Dosen, aber er traf nur selten sein Ziel; Sam musste noch an seiner Zielgenauigkeit arbeiten.

Nachdem er den ganzen Tag im Wald verbracht hatte, rief ihn seine Großmutter irgendwann zum Abendessen. Während Sam auf das Haus zuging, sah er die Lieblingsente seiner Großmutter am Teich entlangwatscheln. Er rechnete überhaupt nicht damit, dass er sie treffen könnte, aber nur so zum Spaß legte er die Schleuder an und ließ den Stein losschnellen. Ob Sie es glauben oder nicht, der Stein traf die Ente am Kopf. Sie fiel ohne ein letztes Quaken tot um.

Sam war geschockt. Er hatte nie zuvor etwas getroffen! Und fühlte sich ganz schrecklich.

Voller Panik lief er zu der toten Ente und trug sie hinter die Scheune, wo er sie unter einem Holzstoß begrub. Dann lief er, noch immer unglücklich und durcheinander, zum Haus, als er seine zwölfjährige Schwester Julie entdeckte. Er begriff, dass sie die ganze furchtbare Sache mit angesehen hatte.

An jenem Abend sagte die Großmutter nach dem Abendessen: »Julie, würdest du mir bitte beim Abwasch helfen?«

»Oma«, antwortete sie, »ich würde das ja gern tun, aber Sam hat gesagt, dass er das heute macht.«

Während sie an Sam vorbeiging, flüsterte sie ihm ins Ohr: »Denk an die Ente.« Sam saß in der Falle und machte sich an den Abwasch.

Am nächsten Morgen wollte ihr Großvater Sam und Julie zum Angeln mitnehmen, doch seine Frau hatte einen anderen Plan.

»Ich brauche Julie für ein paar Hausarbeiten«, sagte sie.

Diese erwiderte: »Oma, Sam hat gesagt, er würde gern hierbleiben und dir helfen.«

Und wieder ging sie an Sam vorbei und flüsterte ihm ins Ohr: »Denk an die Ente.« Sam erledigte die Hausarbeiten, Julie ging zum Angeln.

Nach mehreren Tagen voller Arbeit, an denen er seine eigenen Aufgaben und die von Julie erledigte, hatte Sam schließlich genug. Er beichtete: »Großmutter, es tut mir so leid. Ich habe es nicht absichtlich getan, aber ich habe deine Ente getötet.«

Seine Großmutter nahm ihn in den Arm.

»Sammie«, sagte sie, »ich weiß, was passiert ist. Ich stand am Fenster und habe alles gesehen. Ich habe gesehen, wie geschockt du warst, und habe dir längst vergeben. Ich wollte nur schauen, wie lange du dich von Julie zum Sklaven machen lassen würdest.«

Sams Großmutter hatte nicht allein am Fenster gestanden. Gott stand direkt daneben. Er sieht jeden unserer Fehler, jeden Irrtum, jede Schwäche. Die gute Nachricht lautet: Auch er hat uns vergeben. Er trägt uns nichts nach. Er schaut nur, wie lange wir zulassen, dass der Ankläger uns zum Sklaven macht.

Bitten Sie um Vergebung, und folgen Sie weiter Ihrem Weg

Paulus schrieb an die Gemeinde in Rom: »So gibt es nun keine Verdammnis für die, die in Christus Jesus sind … die wir nun nicht nach dem Fleisch leben, sondern *nach dem Geist*« (Römer 8,1.4; Luther; Hervorhebung des Autors).

Die drei letzten Worte sind entscheidend. Wenn wir Fehler machen und *nach dem Fleisch* leben, dann geißeln wir uns selbst. Wir fühlen uns schuldig und unwürdig. Wir sind deprimiert und niedergeschlagen. Doch auf diese Weise geraten wir in eine Sackgasse.

Stattdessen können wir uns vom Heiligen Geist erfüllen lassen und sagen: »Ja, ich habe Fehler gemacht. Es ist meine Schuld. Aber ich weiß eines: Sobald ich Gott um Vergebung bitte, vergibt er mir, und ich kann meinem Weg weiter folgen.«

So viele Menschen quälen sich mit Schuldgefühlen. Wenn sie Fehler machen, nehmen sie nicht Gottes Vergebung für sich in Anspruch und folgen weiter ihrem Weg, sondern hören auf die Stimme des Anklägers. Diese Stimme verhöhnt sie unaufhörlich und hält ihnen ständig ihre Fehler, ihre abgebrochenen Diäten, ihre Temperamentsausbrüche und ihre Unzulänglichkeiten vor. Sie tragen die Last ihrer Schuld und ihrer Selbstverurteilung mit sich herum.

Sheila, ein Mitglied unserer Gemeinde, erzählte mir von ihren Schuldgefühlen; sie war als Teenagerin Mutter geworden und hatte ihr Baby zur Adoption freigegeben. Das Ganze hatte sich bereits vor zehn Jahren ereignet, aber noch immer machte sie sich furchtbare Vorwürfe.

»Ich schäme mich, ich bin eine schreckliche Mutter«, sagte sie. »Ich weiß nicht, was damals mit mir los war.«

Sheila hört noch immer auf die Stimme des Anklägers, der ihr das, was in ihrer Vergangenheit geschehen ist, immer wieder vor Augen führt. Sie trägt die schwere Last von Schuldgefühlen mit sich herum, die ihre Zukunft zu zerstören droht, obwohl sie weiß, dass sie damals die beste Entscheidung für ihr Baby getroffen hat.

Schuldgefühle sind wie eine Tretmühle: Man strengt sich an und kämpft und schwitzt ohne Unterlass, ohne einen Zentimeter voranzukommen.

Schuldgefühle sind eine Sackgasse

Die Last der Schuldgefühle raubt uns die Kraft, die Energie und die Lebensfreude. Sie hindert uns auch daran, gesunde Beziehungen zu knüpfen. Sie kann uns nicht nur emotional, sondern auch physisch beeinträchtigen. Ich kenne Menschen, die aufgrund ihrer Schuldgefühle einen Nervenzusammenbruch erlitten haben. Jahr für Jahr haben sie diese Last mit sich herumgeschleppt. Sie sind völlig erschöpft und »funktionieren« eigentlich gar nicht mehr.

Vielleicht haben Sie Fehler gemacht und Dinge getan, auf die Sie nicht stolz sind, doch in dem Moment, in dem Sie Gott um Vergebung gebeten haben, hat er Ihnen diese Schuld genommen. Im Buch Jesaja lesen wir, dass Gott sich an unsere Sünden nicht einmal mehr erinnern will (nachzulesen in Jesaja 46,25).

Wenn Gott sich nicht mehr an unsere Schuld erinnert, dann ist die anklagende Stimme in unserem Innern auch nicht die Stimme Gottes. Es ist der Ankläger, der uns unsere Zukunft verbauen will. Und wir können auf zwei unterschiedliche Arten darauf reagieren: Wir können diesen Lügen glauben und immer wieder darüber nachdenken und den Schuldgefühlen erlauben, uns herunterzuziehen. Oder wir können die gute Entscheidung treffen, uns im Vertrauen auf Gott zu erheben und zu sagen: »Nein danke. Wenn Gott mich nicht verurteilt, dann verurteile ich mich selbst auch nicht.«

Es gibt einen Unterschied zwischen der Stimme Gottes und der Stimme des Anklägers. Wenn wir Fehler machen, sagt uns eine kleine Stimme in unserem Innern, dass wir uns gerade schuldig gemacht haben. Unser Gewissen sagt uns: *Das war nicht richtig.*

Es ist der Geist Gottes, der uns davon überzeugt. Und die richtige Antwort darauf ist Reue. Wir müssen um Vergebung bitten und dürfen dann weiter unserem Weg folgen. In dem Moment, in dem wir das tun, hat Gott unsere Fehler bereits vergessen. Es gibt keine Spur mehr davon. Unsere Fehler und Sünden werden nicht irgendwo in einer geheimen Datenbank gespeichert.

Doch sobald Gott uns vergeben hat, tritt der Ankläger auf den

Plan. Gott hat unsere Fehler vergessen, doch der Ankläger tut alles dafür, dass wir über diese Fehler weiterhin unglücklich sind. Er erinnert uns an alles, was wir falsch gemacht haben, und versucht, uns dazu zu bringen, dass wir aufgeben und in eine Sackgasse geraten, aus der es keinen Ausweg gibt.

Das Ziel des Anklägers besteht darin, uns so zu täuschen, dass wir mit dem Gefühl des Verurteiltseins leben, uns minderwertig fühlen und glauben, wir würden Gottes Segnungen nicht verdienen. Wir müssen daher unterscheiden lernen, wer zu uns spricht. Die anklagende Stimme ist nicht die Stimme Gottes.

Sagen Sie sich selbst: »Das ist der Ankläger, der erneut versucht, Schuld auf mich zu laden, damit ich unglücklich bin. Doch ich weiß es besser. Ich muss seinen Lügen nicht zuhören. Ich glaube das, was Gott über mich sagt. Er hat mir vergeben. Ich bin erlöst. Meine Vergangenheit ist ausgelöscht, und meine Zukunft liegt offen vor mir.«

Wenn wir uns weigern, bei diesen Lügen zu verweilen, bringen wir die Stimme des Anklägers zum Verstummen. Die Bibel lehrt uns: »Dann werdet ihr die Wahrheit erkennen und die Wahrheit wird euch frei machen« (Johannes 8,32). Die Wahrheit lautet: Der Preis für unsere Fehler wurde vor 2000 Jahren am Kreuz von Golgatha bezahlt. Wir müssen nicht erneut bezahlen.

Wir sind erlöst. Gottes Gnade ist größer als jede Sünde. Folgen Sie deshalb weiter entschlossen und mit erhobenem Kopf Ihrem Weg. Sie dürften davon überzeugt sein, dass Ihre besten Tage noch vor Ihnen liegen.

Legen Sie den Sack auf Ihrem Rücken ab

Sie können Ihre Vergangenheit nicht ändern, aber Sie können Einfluss auf Ihre Zukunft nehmen. Es gibt eine Geschichte, die illustriert, wie man Gottes Gnade annehmen und weiter seinem Weg folgen kann: Drei Männer trugen jeweils zwei Säcke. Ein Passant fragte den ersten Mann, was sich in seinen Säcken befände.

»Der Sack auf meinem Rücken ist mit all den guten Dingen angefüllt, die ich erlebt habe«, antwortete der Mann. »Der Sack, den ich vorne trage, ist mit allem Schlechten gefüllt.«

Er sah ständig auf die schlechten Dinge vor seiner Nase, sodass er die guten Dinge, die sich in dem Sack auf seinem Rücken befanden, gar nicht mehr wahrnahm.

Der Passant stellte dem zweiten Mann dieselbe Frage, erhielt aber die gegensätzliche Antwort.

»Der Sack auf meinem Rücken ist mit den schlechten Dingen gefüllt«, sagte dieser. »Der Sack vorne enthält alle guten Dinge.«

Wenigstens konnte er die guten Dinge sehen und konzentrierte sich nicht auf die negativen. Doch beide Säcke zusammen waren trotzdem so schwer, dass sie ihn niederdrückten und ihm das Leben zur Last machten.

Schließlich befragte der Passant den dritten Mann.

»Der Sack auf meiner Brust ist mit meinen Erfolgen und Siegen gefüllt«, entgegnete der. »Der Sack auf meinem Rücken ist leer.«

»Warum ist er denn leer?«, wollte der Passant wissen.

»Ich habe all meine Fehler, Mängel, meine Schuld und Scham in diesen Sack gesteckt, und dann habe ich ein Loch in den Boden des Sackes geschnitten, um sie herauszulassen«, erklärte sein Gegenüber ihm. »So trage ich mehr Gewicht auf der Brust als auf dem Rücken und kann meinem Weg folgen. Der leere Sack auf meinem Rücken bewegt sich wie ein Segel im Wind und treibt mich weiter voran.«

Folgen Sie dem Beispiel des dritten Mannes: Lassen Sie die schlechten Dinge los, konzentrieren Sie sich auf die guten, und folgen Sie weiter dem Weg, der zu Ihrem Ziel führt.

Konzentrieren Sie sich auf das, was gut funktioniert

Wir können wissen, dass die kleine Stimme, die uns Schuldgefühle und Selbstverdammnis einflößt, nicht von Gott kommt, wenn wir erkennen, dass sie uns daran hindert, uns positiv zu entwickeln.

Schuldgefühle und Selbstverdammnis bringen uns nicht dazu, Dinge besser zu machen. Wenn wir ständig ein schlechtes Gewissen haben, laufen wir verstärkt Gefahr, erneut Fehler zu machen. Ich habe Personen getroffen, die derart an ihrer Diät verzweifelten, dass sie einen großen Becher Eis brauchten, um sich wieder besser zu fühlen. Sie geben ihr Ziel auf – aber nicht, weil ihre Schuldgefühle sie zu etwas Besserem anspornen, sondern, im Gegenteil, weil sie sie von ihrem Weg abbringen und herunterziehen.

Grübeln Sie nicht ständig darüber nach, was mit Ihnen nicht in Ordnung ist. Denken Sie vielmehr über das nach, was bei Ihnen gut klappt. Ich sagte der jungen Mutter, die ihr Baby zur Adoption freigegeben hatte: »Schau dich mal an: Du bist wunderschön. Du hast Talent. Du bist erfolgreich. Du hast einen tollen Job. Warum klagst du dich noch immer für diese Sache an? Du kannst deine Entscheidung nicht mehr rückgängig machen. Du hast doch damals getan, was für deine Tochter am besten war.«

Es gibt nur einen richtigen Umgang mit Schuld: Reue und die Bitte um Vergebung. Dann können wir dem eingeschlagenen Weg weiter folgen. Falsch wäre es, eine Woche, ein Jahr oder gar ein ganzes Leben an der Schuld festzuhalten. Es gibt Dinge, die wir schlicht nicht rückgängig machen können. Man kann ein aufgeschlagenes Ei nicht wieder zusammenflicken. Wir können das Gestern nicht noch einmal erleben, aber wir können heute leben. Lassen Sie nicht länger zu, dass der Ankläger Ihnen Ihre Zukunft verbaut. Beginnen Sie, sich auf das zu konzentrieren, was in Ihrem Leben gut klappt, und nicht auf das, was nicht in Ordnung ist.

Haben Sie schon einmal entdeckt, wie sehr wir Menschen dazu neigen, das Negative zu bemerken? Mir sagen hundert Menschen nach dem Gottesdienst: »Das war eine wundervolle Botschaft. Es war genau das, was ich brauchte.« Aber dann gibt es da diese eine Person, die sagt: »Ich weiß nicht, ob ich die Botschaft wirklich verstanden habe … Ich bin nicht sicher, ob ich in diesem Punkt mit Ihnen übereinstimme.«

Früher war ich anschließend deprimiert, entmutigt, hatte das Gefühl, versagt zu haben. Mittlerweile habe ich gelernt, solche Gefühle abzuschütteln. Wenn jemand meine Predigt nicht mochte, dann sage ich mir: *Ich lasse nicht zu, dass die Meinung eines anderen mich unglücklich macht.*

Ich lasse nicht zu, dass ein einziger schlechter Bericht hundert gute zunichtemacht. Lassen Sie nicht zu, dass eine Schwäche oder ein Fehler all die großartigen Dinge in Ihrem Leben zunichtemacht. Ja, vielleicht haben Sie eine Menge falscher Entscheidungen getroffen, aber es hat auch eine Menge guter Entscheidungen in Ihrem Leben gegeben.

Konzentrieren Sie sich auf Ihre Stärken. Konzentrieren Sie sich auf Ihre Erfolge. Steigen Sie aus der Tretmühle der Schuldgefühle aus. Diese bringt Sie nirgendwohin. **Schuldgefühle rauben Ihnen die Freude.** Leben Sie keinen einzigen Moment länger mit Bedauern. Ja, natürlich war Ihr Fehler die Quelle Ihrer Schuldgefühle, doch genau darum geht es, wenn wir von Gnade sprechen. Stehen Sie auf, und sagen Sie: »Dies ist ein neuer Tag. Ich lade mein Gepäck ab. Ich will aufhören, mich selbst zu verurteilen und schuldig zu fühlen. Ich habe mich lange genug auf das konzentriert, was ich falsch gemacht habe. Jetzt will ich mich auf das konzentrieren, was ich gut mache.«

Nehmen Sie die Vergebung an

Den meisten Menschen fällt es schwer zu akzeptieren, dass Gott uns so einfach vergibt. Wenn wir Fehler machen, meinen wir, dass wir dafür bezahlen müssten. Wir lassen den Mut sinken und machen uns vor uns selbst schlecht. Natürlich müssen wir Reue spüren, wenn wir etwas falsch gemacht haben. Es muss uns aufrichtig leidtun, nicht nur oberflächlich. Aber wir brauchen nicht Monat für Monat in Schuldgefühlen und Selbstanklage zu verharren.

Ich kenne Menschen, die vor vielen Jahren Fehler gemacht haben und Gott dafür heute noch um Vergebung bitten. Und wahrscheinlich haben sie es schon tausendmal getan. Sie begreifen nicht, dass Gott ihnen schon beim ersten Mal die Vergebung geschenkt hat, um die sie ihn gebeten hatten. Das Problem ist, dass sie Gottes Geschenk der Vergebung nicht angenommen haben. Sie glauben, sie müssten Gott zeigen, wie sehr sie diese Fehler bereuen, indem sie traurig sind und in gewisser Weise eine »Bußleistung« vollbringen. Sie leben niedergeschlagen und mutlos vor sich hin. Und sie beten immer wieder: »Herr, bitte vergib mir. Es tut mir so leid. Bitte, vergib mir.«

Betteln Sie nicht länger! Glauben Sie! Glauben Sie, dass Gott Ihnen schon beim ersten Mal vergeben hat. Sie brauchen ihn nicht weiterhin darum zu bitten.

Ich liebe das Gleichnis vom verlorenen Sohn (nachzulesen in Lukas 15,11–32). Der junge Mann nahm sein Erbteil und verließ sein Vaterhaus. Anschließend führte er ein wildes, undiszipliniertes Leben, war ständig auf Partys und traf furchtbare Entscheidungen. Er verprasste sein gesamtes Erbe. Schließlich hatte er kein Geld mehr und kein Dach über dem Kopf.

Er fand sich als Schweinehirt auf einem Bauernhof wieder. Er war verzweifelt und hungrig und musste Schweinefutter essen, um nicht zu verhungern. Doch eines Tages, als er in dem Schweinepferch saß, schuldbeladen, deprimiert und beschämt, erwachte etwas in seinem Innern.

Er sagte sich: »Selbst die Diener meines Vaters führen ein besseres Leben als ich. Ich sitze hier im Schweinestall und suhle mich in meinem Scheitern und meinem Versagen.« Und dann machte er eine Aussage, die sein künftiges Leben verändern würde. Ohne diesen Satz hätten wir nie wieder etwas von diesem jungen Mann gehört. Er sagte: »Ich will aufstehen und zu meinem Vater gehen.«

Er sagte gewissermaßen: »Ja, ich habe Fehler gemacht. Ich habe mir mein Elend selbst zuzuschreiben, aber ich lasse nicht zu, dass diese schlechte Periode meines Lebens meine Zukunft ruiniert. Ich will aufstehen.«

Vielleicht haben auch Sie schlechte Entscheidungen getroffen. Ihr Leben ist anders verlaufen, als Sie sich das eigentlich vorgestellt hatten. Die Stimme des Anklägers flüstert Ihnen zu: *Das ist deine Schuld. Was für ein Pech! Du hast es vermasselt.*

Wenn Sie wiederhergestellt werden und Ihre Bestimmung erfüllen wollen, dann machen Sie sich eines klar: Es liegt nicht an Gott, es liegt an Ihnen. Machen Sie es wie dieser junge Mann und sagen Sie: »Ich bin ganz unten, aber ich bleibe nicht dort hocken. Ich habe Fehler gemacht. Es ist meine Schuld. Aber ich kenne den Ausweg: Ich will aufstehen und zu meinem Vater gehen.«

Ich glaube, dieser junge Mann konnte unter anderem deshalb aufstehen, weil er – ganz unten angekommen – wieder erkannte, wer er war. Er wusste bis zu einem gewissen Grad, welcher Familie er angehörte. Wenn Sie wissen, wer Sie sind, können Sie Ihre Lage verändern. Machen Sie sich klar, dass Sie ein Kind des Allerhöchsten sind, der seinen Lebensatem in Sie hineingehaucht hat. Sie wurden nicht geschaffen, um traurig, niedergeschlagen, voller Schuldgefühle und Scham und mit einem Gefühl der Wertlosigkeit zu leben. Sie wurden geschaffen, um zu führen, zu regieren, zu siegen.

Ihre Lage ist vielleicht problematisch, weil Sie schlechte Entscheidungen getroffen und Fehler gemacht haben. Sie haben das Gefühl, die Vergebung nicht zu verdienen. Sie fühlen sich unwürdig. Schütteln Sie dieses Gefühl ab, und sagen Sie: »Ich kenne meine Stellung. Ich weiß, wer ich bin. Ich bin ein Kind des Allerhöchsten. Ich habe nicht das Gefühl, es zu verdienen. Ich fühle mich unwürdig. Aber ich weiß, dass ich durch das, was Christus getan hat, würdig gemacht wurde. Er nahm meine Schuld auf sich, sodass ich frei sein kann. Also will ich aufstehen und zu meinem Vater gehen.«

Genau das tat der junge Mann. Und als sein Vater ihn den Weg heraufkommen sah, lief er ihm entgegen. Was dann geschah, überstieg die Erwartungen des Sohnes sogar noch. Der Vater umarmte ihn, steckte einen Ring an seinen Finger und gab ihm ein neues Kleid. Er sagte seinen Dienern: »Lasst uns feiern. Mein Sohn ist wieder nach Hause gekommen.«

Gott wird dasselbe in Ihrem Leben tun, wenn Sie beschließen, die Schuldgefühle und die Selbstanklage abzuschütteln und zu sagen: »Ich will dem Weg, auf den Gott mich geführt hat, weiter folgen.« Wenn Sie einen Schritt tun, wird Gott einen Schritt tun.

Er wird auf Sie zueilen, mit Gnade, Vergebung, Wiederherstellung, Gunst und Wachstum. Gott kann Sie noch immer dorthin bringen, wo Sie sein sollten.

Doch so oft, wenn wir etwas falsch gemacht haben, flüstert uns die Stimme des Anklägers zu: *Du kannst Gott nicht um Hilfe bitten. Es war deine Schuld. Du warst ein Heuchler. Du hast dich selbst in diese Lage manövriert.*

Und hier tritt die Gnade auf den Plan. Wenn Sie einen Fehler machen, bitten Sie Gott um Vergebung, und er vergibt Ihnen. Doch wenn Sie wirklich begreifen, wer Sie sind, dann werden Sie nicht nur um Vergebung bitten. Sie werden einen Schritt weiter gehen und Gott um Gnade bitten.

Gott um Gnade bitten

Jemand, der mit Gnade rechnet, sagt: »Herr, ich glaube, dass du mich trotz meiner Fehler segnen wirst.«

Genau das tat Jakob. Er hatte sein Leben als Betrüger, als Schwindler zugebracht und anderen Leid zugefügt. Er wollte nicht mehr so weiterleben. Eines Tages beschloss er, die Dinge in Ordnung zu bringen. Er ging zum Gebirgsbach hinunter, um allein zu sein.

In 1. Mose 32 lesen wir, wie der Engel des Herrn ihm in Gestalt eines Mannes begegnete. Jakob und der Engel begannen, miteinander zu ringen. Der Kampf dauerte die ganze Nacht. Schließlich sagte Jakob zu dem Engel: »Ich weiß, wer du bist, und ich lasse dich nicht los, bevor du mich nicht gesegnet hast.«

Als der Engel sah, wie entschlossen Jakob war und dass er nicht nachgeben würde, berührte er ihn und gab ihm Gottes Segen. Jakob ging als ein neuer Mensch aus diesem Kampf hervor. Gott änderte sogar seinen Namen, aus Jakob wurde Israel, was »Gotteskämpfer« bedeutet.

Doch denken Sie einmal über den Mut Jakobs nach! Können Sie sich vorstellen, welche Kühnheit nötig war? Er hatte praktisch sein ganzes Leben lang schlechte Entscheidungen getroffen, er hatte gelogen und betrogen. Er hätte von Schuldgefühlen überwältigt sein und in Selbstanklage versinken können. Doch er vertraute Gott genug, um nicht nur um Vergebung zu bitten, sondern zusätzlich zu sagen: »Herr, ich glaube, dass du mich trotz meines bisherigen Lebenswandels segnen willst.«

Wie würde Gott reagieren? »Jakob, wovon redest du? Bist du verrückt? Du verdienst es nicht, gesegnet zu werden, noch nicht einmal die Vergebung verdienst du wirklich. Ich werde dich nicht segnen«?

Nein, Gott sagte tatsächlich: »Jakob, ich freue mich darüber, dass du weißt, wer du bist: mein erlöstes, würdig gemachtes Kind. Du hast nicht nur um Vergebung gebeten, sondern auch um Gnade. Und da du kühn genug warst, mich darum zu bitten, bin auch ich so kühn und gewähre sie dir.«

Ein solcher Glaube zieht Gottes Aufmerksamkeit auf sich – aber nicht, wenn wir Schuldgefühle und Selbstanklage mit uns herumschleppen. Es ist Zeit, dass wir uns aufmachen und zu unserem Vater gehen. **Nicht Gott ist derjenige, der uns verdammt, sondern der Ankläger.** Hören Sie auf, solchen Gedanken Raum zu geben.

Sie haben vielleicht versagt, doch Gottes Gnade versagt nie. Es ist traurig, dass viele Menschen die Verurteilung schneller akzeptieren als Gottes Gnade. Machen Sie es anders. Schütteln Sie die Schuldgefühle ab. Schütteln Sie die Fehler der Vergangenheit ab. Bringen Sie nicht eine einzige weitere Minute mit Bedauern und Selbstanklage zu.

In dem Augenblick, in dem Sie Gott um Vergebung baten, hat er Ihnen vergeben. Nun tun Sie Ihren Teil, und laden Sie die Last ab. Lassen Sie die Schuldgefühle los. Nehmen Sie sie nicht mit. Lassen Sie den Sack des Bedauerns fallen. Lassen Sie den Sack voller Fehler fahren. Lassen Sie den Sack der Selbstanklage fahren. Wenn Sie lernen, die Stimme des Anklägers zum Schweigen zu bringen, dann können keine Schuldgefühle und keine Selbstanklage Sie mehr niederdrücken. Sie werden ein Leben in Freiheit führen, Hindernisse überwinden und Träume erfüllen!

Kapitel 9

Ein Leben ohne Ausflüchte

Ich bin ein Sportfan. Ich liebe die klassische, wahre Geschichte eines Jungen, der davon träumte, ein Baseballprofi zu werden. Er hatte großes Talent. Während seiner gesamten Schullaufbahn war er mit Abstand der talentierteste Spieler seiner Liga. Talentscouts kamen regelmäßig zu seinen Spielen.

Dann hatte er eines Tages beim Arbeiten auf einer Farm einen Unfall. Er verlor den Zeigefinger und einen großen Teil des Mittelfingers seiner Wurfhand. Es sah so aus, als seien seine Tage als Baseballspieler vorbei. Doch dieser junge Mann war so »gestrickt«, dass er keine Ausflüchte duldete. Er lernte, den Ball ohne Zeige- und Mittelfinger zu werfen, obwohl diese beiden Finger in der Regel die wichtigsten Finger beim Wurf eines Baseballs sind.

Sein Platz auf dem Feld war stets das dritte Mal gewesen, doch eines Tages während des Trainings stand der Trainer hinter ihm und entdeckte, dass sein Wurf einen interessanten Drall hatte, wenn er ihn vom dritten zum ersten Mal warf. Der Trainer forderte ihn daraufhin auf, sein Glück als Werfer zu versuchen. Es stellte sich heraus, dass das eine hervorragende Idee war.

Mordecai »Three Finger« Brown wurde einer der größten Werfer in der frühen Geschichte des *Major League Baseball*. Er spielte für insgesamt sechs verschiedene Mannschaften, darunter die *St. Louis Cardinals* und die *Chicago Cubs*, und war bis zu seinem 40. Lebensjahr aktiver Baseballspieler. Er trug zum Gewinn zweier

World Series bei und wurde 1949 in die *Baseball Hall of Fame* aufgenommen.

Was viele für ein Manko hielten, wurde zu seinem größten Trumpf. Der besondere Drall, den Three Finger Brown dem Ball verlieh, machte es sehr schwierig, ihn zu treffen. Gott weiß eben, wie ein Nachteil in einen Vorteil verwandelt werden kann.

Es ist leicht, mit Erklärungen aufzuwarten, warum wir nicht unser Bestes geben können. Die meisten Menschen glauben, dass sie in diesem oder jenem Bereich ein Manko haben, das sie daran hindert, Gottes Weg zu folgen. Das kann eine körperliche Einschränkung sein, aber auch ein Persönlichkeitsmerkmal oder vielleicht eine Scheidung oder ein finanzielles Problem.

Wie oft habe ich schon den Satz gehört: »Ich habe nicht die richtige Staatsangehörigkeit« oder: »Ich wurde auf der Schattenseite des Lebens geboren.«

Jeder von uns muss Probleme überwinden, doch wenn Sie denken, dass Sie einen »Nachteil« haben, dann bedeutet das nicht, dass Sie sich zurücklehnen und auf der Stelle treten sollen. Gott hat etwas Großes mit Ihnen vor. Vielleicht sehen Sie anders aus als die meisten Menschen. Vielleicht können Sie nicht das Gleiche tun, was andere tun. Doch wenn Sie Gott vertrauen und Ihrer Zukunft positiv entgegensehen, können Sie Ihre Schwächen in Vorzüge verwandeln.

Entschuldigen Sie sich nicht länger dafür, dass Sie anders sind. Fangen Sie an, sich als einzigartig zu betrachten! Sie sind nicht zu groß oder zu klein. Sie haben genau die richtige Größe. Sie haben genau die richtige Persönlichkeit, das richtige Aussehen und die richtigen Talente.

Als Gott Sie erschuf, hatte er keinen schlechten Tag. Er machte Sie so, wie er Sie haben wollte. Er vollendete seine Schöpfung, trat einen Schritt zurück und sagte: »Das ist richtig gut. Das gefällt mir. Ein neues Meisterwerk.« Wahrscheinlich gibt es Dinge, die Sie an sich selbst nicht mögen, doch lassen Sie nicht zu, dass diese Dinge Sie bremsen oder daran hindern, Ihre Träume zu verwirklichen.

Sie sind nach Gottes Bild geschaffen

Meine Mutter hatte in ihrer Kindheit Kinderlähmung und musste Beinschienen tragen. Heute ist eines ihrer Beine kleiner als das andere. Ja, wirklich: kleiner. Wenn sie Schuhe kaufen will, muss sie zwei Paare kaufen, weil ihre Füße unterschiedlich groß sind. Aber ich habe stets bewundert, dass meine Mutter sich nie von ihrer »Andersartigkeit« beinträchtigen ließ.

Sie hätte sich zurückziehen und ihr Problem verunsichert verbergen können, doch sie ist der Typ Mensch, der keine Ausflüchte duldet. Sie weiß, dass sie nach dem Bild des Allerhöchsten geschaffen ist. Als Heranwachsende trug sie Shorts und Kleider und versuchte nie, ihre Beine zu verbergen. Noch heute mit 77 Jahren trägt sie gern Kleider. Meine Mutter zeigt noch immer ihre Beine! Lassen Sie sich nicht täuschen – sie liebt es!

Die Auswirkungen der Kinderlähmung haben sie nie daran gehindert, im Garten und rund ums Haus zu werkeln oder anderen zu helfen. Sie hätte allen Grund gehabt zu denken: *Ich kann nicht dafür beten, dass andere geheilt werden. Schließlich habe ich selbst eine Behinderung.* Doch sie ließ sich von ihren eigenen gesundheitlichen Problemen nicht daran hindern, für andere Kranke zu beten.

Sie müssen nicht perfekt sein, damit Gott Sie gebrauchen kann. Nehmen Sie sich so an, wie Sie sind, und machen Sie das Beste daraus! Glauben Sie daran, dass Gott Situationen verändern kann. Glauben Sie daran, dass er Heilung bringen kann. Und selbst wenn er beschließt, dass dies nicht Teil seines Willens ist, sollten Sie Gott die Ehre geben, indem Sie genau dort, wo Sie sind, Ihr Bestes geben.

Meine Schwester Lisa wurde mit Symptomen geboren, die denen der zerebralen Kinderlähmung ähneln. Nach Aussage der Ärzte würde sie niemals laufen oder selbstständig essen können. Sie teilten meinen Eltern mit: »Stellen Sie sich darauf ein, sich um ein behindertes Kind kümmern zu müssen.« Natürlich waren meine Eltern am Boden zerstört. Sie beteten. Sie vertrauten Gott.

Sie hielten an ihrem Glauben fest, und ganz allmählich ging es der kleinen Lisa zunehmend besser. Heute ist sie völlig frei von Beschwerden. Sie ist Teil unseres Mitarbeiterteams und übernimmt viele Aufgaben im Dienst für Gott.

Ein Freund namens David Ring, der ebenfalls bei uns in der Gemeinde mitarbeitet, kam genau wie Lisa mit einer Form der zerebralen Kinderlähmung zur Welt. Doch Gottes Plan für sein Leben sah anders aus als der für sie. David wurde nicht gesund. Wenn er spricht, braucht er drei- bis viermal länger als andere, um seinen Satz zu beenden. Wenn er läuft, hat er Probleme mit der Arm- und Beinkoordination.

David hätte durchaus Grund gehabt, sich zu Hause einzuigeln und zu denken: *Pech für mich. Ich bin behindert. Ich kann nur sehr langsam sprechen. Ich kann mich nur schwer fortbewegen. Herr, ich dachte, du hättest etwas Großes mit mir vor. Ich dachte, du wolltest mich in deinem Dienst gebrauchen. Ich habe mich wohl geirrt. Ich bin behindert.*

Wissen Sie, wie es tatsächlich ist? Nichts hält David zurück. Er reist um die Welt, um zu Tausenden von Menschen zu sprechen und ihnen von Gottes Güte zu erzählen. Er ermutigt sie, ihre Schwierigkeiten zu überwinden. Es ist nicht leicht, ihn zu verstehen, weil er sehr langsam spricht. Aber ich finde es so großartig, wie er jedes Mal beginnt. Er sagt: »Ich heiße David Ring. Welche Entschuldigung bringen Sie immer an?«

Denken Sie einmal darüber nach: Lisa wurde von der zerebralen Kinderlähmung geheilt, und sie verherrlicht Gott in ihrem Leben. David Ring lebt mit der zerebralen Lähmung, und auch er verherrlicht Gott in seinem Leben. Was will ich damit sagen? **Wir müssen annehmen, was Gott uns gegeben hat, und das Beste daraus machen.** Wir dürfen nicht herumhängen und denken: *Warum passiert das ausgerechnet mir?*

Hören Sie auf, nach dem Warum zu fragen

Glaube bedeutet, Gott zu vertrauen, auch wenn wir seinen Plan nicht verstehen. Gott hätte David durchaus heilen können, so wie Lisa. Doch Gott ist souverän. Ich kann sicher nicht für mich in Anspruch nehmen, alles verstanden zu haben, aber eines weiß ich: Gott ist gut. Er hat einen wunderbaren Plan für unser Leben, eine Bestimmung, die wir erfüllen dürfen. Egal, mit wie vielen Problemen oder Rückschlägen Sie zu kämpfen haben: Schütteln Sie das Selbstmitleid ab, hören Sie auf, sich zu beklagen, und folgen Sie weiter Ihrem Weg, und nichts wird Sie daran hindern, die Person zu werden, als die Gott Sie geschaffen hat.

Hören Sie auf, Ausflüchte zu machen. Hören Sie auf, über Enttäuschungen, Ungerechtigkeiten oder Kränkungen nachzugrübeln. Machen Sie sich klar, dass Gott etwas Großes für Sie bereithält. Die schlimmsten Einschränkungen sind die, die wir uns selbst auferlegen. So viele Menschen warten darauf, dass Gott sie vollkommen macht, bevor sie ihre Träume und Ziele verfolgen. Machen Sie es anders: Verfolgen Sie jetzt und hier Ihre Träume und Ziele.

Ehren Sie Gott mit dem, was Sie haben. Er will Ihre Schwächen in Stärken verwandeln. Doch Sie müssen zunächst akzeptieren, dass Gott Sie möglicherweise nicht von Ihrem Problem befreien, sondern es zu Ihrem Vorteil gebrauchen wird.

In der Bibel wird von einem Mann berichtet, der blind zur Welt kam (nachzulesen in Johannes 9). Einige Leute wollten von Jesus wissen, warum dies so war: »Ist es seine Schuld oder die Schuld seiner Eltern?«

Sie suchten nach jemandem, dem sie die Schuld daran geben konnten, nach einem Grund oder einer Entschuldigung. Und wir tun heute noch dasselbe. Was Jesus dann sagte, ist großartig: »Ihr stellt die völlig falsche Frage. Ihr sucht nach jemandem, dem ihr die Schuld zuschieben könnt. Weder er noch seine Eltern haben gesündigt. Schaut lieber auf das, was Gott tun kann.«

Was wollte er damit sagen? Wenn wir Rückschläge erleben oder harte Zeiten durchmachen, sollten wir nicht bitter werden. Wir sollten nicht an diesem Punkt stehen bleiben. Wir sollten erkennen, dass wir gerade dann Topkandidaten für Gottes Gunst und Güte sind.

Wenn Sie sich benachteiligt oder behindert fühlen, dann sagen Sie nicht: »Herr, das ist aber ungerecht«, sondern sagen Sie: »Herr, ich bin bereit. Ich weiß, dass du etwas Wundervolles für mich bereithältst. Ich weigere mich, niedergeschlagen und deprimiert zu sein. Ich weiß, dass dieses Manko für dich eine Möglichkeit darstellt, auf den Plan zu treten und etwas Gutes daraus zu machen.«

Genau das tat Tony Melendez. Er kam ohne Arme zur Welt, wollte aber schon als kleiner Junge so gern Gitarre spielen. Er fühlte in seinem Innern, dass er singen und Musik komponieren wollte. Er hätte durchaus Grund gehabt zu sagen: »Pech gehabt. Ich würde gern Gitarre spielen, aber ich habe nun mal keine Arme.« Stattdessen dachte er: *Ich habe zwar keine Arme, aber ich habe Füße. Ich habe keine Finger, aber dafür zehn Zehen.*

Tony lernte also, mit den Füßen Gitarre zu spielen. Und er spielt mit seinen Füßen besser Gitarre als die meisten Leute mit den Händen.

Wenn Gott einen Traum in Ihr Herz legt, wenn er Ihnen eine Verheißung schenkt, dann legt er auch alles in Sie hinein, was Sie brauchen, um diesen Traum zu verwirklichen. Gott hätte Tony diesen Wunsch nicht ins Herz gelegt, ohne ihm auch die Möglichkeiten zu schenken, ihn zu realisieren. Es war eben ein ganz besonderer Weg. Tony musste genug Kühnheit aufbringen, um zu sagen: »Ich lebe ein Leben ohne Ausflüchte. Ja, es sieht wie eine Behinderung aus. Nüchtern betrachtet habe ich tatsächlich eine Behinderung, aber ich weiß, dass es mit Gott keine Behinderungen gibt. Als er mich schuf, hatte er keinen schlechten Tag. Er hat mich mit einem Ziel, mit einer Bestimmung geschaffen, und ich will mein Bestes geben, um ihn zu verherrlichen.«

Tony war fest davon überzeugt, dass ihm dies gelingen würde. Andere Menschen richten ihre Aufmerksamkeit jedoch auf das, was sie nicht können oder nicht haben, dabei sind diese »Nachteile« in Wirklichkeit Vorzüge, die darauf warten, aktiviert zu werden.

Heute kann man in Tonys Leben Gottes beispiellose Gnade erkennen. Er ist in mehr als 40 Länder gereist, um zu singen und seine Glaubensgeschichte zu erzählen. Gott gebraucht ihn auf wundervolle Weise.

Die meisten Menschen müssen nicht mit so großen Schwierigkeiten kämpfen wie Tony. Und doch lassen so viele Menschen zu, dass weniger spektakuläre Probleme wie eine Scheidung, der Verlust eines Arbeitsplatzes oder finanzielle Sorgen sie völlig überwältigen. Sie müssten sich Tonys Mentalität, die keine Ausflüchte zulässt, zu eigen machen, und Gott Zeit lassen, ihre Mängel in Vorzüge zu verwandeln.

Bitten Sie um Gottes Führung

In meinen Anfängen als Pastor in *Lakewood* hatte ich das Gefühl, meine ruhige, gelassene Persönlichkeit könnte von Nachteil sein. Mein Vater war ein feuriger Anführer gewesen. Ich fragte mich, ob ich nicht eine dynamischere, kontaktfreudigere Persönlichkeit bräuchte.

Ich sagte: »Herr, du musst mich verändern. Ich habe einen Nachteil. Ich bin eher ruhig und zurückhaltend.«

Mein Vater konnte die Mengen begeistern. Ich habe Pastoren gesehen, die tiefe geistliche Vorträge mit kraftvoller Stimme und großer Redegewandtheit halten. Sie können die gesamte Gemeinde allein mit ihrem Vortrag und ihrer Ausdrucksweise bewegen. Sie sind dramatisch. Ich habe eher die gedehnte Sprechweise der Südstaaten. Ich spreche gedämpft, in normalem Tonfall.

Als mein Vater starb, sagte ich: »Herr, ich weiß nicht, ob ich in seine Fußstapfen treten kann. Wir werden sehen.« Doch was ich für einen Nachteil hielt, stellte sich als Vorzug heraus. Ich erkannte, dass Gott mich mit Absicht so erschaffen hat.

Ich habe keine kraftvolle Stimme. Ich habe keine dynamische

Persönlichkeit. Ich halte keine ausgefallenen Predigten. Aber die Leute sagen mir, dass sie meinen Predigten gut folgen können, weil meine Stimme ruhig und wohltuend ist. Eine Frau meinte: »Joel, ich höre mir deine Predigten an, bevor ich abends in Bett gehe. Dann kann ich gut einschlafen.«

Und das war als Kompliment gemeint!

Welches ist Ihre Schwäche? Was hindert Sie daran, an sich zu glauben und Ihrer göttlichen Bestimmung nachzueifern? Gott wusste, mit welchen Problemen und Kämpfen Sie konfrontiert werden würden, mit welchen Schwächen und Unzulänglichkeiten Sie zurechtkommen müssen. Sie sind keine Überraschung für Gott.

Gott wird Ihre »Einschränkung« gebrauchen, damit Sie Ihre Bestimmung erfüllen können

Im Lukasevangelium, Kapitel 19, Verse 1 bis 10 wird die Geschichte von Zachäus erzählt. Er hatte ebenfalls einen Makel: Er war zu klein. Wahrscheinlich wurde er in der Schule von den anderen Kindern gehänselt und mit wenig netten Namen bedacht. Ich kann mir vorstellen, dass er gern wie die anderen gewesen wäre. Aber wir müssen begreifen, dass Gott uns absichtlich so gemacht hat, wie wir sind.

Eines Tages hörte Zachäus, dass Jesus in seine Stadt kam. Die Menschen drängten sich in den Straßen, um einen Blick auf den jungen Rabbi erhaschen zu können. Für Zachäus war das ein Problem. Er stand in der Menge und konnte bloß die Rücken der Leute sehen. Er hätte also aufgeben und sich selbst bemitleiden können. Stattdessen kletterte er auf einen Baum und hatte eine großartige Sicht, vielleicht sogar die allerbeste. Sein Nachteil verwandelte sich in einen Vorteil. Als Jesus die Straße entlangkam, sah er über die Menge hinweg und entdeckte Zachäus im Baum. Er rief ihn an und teilte ihm mit, dass er Gast in seinem Haus sein wolle.

Hätte Zachäus eine »normale« Größe gehabt, wäre er nicht den Baum hinaufgeklettert und hätte nicht Jesu Aufmerksamkeit auf sich gezogen. Doch aufgrund seines »Mangels« kletterte Zachäus höher hinauf und erntete die größtmögliche Belohnung!

Schauen auch Sie höher hinauf, so wie Zachäus es tat. Betrachten Sie das, was Sie für ein Manko halten, als einen möglichen Vorzug. Heute sehe ich meine gelassene, entspannte, leise sprechende Persönlichkeit als Vorzug. Wenn ich wie jemand anders zu sein versuchte, würde das nicht funktionieren. Ich habe mich so akzeptiert, wie ich bin, und meine Gemeinde hat dasselbe getan.

Auch Sie haben das, was Sie brauchen, um erfolgreich zu sein

Ich hörte von einem jungen Sportler, der ohne rechte Hand geboren wurde. Eines Tages ließ er eine ärztliche Untersuchung machen, da er Football spielen wollte. Der Arzt erkundigte sich, welche Behinderung er habe.

Der Sportler entgegnete: »Ich habe keine Behinderung. Mir fehlt lediglich die rechte Hand.«

Ich liebe diese Einstellung: »Ich habe keine Behinderung. Ich spiele Gitarre mit den Füßen.« Oder: »Ich habe keine Behinderung. Ich spreche nur ein wenig langsamer als andere.« Oder: »Ich habe keine Behinderung. Ich bin nur nicht so groß wie die anderen.«

Leben Sie ohne Ausflüchte. Konzentrieren Sie sich auf das, was Sie tun können. Richten Sie Ihre Aufmerksamkeit auf Ihre Talente. Baden Sie nicht in Selbstmitleid. Konzentrieren Sie sich darauf, all das zu sein, wofür Gott Sie geschaffen hat.

Wenn Sie mit dieser Einstellung leben, ungebeugt und vertrauensvoll, wird Gott Ihre Mängel und Einschränkungen zum Positiven wenden. Er wird jeden Stolperstein in ein Sprungbrett verwandeln. Was wie eine Bürde aussieht, kann Gott in einen Vorzug verwandeln, wie wir an den genannten Beispielen sehen können. Wenn wir mit Gott unterwegs sind, gibt es keine Nachteile! Sie haben alles, was Sie brauchen, um erfolgreich zu sein!

Kapitel 10

Sie können zuletzt lachen

Vor vielen Jahren erhielt mein Vater einen Brief von einem anderen Pastor, der gemein, voller Kritik und verletzend war. Er warf meinem Vater Dinge vor, die vollkommen falsch waren. Mein Vater war schwer gekränkt und auch ein wenig verärgert. Er schrieb seinem Angreifer den bösesten, hässlichsten Brief zurück, den er zu schreiben imstande war. Er zerriss seine Kritik schonungslos.

Dann steckte er den vernichtenden Brief in einen Umschlag, ging die Straßen hinunter und warf ihn in den Briefkasten.

Während er zum Haus zurückging, hörte er eine Stimme sagen: *Du hast mit ihm abgerechnet, nicht wahr?*

»Ja, ich habe mich revanchiert«, sagte Daddy.

Jetzt fühlst du dich besser, was?

»Ja, ich fühle mich besser.«

Du hast es ihm gegeben, nicht wahr?

»Ja, ich habe es ihm so richtig gegeben.«

Dann fügte die Stimme hinzu: *Es stimmt, du hast ihm das Böse mit Bösem vergolten.*

Mein Vater musste schlucken. Er spürte die innere Überzeugung: Gott sprach gerade zu ihm. Er begriff, dass er falsch reagiert hatte.

Daddy ging zum Briefkasten zurück, zog den Brief wieder heraus und zerriss ihn. Er schickte keinen Brief und sagte auch dem Angreifer gegenüber kein Wort. Er beschloss, die Vergeltung Gott zu überlassen. Gott würde das ihm zugefügte Unrecht wiedergutmachen.

16 Jahre später erhielt mein Vater einen Anruf von jenem Mann. Er begann schluchzend: »Pastor Osteen, der Brief, den ich Ihnen damals schrieb, war so falsch. Es tut mir furchtbar leid. Können Sie mir vergeben?«

Gott weiß, wie er Gerechtigkeit in Ihr Leben bringen kann. Es wird vielleicht nicht über Nacht geschehen, aber es wird geschehen.

Wir alle erleben Situationen, in denen wir ungerecht behandelt werden. Vielleicht lästert jemand über Sie oder hackt auf Ihnen herum und versucht, Ihnen das Leben schwerzumachen. Auf solche Erfahrungen reagieren wir gewöhnlich damit, dass wir uns verteidigen oder zurückschlagen. Die menschliche Natur verlangt nach Rache. Wir wollen es dem anderen heimzahlen. Doch Gott sagt: »Ich werde [...] an ihnen Rache nehmen« (5. Mose 32,35). Das bedeutet, dass Gott uns zugefügtes Unrecht vergelten wird. Er will uns für jedes erlittene Unrecht Wiedergutmachung schenken. Es ist ein Gott der Gerechtigkeit.

Das Fazit lautet: Gott will, dass Sie zuletzt lachen.

Und so kann das aussehen: Im Brief an die Römer schreibt Paulus, dass wir uns nicht selbst rächen, sondern Gott die Vergeltung überlassen sollen (Römer 12,9). Beachten Sie: Wir *können* uns selbst rächen oder aber wir können es Gott überlassen, sich an unserer statt zu rächen; aber wir können nicht beides haben.

Wenn Sie die Dinge selbst in die Hand nehmen, wird Gott zurücktreten und sagen: »Nur zu! Du brauchst meine Hilfe nicht.« Doch wenn Sie lernen, den richtigen Weg zu gehen, Ihre Gefühle zu kontrollieren und Gott die Vergeltung zu überlassen, wird er auf den Plan treten und sagen: »In Ordnung. Lass mich nur machen.«

Gott kennt diejenigen, die uns Unrecht getan haben

Gott sieht jede Kränkung, die man uns zufügt. Er führt darüber Buch. Wenn wir lernen, auf dem richtigen Weg zu bleiben, und unsere Zeit nicht damit vergeuden, es denen heimzuzahlen, die uns gekränkt haben, dann verspricht Gott, unser Anwalt zu sein.

Gott wird uns Gunst schenken und uns weiterbringen, wenn er weiß, dass wir damit umgehen können. Wenn wir jedes Mal in die Luft gehen und uns selbst verteidigen, wenn uns jemand Unrecht tut, dann werden wir nicht an den Platz gelangen, an dem wir nach Gottes Plan sein sollen.

David war bereits viele Jahre, bevor er schließlich den Thron bestieg, zum König gesalbt worden. Er musste eine Zeit der Prüfungen durchstehen, in deren Verlauf ihm König Saul nach dem Leben trachtete. Es war völlig ungerecht. David hatte Saul Gutes getan, doch dieser vergalt ihm das nicht auf die gleiche Weise. David hatte in der Folge zweimal die Gelegenheit, Saul zu töten (nachzulesen in 1. Samuel 24,26). Er hätte seinem Frust und seiner Not ein Ende machen können. Aber er tat es nicht.

Nach dem ersten Vorfall, bei dem David Saul verschont hatte, sagte er: »Der Herr soll Richter zwischen uns sein! Er soll dich strafen für das Unrecht, das du mir antust; aber ich selbst werde meine Hand nicht gegen dich erheben« (1. Samuel 24,13).

Kein Wunder, dass David ein Held war. Kein Wunder, dass Gott große Pläne für ihn hatte. Er wusste, dass er Gott die Vergeltung überlassen musste.

Ich frage mich, wie viele Menschen so wie David gesalbt wurden, um etwas Großes zu vollbringen, eine Führungsposition, einen Ehrenplatz einzunehmen, ja von Gott geschenkte Träume zu verwirklichen, aber diese Prüfung nicht bestanden haben. Sie waren zu sehr damit beschäftigt, an den Sauls in ihrem Leben, den Menschen, die sie gekränkt haben, Vergeltung zu üben. Sie haben nicht begriffen, dass Menschen, die uns Unrecht tun, nichts anderes sind als Ablenkungsmanöver.

Nutzen Sie Ihre Zeit und Energie, um dem Weg zu Ihrer von Gott gegebenen Bestimmung weiter zu folgen. Tappen Sie nicht in die Falle der Vergeltung, und machen Sie sich klar, dass Sie sich niemals so rächen können, wie Gott es für Sie tun kann. Gottes Wege sind höher und besser als unsere Wege. Er kann Menschen, die uns kränken, sogar dazu gebrauchen, uns voranzubringen.

Wir sollten uns folgende Einstellung zu eigen machen: *Ich überlasse Gott die Vergeltung. Ich weiß: Wenn Gott für mich eintritt, werde ich makellos wie ein schneeweißes Blatt Papier aus dieser Situation hervorgehen. Vielleicht schaust du im Moment auf mich hinab, doch eines Tages wirst du zu mir aufblicken. Ich habe heute vielleicht nicht viel, aber eines Tages wirst du dir wünschen, das zu haben, was ich habe.*

Unser Tisch ist gedeckt

Ich liebe die Worte, die David in Psalm 23, Vers 5 gebraucht: »Vor den Augen meiner Feinde deckst du mir deinen Tisch« (Psalm 23,5). **Gott wird uns nicht nur rächen und an uns verübtes Unrecht wiedergutmachen, er wird uns sogar vor den Augen unserer Feinde segnen.** Er könnte uns an jedem beliebigen Ort erhöhen, aber er wird es vor den Augen derer tun, die versuchen, uns schlecht dastehen zu lassen. Er wird uns Gunst, Ehre und Anerkennung schenken. Eines Tages werden die Menschen, die uns einen Dolch in den Rücken gestoßen haben, mit ansehen, wie wir die Ehre bekommen, die wir verdienen.

Das Wissen, dass Gott uns vor den Augen unserer Feinde einen Tisch bereitet, hilft mir, nicht den Mut zu verlieren, wenn andere schlecht über mich sprechen. Ich weiß, dass Gott dann seine Engel schon mal in den Supermarkt schickt. Wenn jemand Lügen über mich verbreitet, kein Problem. Ich stelle mir dann einfach vor, wie Gabriel den Tisch deckt.

Unsere Kritiker werden das Mahl auf Gottes Tisch sehen, aber sie sind nicht zur Party eingeladen. Sie müssen zusehen, wie wir das genießen, was Gott für uns zubereitet hat. Sie werden mit ansehen, wie Gott uns beschenkt.

Seien Sie bereit. Wenn Sie das Richtige getan, über Kränkungen und böse Worte hinweggesehen und Ihre Feinde gesegnet haben, dann dürfen Sie wissen, dass Gottes Tisch gedeckt ist. Ihr Essen ist fertig. Es ist nur noch eine Frage der Zeit, bis Sie sich an den Tisch setzen können.

Ihre Feinde werden vielleicht versuchen, Ihnen das Festmahl zu verderben, indem sie Ihnen die Freude rauben. Sie säen Zweifel; schütteln Sie diese Zweifel ab. Jeden Moment kann die Essensglocke für Sie läuten. Diejenigen, die versuchen, Sie zu bremsen und zu Fall zu bringen, werden zusehen, wie Sie mit Gottes Hilfe einen Erfolg verbuchen können. Sie werden sehen, wie Gottes Gunst und Güte noch intensiver in Ihr Leben hineinwirken.

Ein Mechaniker in einer großen Werkstatt erzählte mir, dass er jahrelang bei der Arbeit ungerecht behandelt wurde. Er war in einem sehr negativen Umfeld tätig. Seine Kollegen machten sich ständig über ihn lustig. Sie hielten ihn für steif und langweilig, weil er nach der Arbeit nicht mit ihnen loszog, um zu feiern. Jahr für Jahr musste er diese Behandlung über sich ergehen lassen.

Er war zwar einer der besten Mechaniker des Unternehmens, doch nach sieben Jahren hatte er keine Beförderung oder Gehaltserhöhung bekommen, noch nicht einmal einen Bonus, weil sein Vorgesetzter ihn nicht leiden konnte. Er hätte also allen Grund gehabt, seine Arbeit gereizt und verbittert zu erledigen, doch er entschied sich für den richtigen Weg, weil er wusste, dass Gott für ihn eintreten würde.

Dann wurde er eines Tages zum Geschäftsinhaber gerufen. Sie waren sich nie zuvor begegnet, weil dieser nichts mit den täglichen Geschäften zu tun hatte. Doch aus einem bestimmten Grund rief er den Mechaniker zu sich und erzählte ihm, dass er bald in Rente gehen würde. Er bot dem Mechaniker an, ihm sein Geschäft zu verkaufen.

»Ich habe aber gar kein Geld, um das Unternehmen zu kaufen«, wandte der Mechaniker ein.

»Das brauchen Sie auch nicht«, sagte der Inhaber. »Ich werde es Ihnen leihen.«

Heute ist der Mechaniker der Geschäftsinhaber. Gott hat den Tisch gedeckt, und er wurde bedient. Diejenigen, die ihn laufend verspottet haben, müssen ihn nun »Chef« nennen. Sie waren es gewohnt, auf ihn herabzublicken. Nun müssen sie zu ihm aufblicken. Sie waren es gewohnt, ihn links liegen zu lassen. Nun müssen sie sich einen Termin geben lassen, wenn sie ihn sehen wollen.

Gott weiß, wie er Sie rächen kann

Nehmen Sie die Dinge nicht selbst in die Hand. Wenn Sie Gott für sich eintreten lassen, wird er für Gerechtigkeit sorgen und Sie vor den Augen derer begünstigen, die versucht haben, Sie schlecht dastehen zu lassen.

In den Sprüchen, Kapitel 16, Vers 7 lesen wir: »Wenn der Herr mit deinem Tun einverstanden ist, dann macht er sogar deine Feinde bereit, mit dir Frieden zu schließen.«

Einmal traf ich im Foyer unserer Gemeinde einen Mann, der mir erzählte: »Ich war früher Ihr schärfster Kritiker. Ich habe ständig über Sie geredet und gegen Sie gebloggt. Dann kam ich zu einem Ihrer Gottesdienste, um neuen Stoff für meine Kritik zu finden. Doch es gefiel mir so gut, dass ich in der folgenden Woche wiederkam. So geht das jetzt seit sechs Monaten. Ich habe nicht einen einzigen Gottesdienst versäumt. Nun bin ich Ihr größter Fan.« Und dann schüttelte er mir die Hand.

Gott wird auch Ihre Feinde dazu bringen, Ihnen die Hand zu schütteln. Vielleicht gibt es Menschen in Ihrem Leben, die mit Ihnen hadern. Vielleicht hegt einer Ihrer Kollegen oder ein Mitglied Ihrer Familie einen Groll gegen Sie. Vielleicht haben Sie Ihr Bestes getan, um sie zu respektieren und genau das gegenteilige Verhalten an den Tag zu legen. Vielleicht sind die anderen umso gehässiger, je freundlicher Sie sind.

Sie hätten vielleicht allen Grund, verbittert zu sein. Doch lassen

Sie sich nicht auf ihr Niveau herab. Tun Sie weiterhin das Richtige. Gott ist ein gerechter Gott. Er weiß, wie er das Herz eines Menschen verändern kann. Vielleicht dauert es eine Woche. Vielleicht ein Jahr oder 25 Jahre. Gott hat versprochen, dass diejenigen, die Sie gekränkt haben, Ihnen eines Tages die Hand schütteln werden.

Sie werden den Respekt bekommen, den Sie verdienen

Larry, einer meiner Freunde, arbeitet in der Immobilienbranche. Er arbeitet hart, hat in seinem Job stets vollen Einsatz gebracht und sich eine positive Einstellung bewahrt. Trotzdem wurde er von Charles, dem Geschäftsinhaber, schlecht behandelt. Er weigerte sich, auf die Vorschläge meines Freundes einzugehen, und machte ihm das Leben schwer. Larry gab weiterhin sein Bestes, doch schließlich wurde er entlassen.

Aber Larry war dadurch nicht verbittert. Stattdessen machte er sein eigenes Immobiliengeschäft auf und wurde äußerst erfolgreich. Er dachte gar nicht mehr an Charles, doch Gott ist ein gerechter Gott. Er vergisst nie, was uns zusteht.

Wir lassen vielleicht Dinge auf sich beruhen, doch Gott tut das nicht. Er sorgt dafür, dass wir alles bekommen, was wir verdienen.

Mehrere Jahre später musste Charles sein Geschäft verkleinern. Er brauchte ein neues Bürogebäude und fand auch ein passendes. Es gehörte jedoch Larry. Sein ehemaliger Chef fiel beinahe in Ohnmacht, als er das Gebäude betrat und entdeckte, dass er der Mieter seines ehemaligen Angestellten sein würde, den er gefeuert hatte.

Diesmal hörte Charles auf alles, was Larry zu sagen hatte. Er behandelte seinen ehemaligen Angestellten mit Respekt und Ehrerbietung. Er hörte aufmerksam zu. Er schätzte seine Meinung. Heute zahlt Charles eine gesalzene Miete an Larry. So sorgt Gott dafür, dass unsere Feinde uns die Hand schütteln. Und er sorgt dafür, dass wir als Letzte lachen.

Gott will Sie im Angesicht Ihrer Gegner segnen. Ein Teil seiner

Vergeltung besteht darin, dass diejenigen, die fest davon überzeugt waren, dass Sie scheitern würden, mit ansehen müssen, wie Sie Erfolg haben und Ihre Träume verwirklichen.

Ein befreundeter Pastor reiste mehr als 50 Jahre um die Welt, um Gutes zu tun. Überall, wo er hinkam, war er sehr beliebt. Doch die Zeitung seiner Heimatstadt fand immer irgendetwas an seiner Gemeinde auszusetzen. Er konnte hundert Dinge gut machen, ohne dass darüber berichtet wurde. Sie fanden die eine Sache, die er falsch machte, und machten ein Riesentheater darum. So ging das Jahr für Jahr.

Mein Freund hatte eine interessante Sicht der Dinge. Er sagte: »Wenn es diese Zeitung nicht gegeben hätte, hätte ich nicht so viel geleistet. Sie sorgten dafür, dass ich treu betete, und sie gaben mir den Antrieb, den ich brauchte, um ihnen zu zeigen, dass sie sich irren. Ihre kritische Einstellung zu meiner Person und ihre Ungerechtigkeit sorgten in gewisser Weise dafür, dass Gott mich noch mehr segnen konnte.«

Er gründete schließlich in jener Stadt eine große Universität. Tausende junger Leute haben diese bislang besucht, obwohl die Stadt der am wenigsten geeignete Ort zu sein schien, seine Träume zu erfüllen. Doch Gott sagt: »Genau dort bereite ich dir einen Tisch. Dort will ich dich wachsen lassen. Dort werde ich dir meine beispiellose Gunst schenken.«

Bleiben Sie am Tisch sitzen, um gesegnet zu werden

Im 26. Kapitel des 1. Buches Mose wird davon berichtet, dass das Land Israel von einer großen Hungersnot heimgesucht wurde. Monatelang herrschte Trockenheit, die das Land in eine Wüste verwandelte. Ein junger Mann namens Isaak beschloss, seine Sachen zu packen und fortzuziehen. Doch Gott sagte: »Nein, Isaak. Ich will nicht, dass du fortgehst. Ich werde dich hier segnen.«

Isaak gehorchte Gott und bestellte seinen Acker. Die Philister, die dort wohnten, mochten Isaak nicht und waren neidisch auf ihn. Sie machten sich über ihn lustig. Doch Isaak, dessen Name »Lachen« bedeutet, ließ sich davon nicht aus dem Konzept bringen.

Einige Monate später waren alle, die Isaak verspottet und kritisiert hatten, erstaunt, als sie seine Felder sahen. Sie konnten es nicht glauben. Die Bibel berichtet, dass Isaak »in diesem Jahr hundertmal so viel erntete, wie er gesät hatte« (1. Mose 26,12).

Seine Kritiker waren sprachlos. Doch Isaak wusste, dass Gott den Tisch gedeckt und ihn gesegnet hatte.

Vielleicht sind auch Sie kurz davor, vor einer schwierigen Situation davonzulaufen, doch ich möchte Sie ermutigen, das Problem aus einer anderen Perspektive zu betrachten. Sie müssen nicht fortgehen, um gesegnet zu werden. **Gott will Sie genau dort segnen, wo Sie sind.**

Ein Teil seiner Vergeltung besteht, wie wir gehört haben, darin, dass er Ihnen vor den Augen Ihrer Gegner seine Gunst schenken wird. Sie sollten also eher Folgendes denken: *Die anderen lachen jetzt, doch ich weiß, dass diese Schwierigkeit mir den Weg dazu bereitet, dass Gott mir seine Gunst schenken kann. Sie versuchen, mich zurückzuhalten, doch Gott wird dieses Problem gebrauchen, um mich voranzubringen.*

Vielleicht haben auch Sie es mit Kritikern, Schwarzmalern, Verleumdern, Verrätern, Neidern und solchen zu tun, die Ihnen sagen, dass Sie »es« niemals schaffen werden. Seien Sie versichert, dass Gott diesen Personen zeigen wird, dass er Ihren Tisch vor ihren Augen decken wird. Er wird dafür sorgen, dass sie mit ansehen müssen, wie Sie befördert und geehrt werden und Ihr Ziel erreichen.

Lassen Sie Gott Ihr Rächer sein. Lassen Sie Gott das Unrecht wiedergutmachen, das man Ihnen zufügt. Wenn Sie ihm die Vergeltung überlassen, wird es Ihnen am Ende stets besser ergehen als vorher. Gott wird sogar dafür sorgen, dass Ihre Feinde Ihnen die Hand schütteln. Vielleicht lachen Ihre Gegner jetzt noch über Sie, doch denken Sie daran: Gott ist treu. Sie werden schließlich zuletzt lachen. Er wird Gerechtigkeit in Ihr Leben bringen.

Teil 3

Leben ohne Krücken

Kapitel 11

Leben ohne Krücken

Als ich vom College abging, um die Fernseharbeit der *Lakewood*-Gemeinde ins Leben zu rufen, war ich 19 Jahre alt. Ich wusste kaum etwas über Fernsehproduktionen, und so stellten wir einen erfahrenen Produzenten aus Kalifornien an. Er war um die 60 und hatte in seiner langen Karriere Übertragungen von Spitzensport-Veranstaltungen und Vormittagssendungen produziert.

Er war kompetent und talentiert und eine großartige Persönlichkeit. Es machte Spaß, mit ihm zusammen zu sein. Wir verstanden uns von Anfang an sehr gut. Ich kam morgens früh zur Arbeit, blieb bis spät, ging mit ihm zum Abendessen und verbrachte fast meine gesamte Zeit mit ihm. Ich beobachtete sehr sorgfältig, wie er die Sendungen zusammenstellte und wie er bestimmte Kameraeinstellungen verwendete.

Ich lernte so viel von ihm. Oft dachte ich: *Ich könnte niemals das tun, was er tut. Er ist so kreativ. Er kann schreiben. Er kann Regie führen. Ich bin einfach nicht so talentiert wie er.*

Dieser erfahrene Produzent war rund ein Jahr lang mein Mentor, als er eines Tages ankündigte, er werde in einem Monat gehen.

»Auf keinen Fall«, sagte ich. »Du kannst mich doch mit diesem Job nicht allein lassen. Ich weiß gar nicht, wie ich das machen soll.«

Er versicherte mir, ich würde das ganz prima schaffen.

»Du hast mir ein Jahr lang über die Schulter geblickt, und auch ich habe dich beobachtet«, erwiderte er. »Du kannst es jetzt ganz allein schaffen.«

Ich war jedoch nicht davon überzeugt. Ich drängte ihn zu bleiben, schlug ihm eine Gehaltserhöhung und mehr Freizeit vor, doch er blieb dabei, dass es Zeit sei fortzugehen.

In den ersten Wochen nach seinem Weggang war ich sehr nervös. Ich wusste nicht, was ich tat. Ich rief ihn ständig an und bombardierte ihn mit Fragen. Doch nach rund einem Monat fühlte ich mich sicherer. Nach sechs Monaten dachte ich: *Hey, ich mache das gar nicht mal so schlecht.* Und nach einem Jahr sagte ich mir: *Wofür habe ich ihn je gebraucht?*

Heute weiß ich, dass mein Mentor mir einen Gefallen tat, als er ging. Er zwang mich dazu, über meinen Schatten zu springen und meine mir von Gott gegebenen Talente einzusetzen. Wenn er nicht fortgegangen wäre, hätte ich niemals meine göttliche Bestimmung angetreten.

Dem Weg weiter folgen

Eine Krücke ist ein Hilfsmittel, das wir vorübergehend zum Laufen benutzen, wenn wir uns das Bein oder den Fuß verletzt haben. Wenn die Verletzung verheilt ist, stellen wir die Krücke fort und laufen wieder allein. Der Begriff »Krücke« wird auch gebraucht, um etwas oder jemanden zu beschreiben, auf das/den wir uns eine begrenzte Zeit stützen, wenn wir eine schwierige Phase durchmachen. Der Begriff bekommt jedoch einen negativen Beiklang, wenn man damit etwas meint, von dem wir abhängig geworden sind, in der Regel zulasten unserer physischen, mentalen oder emotionalen Weiterentwicklung.

Eine Krücke sollte also nur vorübergehend zum Einsatz kommen, bis wir wieder gesund sind oder allein weitergehen können. Sie darf keine ständige Einrichtung werden, selbst wenn unsere Krücke eine Person ist, die uns sehr viel bedeutet. Eines der Dinge im Leben, die am schwierigsten zu akzeptieren sind, ist die Tatsache, dass nicht jeder uns unser Leben lang begleiten wird. Einige Personen sind natürlich dazu bestimmt, auf lange Sicht mit uns zu gehen: unser Ehepartner, unsere Kinder, unsere Geschwister, unsere Eltern und unsere engsten Freunde. Aber es gibt Menschen, die Gott für eine bestimmte Zeit in unser Leben stellt, vielleicht einen Mentor, einen Lehrer oder jemanden, der uns in einer bestimmten Phase unseres Lebens Leitung und Unterstützung gibt.

Wenn Gott diese Personen nicht woanders hinschicken würde, würden wir zu sehr von ihnen abhängig werden. Statt uns zu helfen, würden sie uns ausbremsen. Ihre Anwesenheit könnte unser Wachstum behindern.

Wir müssen daher die Größe haben zu erkennen, wann eine Person nicht länger Teil unserer Lebensgeschichte sein sollte. Das bedeutet nicht, dass diese Person schlecht ist. Wir können durchaus Freunde bleiben. Wir können einander immer noch mögen und respektieren. Aber wir müssen akzeptieren, dass alles im Wandel begriffen ist. Wenn wir unserem Weg weiter folgen wollen, müssen wir sie loslassen.

So wie Gott auf übernatürliche Weise Menschen in unser Leben hineinstellt, so wird er auf übernatürliche Weise manche davon wieder herausnehmen. Wenn jemand fortgeht und wir den Eindruck haben, ohne diesen Menschen nicht leben zu können, dann sagt Gott: »Es ist Zeit, dass du dich weiterentwickelst.«

Sie brauchen nicht jemanden, der ständig für Sie denkt, Sie anspornt, an Sie glaubt und Sie ermutigt. Sie können das in gewissem Maße alles selbst schaffen. Wenn Sie wachsen wollen, müssen Sie Ihre Abhängigkeit von den Krücken ablegen.

Versuchen Sie nicht, diese Personen davon zu überzeugen, dass sie bleiben müssen, weil Sie sie doch lieben. Versuchen Sie nicht, sie dazu zu überreden, bei Ihnen zu bleiben, selbst wenn sie ihre Aufgabe erfüllt haben. *Lassen Sie sie gehen.*

Ihre Bestimmung ist nicht mit der Ihres Mentors verknüpft. Sein Weggang wird Sie einen großen Schritt weiterbringen. Wenn jemand fortgeht, so ist das kein Beinbruch. Gott wird neue Türen öffnen. Sie werden entdecken, dass Sie viel mehr Kraft besitzen, als

Sie gedacht haben, und Talente, von denen Sie noch nichts geahnt haben. Gott hat vielleicht schon jemanden vorbereitet, der künftig in Ihr Leben treten und noch *besser* für Sie sein wird.

Das Geschenk des Abschieds

Als mein Mentor für die Fernsehproduktion fortging, hatte ich zwei Möglichkeiten: Ich hätte mit einer Jammermiene in Selbstmitleid baden oder aber mutig weitermachen können, um meine Bestimmung zu erfüllen. Doch ich erkannte irgendwann, dass es so etwas wie ein »Geschenk des Abschieds« gibt.

Zunächst sehen wir das vielleicht nicht so, doch wenn wir eine Krücke verlieren, ist das ein Geschenk Gottes. Wir brauchen nicht traurig zu sein. Wir können uns darüber freuen.

Ich habe diesen Grundsatz mehrfach beobachtet, als während der Amtszeit meines Vaters dieser oder jener Mitarbeiter ankündigte, dass er die Gemeinde verlassen würde. Sie rechneten damit, dass mein Vater entmutigt und deprimiert sein würde. Sie waren geschockt, wenn mein Vater bei ihrem Weggang zufrieden zu sein schien.

Er hat nie versucht, jemanden zu überreden dazubleiben oder ihn davon zu überzeugen, dass er einen Fehler machte. Mein Vater war stets liebenswürdig. Er dankte solchen Personen, betete mit ihnen und begleitete sie dann zur Tür. Er sprach es nie aus, aber ich weiß, dass er dachte: *Je eher du gehst, desto besser für uns beide.*

Wir wünschen uns Menschen in unserem Leben, die in der einen oder anderen Weise eine Bereicherung für uns sind. Wenn Gott möchte, dass sie in unserem Leben präsent sind, werden sie uns nicht ständig kritisieren und herunterziehen, und wir brauchen sie nicht zu bedrängen, dass sie bleiben. Das liebe ich so sehr an unseren Gemeindemitgliedern in *Lakewood*. Sie sind so zahlreich, dass ich die meisten gar nicht mit Namen kenne. Aber ich weiß, dass sie nicht zur Gemeinde kommen, weil sie mich brauchen. Sie kommen, weil Gott sie in unsere Gemeinde geführt hat.

Sie sind nicht darauf angewiesen, dass ich auf positive Weise in ihr Leben hineinwirke. Sie sind darauf angewiesen, dass *Gott* auf positive Weise in ihr Leben hineinwirkt.

Wenn Gott uns entlang unseres Lebenswegs Begegnungen mit Menschen schenkt, dann brauchen wir nicht schönzutun und alles so zu machen, dass sie zufrieden sind. Wir brauchen keinen Eiertanz zu vollführen, damit wir sie ja nicht kränken. Wir brauchen keine Freunde, bei denen man sich abstrampeln muss, um ihnen zu gefallen. Wenn jemand versucht, uns auf diese Weise zu manipulieren, sollten wir diese Person ziehen lassen. Wir brauchen niemand anderen, um unsere Bestimmung zu erfüllen.

Ich liebe diesen Bibelvers: »Sie waren früher mit uns zusammen; aber sie gehörten nicht wirklich zu uns, sonst wären sie bei uns geblieben« (1. Johannes 2,19). Wenn Menschen aus unserem Leben verschwinden, sind sie wahrscheinlich nicht länger Teil unserer Bestimmung. Ihre Zeit ist vorüber. Wenn wir offen bleiben, wird Gott uns nicht nur Menschen schicken, die *mit* uns, sondern *für* uns sind.

Das ist ein großer Unterschied. Wenn jemand *mit* uns ist, wird er so lange bleiben, wie wir die Dinge perfekt machen, dieser Person alles geben, was sie braucht, und keine Fehler begehen. Wer jedoch *für* uns ist, der glaubt an das Beste in uns.

Solche Menschen werden nicht versuchen, uns zu kontrollieren. Sie geben uns Raum für Fehler. Sie brauchen nicht ständig unsere Aufmerksamkeit. Sie investieren mehr in die Beziehung, als sie ihr entziehen. Solche Menschen will Gott in unser Leben bringen. Wir müssen uns nicht darum bemühen, dass dies geschieht. Wir sollten einfach jeden Tag versuchen, offen auf Menschen zuzugehen und unser Bestes zu geben, dann wird Gott uns solche Beziehungen schenken. Wenn die Zeit einer solchen Beziehung dann irgendwann abgelaufen ist, brauchen wir nicht traurig zu sein. Wir können den anderen mit unserem Segen gehen lassen, ihn weiterhin lieben und respektieren.

Ich habe Folgendes gelernt: Gott wird immer die richtigen Menschen in unser Leben bringen, aber wir müssen die falschen gehen lassen. Die richtigen Personen werden nicht auf den Plan treten, solange wir die falschen nicht losgelassen haben.

Abhängigkeit vom Antrieb anderer

Hüten Sie sich vor Menschen, die Ihre Schwächen hochspielen, um Sie davon zu überzeugen, dass Sie sie in Ihrem Leben brauchen. Sie werden versuchen, Sie davon zu überzeugen, dass Sie allein nicht klug genug seien; Sie hätten nicht genug Talent und brauchten diese Person, damit sie Ihre Mängel ausgleicht. Schenken Sie solchen Lügen keinen Glauben.

Vor einigen Jahren zog eine gescheite, aufgeweckte junge Frau aus einer Kleinstadt hierher, um gemeinsam mit uns Gott zu dienen. (Ich nenne sie an dieser Stelle Diana, in Wirklichkeit heißt sie anders). Mir fiel auf, dass sie immer von einem jungen Mann zur Arbeit abgeholt wurde. Eines Tages erkundigte ich mich, ob sie kein Auto habe.

»Oh, ich habe schon ein Auto«, erwiderte sie. »In meiner Heimatstadt bin ich überall damit herumgefahren. Aber als ich hierherzog, sagte mir mein Freund, die Stadt sei so riesig und der Verkehr so dicht, und da ich es nicht gewohnt sei, Autobahn zu fahren, hat er mir vorgeschlagen, mich jeden Tag zur Arbeit zu bringen.«

Ich fragte Diana, ob sie vorhabe, sich wieder selbst hinters Steuer zu setzen, und sie sagte, wahrscheinlich nicht, denn ihr Freund habe ihr klargemacht, wie kompliziert die Verkehrsführung und wie voll die Straßen hier seien.

Sie benutzte diesen Mann als Krücke, und ich gewann den Eindruck, dass er sie aus irgendeinem Grund kontrollieren und manipulieren wollte, also entgegnete ich: »Diana, du bist außerordentlich begabt. Lass nicht zu, dass irgendjemand dich davon überzeugt, du könntest nicht Autobahn fahren. Ich kenne 18-Jährige, die jeden Tag in dieser Stadt mit dem Auto herumkurven.«

Diana erzählte ihrem Freund, was ich gesagt hatte, doch er bestand weiterhin darauf, dass die Straßen zu gefährlich für sie seien und dass sie sich verfahren würde.

Ich erklärte Diana, dieser junge Mann scheine eine Abhängigkeitsbeziehung aufbauen zu wollen; ein echter Freund würde ihr beibringen, wie man in unserer Stadt fährt, sodass sie genug Selbstvertrauen gewinnen würde, um selbst zu fahren.

Ungefähr einen Monat später erzählte mir Diana, sie sei zum ersten Mal allein zur Arbeit gefahren.

»Toll. Ich wusste, dass du es schaffen würdest«, sagte ich.

Dann erkundigte ich mich, wie es auf der Autobahn geklappt hätte.

»Oh, ich habe gar nicht die Autobahn genommen«, sagte sie. »Ich bin über die Nebenstraßen gefahren.«

Normalerweise hätte sie eine halbe Stunde gebraucht, um zur Arbeit zu kommen. Stattdessen hatte sie eine Stunde gebraucht. Ich ermutigte sie, weiterhin selbst zu fahren und auch das Fahren auf der Autobahn zu üben.

Einen Monat später hatte sie es geschafft. Nun fährt sie überall in der Stadt umher, und der junge Mann, auf den sie sich anfangs gestützt hatte, ist von der Bildfläche verschwunden – eigenartig, was?

Er hatte sich nur so lange für Diana interessiert, wie sie von ihm abhängig war und das Gefühl haben musste, ihm etwas schuldig zu sein. Solche Menschen sind keine echten Freunde. Sie sind uns keine wirkliche Hilfe. Sie sind im Gegenteil Hindernisse. **Wir brauchen keine Menschen in unserem Leben, die versuchen, uns Grenzen zu setzen und uns zu bremsen.** Lassen Sie solche Leute gehen, und Gott wird Ihnen die richtigen Menschen zur Seite stellen.

Seien Sie eigenständig

Gott trug Mose auf, dem Pharao zu sagen: »Lass mein Volk ziehen.«

Doch Mose erwiderte: »Herr, das kann ich nicht. Ich stottere. Ich bin kein guter Redner. Bitte schicke jemand anderen« (nachzulesen in 2. Mose 4,10–13). Gott beschloss, dass Moses Bruder Aaron, der gut reden konnte, ihn begleiten sollte: »Du sollst zu [Aaron] reden und die Worte in seinen Mund legen« (2. Mose 4,15; Luther). Mose wollte also seinen Bruder als Krücke benutzen und nahm Aaron mit zum Pharao. Doch was dann geschah, ist einfach wundervoll. Sie standen gemeinsam vor dem Pharao, und gerade als Aaron vortrat, um zu reden, spürte Mose in seinem Innern, dass seine Zeit gekommen war.

Mose straffte seine Schultern, hob den Kopf und sagte gemeinsam mit Aaron: »So spricht der Herr, der Gott Israels: Lass mein Volk ziehen …« (2. Mose 5,1; Luther).

Mose wollte, dass auch seine Stimme gehört wird. Wir brauchen keinen Freund, der für uns spricht. Wir brauchen keinen Nachbarn, der uns fährt. Wir brauchen niemanden, der uns sagt, was wir tun sollen. Wir haben schon alles, was wir brauchen. Gott würde uns nicht Gelegenheiten eröffnen, wenn er uns nicht längst alles gegeben hätte, was wir brauchen, um diese Chancen zu ergreifen.

Gott hat Sie ausgerüstet. Sie sind gesalbt. Sie sind bevollmächtigt. Sie sind fähig. Lassen Sie niemanden Ihre vermeintlichen »Schwächen« hochspielen. Natürlich wird es Zeiten geben, in denen wir Unterstützung brauchen, und das ist auch völlig in Ordnung. Aber lassen Sie niemanden etwas für Sie tun, das Sie selbst tun können. Machen Sie sich nicht zu sehr von anderen abhängig. Benutzen Sie keine Krücken, wenn Sie auch allein laufen können.

Gott hätte Mose niemals aufgefordert, vor den Pharao zu treten, wenn er nicht gewusst hätte, dass Mose auch dazu fähig war. Vielleicht haben Sie gewisse Schwächen, aber Sie brauchen keine Krücke. Sie wurden mit allem ausgerüstet, was Sie brauchen, um Ihre Bestimmung zu erfüllen. Sie können selbstständig Entscheidungen treffen. Gott hat Ihnen Weisheit gegeben, um Ihr Leben zu gestalten. Sie brauchen niemanden, der Ihnen ständig sagt, was Sie tun oder lassen sollen.

Es ist gut, die Meinung anderer Leute anzuhören. Es ist gut, auf einen Rat zu hören. Doch machen Sie sich klar: Sie können auch direkt auf Gott hören. Sie können die *leise, sanfte Stimme* von Gottes Heiligem Geist hören. Wir haben eine direkte Verbindung zum Thron Gottes. Und wenn es jemanden gibt, der Ihnen ständig sagt, was Sie tun sollen, dann sagen Sie: »Nein danke. Gott und ich sind darüber schon im Gespräch.«

Wir haben eine Standleitung zu Gott

Ein Gemeindemitglied sagte einmal zu meinem Vater: »Mein Freund hat für mich gebetet. Er sagt, Gotte wolle mich als Missionar nach Afrika schicken. Was halten Sie davon?«

Mein Vater erwiderte: »Das ist Ihre Entscheidung. Aber wenn Sie auf der Grundlage dieses Rates nach Afrika gehen, dann vergessen Sie nicht, jenen Freund mitzunehmen, damit er Ihnen auch sagen kann, wann Sie wieder nach Hause kommen sollen.«

Sie brauchen niemanden, der Ihnen sagt, was Gott von *Ihnen* will! Leben Sie selbst mit Gott. Daran musste ich denken, als eine junge Frage mich in einer Beziehungsfrage um meinen Rat bat.

»Es gibt da einen Mann, den ich nur flüchtig kenne. Aber er sagte mir, dass Gott ihm zu verstehen gegeben habe, ich solle ihn heiraten.«

Ich musste lachen, denn es handelte sich um eine sehr hübsche junge Frau. Daher erwiderte ich ihr, sie solle diesen Mann nicht allzu ernst nehmen, denn jeder Mann, der sie zu Gesicht bekam, würde das Gleiche denken. »Er ist nur der Einzige, der den Mut hat, es auch zu sagen«, erklärte ich ihr.

Wir können Gottes Stimme selbst hören. Wir brauchen keine Krücke. Hören Sie auf die *leise, sanfte Stimme* in Ihrem Innern. Manchmal spricht Gott beispielsweise durch einen Eindruck zu uns, der aber immer mit seinem geschriebenen Wort, der Bibel, in Übereinstimmung ist.

In den Kapitel 6 und 7 des Buches der Richter wird die Geschichte eines Mannes namens Gideon berichtet, der sich mit seinen Männern drei feindlichen Armeen gegenübersah. Als Gideon sich auf den Kampf vorbereitete, sagte Gott: »Du hast zu viele Männer bei dir. Wenn du mit diesen vielen Männern den Kampf gewinnst, wirst du denken, du hättest es aus eigener Kraft geschafft, und wirst mich nicht dafür ehren.«

Um die Anzahl zu verringern, trug Gott ihm auf, jeden Mann nach Hause zu schicken, der Angst hatte.

Ich kann mir vorstellen, dass Gideon niedergeschlagen war und fürchtete, er würde den Kampf verlieren, weil ihm nur noch wenige Männer blieben.

Doch Gott wollte die Anzahl der Kämpfer noch weiter verringern.

»Gideon, du hast immer noch zu viele Männer bei dir«, sagte Gott.

Gideons Armee war schließlich von 32 000 Männern auf nur 300 zusammengeschmolzen, als Gott schließlich zufrieden war. Ich bin sicher, dass Gideon damit rechnete, angesichts eines derart dezimierten Heers eine vernichtende Niederlage zu erleiden.

Doch es spielt keine Rolle, wie viele Menschen an unserer Seite sind. Entscheidend ist, dass wir die richtigen Menschen bei uns haben. Gideon und seine 300 Männer besiegten Zehntausende Kämpfer der feindlichen Truppen.

Nicht Quantität, sondern Qualität zählt

Wenn wir nicht bereit sind, Menschen gehen zu lassen, werden wir das Beste, was Gott uns schenken will, versäumen. Wir brauchen nicht überrascht zu sein, wenn Gott unsere Armee »zusammenstreicht«. Wenn das passiert, bedeutet das nicht, dass Gott Rückschritte mit uns macht. Er will uns vielmehr darauf vorbereiten, eine neue Stufe zu erreichen. Wenn wir nicht länger von anderen abhängig sind, werden wir Siege erringen, die zuvor unmöglich schienen, und Gott wird uns auf diese Weise noch mehr segnen.

Vor Jahren konnte ich mir nicht vorstellen, dass ich öffentlich reden könnte. Ich bin zu schüchtern. Heute spreche ich fast jede Woche zu mehreren Tausend Zuhörern. Ich habe gelernt, dass Gott uns nicht nur zur Hälfte das Talent schenkt, das wir brauchen. Er gibt uns *alles*, was wir brauchen.

Gott hat uns nicht geschaffen, damit wir als Erwachsene von anderen abhängig sind. Verlassen Sie sich nicht darauf, dass eine andere Person für Sie betet, für Sie redet, für Sie vertraut, Sie ermutigt. Werfen Sie die Krücken weg, und laufen Sie auf eigenen Füßen. Machen Sie sich nicht von anderen abhängig, damit diese für Sie das tun, was Sie selbst tun können.

Schauen Sie in Ihr Inneres, und erschließen Sie sich die Kraft, die Gott in Sie hineingelegt hat. Sie werden wie Mose mit neuem Vertrauen daraus hervorgehen. Ja, es wird möglicherweise anstrengend sein. Aber Sie werden neue Gaben und Talente entdecken. Gott wird zur richtigen Zeit die richtigen Leute schicken. Ich glaube und möchte Ihnen auch zusprechen, dass Sie all das werden können, wofür Gott Sie geschaffen hat.

Kapitel 12

Leben Sie nicht für die Anerkennung der anderen

Als ich die Pläne, unsere Gemeinde in das ehemalige *Compaq Center* zu verlegen, bekannt gab, standen 99 Prozent der Gemeinde hinter mir. Die meisten waren ganz begeistert. Doch eine Person war völlig gegen dieses Projekt, und sie sorgte dafür, dass ich ihre Stimme hörte. Jede Woche nach dem Gottesdienst kam dieser Mann auf mich zu und sagte: »Wissen Sie, Ihr Vater hat immer gesagt, er würde die Gemeinde nicht umziehen lassen. Sie machen einen großen Fehler. Und Sie sollen wissen, wenn Sie wirklich umziehen, werde ich nicht mitgehen.«

Ich dachte: *Ist das ein Versprechen?*

Jeder hat das Recht auf seine Meinung. Aber er hatte keine Ahnung, was ich fühlte. Er wusste nicht, was Gott mir gesagt hatte. Ich konnte nicht zulassen, dass er den Umzug verhinderte. **Der einfache Weg ist der, auf Nummer sicher zu gehen. Doch seien Sie stark, und folgen Sie dem, was Gott Ihnen ins Herz gelegt hat.**

Ich habe gelernt, dass ich manchmal einigen Menschen missfallen muss, um Gott nicht zu missfallen. Ich sehe es nicht gern, wenn jemand die Gemeinde verlässt, doch ich bin davon überzeugt, dass Gott mir für jede Person, die die Gemeinde verlässt, zwei Dutzend neue schicken wird.

Wenn mir heute jemand damit droht zu gehen, dann lächle ich und sage: »Kann ich Ihnen die Tür zeigen? Je eher, desto besser.« (Okay, das sage ich nicht, aber ich denke es manchmal!)

So viele Menschen gründen ihren Selbstwert auf das, was andere Personen über sie denken. Sie machen sich Sorgen darüber, ob die anderen sie mögen und akzeptieren oder für wichtig halten. Und weil sie so unsicher sind, sind sie ständig darum bemüht, schönzutun, um die Gunst der anderen zu buhlen und alle ihre Erwartungen zu erfüllen.

Wenn Sie das tun, bringen Sie sich selbst in eine Position, in der Sie kontrolliert und manipuliert werden. Sie erlauben es anderen, Sie in eine Schublade zu stecken. Manche Menschen folgen ihren Träumen nicht, weil sie sich zu sehr davor fürchten, die Gunst der anderen zu verlieren. Es kann durchaus passieren, dass Ihre Mitmenschen Sie nicht länger schätzen, wenn Sie Ihre eigenen Träume verfolgen. Doch wenn Ihre Freunde Sie nur dann akzeptieren, wenn Sie ihre Erwartungen erfüllen, dann sind es keine echten Freunde. Es sind Manipulatoren. Es sind Kontrolleure.

Wir sind dann wirklich frei, wenn wir begreifen, dass wir nicht die Anerkennung der anderen benötigen. Wir haben die Anerkennung des Allmächtigen. Versuchen Sie nicht, jedermann in Ihrem Umfeld zufrieden zu stellen. Sie müssen selbstbewusst genug sein, um zu sagen: »Ich liebe dich, aber ich werde nicht zulassen, dass du mich kontrollierst. Du gibst mir vielleicht nicht deinen Segen, aber das ist in Ordnung. Ich habe Gottes Segen. Ich bin nicht der Typ, der Menschen gefallen will. Ich möchte Gott gefallen.«

Nehmen Sie Ihr Leben in die Hand. Wenn man Sie manipuliert und in eine Form gepresst hat, die Ihnen nicht entspricht, dann ist das nicht der Fehler der anderen, sondern Ihr eigener. Sie haben Ihr Schicksal in der Hand. Sie können freundlich sein. Sie können anderen mit Respekt begegnen. Aber lassen Sie es nicht zu, dass irgendjemand Ihnen Schuldgefühle einredet, weil Sie eben so sind, wie Sie sind.

Das Leben ist zu kurz, um es damit zu verbringen, anderen gefallen zu wollen. Wir können nicht allen gefallen. Wenn wir unsere Bestimmung erfüllen wollen, müssen wir unserem Herzen treu bleiben. Wir dürfen nicht zulassen, dass uns irgendjemand in eine Form presst.

Streben Sie nach der Anerkennung Gottes

Als mein Vater starb und ich in seine Fußstapfen als Pastor trat, nahm mich ein älterer Mann zur Seite, den ich schon mein Leben lang kannte, und sagte: »Wenn du willst, dass es klappt, musst du Folgendes tun …«

Und dann sagte er mir, wie ich die Gemeinde leiten sollte, wie ich predigen, das Team leiten und wie unser weiterer Weg aussehen sollte. Ich hörte mir seine Ratschläge an. Ich war offen dafür. Doch nichts von dem, was er sagte, stimmte mit meinen eigenen Überzeugungen überein.

Ich betete. Ich versuchte, mir über das klar zu werden, was er mir gesagt hatte, doch ich fand keine Bestätigung dafür. Ich war mir bewusst, dass ich Gefahr lief, seinen »Segen« zu verlieren, wenn ich meinem eigenen Herzen folgte. Es war eine schwierige Entscheidung, aber mir ging es um Gottes Anerkennung, nicht um die Anerkennung dieses Mannes.

So tat ich, was ich für richtig hielt, und Gott segnete meinen Entschluss. Die Gemeinde blühte. Allerdings verlor ich tatsächlich die Gunst dieses Mannes. Er war keineswegs glücklich darüber, dass ich seinen Rat nicht befolgte.

Menschen, die verstimmt sind, weil wir die Dinge nicht genau so machen, wie sie sich das vorstellen, stehen nicht auf unserer Seite. Sie haben nicht unser Bestes im Sinn. Wenn sie auf unserer Seite stünden, wären sie reif genug, um zu sagen: »Auch wenn du es nicht nach meinen Vorstellungen machst und meine Vorschläge nicht befolgst, werde ich dich unterstützen. Ich stehe hinter dir, weil ich dein Freund bin und weil ich mir wünsche, dass du erfolgreich bist.«

Das ist ein wahrer Freund.

Als ich die Ratschläge dieses Mannes nicht befolgte, war er nicht länger auf meiner Seite, und das war unterschwellig deutlich spürbar. Wenn ich einen Raum betrag, konnte ich seine ablehnende Haltung fühlen.

Gott sei Dank brauchte ich seine Anerkennung nicht. Er war nicht Gott. Er saß nicht auf dem Thron. Er schrieb nicht den Plan für mein Leben.

Stattdessen schaute ich auf Gott und sagte: »Dieser Mann ist nicht auf meiner Seite, aber ich weiß, dass du für mich bist, Herr. Er schenkt mir keine Anerkennung, aber ich weiß, dass ich deine Anerkennung habe. Und nur das zählt.«

Ich fuhr fort, das zu tun, was Gott mir ins Herz gelegt hatte. Er brachte unsere Gemeinde nicht nur gut durch diese Übergangsphase, sondern er sorgte dafür, dass die Gemeinde wuchs und größer und besser wurde als je zuvor. Gott weiß, was er tut.

Haben Sie Selbstvertrauen – Sie sind ein Geschöpf Gottes

Noch vor unserer Geburt hat Gott uns einen Stempel mit der Aufschrift »Du bist toll!« aufgedrückt. Wir müssen uns nicht die Freundschaft anderer »erkaufen«. Wenn eine Freundschaft damit beginnt, dass wir sie uns kaufen müssen, werden wir immer weiter bezahlen, um sie am Leben zu erhalten. Wenn wir müde werden, das zu tun, was unsere neuen Freunde von uns erwarten, zerbricht auch die Freundschaft. Sie werden die Schnur zerschneiden. Besser wäre es, darauf zu vertrauen, dass Gott uns Freundschaften mit anderen schenkt.

Gott wird uns stets leiten. Andere Menschen haben vielleicht Vorschläge und Ideen. Doch Gott spricht direkt zu uns. Der Heilige Geist lebt in uns. Er leitet uns. Er führt uns.

Wir sollten offen sein und auf unsere Eltern, Mentoren und Freunde hören, aber letzten Endes müssen wir unserem Herzen folgen, denn dort spricht die sanfte, leise Stimme zu uns – Gott.

Seien Sie vorsichtig, wenn Sie mit Menschen zu tun haben, die ständig ein »Wort des Herrn« mit Ihnen teilen wollen. Ich bin in einer Gemeinde aufgewachsen und habe eine Menge »Worte des Herrn« gehört; manche trafen zu, andere lagen eher daneben. Jedes Mal, wenn Ihnen jemand ein »Wort des Herrn« schenkt, sollte es erfahrungsgemäß das bestätigen, was Sie bereits innerlich wissen.

Als jener Mann mir sagte, wie ich die Gemeinde leiten sollte, stimmten seine Worte mit keiner meiner Überzeugungen überein. Sie waren mir ganz und gar fremd. Ich habe gelernt, dass Gott anderen nicht eingeben wird, was er von mir möchte, ohne es mir selbst ebenfalls gesagt zu haben. Gott und ich sind im Gespräch. Tag für Tag reden wir miteinander.

Wenn ich versucht hätte, Menschen zu gefallen und die Gemeinde so zu leiten, wie jener Mann es vorschlug, wäre ich heute nicht da, wo ich bin. Ich hätte seine Anerkennung erlangt, aber was hätte ich davon gehabt?

Ich ziehe es vor, die Anerkennung des Schöpfers des Universums zu haben. Ich ziehe es vor, dass mir der Gott, der durch sein Wort die Dinge ins Dasein rief, zulächelt.

Um Gott zu gefallen, müssen wir manchmal Menschen missfallen

Es war nicht leicht für mich, diese Wahrheit zu akzeptieren, denn ich möchte gern allen gefallen. Ich wünsche mir, dass alle mich mögen. Doch wenn wir unserem Herzen folgen, wird es immer Menschen geben, die nicht mit uns einverstanden sind. Sie verstehen nicht, warum wir tun, was wir tun. Wir verlieren ihre Gunst. Und vielleicht verlieren wir sogar ihre Freundschaft.

Als meine Mutter 26 Jahre alt war, beschloss mein Vater, die Gemeinde zu verlassen, die er jahrelang betreut hatte. Die alte Gemeinde stand nicht hinter seiner neuen Lehre des Glaubens, der Heilungen und Wunder. Meine Mutter hatte langjährige Freundinnen in der Gemeinde. Doch statt den Neubeginn mit ihr zu feiern, wollten sie nichts mehr mit ihr zu tun haben.

Lebenslange Freunde kehrten ihnen den Rücken, weil mein Vater beschlossen hatte, etwas Eigenes zu beginnen. Ich liebe das, was Jesus bei einer Gelegenheit zu seinen Jüngern sagte: »Ich versichere euch: Niemand bleibt unbelohnt, der irgendetwas aufgibt, um die Gute Nachricht verkünden zu können, dass Gott jetzt seine Herrschaft aufrichtet. Wer dafür etwas zurücklässt – Haus, Frau, Geschwister oder Eltern oder Kinder –, wird schon in dieser Welt ein Vielfaches davon wiederbekommen« (Lukas 18,29–30). Beachten Sie: Jesus sagt hier nicht, dass wir erst im Himmel Gottes Segen erfahren, sondern bereits hier auf der Erde. **Wenn wir für Gott alles aufgeben, wird er uns auf eine Weise belohnen, die wir uns nicht vorstellen können.**

Meine Mutter verlor alle ihre Freunde. Sie waren einfach nicht länger mit dem einverstanden, was sie tat. Doch Gott ist treu! Sie fand viele neue Freunde, viel mehr, als sie sich je hätte vorstellen können.

Meine Eltern hätten auf Nummer sicher gehen und in der Gemeinde bleiben können, um weiterhin von ihren Freunden anerkannt zu werden. Sie hätten in jenem Boot bleiben können, doch Gott wollte, dass sie in ein anderes Boot stiegen.

Irgendwann wird Gott vielleicht auch uns auffordern, aus dem Boot zu steigen. Es wäre leichter, wenn alle unsere Freunde und Mitglieder unserer Familie uns dazu ermutigen würden. Doch meistens werden unsere Freunde uns raten, an Ort und Stelle zu bleiben.

Einige Personen stellten meinen Eltern auch ein Ultimatum: »Wenn ihr bleibt, werden wir euch unterstützen. Wenn ihr geht, werdet ihr allein zurechtkommen müssen.«

Und meine Eltern hielten sich an die Worte des Apostels Paulus: »Ich gehöre Christus und diene ihm – wie kann ich da noch den Beifall der Menschen suchen!« (Galater 1,10).

Gott wird uns nicht im Stich lassen

Lassen Sie sich nicht von der Angst bremsen, dass andere ihnen den Rücken kehren. Wenn sie gehen, dann brauchen wir sie auch nicht. Gott hat versprochen, uns niemals im Stich zu lassen oder sich von uns abzuwenden. Wenn die anderen fortgehen, wenn wir sie wirklich brauchen, dann ist es auch nicht Gottes Wille, dass diese Personen uns begleiten. Wir wissen, dass Gott nicht lügen kann. Also können wir folgenden Schluss ziehen: »Wenn sie mich verlassen, dann waren sie nicht Teil meiner Bestimmung. Wenn sie nicht meine Freunde sein wollen, dann brauche ich sie nicht. Wenn sie meine Entscheidungen nicht anerkennen, kein Problem: Ich habe ja Gottes Anerkennung.«

Manchmal kommt es vor, dass eine wohlmeinende Person versucht, uns zurückzuhalten. Jesus erzählte Petrus, dass er nach Jerusalem gehen und dort »vieles erleiden« müsse (Matthäus 16,21). Und Petrus antwortete: »Das möge Gott verhüten, Herr; nie darf dir so etwas zustoßen!« (Vers 22).

Petrus liebte Jesus. Er machte sich Sorgen um ihn, doch er hatte nicht begriffen, welcher Bestimmung Jesus folgte. Es mag Menschen geben, die nicht verstehen, was Gott uns in unser Herz gelegt hat. Wir brauchen solche Menschen nicht abzuschreiben, aber wir müssen stark sein und unserer eigenen Bestimmung folgen, mit oder ohne ihre Anerkennung.

Genau das tat Jesus. Er schaute Petrus an und sagte: »Geh weg! Hinter mich, an deinen Platz, du Satan! Du willst mich von meinem Weg abbringen! Deine Gedanken stammen nicht von Gott, sie sind typisch menschlich« (Matthäus 16,23). Er war stark und entschlossen, aber nicht verächtlich.

Er sagte nicht: »Ich werde nie wieder mit dir reden, weil du anders denkst als ich.«

Jesus sprach einfach die Wahrheit in Liebe aus und schickte sich an, seiner Bestimmung ohne Petrus' Anerkennung zu folgen.

Und auch wir werden nicht vollkommen das werden, wozu Gott uns geschaffen hat, wenn wir ständig die Anerkennung aller

Menschen in unserem Umfeld suchen. Ich würde Ihnen so gern sagen, dass Ihre Familie und alle Ihre Freunde auf Ihrer Seite stehen und Sie unterstützen und ermutigen werden. Doch in der Regel gibt es immer jemanden, der neidisch ist. Irgendjemand wird es nicht verstehen. Einige werden versuchen, uns herunterzumachen oder in Misskredit zu bringen.

Wir können nicht jedermann gefallen, aber wir können denen, die uns ablehnend gegenüberstehen, zeigen, dass wir sie lieben und dass wir nur Gottes Anerkennung brauchen. Wir können ihnen sagen: »Ich habe die Anerkennung des Allerhöchsten, und er hat versprochen, wenn ich alles für ihn aufgebe, wird er mich reich belohnen.«

Diese Einstellung schenkt Kraft. Wenn wir uns gewiss sind, wer wir sind, wenn wir mit Christus unterwegs sind, dann haben wir auch genug Vertrauen in die Bestimmung, die uns erwartet. Geben Sie weiterhin Ihr Bestes. Wenn Sie das tun, wird nichts Sie aufhalten.

Der Schöpfer des Universums wird jede Schranke niederreißen und Sie an den Ort bringen, an dem Sie nach seinem Willen sein sollen. Bewahren Sie eine positive Haltung. Schütteln Sie die negativen Stimmen ab. Schenken Sie den Schwarzmalern, die versuchen, Sie schlecht dastehen zu lassen und in Misskredit zu bringen, keine Beachtung. Wenn Sie weiterhin auf Gott vertrauen, wird er Sie immer weiter führen. Und je negativer die anderen über Sie reden, desto mehr wird Gott Sie segnen.

Richten Sie Ihren Blick nur darauf, Gottes Gunst zu erlangen

In der Bibel heißt es, dass Menschen nicht etwa deshalb erfolgreich sind, weil andere Menschen ihnen diesen Erfolg schenken, sondern dass er von Gott bewirkt wird. Vielleicht haben wir die Billigung einer »wichtigen« Person nicht, dennoch sollten wir uns darauf konzentrieren, Gottes Gunst zu erlangen.

Wie können wir das tun? Indem wir unser Bestes geben, fest auf ihn vertrauen, unsere Feinde segnen und anderen mit Güte begegnen. Wenn wir das tun, gewinnen wir die Gunst unseres Schöpfers. Er wird unsere Kämpfe für uns austragen. Gott wird uns Beziehungen und Freundschaften schenken: Menschen, die uns fördern und aufbauen.

Auch ich habe heute Freunde, Angehörige und Mitarbeiter in meinem Leben, von denen ich weiß, dass sie mir bis zum Tag meines Todes den Rücken stärken werden.

Gott hat Menschen in mein Leben hineingestellt, die mich unterstützen und mir die Freiheit geben, die Person zu werden, als die Gott mich geschaffen hat. Und er hat auch in Ihr Leben solche Menschen hineingestellt. Verschwenden Sie also keine Zeit damit, die Anerkennung von Personen zu gewinnen, die Sie nur manipulieren und in ihre Form pressen wollen. Ihre Bestimmung ist zu groß! Sie brauchen die Anerkennung solcher Menschen nicht. Sie haben die Anerkennung des Allmächtigen!

Kapitel 13

Befreiung vom ewigen Wettstreit

Neulich war ich gerade joggen, als ich ungefähr 400 Meter vor mir einen anderen Läufer sah. Er schien langsamer zu laufen als ich, und so dachte ich: *Prima. Ich werde versuchen, ihn einzuholen.*

Ich hatte noch rund anderthalb Kilometer zu laufen, bevor ich abbiegen musste, und begann, mein Tempo zunehmend zu beschleunigen. Ich holte langsam auf. Nach einigen Minuten war ich nur noch rund 90 Meter hinter ihm und gab noch einmal richtig Gas. Man hätte meinen können, ich würde die Zielgerade eines olympischen Laufs entlangrennen. Ich war entschlossen, den anderen zu überholen.

Schließlich schaffte ich es. Ich lief an ihm vorbei. Ich jubelte innerlich: *Ich habe ihn geschlagen!* Natürlich wusste der andere Jogger gar nicht, dass wir einen Wettlauf ausgetragen hatten. Als ich ihn endlich überholt hatte, wurde mir bewusst, dass ich mich so sehr auf diesen Wettkampf konzentriert hatte, dass ich versäumt hatte, rechtzeitig abzubiegen.

Ich war fast sechs Häuserblocks zu weit gelaufen. Ich musste umkehren und den ganzen Weg zurücklaufen.

Läuft es nicht oft in unserem Leben genauso? Wenn wir mit unseren Kollegen oder Nachbarn wetteifern und versuchen, sie zu überflügeln und zu zeigen, dass wir erfolgreicher oder wichtiger sind als sie? Wir verwenden Zeit und Energie darauf, ihnen hinterherzulaufen, und dabei versäumen wir es, den Weg einzuschlagen, den Gott für uns vorgesehen hat.

Viele von uns würden im Leben mehr erreichen, wenn wir aufhören würden, mit anderen zu konkurrieren, und uns auf unseren eigenen Lauf konzentrieren würden, darauf, unser Bestes zu geben, so wie Gott uns geschaffen hat. Stattdessen wenden wir Energie auf – sowohl körperliche als auch emotionale Energie –, um kontinuierlich mit unseren Nachbarn, Kollegen oder Angehörigen im Wettstreit zu stehen.

Wenn wir das Bedürfnis, mit den anderen zu konkurrieren, ablegen, dann ist das eine große Befreiung. Wir können uns selbst sagen: »Ich muss heute niemanden beeindrucken. Ich brauche nichts zu beweisen. Ich bin mit mir selbst im Reinen. Ich muss nicht mit jedermann mithalten. Ich nehme an diesem Rennen einfach nicht teil.«

Das Problem mit ungesundem Wettstreit ist, dass es ein nie endender Kreislauf ist. Es wird immer jemanden geben, der uns voraus ist: jemand mit einem besseren Job, einem größeren Freundeskreis, einem schnittigeren Wagen oder mehr Geld auf der Bank. Es ist außerordentlich befreiend zu erkennen, dass wir nicht mit unseren Nachbarn, Freunden oder Kollegen im Wettstreit stehen. Die einzige Person, mit der wir im Wettstreit stehen, sind wir selbst.

Geben Sie Ihr Bestes

Ihr »bestmögliches Selbst« wird vielleicht nicht so erfolgreich sein wie Ihr Nachbar, aber das ist in Ordnung. Ihr »bestmögliches Selbst« ist vielleicht nicht so schlank wir Ihre Schwester, aber das ist dennoch gut. Ihr »bestmögliches Selbst« ist vielleicht nicht so talentiert, dynamisch oder extrovertiert wie Ihr Kollege, aber auch das ist völlig in Ordnung.

Fühlen Sie sich mit Ihrer Person, so wie Gott sie geschaffen hat, wohl. Lassen Sie sich nicht ablenken, und verlieren Sie nicht das

Wesentliche aus den Augen, indem Sie sich mit anderen vergleichen. Laufen Sie Ihr eigenes Rennen.

Mir ist bewusst, dass ich nicht der bester Pastor der Welt bin. Das ist für mich aber völlig in Ordnung. Ich habe mich dem Ziel verschrieben, der beste Pastor zu sein, der ich sein kann. Ich bin vielleicht nicht ein so guter Vater wie manche Männer, aber das ist gut so. Ich konkurriere mit niemandem. Ich versuche, der beste Vater zu sein, der ich sein kann. Ich bin auch nicht der ideale Ehemann (Victoria, sag jetzt bloß nicht: »Amen«!). Aber ich bemühe mich, der beste Ehemann zu sein, der ich sein kann.

Ich habe einen Freund, der die Beziehung zu seiner Frau so romantisch gestaltet, dass es mich beschämt. Er plant geniale Wochenenden zu zweit. Er schreibt ihr wunderschöne Liebesgedichte. Er kann ihr stundenlang sagen, wie schön sie ist.

Ich würde ihm gern sagen: »Könntest du nicht damit aufhören? Ich sehe neben dir so schlecht aus.« Aber ich habe gelernt, dass ich kein Romeo bin. Ich bin Joel. Gott hat uns absichtlich unterschiedlich geschaffen. Wir können uns von anderen inspirieren lassen. Wir können die Herausforderung annehmen, nach Höherem zu streben. Aber wir dürfen uns nicht verurteilen, wenn jemand anders bestimmte Dinge einfach besser macht als wir.

Manche Menschen werden in bestimmten Bereichen stärker sein als wir, aber wir haben alle unsere Stärken. Mein romantischer Freund hat seiner Frau wunderschöne Gedichte verfasst, aber ich habe ein paar ganz gute Bücher geschrieben!

Gott hat uns nicht geschaffen, damit wir uns vergleichen und miteinander konkurrieren

Manche Menschen sind verunsichert, weil sie zu sehr darauf achten, was andere tun, wohin andere gehen, was andere tragen oder welchen Wagen sie fahren. Sie sollten sich stattdessen auf ihre eigenen Ziele konzentrieren. Wir sind nicht dazu geschaffen, mit anderen zu konkurrieren. Gott hat uns die Gnade erwiesen, die Person zu sein, als die er uns geschaffen hat.

Wenn wir in Gedanken ständig mit irgendjemandem konkurrieren, dann ist das Leben ein permanenter Kampf. Wir werden nie gut genug sein, denn sobald wir eine Person eingeholt haben, werden wir eine andere treffen, die uns voraus ist. Auf diese Weise werden wir kaum glücklich werden, nicht wahr?

Manche Frauen haben Freundinnen, die eine kleinere Konfektionsgröße tragen, aber sie sollten dennoch für sich in Anspruch nehmen: »Ich fühle mich nicht minderwertiger, weil ich den Standards der Modeindustrie nicht genüge. Nein, ich trage meine Größe, wie noch niemand zuvor sie getragen hat. Ich mache mich schick! So schick, dass ich mit erhobenem Haupt durch die Gegend laufen kann.«

Ich kenne einige Frauen, die normalerweise nicht durch ihr Äußeres auffallen würden, doch sie sind attraktiv, weil sie sich mit Selbstvertrauen präsentieren und so, wie Gott sie geschaffen hat, voll und ganz annehmen. Wenn man eine solche Frau trifft, denkt man automatisch: *Sie sieht wirklich flott aus.*

Menschen, die Selbstvertrauen haben, selbstsicher und glücklich sind, fallen auf, denn sie strahlen nach außen aus, was sie innerlich fühlen. Sie fühlen sich so wohl in ihrer Haut, dass man sie nicht leicht einschüchtern kann. Sie fühlen sich nicht minderwertig, wenn sie nicht nach der neuesten Mode gekleidet sind oder die perfekte Figur haben. Sie begreifen, dass sie nicht in einem Wettbewerb stehen. Sie konzentrieren sich darauf, das Beste zu sein, was sie sein können.

Nehmen Sie an, was Gott Ihnen gegeben hat – die Körpergröße, das Gewicht, die Persönlichkeit –, und machen Sie das Beste daraus. Machen Sie es schick und präsentieren Sie es stolz. Ich sehe so viele Menschen, die ständig frustriert und deprimiert sind, weil sie mit ihrem Aussehen, ihrer Größe oder ihrem Gewicht nicht zufrieden sind. Ihre Gedanken drehen sich permanent um das, was sie an sich selbst nicht mögen. Sie können sich einfach nicht so akzeptieren, wie sie sind.

Verstehen Sie mich bitte nicht falsch: Ich bin durchaus dafür, dass man auf seine Gesundheit achtet, Sport treibt und vernünftig isst. Ich sage hier keineswegs, dass man sich gehen lassen soll. Aber wir sollten uns klarmachen, dass unsere genetischen Anlagen dabei eine wichtige Rolle spielen.

Unsere Eltern, Großeltern und Gott bestimmten unsere Gene. Diese Gene bestimmen größtenteils unsere Größe, unser Gewicht und auch, wie viele Haare wir haben und ob wir stark, athletisch und muskulös oder eher wie mein Bruder Paul gebaut sind.

Die meisten unserer Eigenschaften sind durch unser Erbgut vorgegeben. Wir können unser Gewicht zu 15 oder 20 Prozent beeinflussen. Doch wenn unser Erbgut auf ein Gewicht von 75 Kilo ausgerichtet ist, dann werden wir es auf lange Sicht nicht schaffen, 50 Kilo zu wiegen, und wenn wir uns noch so sehr anstrengen. Gott hat uns nicht dafür geschaffen.

Wenn Sie das Bedürfnis haben, mit jemandem zu konkurrieren, der von Natur aus 25 Kilo leichter ist, dann ebnen Sie sich selbst den Weg zu Frust und Minderwertigkeitskomplexen. Sie konkurrieren mit jemandem, der gar nicht in Ihrem Lauf mitläuft.

Laufen Sie Ihren eigenen Lauf

Es gibt nur einen, der an dem Lauf teilnimmt, in dem wir unser Bestes geben: wir selbst. Und es liegt an uns, ihn zu gewinnen. Gott wird uns nicht mit anderen messen. Er wird uns nicht nach dem beurteilen, was ein Kollege leistet, welchen Wagen unser Nachbar fährt oder ob wir so schlank sind wie unsere beste Freundin.

Gott beurteilt uns danach, wie wir mit den Gaben umgehen, die er uns geschenkt hat. Er interessiert sich dafür, wie sicher wir uns innerlich fühlen, wie es mit unserem Selbstvertrauen aussieht. Oder fühlen wir uns unsicher und gehemmt, weil wir uns mit anderen vergleichen?

Ich habe mir neulich ein Formel-1-Rennen im Fernsehen angeschaut und die schnittigen Rennautos bewundert. Sie haben nur wenig Bodenfreiheit und sind extrem aerodynamisch. Darüber hinaus sind sie mit sehr leistungsfähigen Motoren ausgestattet, sodass sie von jetzt auf gleich auf 300 Stundenkilometer beschleunigen können. Sie können mit 160 Stundenkilometern eine Kurve fahren. Sie sind schnell, wendig und präzise.

Doch trotz all dieser Stärken haben diese Wagen auch ihre Schwächen. Es gibt nur Platz für den Fahrer. Sie sind nicht sehr bequem. Die Innenausstattung besteht ausschließlich aus Metall und elektronischen Geräten. Keine Klimaanlage. Kein Radio. Kein Luxus. Warum? Diese Rennautos wurden für einen spezifischen Zweck geschaffen: um in ihrem besonderen Rennen die besten zu sein.

Victoria und ich besitzen einen Chevrolet Suburban SUV, in dem bequem acht Personen untergebracht werden können. Der Kofferraum ist so groß, dass wir dort alle unsere Fahrräder und unser Gepäck verstauen können. Der Wagen hat eine Klimaanlage und eine schöne Stereoanlage, und man sitzt darin so hoch, dass man sich wie der König der Landstraße vorkommt.

Wenn man unseren Suburban in ein Formel-1-Rennen schicken würde, würden ihn die anderen Rennautos überrunden. Wenn man mit dem Suburban versuchen würde, mit 160 Stundenkilometern in die Kurve zu fahren, würde man die Engel singen hören. Der Suburban könnte gar kein Formel-1-Rennen bewältigen. Das große, bequeme Fahrzeug würde an einem Rennen teilnehmen, für das es nicht konzipiert wurde.

Wenn Victoria und ich nun umgekehrt unseren SUV gegen einen Formel-1-Rennwagen eintauschen und jeden Tag damit fahren würden, würden wir zwar viel Aufmerksamkeit auf uns ziehen – das bleibt bei solchen Autos nicht aus –, aber ich frage mich, wo wir die Kinder oder die Einkäufe verstauen würden. Wenn man mit einem solchen Wagen ein Schlagloch trifft, dann kommt es einem so vor, als fände ein Erdbeben statt. Nach nur wenigen Tagen würden wir unseren SUV zurückfordern.

Jeder Wagentyp wurde für einen bestimmten Zweck konzipiert. Der Suburban würde kein einziges Rennen gewinnen, und eine Mutter, die ihre Kinder zum Sport fährt, würde sich niemals für einen Formel-1-Rennwagen als Alltagsfahrzeug entscheiden. Und doch verfügen beide Autotypen über unglaubliche Stärken. Entscheidend ist, dass man jedes von ihnen für das richtige »Rennen« benutzt.

Vielleicht sind Sie die menschliche Version des Formel-1-Rennwagens mit seiner Geschwindigkeit, seiner Wendigkeit und seinem flotten Aussehen. Wenn das auf Sie zutrifft, dann mal los! Geben Sie Ihr Bestes. Laufen Sie Ihren Lauf.

Wenn Sie keine Formel-1-Persönlichkeit haben, brauchen Sie sich jedoch auch nicht schlecht zu fühlen. Es ist gar kein Problem zu sagen: »Das sind nicht meine Stärken. Ich werde nie so schnell sein. Ich werde nie so geschickt sein. Ich sehe nicht so sportlich aus, aber das ist für mich in Ordnung.« Der SUV ist vielleicht nicht so aufregend wie der Formel-1-Rennwagen, aber es gibt viel mehr davon auf den Straßen.

Machen Sie sich klar, was Sie sind und was Sie nicht sind

Im Neuen Testament wird berichtet, dass Johannes Hunderte von Menschen taufte und bereits sehr bekannt war, als jemand ihn fragte: »Wer bist du?« (Johannes 1,19).

Johannes wusste, was man ihn in Wirklichkeit fragte, und ohne zu zögern antwortete er: »Ich bin nicht der versprochene Retter« (Johannes 1,20).

Johannes wusste, wer er war, und er wusste auch, wer er nicht war. Es ist ebenso wichtig zu wissen, wer wir nicht sind, denn wenn wir unsere Grenzen nicht kennen, weichen wir vielleicht von dem Weg ab, den Gott für uns bestimmt hat. Und dann befinden wir uns in einem permanenten Kampf.

Stolz und Rivalität können es uns manchmal schwer machen, zuzugeben, wer wir nicht sind. Man braucht schon ein gesundes Selbstvertrauen, um zu sagen: »In diesem Bereich bin nicht sehr begabt, aber ich habe meine eigenen Talente.«

Wenn ich Marcos Witt, unseren spanischen Pastor, predigen höre und wie er schließlich am Ende seiner Predigt zu singen beginnt, dann bewundere ich das zutiefst. Er ist ein sehr musikalischer Mensch. Er hat mehrere »Grammys« gewonnen, und wenn er singt, scheint er das völlig mühelos zu tun. Erst neulich hörte ich ihn wieder singen, und mir liefen Schauer über Arme und Beine.

Mein erster Gedanke war: *Herr, das ist nicht gerecht. Wieso hat er zwei Gaben? Er kann predigen und singen.*

Dann wurde mir bewusst, dass ich auch zwei Gaben besitze: Ich kann predigen, und ich kann für die Gemeinde einen spanisch sprechenden Prediger finden, der viele Talente besitzt!

Sehen Sie, es gibt immer einen Weg, mit sich selbst im Reinen zu sein, ohne sich mit anderen zu vergleichen oder mit ihnen zu konkurrieren. Sie können sich genau dort, wo Sie sind, in Ihrer Haut wohlfühlen. Sie sind dazu gesalbt, Sie selbst zu sein. Die gute Nachricht lautet: Niemand kann besser Sie sein als Sie selbst!

Seien Sie Ihr bestes Selbst!

Ich las einmal von einem siebenjährigen Jungen namens Joey, der nie mit sich selbst zufrieden war. Doch da er von einem anderen Jungen namens Billy sehr beeindruckt war, versuchte er, diesen zu kopieren, und ging und sprach wie Billy.

Nun, Billy mochte sich selbst auch nicht allzu sehr. Er bewunderte Corey. Also ging und sprach Billy wie Corey. Joey ahmte Billy nach, und Billy ahmte Corey nach.

Es stellte sich heraus, dass auch Corey einen Minderwertigkeitskomplex hatte. Er war sehr beeindruckt von Frankie. Und so ging und redete er wie Frankie.

Joey ahmte also Billy nach, Billy ahmte Corey nach, und Corey ahmte Frankie nach.

Sie werden niemals raten, was als Nächstes kommt. Auch Frankie war mit sich selbst nicht zufrieden. Er bewunderte Joey. Also ging und redete er wie Joey.

Also gut, wir fassen noch einmal zusammen: Joey ahmte Billy nach, der Corey nachahmte, der Frankie nachahmte, der Joey nachahmte! Joey ahmte also sich selbst nach!

Diese Geschichte verdeutlicht die Wahrheit, dass Menschen, denen wir ähnlich sein wollen, sehr oft so sein wollen wie wir. Sie bewundern uns möglicherweise genauso sehr, wie wir sie bewundern. Es ist nichts Falsches dabei, zu anderen aufzusehen. Es ist gut, Bewunderung und Respekt zu zeigen. Aber wir sollten nicht unsere Identität für solche Menschen aufgeben. **Laufen Sie Ihren eigenen Lauf! Sie haben etwas Großartiges zu bieten!**

Sie sind auf Ihre eigene Weise gesegnet

Als Victoria und ich zum ersten Mal Billy Graham und seine Frau Ruth zu Hause besuchten, fühlten wir uns schrecklich geehrt. Als wir das Wohnzimmer betraten und Billy Graham im Sessel sitzen sahen, kam es uns vor, als sähen wir Mose. Er ist einer unserer Glaubenshelden. Ich habe ihm gegenüber stets größten Respekt und Bewunderung empfunden und zu ihm aufgeschaut. Es war für mich eine große Ehre, diesem Glaubenshelden zu begegnen.

Als ich seine Hand schüttelte, sagte er: »Ich sehe Sie mir so gern im Fernsehen an, und ich kann nur bewundern, wie Sie die Botschaft der Hoffnung in die ganze Welt hinaussenden.«

Das ist unglaublich, dachte ich. *Ich habe ihn mein Leben lang bewundert, und er hat bei mir etwas gefunden, das er schätzt.*

Billy ist sehr liebenswürdig, aber wir alle brauchen das Gefühl, etwas Besonderes zu sein. Jeder von uns ist auf einzigartige Weise von Gott gesegnet. Wir alle haben Gaben. Wir alle haben Talente.

Vielleicht fällt uns eher auf, wie großartig alle anderen sind, aber ich möchte Ihnen eines sagen: Sie haben etwas Großartiges. Es gibt jemanden, der Sie wunderbar findet. Es gibt jemand anderen, der sich von Ihnen inspirieren lässt. Manche möchten sogar gern so sein wie Sie. Sie sind ein Mensch, der es verdient, gefeiert zu werden. Also straffen Sie die Schultern, und tragen Sie Ihren

Kopf hoch. Sie müssen mit niemandem konkurrieren. Geben Sie einfach *Ihr* Bestes.

Akzeptieren Sie die Gabe, die Gott Ihnen gegeben hat

Akzeptieren Sie die Gabe, die Gott Ihnen gegeben hat – das ist eines der Dinge, die König Saul vom Weg abgebracht haben. Anfänglich lief alles gut: Samuel hatte ihn zum König gesalbt. Seine Zukunft lag strahlend vor ihm. Doch er hatte diesen Grundsatz nicht verstanden.

Eines Tages kämpften er und David gegen die Philister. Alles lief gut, bis einige Frauen riefen: »Tausend Feinde hat Saul erschlagen, doch zehntausend waren's, die David erschlug!« (1. Samuel 18,7).

In 1. Samuel 18, Verse 9 und 10 wird davon berichtet, dass Saul sehr wütend und neidisch war. Von da an sah er David mit anderen Augen. Saul war so verunsichert, dass Davids Erfolg bei ihm einen Minderwertigkeitskomplex auslöste. (Saul war nicht damit zufrieden, ein SUV zu sein; er wollte unbedingt ein Rennauto sein).

Man könnte meinen, Saul wäre begeistert gewesen, einen so talentierten Mann wie David in seinem Heer zu haben. Doch nur wer innere Festigkeit und Geborgenheit kennt, kann sagen: »Auch wenn ich über dir stehe, darfst du glänzen. Ich werde dafür sorgen, dass du befördert wirst.«

Eine der Prüfungen des Lebens besteht darin zu lernen, sich über den Erfolg anderer zu freuen. Vielleicht sind wir neidisch oder wütend, wenn jemand aus unserem Kollegenkreis oder aus unserer Sportmannschaft an uns vorbeizieht. Paulus weist jedoch klar darauf hin: »Wir haben ganz verschiedene Gaben, so wie Gott sie uns in seiner Gnade zugeteilt hat« (Römer 12,6).

Ob Gott uns auf unserem Weg ein Stück voranbringt, hängt auch davon ab, ob wir die Prüfung bestehen, die sich mit der Frage beschäftigt, wie wir mit dem Erfolg der anderen umgehen. Können wir uns über das freuen, was Gott in ihrem Leben tut? Oder sind wir neidisch, kritisieren an ihnen herum und tun alles, um besser zu sein als sie?

Saul verlor seinen Thron unter anderem deshalb, weil er es nicht ertragen konnte, dass jemand anderem mehr Anerkennung zuteilwurde als ihm. Konkurrenzdenken, Stolz oder Neid werden uns dazu bringen, Dinge zu tun, die wir uns selbst nie zugetraut hätten.

Bevor er auf David neidisch wurde, hatte Saul den jungen Mann geliebt. Er hatte ihn wie einen Sohn behandelt. Er lud ihn in den Palast ein, wo er jeden Abend mit Saul und seiner Familie aß. Saul hätte sich niemals vorstellen können, dass er eines Tages den Speer nach David werfen würde, um ihn zu töten. Er hätte sich nicht vorstellen können, ihn eines Tages in die Wildnis zu verfolgen.

Was war sein Problem? Saul kam nicht damit zurecht, die Nummer zwei zu sein. Er konnte es nicht verwinden, dass Davids Ruf als Krieger größer war als sein eigener Ruf. Saul hätte wie Johannes der Täufer sein und sagen sollen: »Ich bin dieses und nicht jenes, und das ist in Ordnung so.«

Wenn Saul mit seinen Gaben zufrieden gewesen und seinen Lauf gelaufen wäre, hätte er seine göttliche Bestimmung erfüllen können. Stattdessen ließ er sich vom Weg abbringen. Er vergeudete Zeit und Energie mit dem Konkurrenzkampf gegen eine Person, die gar nicht in seinem Lauf mitlief. Gott hatte David bereits dazu gesalbt, Größeres zu tun.

Wir müssen die Größe haben, unsere Grenzen anzuerkennen und *unser* Bestes zu geben. Laufen Sie Ihren Lauf. Machen Sie sich klar: Es ist völlig in Ordnung, so zu sein, wie Sie sind. Hören Sie auf zu denken, Sie müssten sich mit anderen messen, um sich in Ihrer Haut wohlzufühlen.

Mein Bruder ging nach der Schule noch zwölf Jahre lang zur Uni und wurde ein begnadeter Chirurg. Ich schloss mein erstes Collegejahr ab und brach dann ab, um in der Gemeinde meines Vaters mitzuarbeiten. Paul und ich stehen nicht miteinander im

Wettstreit. Wir respektieren einander, weil wir wissen, wer wir sind, und weil wir uns darauf konzentrieren, das Beste zu geben, das Gott in uns hineingelegt hat.

Sie sind einmalig. Nachdem Gott Sie erschaffen hatte, warf er die Gussform weg. Hören Sie also auf, sich mit anderen zu vergleichen. Freuen Sie sich über sich selbst. Sie besitzen alles, was Sie brauchen, um Ihre von Gott gegebene Bestimmung zu erfüllen. Fühlen Sie sich in Ihrer eigenen Haut wohl.

Denken Sie daran: Sie brauchen niemanden zu beeindrucken. Sie brauchen nicht zu beweisen, wer Sie sind. Sie sind ein Kind des Allerhöchsten, Sie sind gesalbt, ausgerüstet, bevollmächtigt. Straffen Sie Ihre Schultern. Halten Sie Ihren Kopf hoch erhoben. Fühlen Sie sich sicher und geborgen, so wie Gott Sie gemacht hat. Wenn Sie nicht länger mit anderen im Wettstreit liegen müssen, sondern Ihren eigenen Lauf laufen, werden Sie nicht nur Ihr Leben mehr genießen, sondern Sie werden auch Ihre Gaben und Talente uneingeschränkt entfalten. Denn wenn wir uns an anderen erfreuen und Ihnen Anerkennung zollen, wird Gott sich über uns freuen und uns Anerkennung schenken.

Kapitel 14

Beziehungen zu den richtigen Personen knüpfen

Unsere Bestimmung ist zu groß, um sie ganz allein zu erreichen. Gott hat bereits Menschen berufen, die uns unterstützen und uns immer wieder den Rücken stärken sollen. Er schenkt uns Begegnungen mit Menschen, die uns inspirieren, uns herausfordern, uns dabei helfen, zu wachsen und unsere Träume zu erfüllen. Doch manche Menschen erreichen nie ihr größtmögliches Potenzial, weil sie sich nicht von den falschen Personen trennen.

Nicht jeder kann dorthin gehen, wo Gott Sie hinführen will. Schließen Sie Freundschaften mit Personen, die Ihre Bestimmung verstehen, Ihre Einzigartigkeit schätzen, Sie unterstützen und das Pflänzchen Ihrer Berufung zur Größe gießen. Sie brauchen sich nicht mit Menschen zu umgeben, die Sie herumschubsen, Ihnen sagen, was Sie nicht schaffen werden und die Ihnen niemals Anerkennung zollen, selbst wenn Sie etwas gut machen.

Gott wird das Negative durch Positives ersetzen

Wenn wir uns von den negativen Menschen in unserem Leben befreien, wird Gott positive Menschen in unser Leben hineinbringen. Werden Sie von Ihren engsten Freunden gebremst? Sind die

Menschen, die Ihnen am nächsten stehen, bei Ihnen, aber nicht *für* Sie? Wenn Sie entdecken, dass Sie sich ständig anstrengen müssen, um ihre Unterstützung und Ermutigung zu gewinnen, dann liegt das vermutlich daran, dass diese Menschen Ihre Bestimmung nicht verstehen.

Die Bibel fordert uns auf: »Eure Perlen werft nicht den Schweinen vor« (Matthäus 7,6). Mit »Perlen« sind unsere Gaben und unsere Persönlichkeit gemeint, also das, was wir sind. Wenn wir uns mit echten Freunden umgeben, mit Menschen, die wirklich an uns glauben, dann werden sie auf unsere Gaben nicht neidisch sein. Sie werden uns nicht ständig hinterfragen. Sie werden nicht versuchen, uns unsere Träume auszureden. Das Gegenteil wird der Fall sein. Sie werden uns helfen, unsere Perlen funkeln zu lassen. Sie werden uns Ideen schenken. Sie werden uns mit Menschen aus ihrem Bekanntenkreis in Kontakt bringen. Sie werden uns helfen, unserem Weg weiter zu folgen.

Vergeuden Sie nicht Ihre Zeit mit Menschen, die Ihre Gaben oder das, was Sie geben können, nicht wertschätzen. Das würde es nämlich bedeuten, Ihre Perlen den Schweinen vorzuwerfen. Die Menschen, die Ihnen besonders nahestehen, sollten sich über Ihre Erfolge freuen und Ihnen Anerkennung zollen. Sie sollten an das Beste in Ihnen glauben.

Wenn all das nicht auf die Menschen in Ihrem engsten Freundeskreis zutrifft, sollten Sie sich von ihnen trennen, so hart das auch klingt. Bleiben Sie freundlich. Sie können noch immer mit einer gewissen Distanz Freunde bleiben. Doch Ihre Zeit ist zu wertvoll, um sie mit Menschen zu vergeuden, die nicht hundertprozentig hinter Ihnen stehen. Nicht die Anzahl, sondern die Qualität der Freundschaften ist entscheidend. Ich würde lieber zwei sehr gute Freunde haben, die hundertprozentig hinter mir stehen, als 50 Freunde, die nur zu 80 Prozent hinter mir stehen.

In der Bibel wird die Geschichte eines Mannes namens Jaïrus erzählt, der Jesus eindringlich bat, in sein Haus zu kommen, um seine im Sterben liegende Tochter gesund zu machen (nachzulesen in Markus 5,22–24.35–43). Jesus und Jaïrus waren auf dem Weg zum Haus von Letzterem, als ihnen ein Bote entgegenkam: »Ihr braucht nicht mehr zu kommen. Das Mädchen ist gestorben.«

Doch Jesus antwortete: »Mach dir keine Sorgen. Alles wird gut werden. Wir gehen auf jeden Fall in dein Haus.«

Jesus nahm nur Petrus, Jakobus und Johannes mit zu dem Mädchen. Sie gehörten zu seinem engsten Kreis. Nun, die anderen, die ihm nachfolgten, waren auch in Ordnung. Sie liebten Gott. Doch Jesus sagte: »Ich will nur diese drei bei mir haben.«

Warum? Als Jesus den Raum betrat, in dem das kleine Mädchen gestorben war, wusste er, dass er nur solche Menschen um sich brauchen konnte, die sein Tun oder seine Absichten nicht infrage stellen würden, sondern wirklich darauf vertrauten, dass er Wunder vollbringen konnte. Er konnte keine Zweifler oder Skeptiker gebrauchen, die ihn fragen würden: »Bist du sicher, dass du der Sohn Gottes bist? Hast du so etwas schon einmal getan? Und wenn es nicht funktioniert? Hast du dann einen Plan B?«

In der Hitze des Gefechts, wenn wir Gottes Gnade brauchen, können wir es uns nicht leisten, Zweifler und Schwarzmaler in unserem engsten Kreis zu haben. Jesus konnte niemanden gebrauchen, der zu ihm sagte: »Glaubst du wirklich, sie wird wieder gesund? Meine Großmutter ist an der gleichen Krankheit gestorben.«

Wir alle brauchen Menschen, die geistlich mit uns verbunden sind und sagen: »Wenn du kühn genug bist, daran zu glauben, dann kannst du auf mich zählen. Ich bin kühn genug, um dich zu unterstützen.«

Wir brauchen Menschen, die uns helfen, mit uns übereinstimmen und ihren Glauben praktisch werden lassen, und keine Zweifler, die uns sagen, was wir nicht schaffen können.

Als Jesus den Raum betrat, in dem das Mädchen lag, waren alle, die sich dort versammelt hatten, verzweifelt und weinten.

»Seid nicht bestürzt. Sie ist nicht tot«, meinte Jesus. »Sie schläft nur.«

Die Trauernden machten sich nun über Jesus lustig.

Seine Reaktion darauf ist einer der Schlüssel zu einem erfolgreichen Leben. In Markus 5, Vers 40 lesen wir: »Da lachten sie ihn aus. Er aber warf sie alle hinaus …«

Jesus wies ihnen die Tür. Er machte ihnen deutlich: »Eure Zweifel haben hier nichts zu suchen.«

Wenn wir von Menschen umgeben sind, die sich über uns lustig machen und an uns zweifeln, dann sollten wir ihnen die Tür weisen, wie Jesus es getan hat.

Er erlaubte niemandem, in dem Raum zu bleiben, mit Ausnahme der Eltern des Kindes und seinem engsten Kreis. Dann sprach er zu dem Mädchen, und es wurde wieder lebendig. Jesus hätte es in Gegenwart der spottenden Trauergemeinde auferwecken können. Er ist schließlich der Sohn Gottes. Er kann alles tun.

Aber ich glaube, dass Jesus verdeutlichen wollte, wie extrem wichtig unser engster Kreis ist. Wenn Jesus sich die Zeit nahm, die Zweifler wegzuschicken, dann sollten auch wir sorgfältig darauf achten, wer in unserem engsten Freundeskreis ist.

Bewerten Sie Ihr Team

Welche Stimmen sprechen in Ihr Leben hinein? In wen investieren Sie Ihre Zeit und Kraft? Mit wem treffen Sie sich mittags zum Essen? Wem schicken Sie SMS?

Stärken die Menschen in unserem engsten Freundeskreis uns den Rücken oder ziehen sie uns herunter? Inspirieren sie uns zu mehr, oder halten sie uns vor, was wir nicht tun können? Sind sie Beispiele für Vortrefflichkeit, Integrität, Großzügigkeit und Gottesfurcht?

Oder gibt es in unserem Freundeskreis Personen, die träge nach Kompromissen streben und keine Ziele haben? Vergeuden Sie keine Zeit mit Menschen, die Sie herunterziehen und nicht zu einem besseren Menschen machen.

Ich arbeitete früher mit einem Mann zusammen, der das gesamte Büro herunterzog. Er äußerte sich abfällig über jede neue Idee. Er war wie ein Schwamm, der all unsere Begeisterung und gute Laune aus uns heraussog und uns völlig austrocknete. Als er nach vielen Jahren ankündigte, dass er gehen würde, organisierten wir eine Abschiedsparty. Ich muss gestehen, dass ich einen anderen Grund zum Feiern hatte als er. Sein Weggang nahm dem gesamten Mitarbeiterteam eine Last von den Schultern. Ich gab mir alle Mühe, traurig auszusehen, aber innerlich hüpfte ich vor Freude auf und ab. Als er fort war, war alles anders. Uns war nicht bewusst gewesen, wie sehr eine negative Person in unserem engsten Kreis das gesamte Team beeinträchtigen konnte.

Vielleicht ist Ihnen gar nicht bewusst, welch einen »austrocknenden« Einfluss eine negativ eingestellte Person auf Sie ausüben kann. Wie viel mehr könnten wir leisten, wie viel mehr könnten wir uns weiterentwickeln und genießen, wenn wir uns von den Menschen, die bei uns, aber nicht *für* uns sind, befreien würden. Achten Sie darauf, dass die Menschen in Ihrem engsten Kreis an Sie glauben. Sie sollten Ihre Gaben anerkennen und Sie fördern und nicht bremsen.

Ich kann mir nichts Schlimmeres vorstellen, als am Ende seines Lebens festzustellen, dass jemand, dem man vertraut hat, uns daran gehindert hat, die Person zu werden, als die Gott uns geschaffen hat. Vielleicht haben Sie Angst, einen Freund zu verlieren und einsam zu sein, aber wenn Sie etwas für Gott aufgeben, wird er Ihnen etwas Besseres dafür geben.

Wenn Sie solche Veränderungen vornehmen, wird Gott Ihnen nicht nur neue, sondern sogar bessere Freunde schenken. Freunde, bei denen wir uns nicht fragen müssen: *Ist er für oder gegen mich*? Freunde, die nicht versuchen, uns zu manipulieren und in ihre Form zu pressen, sondern die uns vielmehr Zuspruch geben und uns helfen, so zu werden, wie Gott uns geplant hat.

Hüten Sie sich vor pessimistischen Menschen, die ständig mit ihren Bedürfnissen zu Ihnen kommen

Als Pastor rechne ich damit, dass Menschen, die in Not sind, zu mir kommen. Ich heiße sie willkommen und versuche, ihnen auf jede mir mögliche Weise zu helfen. Doch es gibt Personen, die immer wieder kommen. Diese negativ eingestellten, ständig bedürftigen Menschen laden permanent ihre Probleme auf unserer Türschwelle ab und erwarten von uns, dass wir sie aufwischen. Sie kennen nur ein einziges Lied – das der Traurigkeit. Nachdem wir acht oder neun Strophen lang mit ihnen geweint haben, wird uns bewusst, dass sie im Grunde weder Hilfe noch Ermutigung wollen. Sie wollen lediglich ihren Müll bei uns abladen. Sie sonnen sich in der Aufmerksamkeit, die ihnen zuteilwird. Sie saugen unsere Kraft aus uns heraus. Wenn man eine Stunde mit ihnen verbringt, fühlt man sich anschließend, als hätte man einen Marathon hinter sich gebracht.

Bei diesen Menschen besteht die Gefahr, dass sie unsere Freundlichkeit missbrauchen. Manchmal kann es durchaus angebracht sein, dass wir ihre Schwierigkeiten mit ihnen tragen und sie uneingeschränkt lieben, aber wir können nicht unser gesamtes Leben damit zubringen, bis zu den Knien im Morast ihrer Probleme zu stecken. Wir haben eine von Gott gegebene Bestimmung zu erfüllen. Ich habe festgestellt, dass die beste Hilfe für solche Menschen manchmal darin besteht, ihnen gar nicht zu helfen. Sonst tragen wir nur dazu bei, dass ihr Fehlverhalten sich verfestigt.

Eisen schärft Eisen

In den Sprüchen, Kapitel 27, Vers 17 heißt es: »Eisen wird mit Eisen geschärft, und ein Mensch bekommt seinen Schliff durch Umgang mit anderen.« Machen unsere Freunde uns stärker? Motivieren sie uns dazu, bessere Eltern, ein besserer Ehepartner, ein besserer Kollege, ein besseres Gemeindemitglied zu werden?

Wir können uns nicht mit den Adlern in die Lüfte schwingen, solange wir mit den Truthähnen herumhängen. Wir müssen uns von Beziehungen lösen, die uns austrocknen, herunterziehen oder ein Gefühl der Erschöpfung bei uns auslösen.

Als ich Anfang 20 war – also vor einigen Monaten (Hey, wer lacht denn da?) –, ging ich regelmäßig zu einer sehr netten, liebenswerten jungen Frau zum Haareschneiden. Leider brachte jeder Schnitt mit der Schere eine neue Leidensgeschichte mit sich. Sie lud ihren ganzen Kummer bei mir ab, während sie mir die Haare schnitt. Monat für Monat, Jahr für Jahr erzählte sie mir, wie schlecht ihr Chef, ihre Angehörigen, ihre Freundinnen usw. sie behandelten.

Jedes Mal, wenn ich den Friseursalon verließ, hatte ich zwar weniger Haare auf dem Kopf, aber mein Kopf fühlte sich schwerer an. Ich war deprimiert. Sie verstand es sehr geschickt, traurige Geschichten zu erzählen. Sie erinnerte mich an den Mann, der dabei war, eine Brücke hinunterzuspringen, um seinem Leben ein Ende zu setzen. Ein guter Samariter lief auf ihn zu und rief: »Nicht springen! Nicht springen! Sagen Sie mir lieber, was Sie bedrückt!«

Zwei Stunden später sprangen beide.

Genauso war diese junge Frau. Ich tat mein Bestes, um sie zu ermutigen. Ich betete mit ihr. Ich gab ihr Geld. Ich schickte ihr neue Kunden. Es war nie genug. Eines Tages wurde mir bewusst: Ich konnte nicht dorthin gehen, wo Gott mich haben wollte, wenn diese Frau Teil meines Lebens blieb. Ich habe sie wirklich gern. Ich bete für sie. Sie war wirklich eine gute Friseurin, aber ich hätte meine von Gott gegebene Bestimmung nicht erfüllen können, wenn ich weiterhin zugelassen hätte, dass sie Monat für Monat Gift in meine Ohren träufelt.

Also entschied ich mich für eine Veränderung.

Vielleicht müssen auch Sie Veränderungen vornehmen – was den Ort angeht, wo Sie Geschäfte machen, wo Sie Fußball spielen, wo Sie arbeiten, wo Sie einkaufen gehen. Unsere Zeit auf dieser Erde ist kurz und kostbar. Wir haben eine Bestimmung zu erfüllen, und das können wir nicht schaffen, wenn wir permanent negative und bedürftige Menschen auf unserem Rücken tragen. Die Lösung findet sich in Markus 5, Vers 40: Weisen Sie ihnen die Tür. Seien Sie freundlich. Seien Sie höflich. Aber schicken Sie sie fort.

Machen Sie einen »Hüpfer« in Richtung Ihrer Bestimmung

In der Bibel wird die Geschichte von Elisabet berichtet, die sich sehnlich ein Kind wünschte. Damals wurde eine Frau verachtet, wenn sie keine Kinder bekommen konnte. Aber als Elisabet bereits ein gewisses Alter erreicht hatte, wurde sie doch noch schwanger. Sie war überglücklich, ein Baby zu bekommen.

In den ersten Wochen der Schwangerschaft war sie sozusagen auf Wolke sieben. Ihr Traum würde endlich in Erfüllung gehen. Doch dann, als die Schwangerschaft fortschritt, begann sie, sich Sorgen zu machen. Sie hatte noch nie ein Kind gehabt. Sie hoffte und betete, dass alles gut gehen würde, doch drei, vier, fünf Monate vergingen, ohne dass sie die Bewegungen des Babys in ihrem Leib gespürt hätte.

Je länger es dauerte, desto größer wurde ihre Sorge. Dann klopfte es eines Tages an ihre Tür. Ein unerwarteter Gast bat um Einlass. Es war ihre jüngere Cousine Maria, die noch ein Teenager war. Elisabet öffnete die Tür. Maria umarmte sie und sagte: »Elisabet, ich gratuliere dir! Ich habe die wundervolle Neuigkeit gehört, dass du ein Baby erwartest.«

In Lukas 1, Vers 41 lesen wir, was dann geschah: »Als Elisabet ihren Gruß hörte, hüpfte das Kind in ihrem Leib.«

In diesem Moment wusste Elisabet, dass das Baby am Leben war. Sie wusste, dass sich die Verheißung erfüllen würde!

Gott wird Menschen in unser Leben bringen, die unser Baby, unseren Traum oder unsere Verheißung zum Hüpfen bringen. Positive, vom Glauben erfüllte Personen, die dazu beitragen werden, dass unsere Träume Wirklichkeit werden und unsere Verheißungen sich erfüllen.

Maria war in Elisabets Fall eine solche gottgeschenkte Begegnung. Sie war vom Schöpfer des Universums dazu bestimmt worden, Hoffnung, Glauben und Vision in Elisabets Leben hineinzutragen. Sie brauchte noch nicht einmal etwas Tiefgreifendes zu sagen. Sie begrüßte ihre Cousine einfach, und die Verheißung in Elisabets Leben wurde lebendig.

Gott hat bereits Ihre Maria eingeplant. Wenn Sie den richtigen Menschen begegnen, kann es sein, dass sie nur »Guten Morgen« sagen, und schon fangen Ihre Träume an zu hüpfen. So kann es aussehen, wenn wir Menschen begegnen, die Gott uns über den Weg schickt.

Doch wir müssen begreifen: **Wenn wir die Tür öffnen und unsere Träume nicht lebendig werden, dann haben wir wahrscheinlich den falschen Leuten die Tür geöffnet.** Öffnen Sie Ihre Tür nicht für Personen, die lästern, sich beklagen oder Sie ausnutzen wollen. Öffnen Sie Ihre Tür nur für diejenigen, die Sie inspirieren, ermutigen und dazu motivieren, Ihre göttliche Bestimmung zu erfüllen.

Maria war mit Jesus, dem Sohn Gottes, schwanger. Elisabet würde die Mutter von Johannes dem Täufer werden. Als die Verheißung, die Maria in sich trug, mit der Verheißung, die Elisabet in sich trug, zusammentraf, gab es eine Explosion des Glaubens. Wenn wir die richtigen Menschen treffen und Zeit mit ihnen verbringen, wenn wir uns mit Menschen zusammentun, die große Träume haben und große Dinge tun, dann wird sich die Verheißung in uns mit den Verheißungen in ihnen verbinden. Wir werden erleben, wie Gott auf den Plan tritt und in unserem Leben übernatürliche Dinge bewirkt.

Wie Elisabet tragen auch Sie eine Verheißung in sich. Sie wissen, dass Gott zu Ihnen gesprochen hat, aber vielleicht ist das schon eine Weile her. Möglicherweise haben Sie schon lange keine innere Bewegung mehr gespürt. Nun denken Sie: *Habe ich Gott richtig verstanden? Trage ich die Verheißung noch in mir? Werde ich die Verheißung wirklich noch zur Welt bringen?*

Ich glaube, Gott hat mich heute gesandt, um eine Ihrer Marias zu sein. Was diesen Traum oder diese Hoffnung betrifft, die Sie beinahe aufzugeben bereit sind, sagt Gott Ihnen: »Es wird Wirklichkeit werden.« Die Verheißung gilt Ihnen immer noch. Sie ist lebendig. Vielleicht sehen Sie nichts. Vielleicht haben Sie das Gefühl, Gott nicht richtig verstanden zu haben. Doch Gott sitzt noch immer auf dem Thron.

In diesem Moment arrangiert er die Dinge zu Ihren Gunsten. Was er Ihnen versprochen hat, das wird er auch ausführen. Wenn Sie diese Worte vertrauensvoll annehmen, werden Sie etwas in Ihrem Innern spüren: einen Stoß, einen Stupser. Was ist das? Es ist Ihre Verheißung, die lebendig wird.

Sie sind ein Kind des Allerhöchsten. Sie tragen Samen in sich, die Sie zu etwas ganz Großem machen, wenn sie keimen und wachsen. Kein Fehler, den Sie gemacht haben, ist zu gravierend für die Gnade Gottes. Kein Hindernis ist zu hoch, keine Krankheit zu schwer, kein Traum zu groß. Mit Gott an Ihrer Seite sind Sie in der Mehrzahl.

Wenn Sie solche Worte hören, dann lassen Sie sie Wurzen schlagen. So werden Sie einen »Hüpfer« des Glaubens spüren. Das ist Ihr Baby, Ihre Verheißung, die zu hüpfen beginnt. Schon bald werden Sie davon überzeugt sein, dass Sie aufgrund von Gottes liebevollem Plan alles erreichen können, was Sie sich wünschen. Doch wenn Sie die Person werden wollen, als die Gott Sie geschaffen hat, müssen Sie Personen in Ihren engsten Freundeskreis aufnehmen, die über Vision, Glauben und Ermutigung verfügen.

Es ist nicht zu spät. Sie sind nicht zu alt. Sie haben nicht zu viele Fehler gemacht. Die Verheißung ist noch immer lebendig. Es liegt an Ihnen, sich von den Menschen zu trennen, die Sie zurückhalten, und sie durch solche zu ersetzen, die Sie nach oben ziehen. Gott hat diese Menschen bereits zu Ihrer Tür geschickt! Lassen Sie sie herein, und so wie Eisen Eisen schärft, werden Sie mit ihrer Hilfe Ihre Herausforderungen bewältigen und sich weiterentwickeln. Ich bin fest davon überzeugt, dass Sie wie Elisabet die Erfüllung jeder Verheißung sehen werden, die Gott in Ihr Herz gelegt hat, und Sie werden zu der Person werden, als die Gott Sie geschaffen hat!

Teil 4

Reisen mit leichtem Gepäck

Kapitel 15

Vergeben, um frei zu werden

Wir alle werden manchmal ungerecht behandelt. Aber es liegt an uns, ob wir an einer Kränkung festhalten und zulassen, dass sie unsere Stimmung beeinträchtigt und unsere Zukunft vergiftet, oder ob wir beschließen, die Kränkung loszulassen und darauf zu vertrauen, dass Gott die Sache wiedergutmachen wird. Vielleicht haben wir den Eindruck, dass wir einfach nicht vergeben können, wenn uns jemand verletzt hat – egal, ob es unser Ehepartner, ein Freund oder ein Arbeitskollege war. Doch wir müssen ihnen nicht um ihretwillen, sondern um *unseretwillen* vergeben.

Wenn wir anderen vergeben, nehmen wir ihnen damit die Macht, uns zu verletzen. Doch leider halten wir häufig an einer Kränkung fest, sind verbittert und verärgert. Aber damit lassen wir zu, dass diejenigen, die uns gekränkt haben, unser Leben kontrollieren. Unser Ärger und unsere Bitterkeit berühren die Person, die uns kritisiert, schikaniert oder beleidigt hat, nur am Rande. Doch unser eigenes Leben wird dadurch vergiftet.

Ich kenne Menschen, die noch heute auf Personen wütend sind, die schon lange verstorben sind. Sie sind noch immer verbittert über ihre Eltern oder einen ehemaligen Chef oder einen geschiedenen Ehepartner, der gar nicht mehr am Leben ist. Es ist schon schlimm genug, dass jemand Sie verletzt hat; lassen Sie nicht zu, dass diese Verletzung nicht heilt, indem Sie wütend bleiben. Wenn Sie jemandem vergeben, befreien Sie einen Gefangenen. Dieser

Gefangene ist jedoch nicht die Person, die Sie gekränkt hat; der Gefangene sind Sie.

Vielleicht hat jemand Lügen über Sie verbreitet, hat Sie verraten oder schlecht behandelt – doch all das darf Sie nicht von Ihrem Ziel ablenken. Sie dürfen nicht zulassen, dass eine Scheidung, ein Verrat oder eine unglückliche Kindheit Sie davon abhält, die wunderbare Zukunft zu erleben, die Gott für Sie bereithält.

Josefs Brüder verrieten ihn. Sie verkauften ihn in die Sklaverei. Er hätte allen Grund gehabt, wütend zu sein, und hätte zulassen können, dass dieses Unglück, diese Ungerechtigkeit ihm seine Bestimmung raubten, doch er ließ seinen Ärger hinter sich und folgte weiter seinem Weg. Und am Ende erwartete ihn eine große Belohnung. Wir wissen nicht, wie viele Menschen Gottes guten Plan verpassen, weil sie sich für Rache entscheiden.

Folgen Sie ihrem Beispiel nicht! Ihre Bestimmung ist zu großartig, als dass Sie zulassen könnten, dass das, was jemand Ihnen antut, Ihnen Steine in den Weg legt. **Vergebung bedeutet nicht, nett und freundlich zu sein; Vergebung bedeutet, loszulassen, um die tolle Zukunft in Anspruch zu nehmen, die uns erwartet.** Ich weiß, dass es stichhaltige Gründe geben kann, verbittert zu sein. Vielleicht wurden Sie in jungen Jahren misshandelt. Das war nicht Ihre Schuld. Sie hatten keine Kontrolle darüber, und was man Ihnen angetan hat, war nicht in Ordnung. Vergebung bedeutet nicht, dass Sie etwas oder jemanden entschuldigen. Es bedeutet auch nicht, das Vergehen herunterzuspielen. Und ich schlage auch nicht vor, dass Sie sich mit jemandem anfreunden, der Sie verletzt hat. Ich schlage Ihnen nur vor, dass Sie Ihren Groll loslassen sollen, und zwar um Ihretwillen. Hören Sie auf, über das, was man Ihnen angetan hat, nachzugrübeln. Hören Sie auf, es immer wieder vor Ihrem geistigen Auge abzuspielen. Hören Sie auf, Zeit und Kraft dafür zu vergeuden.

Sie haben eine Bestimmung zu erfüllen. Sie haben Anspruch auf ein Leben voller Freude. Jedes Mal, wenn Sie zulassen, dass sich Ihre Gedanken nur noch um Ihre Kränkungen drehen, öffnen Sie erneut eine alte Wunde.

Lassen Sie Ihre Wunden heilen

Wenn wir an einer Kränkung festhalten, wird diese Wunde nie heilen. Das ist wie bei einer Beule, die einfach nicht abschwillt. Wenn Sie sich schon einmal den Arm gestoßen haben und dann jemand gegen Ihre Beule stieß, wissen Sie, wie weh das tut. Man schnellt zurück, denn der verletzte Bereich ist sehr schmerzempfindlich. Man wird äußerst vorsichtig und sorgt dafür, dass niemand einem zu nah kommt. Und so ist es auch mit emotionalen Verletzungen: Wenn wir gekränkt wurden, neigen wir dazu, übermäßig sensibel zu sein. Wenn unsere Verletzung nicht verheilt ist, wird der kleinste Stoß dazu führen, dass wir uns zurückziehen oder die Stacheln ausfahren. Wir können keine gesunden Beziehungen aufbauen, wenn unsere emotionalen Verletzungen nicht heilen.

Ich kenne Frauen, die keinem Mann mehr trauen, weil ein einziger Mann sie verletzt hat. Ein verkorkster Mann hat ihnen Unrecht getan, und sie können sich nicht von dieser Erfahrung lösen. Wo liegt das Problem? Die Wunde ist immer noch da. Sie verhalten sich defensiv, sind mit Misstrauen erfüllt und denken, dass jeder Mann sie ebenso verletzen wird, und deshalb können sie keine gesunden Beziehungen eingehen.

Natürlich gilt das nicht nur für Frauen. Vor einigen Monaten erzählte mir ein Mann, dass er mich gerne reden höre, dass er mir aber nicht wirklich vertraue. Ich erkundigte mich nach dem Grund, und er sagte, er sei 20 Jahre zuvor Mitarbeiter in seiner Gemeinde gewesen und der Pastor habe ihn ungerecht behandelt. Er fühlte sich verletzt und verließ die Gemeinde. Jahr für Jahr hatte er an dieser Kränkung festgehalten. Nun denkt er, dass alle Pastoren schlecht seien.

Er ist noch immer verletzt. Wir lesen in der Bibel, aus welchem Grund Jesus zu uns gesandt wurde: »Er hat mich gesandt, den Armen gute Nachricht zu bringen, den Gefangenen zu verkünden, dass sie frei sein sollen, und den Blinden, dass sie sehen werden. Den Misshandelten …« – denen, die unterdrückt, verletzt, gebrochen, vom Unglück heimgesucht wurden – »... soll ich die Freiheit bringen« (Lukas 4,18). Daraus geht hervor, dass wir nicht frei sind, wenn wir verletzt sind. Jedem von uns widerfahren Ungerechtigkeiten. Wenn wir wollen, dass die Verletzung heilt, wir in den Genuss von Gottes Frieden kommen, den er für uns geben möchte, und unserem Weg folgen, müssen wir vergeben, was man uns angetan hat. Wir müssen loslassen, was uns an Schlechtem zugefügt wurde, und unser Leben weiterleben.

Es gibt nichts, das der Feind sich mehr wünscht, als zu sehen, wie eine schlechte Erfahrung – vielleicht eine Person, die uns übel mitgespielt hat, oder eine erlittene Ungerechtigkeit – den Rest unseres Lebens ruiniert. Schlagen Sie mit der Faust auf den Tisch und sagen Sie: »Meine Bestimmung ist zu großartig, meine Zukunft zu vielversprechend und mein Gott zu groß, als dass eine alte Kränkung mich bitter und unglücklich machen und daran hindern könnte, mein Leben weiterzuleben. Ich schüttele das ab und konzentriere mich auf die Zukunft, die Gott für mich bereithält.«

Vor Kurzem erzählte mir eine Frau, dass sie als Kind von ihrem Vater missbraucht worden war. Es war schrecklich. Sie war viele Jahre verwirrt und schämte sich zutiefst. Sie dachte, es wäre ihre Schuld. Sie konnte keinem Mann mehr trauen. Doch gleichzeitig tat sie alles, um den Männern zu gefallen. Sie kannte es nicht anders. In ihrem Herzen war sie verbittert und litt unter einem Komplex.

26 Jahre lang sprach sie nicht mit ihrem Vater. Sie hasste ihn. Jedes Mal, wenn sie an ihn dachte, wurde sie wütend und bitter. Doch eines Tages hörte sie, wie ich über Vergebung predigte. Sie nahm sich das Gehörte zu Herzen, als ich sagte, keine Verletzung oder Kränkung dürfe uns daran hindern, unsere Bestimmung zu verfolgen, denn wenn wir vergeben, werden wir frei, um unserem Weg weiter zu folgen.

Im Alter von 36 suchte sie schließlich ihren Vater auf. Als er die Tür öffnete und sie dort stehen sah, wusste er nicht, was er tun sollte. Sie sagte: »Papa, ich habe dich jeden Tag meines Lebens gehasst, aber ich kann nicht länger mit diesem Gift in mir leben. Ich lasse nicht zu, dass du mir mein Leben zerstörst. Ich vergebe dir alles, was du mir angetan hast.«

Als sie an jenem Tag das Haus ihres Vaters verließ, fühlte sie sich nach ihren eigenen Angaben, als habe man sie aus dem Gefängnis entlassen. Bis dahin war sie durchs Leben gestolpert, hatte keinen Job behalten können, war alle möglichen Beziehungen eingegangen und hatte sie schon nach kurzer Zeit wieder aufgegeben. Doch heute, zehn Jahre später, ist sie glücklich verheiratet und Mutter von drei wundervollen Kindern. Sie hat sich erfolgreich ein eigenes Geschäft aufgebaut. Ihren eigenen Worten zufolge könnte das Leben nicht besser sein. Ihre Heilung setzte ein, als sie nicht länger an ihren Verletzungen festhielt.

Gott wird die Rechnung begleichen

Vergeben Sie, weil Sie nur dann wirklich frei sein werden. Lassen Sie nicht zu, dass die Person, die Ihnen Schaden zugefügt hat, Sie gefangen hält. Wenn Sie das erfahrene Unrecht loslassen, wird Gott das für Sie tun, was er für die Frau aus dieser Geschichte und für Josef getan hat. Er kann aus dem, was Ihnen schaden sollte, Gutes entstehen lassen. Was Ihnen widerfahren ist, war möglicherweise sehr schmerzhaft, aber vergeuden Sie diesen Schmerz nicht: Gott wird ihn gebrauchen, um Sie zu formen.

Im Hebräerbrief, Kapitel 10, Vers 30 sagt Gott: »Ich werde Vergeltung üben …« Vielleicht gibt es in Ihrem Leben noch unbeglichene Rechnungen. Vielleicht hat Ihnen jemand Ihre Kindheit gestohlen, oder Ihr Partner hat Sie mit einer Schar Kinder sitzen gelassen, oder ein Geschäftspartner hat Sie übers Ohr gehauen, sodass Sie viel Geld verloren haben. Sie könnten aufgebracht und bitter sein, gereizt durchs Leben gehen. Doch stattdessen möchte ich Ihnen Mut machen: Gott ist ein gerechter Gott. Er kennt jede einzelne Person, die Ihnen Leid zugefügt und Sie ängstlich und einsam zurückgelassen hat. Vielleicht hat kein Mensch dieses Unrecht gesehen, doch Gott hat es gesehen, und er sagt Ihnen heute: »Ich begleiche deine Rechnungen. Ich werde die Dinge für dich in Ordnung bringen. Ich erstatte dir nicht nur das, was du verdienst, sondern sogar das Doppelte.«

Gott sagt im Buch Jesaja: »Anstelle doppelter Schande und Schmach, die eure Feinde euch zugefügt haben, werdet ihr von deren Land einen doppelten Anteil bekommen und eure Freude wird kein Ende haben« (Jesaja 61,7). Wenn jemand Lügen über Sie verbreitet und versucht, Sie schlecht dastehen zu lassen, sollten Sie Ihren Zorn darüber ablegen, und Gott wird Ihnen einen doppelten Anteil geben. Und was ist mit denen, die Ihnen Unrecht getan haben? Vergeben Sie ihnen, und ein doppelter Anteil steht für Sie bereit. Was ist mit Ihrem Geschäftspartner, der Sie übervorteilt hat? Überwinden Sie den Groll, und Sie werden einen doppelten Anteil bekommen. Was ist mit dem untreuen Ehepartner? Vergeben Sie, und Sie werden doppelte Freude, doppelten Frieden und doppelte Erfüllung erfahren.

Gott wird Sie und Ihr Leben zum Positiven verändern

Vielleicht fühlen Sie sich wegen einer Sache schuldig, für die Sie keinerlei Verantwortung tragen. Vielleicht hat jemand Sie schlecht behandelt, und Sie machen sich dafür Vorwürfe. Doch wenn jemand Sie missbraucht oder übervorteilt hat, gibt es keinen Grund, dass Sie sich schämen sollten. Sie brauchen sich nicht schuldig zu fühlen. Tragen Sie Ihren Kopf hoch erhoben. Sie sind ein Kind des Allerhöchsten.

Ihr Wert sinkt nicht dadurch, dass jemand Sie schlecht behandelt. Sie sind noch immer der Augapfel Gottes. Sie sind noch immer sein höchstes Gut. Sie haben vielleicht Ungerechtigkeit erlebt, doch wenn Sie die Scham und die Schuldgefühle abschütteln und nicht zulassen, dass die Bitterkeit in Ihnen Wurzeln schlägt, wird Gott dafür sorgen, dass Ihr weiteres Leben besser wird, als es ohne diese schlimmen Erfahrungen verlaufen wäre. Er wird Ihnen einen doppelten Anteil zurückerstatten.

Gott wird nicht zulassen, dass eines seiner Kinder ständig übervorteilt wird. Wenn Sie sich in einer Situation befinden, in der Ihnen jemand Unrecht zufügt oder zugefügt hat, dann seien Sie nicht deprimiert; geben Sie nicht auf, denken Sie nicht, das Leben sei vorüber. Halten Sie am Glauben fest, denn Ihr Zahltag wird kommen.

Wenn Ihr Mann seine Sachen packt und sich mit einer anderen Frau davonmacht, dann brauchen Sie sich dafür nicht zu schämen. Schenken Sie jenen Stimmen keinen Glauben, die Ihnen weismachen wollen, Sie seien nicht gut oder attraktiv genug. Das sind alles Lügen. Nicht bei Ihnen läuft etwas falsch, sondern bei Ihrem Mann. Nicht Sie haben ein Problem, sondern er.

Wenn er Sie verletzt hat, wird er auch die nächste Frau verletzen. Halten Sie Ihren Kopf hoch erhoben in dem Bewusstsein, dass Gott Ihnen Gerechtigkeit widerfahren lassen wir. Er wird Ihre Rechnung begleichen.

Wir haben einen gerechten Gott

Wenn uns bewusst wird, dass Menschen, die uns verletzen, ihrerseits wahrscheinlich auch Probleme haben, ist es leichter, ihnen zu vergeben. Wer selbst leidet, verletzt andere. Wenn jemand uns angreift oder ungerecht behandelt, dann kämpft er in der Regel ebenfalls mit ungelösten Problemen. Das ist immer noch kein Grund, uns wehzutun, doch wir sollten uns bewusst sein, dass diese Menschen Teil einer Kette sind, die unterbrochen werden muss. Jemand hat sie gekränkt, und nun fügen sie ihrerseits anderen Unrecht zu. Wir können uns dafür entscheiden, ihnen gnädig zu sein, und sagen: »Herr, ich weiß, dass das, was diese Person getan hat, nicht richtig war. Sie hat mich verletzt, und das war ungerecht, aber, Herr, ich versuche nicht, mich zu rächen. Ich bitte dich, diese Person zu heilen und ihr das zu geben, was sie braucht.«

Wenn wir für unsere Feinde beten und diejenigen, die uns Unrecht tun, sogar segnen können, wie die Bibel es uns lehrt, dann wird Gott für uns eintreten (nachzulesen in Matthäus 5,44; 18,21–35). Les wuchs in einem sehr schlimmen Umfeld auf. Sein Vater war Alkoholiker und kam oft rasend vor Wut nach Hause. Les hatte Angst, sein Vater könnte ihm oder seiner Mutter wehtun. Er fürchtete um sein Leben.

In seinem Elternhaus gab es keinen Frieden. Les stand permanent am Abgrund. Eines Nachts kam sein Vater wieder einmal betrunken nach Hause und begann, seine Mutter zu misshandeln, nicht nur verbal, sondern auch körperlich. Les war damals 14 Jahre alt. Er stand auf und sagte seinem Vater, er solle seine Mutter in Ruhe lassen. Die beiden Männer begannen, miteinander zu ringen, und schließlich warf sein Vater ihn aus dem Haus.

»Ich will dich nie mehr wiedersehen«, rief sein Vater. »Wenn du noch ein einziges Mal deinen Fuß über diese Schwelle setzt, wird es das Letzte sein, das du in deinem Leben tust.«

Les war am Boden zerstört. In seiner Verzweiflung wollte er sich sogar das Leben nehmen. Er stand mitten in der Nacht auf einer Brücke, als etwas völlig Unerwartetes ihn aufhielt. Les war noch nie in der Kirche gewesen. Religion hatte in seinem bisherigen Leben keine Rolle gespielt. Doch jetzt hörte er plötzlich eine Stimme: »Tu das nicht. Ich werde dein Vater sein. Ich werde dich beschützen. Ich werde mich um dich kümmern.«

In diesem Moment war es für ihn, als würde warmes Öl über ihn ausgegossen. Es war ein Gefühl, das er nie zuvor empfunden hatte. Es war sein himmlischer Vater, der auf den Plan trat, um Gerechtigkeit in sein Leben zu bringen. Der Psalmist sagt: »Wenn auch Vater und Mutter mich verstoßen, du, Herr, nimmst mich auf« (Psalm 27,10).

Von diesem Tag an war Les auf sich allein gestellt. Er trug all diese Verletzungen und diesen Schmerz in sich, all die erfahrene Ablehnung. Doch schon von Anfang an fasste er den Entschluss, seinen Vater nicht länger zu hassen. Er vergab ihm und lebte sein Leben weiter.

Er wurde schließlich Pastor. Les versuchte im Laufe der Jahre immer wieder, seinem Vater die Hand zu reichen, doch sein Vater wollte nichts mit ihm zu tun haben. An einem Sonntagmorgen, 22 Jahre später, stand Les auf der Kanzel, als sein Vater unerwartet die Gemeinde betrat. Les hatte seinen Vater seit jener Nacht, als er 14 Jahre alt war, nicht mehr gesehen.

Nach dem Gottesdienst kam sein Vater mit Tränen in den Augen zum Altar. Er bat seinen Sohn um Vergebung und vertraute sein Leben Gott an.

Gott ist gerecht. Ich weiß nicht, wie lange es dauern wird, doch Gott hat versprochen, Unrecht wiedergutzumachen. Er wird uns zurückgeben, was der Feind gestohlen hat. Es spielt keine Rolle, wie schlimm man Ihnen zugesetzt hat. Es spielt keine Rolle, wie falsch das war, was man Ihnen angetan hat. Wenn Sie Ihren Groll ablegen und vergeben, wird Gott Ihre Rechnungen begleichen. Gott wird Ihnen alles zurückerstatten.

Nach dem Gottesdienst setzten sich Vater und Sohn zusammen und redeten. Les erfuhr Dinge, die völlig neu für ihn waren. Sein Vater erzählte ihm, dass sein eigener Vater ebenfalls Alkoholiker gewesen sei. Mit seiner Mutter hatte er ständig im Streit gelegen. Seine Kindheit war so chaotisch gewesen, dass er im Alter von sechs Jahren bereits in vier verschiedenen Pflegefamilien gelebt hatte.

Es gab keine Entschuldigung für das Verhalten seines Vaters, aber ich möchte Ihnen an diesem Beispiel klarmachen, dass verletzte Menschen auch andere verletzen. Les' Vater hatte all seine Wut und Verzweiflung mit sich herumgetragen und den Fehler gemacht, sie an anderen auszulassen. Er hatte nicht bemerkt, dass er damit die Probleme an die nächste Generation weitergab.

Vergebung befreit

Nach seiner Auferstehung kehrte Jesus zu seinen Jüngern zurück und sagte: »Wenn ihr jemand die Vergebung seiner Schuld zusprecht, ist die Schuld auch von Gott vergeben. Wenn ihr die Vergebung verweigert, bleibt die Schuld bestehen« (Johannes 20,23). Wenn wir Vergebung verweigern, halten wir an der Sünde fest. Gott sagt hier mit anderen Worten: Wenn wir an dem Unrecht festhalten, das andere uns zugefügt haben, verseucht uns dieses »Gift«. Wenn wir nicht vergeben, besteht die Gefahr, dass wir zu dem werden, was wir hassen.

Sharon hatte keine schöne Kindheit. Sie hasste ihren Vater, weil er ihre Mutter betrog, und nahm es ihrem Vater übel, dass er auch für sie nicht da war. Sie konnte seine Gegenwart kaum ertragen.

Als Sharon erwachsen war, betrog sie selbst ihren Ehemann und zerstörte so ihre Familie. Sie kümmerte sich nicht um ihre Kinder. Sie wurde genau das, was sie an ihrem Vater so gehasst hatte.

Aus diesem Grund ist es so wichtig, zu vergeben und Dinge loszulassen. Die Bitterkeit, die nicht vergebene Schuld, kann genau die Dinge in unserem eigenen Leben hervorrufen, die uns zuvor so sehr verletzt haben. Wenn Sie in einem ungesunden familiären Umfeld aufgewachsen sind, wo Spannungen und Störungen an der Tagesordnung waren, könnten Sie – statt verbittert zu sein – vielleicht *die* Person sein, die diesen Teufelskreis durchbricht!

Sie können etwas verändern. Halten Sie an der Bitterkeit fest, verweigern Sie die Vergebung, und geben Sie das Gift an die nächste Generation weiter? Oder sind Sie bereit, Ihre Verletzungen abzulegen, sodass Ihre Familie etwas Neues, Besseres erleben kann?

Ich weiß, dass es sehr schwer sein kann zu vergeben, insbesondere, wenn wir verletzt wurden; doch Gott wird niemals etwas von uns verlangen, ohne uns auch die Kraft und die Fähigkeit zu schenken, es zu tun.

Vergebung ist ein Prozess. Sie vollzieht sich nicht über Nacht. Man kann nicht mit dem Finger schnippen und zugefügte Wunden mal eben so verschwinden lassen. Das ist unrealistisch. Doch wenn Sie an dem Wunsch zu vergeben festhalten und Gott um Hilfe bitten, werden die negativen Gefühle nach und nach verblassen, bis sie eines Tages spüren, dass Sie davon frei sind.

Gott wird Sie entschädigen

Im 6. Kapitel des Matthäusevangeliums finden wir das Vaterunser. Darin sagt Jesus: »Vergib uns unsere Schuld, wie auch wir allen vergeben haben, die an uns schuldig geworden sind« (Vers 12). Wenn Gott über Schuld spricht, dann geht es nicht nur um finanzielle Schulden. Es geht um Kränkungen und zugefügtes Leid. Gott bezeichnet diese Dinge als Schuld, denn wenn man uns schlecht behandelt, haben wir irgendwie das Gefühl, das man uns etwas schuldet.

Etwas in uns sagt: »Man hat mir Unrecht getan. Ich will Gerechtigkeit. Du hast mir wehgetan. Dafür musst du bezahlen.« Doch viele Menschen begehen den Fehler, den Versuch zu unternehmen, eine Schuld einzutreiben, die nur Gott begleichen kann. Ein Vater kann die Unschuld seiner Tochter nicht wiederherstellen. Ihre Eltern können nicht dafür zahlen, dass Sie keine liebevolle Kindheit hatten. Ihre Frau kann Ihnen nicht den Schmerz erstatten, den sie Ihnen zugefügt hat, als sie Sie betrog. Nur Gott kann wirklich Wiedergutmachung schenken.

Wenn Sie sich nach Wiederherstellung und Heilung sehnen, sollten Sie sich auf Gottes Buchhaltung verlassen. Er weiß, wie die Dinge wieder in Ordnung kommen können. Er weiß, wie Gerechtigkeit in Ihr Leben kommen kann. Er wird Ihnen geben, was Sie verdienen. Überlassen Sie es ihm. Erwarten Sie nicht länger, dass andere Menschen Wiedergutmachung leisten. Sie können Ihnen nicht geben, was sie selbst nicht besitzen.

Jesus erzählte einmal das Gleichnis eines Mannes, der einem anderen einen Millionenbetrag schuldete (nachzulesen in Matthäus 18,23–35). An einer Stelle heißt es darin, dass er nicht zahlen konnte (Vers 25). Es heißt hier nicht, dass er nicht zahlen *wollte*; er *konnte* schlicht nicht zahlen. Er hatte nicht die Mittel, um seine Schuld zu begleichen. Wenn wir ständig darauf warten, dass Menschen, die uns Unrecht zugefügt haben, Wiedergutmachung leisten, wird unser Leben ausgesprochen frustrierend sein.

Ich habe mehr als einmal erlebt, wie jemand sich scheiden ließ, eine neue Beziehung einging und dann den Fehler machte, den neuen Partner für das zahlen zu lassen, was der Expartner ihm angetan hatte. Solche Menschen versuchen unablässig, die Schuld einzutreiben, und das endet damit, dass eine neue Beziehung ebenfalls ruiniert wird. Bestrafen Sie Ihren neuen Ehepartner nicht für etwas, das vor Jahren in einer anderen Beziehung geschehen ist. Ihr neuer Partner kann keine Wiedergutmachung leisten. Verlassen Sie sich auf Gottes Buchhaltung.

Ich unterhielt mich einmal mit einem Mann, der übervorteilt worden war und daraufhin sein Geschäft verloren hatte. Das lag nun schon viele Jahre zurück, doch er haderte noch immer mit der ganzen Welt. Er war mittlerweile in drei verschiedenen Firmen tätig gewesen, konnte jedoch keinen Arbeitsplatz behalten. Er ist verbittert und hat das Gefühl, dass man ihm etwas schuldet. Er wartet auf Wiedergutmachung.

Wo liegt das Problem? Er verlässt sich auf die falsche Buchhaltung.

Die richtige Einstellung sähe folgendermaßen aus: »Herr, du weißt, was ich durchgemacht habe. Du hast jedes Unrecht, jede Kränkung, jede Träne gesehen. Herr, ich will nicht bitter sein und von den anderen etwas erwarten, das sie mir nicht geben können. Herr, ich überlasse es dir. Du hast versprochen, meine Rechnungen zu begleichen. Du hast gesagt, dass du mir für jedes zugefügte Unrecht einen doppelten Anteil zurückerstatten wirst. Und so nehme ich meine Familie, meine Freunde, meine Arbeitskollegen und meine Nachbarn aus der Verantwortung und setze mein Vertrauen und meine Hoffnung auf dich.«

Wenn wir uns auf Gottes Buchhaltung verlassen, dann wird er dafür sorgen, dass wir angemessen entschädigt werden. Wenn wir unsere Mitmenschen aus der Verantwortung nehmen und aufhören zu denken, dass sie uns etwas schulden, wird unser Leben sich zum Besseren verändern. Andere haben uns vielleicht Unrecht zugefügt, ja, diese Schuld tragen sie, doch es ist nicht ihre Schuld, dass sie nicht Wiedergutmachung leisten können.

Wenn wir unser Leben damit zubringen, von anderen etwas zu erwarten, das nur Gott uns geben kann, werden wir Beziehungen zerstören. Aber das Schlimme ist, dass wir dasselbe Problem in die nächste Beziehung, die übernächste und die mitschleppen, die wir danach eingehen.

Drücken Sie der Beziehung einen »Bezahlt«-Stempel auf

Wenn ich meine Rechnungen durchsehe, stoße ich manchmal auf dicke, rote Buchstaben: »Bezahlt«. Jemand hat einen »Bezahlt«-Stempel darauf gemacht. Betrachten Sie Ihre persönlichen »Rechnungen« – Ihre Verletzungen – als bezahlt. Versuchen Sie nicht, die Schuld bei denen einzutreiben, die Ihnen Unrecht zugefügt haben, sondern drücken Sie den dicken, roten »Bezahlt«-Stempel darauf.

Wenn Sie der Person begegnen, die Ihnen Schaden zugefügt hat, dann drücken Sie in Ihrer Vorstellung den »Bezahlt«-Stempel auf. Es ist so befreiend zu sagen: »Niemand schuldet mir etwas. Man hat mir wehgetan, man hat mir Unrecht zugefügt, man hat mir meine Kindheit gestohlen, man hat mich finanziell übervorteilt, aber ich suche nicht nach Leuten, die mir Wiedergutmachung leisten. Ich verlasse mich auf Gottes Buchhaltung. Und die gute Nachricht lautet: Gott hat jede Überweisung im Blick.«

Drücken Sie den »Bezahlt«-Stempel auf Ihre »Rechnungen«. Lassen Sie los. Gott wird Wiedergutmachung leisten. Vergeben Sie, damit Sie wieder frei sein können. Vergeben Sie, damit Gott Ihnen einen doppelten Anteil zurückerstatten kann.

Viele Fluggesellschaften lassen sich heutzutage den Transport des Gepäcks extra bezahlen. Genauso ist es im Leben: Wir können unser Gepäck mitschleppen, aber wir müssen dafür bezahlen. Wir können die Weigerung zu vergeben mit uns herumtragen, aber der Preis dafür ist das Glück und unsere Lebensfreude. Wir können Bitterkeit mit uns herumschleppen, aber wir müssen mit unserem inneren Frieden dafür bezahlen. Wir können den Koffer mit der Aufschrift »Man schuldet mir etwas« mit uns herumtragen, aber es hängt ein Preisschild daran. Und wenn wir es lange genug machen, müssen wir einen sehr hohen Preis dafür bezahlen: Wir werden an unserer Bestimmung vorbeileben.

Vielleicht sagen Sie, dass die Menschen, die Ihnen Leid zugefügt haben, Ihre Vergebung gar nicht verdienen. Das mag stimmen – aber Sie verdienen sie! Wenn Sie nicht vergeben, kann Ihr himmlischer Vater auch Ihnen nicht vergeben. Warum lassen Sie das Gepäck nicht stehen? Warum drücken Sie nicht den »Bezahlt«-Stempel auf Ihre »Rechnungen«?

Wir müssen vergeben, um die Freiheit zu haben, jeden Tag mit einem glücklichen Herzen zu leben. Wenn wir die Kränkungen und den Schmerz loslassen und uns auf Gottes Buchhaltung verlassen, wird Gott Wiedergutmachung schenken. Er wird zugefügtes Leid in etwas Gutes verwandeln. Er wird Gerechtigkeit in unser Leben bringen. Wir werden bekommen, was wir verdienen, und Gott wird uns doppelte Freude, doppelten Frieden, doppelte Gunst und doppelten Sieg schenken.

Kapitel 16

Entmutigung überwinden

Das Volk Israel war auf dem Weg ins verheißene Land, doch »unterwegs verlor das Volk den Mut« (4. Mose 21,4; Einheitsübersetzung). Interessant ist in diesem Kontext, dass Gott das Volk führte; es hatte sich also keineswegs irgendwie verirrt. Doch da die Menschen sich so leicht den Mut rauben ließen, kam es ihnen so vor, als hätten sie den richtigen Weg aus den Augen verloren.

Und nach und nach fühlten sie sich auch erschöpft. Es waren eigentlich gute Menschen, die Gott liebten. Sie hatten in der Vergangenheit große Siege erlebt. Tief in ihrem Innern wussten sie, dass sie auf dem Weg ins verheißene Land waren, doch mit der Zeit verloren sie ihren Lebensmut.

Schließlich sagten sie: »Vergessen wir's. Lasst uns nach Ägypten zurückkehren. Es wird nicht klappen.«

Was geschah dann? Sie bestanden die Prüfung der Entmutigung nicht. Und das ist bei uns oft auch nicht anders. Gleichgültig, wie erfolgreich wir sind oder wie viele Siege wir in der Vergangenheit erlebt haben, früher oder später stehen wir vor der Herausforderung, unser Glück aufzugeben und den Mut zu verlieren.

Mir begegnen zu viele Menschen, die zugelassen haben, dass die Lebensumstände sie mürbe machen. Sie waren früher fröhliche Zeitgenossen. Sie liefen leichten Schrittes durchs Leben und begrüßten jeden neuen Tag mit Begeisterung. Doch mit der Zeit ließen sie zu, dass ihre Lebensfreude einer gewissen Schwere Platz gemacht hat. Wie eine schwarze Wolke folgte die Niedergeschlagenheit ihnen überall hin. Aber solange sie nicht lernen, die Prüfung der Entmutigung zu bestehen, werden sie nicht das Beste erreichen, das Gott für sie bereithält.

Vielleicht haben Sie mit Problemen und Rückschlägen zu kämpfen, doch denken Sie daran: Gott hält immer noch die Zügel in der Hand. Er hat uns die Kraft geschenkt, unser Leben dort, wo er uns hingestellt hat, mit einer positiven Haltung anzugehen. Wenn die Mutlosigkeit an unsere Tür klopft, brauchen wir ihr nicht zu öffnen. Wir können sagen: »Nein danke. Ich behalte meine Freude. Ich weiß, dass Gott die Kontrolle über mein Leben hat. Er wird mir Türen öffnen, damit ich dorthin gehen kann, wo ich nach seinem liebevollen Plan sein soll.«

Wenn Sie Ihrer Bestimmung folgen, müssen Sie mit Widerstand rechnen. Es wird möglichweise länger dauern, als Sie gehofft haben. Es mag schwieriger sein, als erwartet. Sie könnten sich leicht entmutigt fühlen und denken, dass es nie klappen wird, egal, um welche Herausforderung es geht. Doch Sie müssen sich klarmachen, dass Sie Ihrer Bestimmung einen großen Schritt näher gekommen sind, wenn Sie diese Phase der Entmutigung überstehen.

Wenn Sie alles werden möchten, wozu Gott Sie geschaffen hat, müssen Sie bereit sein zu sagen: »Ich bin schon zu weit gekommen, um jetzt stehen zu bleiben. Es mag schwierig sein. Es mag lange dauern. Ich verstehe es vielleicht nicht, aber ich weiß eines: Mein Gott sitzt noch immer auf dem Thron, und was er verheißen hat, das wird er auch ausführen.«

Bleiben Sie am Ball, und beschließen Sie – egal, womit Sie konfrontiert werden, egal, wie lange es dauert oder wie unerreichbar es zu sein scheint –, standhaft zu bleiben und einen langen Atem zu haben. Verlieren Sie nicht die Geduld. Bestehen Sie die Prüfung der Entmutigung. Gott hat bereits alles in die Wege geleitet, damit Sie siegreich aus dieser Phase hervorgehen.

Paulus bringt dies in seinem Brief an die Gemeinde in Galatien wunderbar auf den Punkt: »Wir wollen nicht müde werden zu tun, was gut und recht ist. Denn wenn die Zeit da ist, werden wir auch die Ernte einbringen; wir dürfen nur nicht aufgeben« (Galater 6,9).

Gott wird Ihr Haupt emporheben

Wie das Volk Israel so haben auch Sie Ihr verheißenes Land schon fast erreicht. Ihre »rechte Zeit« steht vor der Tür – der Durchbruch, die Erfüllung Ihres Traumes, die Begegnung mit der richtigen Person, die Überwindung jenes Hindernisses.

Gott hat es bereits in seinen Terminplan geschrieben. Er hat den genauen Zeitpunkt festgelegt, an dem es passieren wird. Seien Sie also nicht mutlos. Vertrauen Sie. Und halten Sie standhaft an Ihrem Glauben fest.

In der Bibel heißt es: »Hebt eure Häupter empor, ihr Tore, ja, hebt [eure Häupter], ihr ewigen Pforten, damit der König der Herrlichkeit einziehe« (Psalm 24,9; Schlachter Übersetzung). Wenn Sie wollen, dass Gott in Ihr Leben einzieht und Ihnen seine Gunst zeigt, müssen Sie Ihr Haupt emporheben. Von oben kommt Ihre Hilfe. Der Psalmist sagt: »Ich blicke hinauf zu den Bergen: Woher wird mir Hilfe kommen? Meine Hilfe kommt vom Herrn, der Himmel und Erde gemacht hat!« (Psalm 121,1–2). Wir können nicht mit gesenktem Kopf durchs Leben gehen, ständig über unsere Probleme und schlimmen Erfahrungen nachgrübeln und darüber, wie schrecklich alles ist, und gleichzeitig erwarten, das Beste zu bekommen, das Gott für uns bereithält. Heben Sie Ihren Kopf. Betrachten Sie Ihr Leben aus einer ganz neuen Perspektive. Es erwarten Sie in Ihrer Zukunft noch größere Erfolge als in Ihrer Vergangenheit. Doch solange Sie nach unten blicken und sich fragen, warum es nicht klappt und warum es so lange dauert, werden Sie ihnen nicht näher kommen.

David sagt in Psalm 3, Vers 4 (Luther): »Aber du, Herr, bist der Schild für mich, du bist meine Ehre und hebst mein Haupt empor.« Manchmal sind Ihre Umstände vielleicht so, dass Sie einfach Ihren Kopf sinken lassen. Vielleicht haben Sie das Gefühl, dass Sie zu viele Probleme haben, doch Gott stellt Ihre Ehre wieder her und verhilft Ihnen zu Ihrem Recht.

Das Wort »Ehre« bedeutet auch »Gunst« oder »Huld«. Der Feind versucht, uns mit schweren Lasten niederzudrücken und uns dazu zu bringen, dass wir unsere Aufmerksamkeit auf die Schwierigkeiten richten. Schon bald wird die Mutlosigkeit zu einer schweren Last, die wir mit uns herumschleppen. Doch wenn wir zulassen, dass Gott unsere Ehre und derjenige ist, der unser Haupt emporhebt, und wenn wir mit ihm zusammenarbeiten, um die Mutlosigkeit abzuschütteln, dann wird nur noch Gottes Gunst auf uns »lasten«.

Anstatt die schwere Last der Mutlosigkeit und Depression zu tragen, werden wir mit Freude, Gunst, Segnungen und Erfolgen »beladen« sein. Gott stellt unsere Ehre wieder her und wird uns wieder aufrichten. Wenn wir unser Haupt nicht aus eigener Kraft emporheben können oder wenn die Umstände uns zu überwältigen drohen, dann wird Gott auf den Plan treten als derjenige, der unsere Ehre wiederherstellt und uns aufhilft.

Auch David erlebte diese Kraft, die uns emporhebt. In Psalm 40, Verse 3 und 4 sagt er: »Ich sah mich im Sumpf versinken; doch er hat mich herausgezogen und mich auf Felsengrund gestellt. Jetzt kann ich wieder sichere Schritte tun. Ein neues Lied hat er mir in den Mund gelegt …«

Auch Sie können heute ein solches »Emporheben« erleben. Der Schöpfer des Universums sagt: »Wenn du mir vertraust und die Mutlosigkeit abschüttelst, werde ich dich zu Plätzen emporheben, die du allein nicht erreichen könntest. Ich werde dich aus den Schwierigkeiten zum Sieg emporheben. Ich werde dich aus Krankheit zur Gesundheit emporheben. Ich werde dich aus dem Mangel zum Überfluss emporheben.« Gott wird Sie aus ungerechten Situationen emporheben und Ihre Trümmer in Schönheit verwandeln.

Wenn wir merken, dass wir den Mut verlieren, sollten wir nach oben schauen und sagen: »Vater, ich danke dir dafür, dass du meine Ehre wiederherstellen und mich wieder aufrichten wirst.«

In Psalm 30, Vers 6 lesen wir: »Am Abend mögen Tränen fließen – am Morgen jubeln wir vor Freude.« Der Morgen beginnt eine Minute nach Mitternacht. Es ist bereits ein neuer Morgen, aber es ist noch dunkel. Um 1 Uhr, 2 Uhr, 3 Uhr und auch um 4 Uhr ist es noch immer dunkel. Es sieht nicht so aus, als ob irgendetwas passieren würde. Doch das Licht kommt ganz allmählich. Ein neuer Tag beginnt.

Zwischen 5 und 7 Uhr morgens kann man – je nach Jahreszeit – sehen, wie die Sonne am Horizont hervorbricht. Es wird hell. Mit anderen Worten: Die Geschäfte werden sich erholen. Die Gesundheit wird wiederhergestellt. Träume erfüllen sich. In Zeiten der Mutlosigkeit müssen wir uns daran erinnern, dass der Eine, der unser Haupt erhebt, der Allerhöchste, uns versprochen hat, dass Freude in unserem Alltag Einzug halten wird. Die Tatsache, dass es dunkel ist, bedeutet nicht, dass die Freude nicht schon auf dem Weg ist. Wir haben einen neuen Tag begonnen. Es ist nur noch eine Frage der Zeit, bis wir die Sonne hervorbrechen sehen.

Strecken Sie Ihre Hand aus

Ich sehe zu viele Menschen, die unterwegs ihren Mut verlieren. Sie beginnen ganz gut, doch dann erleben sie einen Rückschlag. Anstatt ihn abzuschütteln und eine neue Vision zu entwerfen, lassen sie es zu, dass das Leben sie zermürbt und sie ihre Lebensfreude verlieren. Schließlich geben sie sich mit weniger als dem Besten zufrieden, das Gott für sie bereithält.

In der Bibel wird von einem Mann berichtet, der genau das auch tat. Sein Name wird nicht genannt, aber er gehörte zu den unzähligen Kranken, die am Teich von Betesda lagen. Er war seit 38 Jahren krank. Als Jesus ihn sah, erkannte er, dass er schon lange krank war, und erkundigte sich: »Möchtest du gesund werden?«

Der Mann antwortete, dass er nicht gesund werden könne, weil es niemanden gäbe, der ihn zum heilenden Wasser des Teiches tragen könnte, wenn dieses sich bewegte, und er selbst war zu schwach, um allein in den Teich zu gelangen. Jesus sagte: »Steh auf, nimm deine Matte und geh!« (Johannes 5,1–15).

Der Mann musste hier und jetzt eine Entscheidung treffen. Würde er tun können, wozu er niemals zuvor in der Lage gewesen war? Ich bin sicher, dass sich widerstreitende Gefühle in seinem Innern breitmachten. Es gab da seit Jahren »Festungen«, die ihm einredeten, dass es ihm niemals besser gehen würde. Er hätte eine Reihe von Ausreden vorbringen können, warum er dem Befehl von Jesus nicht nachkam, aber er tat es nicht.

Er wagte einen Glaubensschritt und wurde unmittelbar geheilt.

Vielleicht hat das Leben Ihnen mit der Zeit Ihren Mut geraubt, die Umstände haben Sie geschwächt, doch Gott sagt Ihnen dasselbe wie diesem Mann: Wenn Sie geheilt werden wollen, dann stehen Sie auf! Glauben Sie daran, dass Sie zu Orten gehen können, an denen Sie noch nie zuvor waren. Ändern Sie Ihr Denken. **Strecken Sie sich nach einer größeren Vision für Ihr Leben aus! Entdecken Sie die Möglichkeiten, die Gott für Sie bereithält.**

Gott möchte nicht, dass Sie dort bleiben, wo Sie sich jetzt befinden. Auch wenn sich Ihre Träume in der Vergangenheit nicht erfüllt haben, können sie doch in Zukunft noch wahr werden. Wenn Sie Gott gehorchen und sich erheben, wird Gott Ihnen neue Zeiten des Wachstums und des Weiterkommens schenken.

Ich unterhielt mich vor einer Weile mit Manny, unserem Gärtner. Es war mitten im Winter; das Gras war braun und sah tot aus. Ich sagte Manny, ich befürchtete, der Rasen sei tot, und er erwiderte: »Es sieht nicht sehr gut aus, aber das Gras ist in Wirklichkeit nicht tot. Es ist einfach nicht die richtige Zeit. Im Frühling wird der Rasen wieder grün und saftig sein.«

Und so ist es auch im Leben. Manchmal sieht es so aus, als seien unsere Träume gestorben. Doch wir müssen uns klarmachen, dass das nicht stimmt. Es ist einfach nicht die richtige Zeit. Und die richtige Zeit wird wiederkommen. Neue Zeiten des Wachstums werden kommen. Neue Gesundheit. Neue Beziehungen. Neue Möglichkeiten. Geben Sie nicht auf, wenn etwas aussieht, als sei es tot.

Unser Gott ist ein Gott des Neubeginns. Wenn wir Enttäuschungen und Rückschläge erleben, sollten wir nicht deprimiert und mutlos sein und aufgeben, sondern uns vor Augen halten: *Es sieht nicht gut aus, aber ich kenne die Wahrheit: Es ist nicht wirklich tot. Es ist nur nicht die richtige Zeit. Ich befinde mich gerade im Winter, aber der Frühling wird kommen. Also erhebe ich meinen Kopf und bereite mich auf die neuen Dinge vor, die Gott tun wird.*

Nichts bleibt, wie es war

Wenn wir die Mutlosigkeit überwinden wollen, müssen wir lernen, wie wir den Übergang zwischen den verschiedenen Jahreszeiten des Lebens am besten gestalten. Die Bibel berichtet von einer Frau namens Noomi, die damit Schwierigkeiten hatte. Sie begriff zunächst nicht, dass das Ende eines Lebensabschnitts nicht bedeutete, dass ihr gesamtes Leben vorüber war.

Wir wünschen uns oft, dass eine bestimmte Zeit unseres Lebens nie endet, doch Gott hat möglicherweise andere Pläne. Wir müssen offen bleiben und bereit sein, uns anzupassen, wenn Dinge sich verändern. Wir sollten nicht bitter werden, wenn etwas eintrifft, das wir nicht begreifen oder das uns nicht gefällt.

Natürlich wünscht sich niemand, traumatische Veränderungen oder Verluste oder Enttäuschungen durchzumachen, doch das alles gehört zum Leben dazu. In solchen schwierigen Zeiten müssen wir uns dann daran erinnern, dass Gott noch immer auf dem Thron sitzt und die Tatsache, dass das Gras braun aussieht, nicht bedeutet, dass es nie wieder grün wird.

Noomi war zunächst mit ihrem Leben zufrieden. Doch im Laufe der Zeit erlitt sie eine Reihe von Verlusten: Ihr Mann starb. Einige Zeit später starben auch ihre beiden Söhne. Es ist wirklich schwierig, einen solchen Verlust zu ertragen. Trauern braucht seine Zeit. Doch wir müssen darauf achten, dass eine »Zeit der Trauer« nicht zur »lebenslangen Trauer« wird.

Noomi beging den Fehler, Bitterkeit und Mutlosigkeit zu kultivieren. Sie verzweifelte und verlor ihr ganzes Lebensglück. Sie glaubte nicht daran, dass das Gras je wieder grün werden würde. Sie änderte sogar ihren Namen in »Mara«, was »die Betrübte« bedeutet, weil sie jedes Mal, wenn jemand sie mit Namen rief, an ihren Schmerz und ihr Elend erinnert werden wollte.

Noomi war fest davon überzeugt: »All meine Träume sind zerstört. Ich werde nie wieder glücklich sein. Lasst mich mit meinem Kummer und Elend allein.«

Sie können sich denken, dass ich Ihnen nicht empfehle, diesen Weg einzuschlagen. Wenn Sie einen Verlust, eine Enttäuschung, eine ungerechte Situation durchmachen, dann lassen Sie nicht zu, dass diese Umstände Ihnen für den Rest Ihres Lebens Ihr Glück rauben.

Denken Sie daran: Gott ist gut. Wenn Sie sich weigern, in der Mutlosigkeit zu verharren, wenn Sie Ihren Blick nach oben richten und aus dem Abgrund Ihrer Verzweiflung herausklettern, werden Sie so wie Noomi entdecken, dass das Ende eines bestimmten Lebensabschnitts nicht bedeutet, dass Ihr ganzes Leben vorbei ist.

Nachdem sie so viel durchgemacht hatte, kehrte Naomi mit ihrer Schwiegertochter Rut in ihre Heimat zurück. Dort begegnete Rut einem Mann, in den sie sich verliebte. Die beiden heirateten, und Rut bekam einen Sohn. Noomi war mittlerweile alt geworden. Doch als sie das Baby sah, leuchtete etwas in ihrem Innern auf. Sie spürte, dass es da doch noch ein neues Ziel gab, eine neue Bestimmung. Noomi war wieder so glücklich und erfüllt wie nur möglich. Sie entdeckte, dass nach dem Winter stets der Frühling kommt. Schlechte Zeiten dauern nicht ewig an. (Sie können die Geschichte Noomis im Buch Rut nachlesen.)

Gott bereitet uns auf seine Prüfungen vor

Als Sie geboren wurden, hat Gott Ihnen einen Sinn und ein Ziel mit auf den Weg gegeben. Vielleicht haben Sie eine Enttäuschung durchgemacht, vielleicht ist ein guter Lebensabschnitt vorüber, doch wenn Sie die Enttäuschung abschütteln und Ihrem Weg weiter folgen, werden Sie eine neue, gute Jahreszeit Ihres Lebens beginnen. Gott wird Ihnen ein neues Ziel, eine neue Bestimmung zeigen, mit neuen Freunden und neuen Möglichkeiten. Es spielt keine Rolle, ob Sie 30, 50 oder 95 sind – Gott hat immer noch einen Plan für Sie.

Eine junge Frau namens June verlor bei einem Unfall beide Beine. Sie war natürlich verzweifelt und deprimiert. Eine Zeitlang dachte sie, ihr Leben hätte keinen Sinn mehr. Sie konnte sich nicht vorstellen, dass sie noch irgendetwas Gutes erwartete. Doch was sie dann tat, ist einfach großartig. Sie stützte sich auf Jeremia 29, Vers 11 und sagte: »Herr, auch wenn ich keine Pläne habe und einfach nicht sehen kann, wie mich in der Zukunft noch etwas Gutes erwarten sollte, so weiß ich doch, dass du einen Plan für mich hast, und zwar einen guten Plan. Du schenkst mir Zukunft und Hoffnung.« Wenn Sie sich je vom Leben überfordert fühlen und nicht glauben, dass Sie noch einmal etwas Gutes erwartet, dann möchte ich Sie dazu ermutigen, wie June zu reagieren und zu Gott zu sagen: »Herr, ich weiß, dass du einen guten Plan für mich hast. Du hast ein Ziel für mich. Du hältst sonnige Tage für mich bereit.«

Wenn wir die Prüfung der Mutlosigkeit durchmachen, kommt es uns manchmal so vor, als würde Gott schweigen. Wir beten und bekommen keine Antwort. Wir lesen in der Bibel und haben trotzdem das Gefühl, dass Gott unendlich weit entfernt ist. Doch vergessen Sie eines nicht: Es ist eine Prüfung. Auch in der Schule schweigen die Lehrer während einer Prüfung. Sie stehen still vor der Klasse und beobachten die Schüler.

Die Lehrer haben ihre Schüler in den Tagen und Wochen vor der Prüfung vorbereitet. Manchmal haben sie zusätzliche Stunden eingeschoben, um sicherzugehen, dass alle Schüler die Prüfung bestehen werden. Am Tag der Prüfung wollen sie sehen, ob die Schüler ihre Lektionen gelernt haben. Sie wissen, dass die Schüler die nötigen Informationen besitzen und dass sie vorbereitet sind. Nun müssen die Schüler nur noch anwenden, was sie gelernt haben.

In dieser Hinsicht erinnert Gott mich an jene Lehrer. Wenn er schweigt, dann brauchen Sie nicht zu denken, er hätte Sie im Stich gelassen. Er ist während der Prüfung direkt an Ihrer Seite. Sein Schweigen bedeutet einfach, dass er Sie vorbereitet hat und nun beobachtet, ob Sie Ihre Lektion gelernt haben. Er würde Sie nicht in die Prüfung schicken, wenn er nicht wüsste, dass Sie bereit sind.

Wenn Gott schweigt, ist er Ihnen auch keinesfalls böse. Er hat Sie nicht im Stich gelassen. Sein Schweigen ist ein Zeichen dafür, dass er großes Vertrauen in Sie setzt. Er weiß, dass Sie über das verfügen, was Sie brauchen. Er weiß, dass Sie die Prüfung erfolgreich bestehen werden, sonst hätte er Sie erst gar nicht zur Prüfung zugelassen.

Der Schlüssel besteht darin, guten Mutes zu bleiben und sich nicht der Mutlosigkeit oder Bitterkeit hinzugeben. Wenden Sie an, was Sie gelernt haben. Vertrauen Sie fest auf Gott. Bleiben Sie zufrieden. Behandeln Sie Ihre Mitmenschen freundlich. Seien Sie ein Segen für andere. Wenn Sie sich so verhalten, werden Sie die Prüfung bestehen und in einer neuen Jahreszeit Ihres Lebens blühen. Gott wird Dinge in Ihnen hervorbringen, von denen Sie keine Ahnung hatten. **Wenn Sie nicht zulassen, dass der Feind Ihnen den Mut raubt, dann haben Sie ihm eine seiner schärfsten Waffen genommen.**

Heute ist ein neuer Tag. Gott haucht neue Hoffnung in Ihr Herz und eine neue Perspektive in Ihren Geist. Er rettet Ihre Ehre und verschafft Ihnen Recht. Heben Sie den Blick, und Gott wird das für Sie tun, was er David zu tun versprach. Er wird Sie aus dem Sumpf herausziehen. Er wird Ihre Füße auf Felsengrund stellen. Er wird Ihnen ein neues Lied ins Herz geben. Sie werden sich nicht niedergeschlagen und deprimiert durchs Leben schlagen müssen. Sie werden sich zu einem Leben voller Freude, voller Glauben, voller Siege aufschwingen können.

Kapitel 17

Mit unerwarteten Schwierigkeiten fertigwerden

Vor einigen Jahren flog ich mit meinem Vater nach Indien. Wir hatten bereits 13 Stunden Flug hinter uns und nur noch rund zwei Stunden vor uns. Bisher war alles ruhig verlaufen, doch plötzlich gerieten wir in Turbulenzen, die so heftig waren, wie ich es nie zuvor erlebt hatte. Es war schlimmer als die schlimmste Achterbahn. Das Flugzeug wurde in alle Richtungen geworfen. Nahrungsmittel, Getränke und Taschen flogen durch die Luft, prallten gegen die Decke, trafen Passagiere und fielen auf den Boden. Zehn Minuten lang war es der wildeste Flug meines Lebens. Die Reisenden schrien. Babys weinten. Das Flugzeug wurde so heftig durchgeschüttelt, dass wir dachten, es würde entzweibrechen.

Und weil ich ein echter Glaubensheld bin, ging mir nur noch ein Gedanke durch den Kopf: *Okay. Es ist vorbei. Das hier werden wir nicht überleben.*

Meine Zufriedenheit und meine Lebensfreude waren wie weggeblasen, ich spürte nur noch blankes Entsetzen.

Die Turbulenzen schienen eine Ewigkeit zu dauern, doch in Wirklichkeit waren es zehn Minuten, und danach flog das Flugzeug wieder ruhig und ohne weitere Vorfälle weiter. Zwei Stunden später landeten wir sicher am Zielflughafen.

So ist es auch im Leben. Wir fühlen uns glücklich und zufrieden, es geht uns prima. Wir haben einen tollen Job, gesunde Kinder, und wir fühlen uns gesegnet. Auf einmal kommen Turbulenzen. Unsere Routineuntersuchung beim Arzt hat ein gesundheitliches Problem ans Licht gebracht. Unsere Beziehung ist angeknackst. Jemand verklagt uns vor Gericht.

Die Herausforderung besteht darin, den Blick weiter nach vorn zu richten und sich bewusst zu machen, dass die Turbulenzen nicht ewig anhalten werden und dass eines Tages, bald, das Glück wieder bei uns Einzug halten wird. Vielleicht haben Sie gerade das Gefühl, dass eine schlechte Nachricht nach der anderen bei Ihnen eintrifft, doch glauben Sie mir: Auch diese Schwierigkeiten werden vorübergehen.

Gott sitzt noch immer auf dem Thron. Er hat Sie bis hierhin gebracht. Vielleicht haben Sie gerade einen tiefen Sturz erlebt, oder Sie haben das Gefühl, man hätte Sie in eine riesige Rührmaschine gesteckt. Um sich herum sehen Sie möglicherweise nur Menschen, die in Panik geraten. Doch früher oder später wird wieder Ruhe einkehren.

Ich bin davon überzeugt, dass jeder Mensch mindestens zehn Minuten Turbulenzen in seinem Leben durchmacht. In der Regel macht man die beängstigenden Erfahrungen jedoch nicht alle auf einmal. Vielleicht erleben Sie eine Minute hier, fünf Minuten dort, noch ein paar Minuten an einer anderen Stelle. In solchen schwierigen Zeiten, wenn Sie das Gefühl haben, das Flugzeug würde auseinanderbrechen, und Sie von Panik überwältigt werden, dann zeigt sich, wie es um Ihren Glauben bestellt ist. Vertrauen Sie darauf, dass der Schöpfer des Universums das Flugzeug steuert. Der Allerhöchste lenkt Ihre Schritte. Erinnern Sie sich daran, dass er gesagt hat, keine Waffe werde etwas gegen Sie ausrichten können.

Jesus hat auch darauf hingewiesen, dass wir von den Schwierigkeiten des Lebens nicht überrascht sein sollen. Wir brauchen nicht in Panik zu geraten. Wir dürfen den Ort des Friedens aufsuchen, und zwar inmitten der Turbulenzen.

Ich hörte einmal folgenden Ausspruch: »Probleme sind unausweichlich, doch Trübsal ist jedem freigestellt.« Jeder von uns hat dann und wann mit Problemen zu kämpfen, aber wir können uns frei entscheiden: Entweder lassen wir zu, dass uns diese zerreißen, oder aber wir reißen uns zusammen. Und das ist eine Entscheidung, die wir auch dann treffen können, wenn uns ein Problem völlig unerwartet trifft.

Gott kennt die Lösung

Es ist eine Sache zu wissen, dass eine schwierige Phase beginnt und dass wir auf die Probe gestellt werden. Darauf können wir uns innerlich vorbereiten. Doch wie steht es mit den Schwierigkeiten, die ganz plötzlich und unerwartet über uns hereinbrechen? Wie steht es mit den Erdbeben, Tsunamis und Tornados des Lebens: der plötzlichen Krankheit, dem unerwarteten Todesfall, der Scheidung und anderen Tragödien und Krisen, die uns ohne Ankündigung und unvorbereitet treffen? Sie können überwältigend, ja, verheerend sein. Sie kommen aus dem Nichts und krempeln unser Leben völlig um.

Unsere Familie hat ebenfalls eine ganze Reihe von solchen plötzlichen Schicksalsschlägen erlebt. Der wohl schockierendste Schlag war eine Briefbombe, die meine Schwester Lisa im Januar 1990 verletzte. In dem Paket befand sich eine Rohrbombe, die mit 1,7 Zentimeter langen Nägeln bestückt war. Lisa öffnete das Paket in ihrem Gemeindebüro, während sie es auf dem Schoß hielt. Wie durch ein Wunder wurde sie nicht schwer verletzt, sondern trug nur leichte Brand- und Schnittwunden davon. Bis heute wissen wir nicht, wer dieses an unseren Vater adressierte Paket geschickt hat.

Lisa öffnete gerade die Morgenpost, eine tägliche Routinearbeit. Ihr Leben wurde verschont. Sie trug keine nachhaltigen Verletzungen davon. Und doch können Sie sich vorstellen, wie sehr dieses Erlebnis ihr Leben beeinflusst hat. Wir waren zwar alle betroffen, doch sie hatte viele Jahre mit den körperlichen und vor allem psychischen Folgen zu kämpfen. Schließlich schaffte sie es dank ihres Glaubens, diesen Schlag ganz zu überwinden.

Wir alle werden mit unerwarteten Tragödien und traumatischen Ereignissen konfrontiert. Die Tatsache, dass wir gläubig sind, bewahrt uns nicht vor den schweren Zeiten des Lebens.

Die Bibel sagt, dass Gott es auf alle regnen lässt, ob sie ihn ehren oder verachten. Wenn wir in eine Krise geraten, dann kann es leicht passieren, dass uns in allen Bereichen unseres Lebens das Glück und die Zufriedenheit abhandenkommt, dass wir in Panik geraten und gebrochen am Boden liegen. Doch machen wir uns klar: Krisen sind für Gott keine Überraschung. Für uns kommen sie unerwartet, doch Gott kennt von Anfang an den Ausgang. Gott kennt Lösungen für Probleme, die wir noch nicht einmal hatten. Und Gott hätte die Schwierigkeit nicht zugelassen, würde er damit nicht auch ein göttliches Ziel verfolgen.

Gott wird unsere Prüfung in ein Zeugnis verwandeln

Vergessen wir nicht: Wir leben unter »kontrollierten Bedingungen«. Vielleicht kommt es uns manchmal so vor, als ob alles aus dem Ruder liefe, doch der Schöpfer des Universums hat die Dinge unter Kontrolle. Er hält uns in seiner Hand. Nichts kann uns ohne Gottes Erlaubnis zustoßen.

Gott hat sogar die Kontrolle über unsere Feinde. Die Bibel erzählt davon, wie Gott das Herz des Pharao verhärtete, damit dieser das Volk Israel nicht ziehen lassen würde. Beachten Sie, dass *Gott* ihn dazu brachte, sich querzustellen. Warum? Damit Gott seine Macht auf außergewöhnliche Weise zeigen konnte.

Wenn etwas Unerwartetes eintrifft, dann sollten wir nicht zusammenbrechen, Gott anklagen und in Panik geraten, sondern immer fest auf Gott vertrauen: »Herr, ich weiß, dass du noch immer auf dem Thron sitzt. Für dich ist diese Sache keine Überraschung. Ich weiß, du hättest es nicht zugelassen, würdest du damit nicht einen bestimmten Zweck verfolgen. Es scheint ein Rückschlag zu sein, doch ich kenne die Wahrheit: Für dich stellt diese Situation eine Möglichkeit dar, deine Macht noch eindrücklicher zu offenbaren. Es ist eine Möglichkeit für dich, meinen ungläubigen Arbeitskollegen deine Größe zu zeigen.«

Wenn Gott eine Krise zulässt, dann will er nicht nur *uns* seine Macht zeigen, sondern auch anderen Menschen demonstrieren, was er tun kann. Wenn es uns gelingt anzunehmen, dass ein Problem Gott gleichzeitig die Möglichkeit gibt, seine Größe zu offenbaren, wird er uns gebrauchen, um dies zu tun. Er möchte, dass unsere Nachbarn sagen: »Wie um alles in der Welt hat sie das geschafft? Im Arztbericht stand ›unheilbar‹, doch schau sie dir heute an. Sie ist gesund und kräftig.« Oder: »Er wurde zum denkbar schlechtesten Zeitpunkt entlassen, aber sieh ihn dir jetzt an. Er hat sogar einen noch besseren Arbeitsplatz als vorher.«

Gott will unsere Prüfung in ein Zeugnis verwandeln. Aus diesem Grund lässt Gott zu, dass wir Schwierigkeiten durchmachen. Unser Glaube macht uns nicht immun gegen Probleme. Doch Gott verspricht: Wenn wir am Glauben festhalten, dann wird er das, was uns an Schwierigkeiten zugestoßen ist, nicht nur zu unserem eigenen Vorteil nutzen, sondern anderen gegenüber sogar seine Größe deutlich machen.

Wenn etwas Unerwartetes eintrifft, dann sollten wir nicht in Panik ausbrechen, sondern damit rechnen, dass Gott auf den Plan tritt und die Situation zum Positiven wendet. Rechnen Sie mit Gottes Gunst. Rechnen Sie mit seinem übernatürlichen Eingreifen.

Es stimmt, dass der Regen auf Gerechte und Ungerechte fällt. Doch es gibt einen entscheidenden Unterschied: Für die Gerechten, die Gläubigen – also für Sie und für mich –, gilt Gottes Versprechen, dass alle Waffen, die man gegen uns richtet, ins Leere treffen. Gott verspricht uns nicht, dass wir nie in Schwierigkeiten geraten werden. Doch da wir Kinder des Allerhöchsten sind, werden diese Schwierigkeiten uns nicht besiegen. Sie werden uns nicht unser Bestes nehmen. Gott wird dafür sorgen, dass es uns hinterher besser geht als zuvor.

Wir bringen das Reich Gottes voran

Wenn wir mit unerwarteten Schwierigkeiten konfrontiert werden, neigen wir oft dazu, uns selbst die Schuld dafür zu geben: *Ich gebe mein Bestes und versuche wirklich, Gott zu ehren. Aber irgendetwas mache ich scheinbar falsch. Mein Glaube ist wohl nicht groß genug.*

Doch oft geraten wir nicht etwa deshalb in schwierige Situationen, weil wir etwas falsch, sondern, im Gegenteil, weil wir etwas richtig gemacht haben. Weil wir in unserer Welt etwas zum Positiven verändern. Weil wir unserer Familie ein neues Fundament geben. Weil wir eine Bedrohung für den Feind darstellen. Wenn wir uns nicht dafür einsetzen würden, dass Gottes Reich sich ausbreitet, würde dieser uns nämlich in Ruhe lassen. Er würde uns in Ruhe lassen, wenn er nicht wüsste, dass Gott etwas Wundervolles für unsere Zukunft geplant hat. Deshalb versucht er, uns zu entmutigen, damit wir verbittert sind und Gott anklagen; er will uns daran hindern, in den Genuss dessen zu kommen, was Gott für uns bereithält.

Die Dunkelheit hasst das Licht, aber machen Sie sich deshalb keine Sorgen. Das Licht wird die Dunkelheit stets überwinden. Strahlen Sie weiter. Lächeln Sie weiter. Bewahren Sie sich Ihre Zufriedenheit und Lebensfreude. Behandeln Sie die anderen gut, auch wenn Sie von ihnen schlecht behandelt werden. Tun Sie das Richtige, auch wenn Ihnen immer wieder die falschen Dinge widerfahren. Ihre Probleme sind oftmals ein sicheres Zeichen dafür, dass Gott etwas Erstaunliches für Ihre Zukunft geplant hat. Ihr Glück wird im Überfluss wiederhergestellt werden.

Der Feind wird nicht den roten Teppich ausrollen und uns erlauben, unsere Bestimmung ohne Widerstand zu erfüllen. Er wird uns unerwartete Schwierigkeiten, Herausforderungen und Sorgen schicken. Aber wir dürfen wissen: Der Gott, dem wir dienen, hält unerwartete Segnungen, unerwartete Heilung, unerwartete Durchbrüche und unerwartete Wendungen für uns bereit.

Unser Unkraut wird zu Weizen

Bei einer Gelegenheit erzählte Jesus die Geschichte eines Mannes, der Weizen säte (nachzulesen in Matthäus 13,24–30). Er säte guten Samen aus, er tat das Richtige, er ehrte Gott und behandelte seine Mitmenschen gut. Doch während er schlief, kam sein Feind und säte Unkraut zwischen all den Weizen. Der Bauer hatte mit einer großen Weizenernte gerechnet. Er hatte guten Samen gesät, doch als die Zeit der Ernte kam, spross mitten in seinem Weizen Unkraut auf.

Seien Sie also nicht überrascht, wenn sich die Dinge schlecht entwickeln, obwohl Sie das Richtige tun, Gott ehren und sich bemühen, jeden Tag Ihr Bestes zu geben. Es scheint nicht gerecht zu sein, doch der Feind verstreut Unkraut unter Ihrem Weizen, so wie es jener Landwirt erlebte.

Die Arbeiter sagten zu dem Bauern: »Wo kommt das Unkraut her? Wir haben doch gesehen, wie du guten Samen gesät hast.«

Der Bauer antwortete: »Das hat einer getan, der mir schaden will.«

Die gute Nachricht lautet: Jenes Unkraut braucht uns nicht daran zu hindern, unsere von Gott gegebene Bestimmung zu erfüllen. Im Gleichnis wird davon berichtet, dass das Unkraut unerwartet hervorkam, als der Weizen beinahe reif zur Ernte war. Wenn wir uns kurz vor dem Sieg befinden, wenn wir uns an der Schwelle zu unserer größten Errungenschaft oder unserem größten Durchbruch befinden, wenn wir kurz vor der Ernte stehen, genau dann werden unerwartete Schwierigkeiten auftreten, weil der Feind versucht, uns auszubremsen.

Das Gleichnis vom Weizen und dem Unkraut endet damit, dass die Arbeiter den Landwirt fragen: »Sollen wir das Unkraut ausreißen?«

Und der Bauer antwortet: »Nein, denn dann werdet ihr den Weizen gleich mit ausreißen. Wartet nur ab, zur richtigen Zeit werden wir das Unkraut schon vernichten.«

Dieser Satz gilt auch uns. Wir brauchen nicht unser Leben lang zu versuchen, das Unkraut auszureißen, das zwischen all dem Weizen aufsprießt. Wenn wir das tun, werden wir auch die Ernte zerstören.

Warten Sie einfach ab und überlassen Sie es Gott

Ein Mann machte gerade einen Spaziergang, als er von einem Hund gebissen wurde. Er ging zum Arzt und erfuhr, dass der Hund Tollwut hatte. Als man ihm erklärte, dass er eine Reihe schmerzhafter Spritzen mit dem Gegenmittel über sich ergehen lassen müsste, wurde er furchtbar wütend.

Der Arzt ließ ihn einen Moment allein, um die Spritzen vorzubereiten. Als er zurückkam, sah er, dass der Mann eine Liste erstellte. Er dachte, sein Patient würde sein Testament niederschreiben.

»Hören Sie, so schlimm ist es doch nicht«, versuchte der Arzt, den Mann zu trösten. »Sie werden nicht sterben.«

»Ich schreibe doch nicht mein Testament«, entgegnete der Patient. »Ich erstelle eine Liste all der Leute, die ich beißen werde.«

Ich kenne solche Menschen. Sie geraten in Schwierigkeiten und sind auf die ganze Welt wütend. Sie verbreiten überall, wohin sie gehen, ihr Gift. Seien Sie anders. Wenn unerwartete Schwierigkeiten auftauchen, dann machen Sie sich folgende Einstellung zu eigen: »Auch das wird vorübergehen. Gott wird mir helfen, damit fertigzuwerden. Es ist nur ein weiterer Schritt auf meinem Weg zu meiner göttlichen Bestimmung.«

Josef, von dem uns die Bibel berichtet, musste sich eine solche Haltung zu eigen machen. Er wurde immer wieder mit unerwarteten Schwierigkeiten konfrontiert. Beispielsweise hätte er nie damit gerechnet, dass seine eigenen Brüder ihn in eine Grube werfen und als Sklaven verkaufen würden. Er hätte also Grund genug gehabt zu sagen: »Herr, das ist nicht gerecht. Ich dachte, du hättest mir diesen Traum geschenkt.« Stattdessen war Josef sich bewusst, dass Gottes Pläne mit dem Handeln seiner Brüder noch nicht zunichtegemacht waren. Er wusste, dass Gott sich um seinen Weizen kümmern würde, also gab er weiterhin sein Bestes.

Er hätte auch nie damit gerechnet, dass die Frau Potifars lügen, ihn anklagen und ins Gefängnis bringen würde. Er hätte nie damit gerechnet, dass der Zellengenosse, dem er geholfen hatte, ihm den Rücken kehren würde.

Josef erlebte einen Schicksalsschlag nach dem anderen. Er hätte allen Grund gehabt, auf alles und jeden wütend zu sein. Stattdessen gab er weiterhin sein Bestes, und schließlich wurde er nach dem Pharao der zweitmächtigste Mann in Ägypten. »Ihr hattet Böses mit mir vor, aber Gott hat es zum Guten gewendet«, schloss er viele Jahre später im Gespräch mit seinen Brüdern (1. Mose 50,20).

Vielleicht erleben Sie gerade Ihre zehn Minuten Turbulenzen. Ihre Lage ist sehr schwierig, aber lassen Sie sich eines sagen: Auch das wird vorübergehen.

Gott hat Sie nicht so weit gebracht, um Sie nun fallen zu lassen. Es mag hart sein. Doch Gott sagt: »Ich habe einen Ausweg. Ich bin Jehowa-Jireh, der Herr, der dich versorgt. Ich bin Jehowa-Rophe, der Herr, der dich heilt. Ich bin El-Shaddai, Gott, der Allmächtige.«

Wenn die unerwartete Krise, in der Sie sich befinden, Sie aufhalten könnte, hätte Gott sie nicht zugelassen. Wenn diese Herausforderung Sie daran hindern könnte, Ihre Bestimmung zu erfüllen, dann hätte der Allerhöchste sie verhindert.

Solange Sie leben und atmen, können Sie noch immer all das werden, wozu Gott Sie geschaffen hat. Lassen Sie es nicht zu, dass eine Krise Ihnen die Freude raubt oder Ihren Lauf behindert.

Denken Sie an den Römerbrief, Kapitel 8, Vers 28: »Was auch geschieht, das eine wissen wir: Für die, die Gott lieben, muss alles zu ihrem Heil dienen.« Das Schlüsselwort in diesem Satz ist *alles*. Eine Schwierigkeit allein mag keinen Sinn ergeben, doch eines Tages wird alles, was wir erleben, *zusammen* betrachtet, und dann ergibt es Sinn.

Nichts im Leben geschieht ohne Grund. Gott will selbst unsere zehn Minuten Turbulenzen zu unseren Gunsten gebrauchen. Es gibt ein Buch mit dem Titel »Wenn guten Menschen Böses widerfährt«. Das passiert. Aber es kommt auch vor, dass gute Menschen böse Dinge überwinden und dass es ihnen hinterher besser geht als zuvor. Gott wird Ihre Prüfung in ein Zeugnis verwandeln. Ihre unerwarteten Probleme sind unter Umständen ein sicheres Zeichen dafür, dass Gott etwas Erstaunliches für Ihre Zukunft geplant hat. Denken Sie daran: Unser Gott hält unerwarteten Segen und unerwartete Durchbrüche für uns bereit.

Kapitel 18

Sagen Sie Nein zu einer kritischen Haltung

Ein Ehepaar zog in ein neues Haus. Eines Morgens beim Frühstück schaute die Frau aus dem Fenster und sah, wie ihre Nachbarin Wäsche zum Trocknen auf die Leine hängte. Sie bemerkte, dass die Wäsche schmuddelig aussah, und sagte zu ihrem Mann: »Diese Frau weiß nicht, wie man Wäsche sauber bekommt. Ihre Kleider sehen schmutzig aus. Ich frage mich, ob sie überhaupt Waschmittel benutzt.«

Tag für Tag gab sie dieselben Kommentare von sich: »Ich kann es nicht fassen, dass unsere Nachbarin nicht in der Lage ist, ihre Wäsche sauber zu bekommen. Unglaublich, in welch schmutzigen Klamotten diese Leute herumlaufen.«

Ein paar Wochen später schaute die Frau aus dem Fenster und sah, dass die aufgehängte Wäsche strahlend sauber war. Sie staunte nicht schlecht und rief ihren Mann herbei: »Guck mal, Liebling, es ist kaum zu glauben. Sie hat endlich gelernt, wie man richtig wäscht. Ich frage mich, was wohl passiert ist.«

Der Mann lächelte und entgegnete: »Liebling, ich bin heute Morgen früher aufgestanden und habe unser Fenster geputzt.«

Wie schmutzig die Wäsche des Nachbarn aussieht, hängt davon ab, wie sauber unser Fenster ist. Paulus weist darauf hin, als er an seinen Mitarbeiter Titus schreibt: »Für die, die ein reines Gewissen haben, ist alles rein« (Titus 1,15). Wenn Sie nichts in einem positiven Licht sehen können, wenn Sie die Straße entlangfahren und nur die Schlaglöcher sehen, wenn Sie nur die Schramme im Parkett und nicht das wunderschöne Haus sehen können, wenn Sie nur sehen, was Ihr Chef falsch macht, und nie, was er richtig macht, dann lautet mein Rat: Putzen Sie Ihr Fenster.

Das Problem sind nicht die anderen; *Sie* haben ein Problem.

Es ist wie mit jenem Mann, der auf dem Weg zur Arbeit einen Unfall hatte. Er stieg aus dem Wagen und sagte: »Junge Frau, lernen Sie erst mal richtig Autofahren. Sie sind bereits die vierte Person, die heute in mich reingefahren ist.«

Schauen Sie in den Spiegel und sagen Sie: »Vielleicht bin ich derjenige, der sich ändern muss. Wenn ich ständig Kritik übe, habe ich vielleicht die Gewohnheit entwickelt, eher das Negative als das Positive zu sehen. Wenn ich ständig skeptisch bin, habe ich mich vielleicht selbst dazu erzogen, zynisch und sarkastisch zu sein, statt das Beste zu glauben. Wenn ich ständig Fehler bei anderen finde, dann ist mein Filter möglicherweise verschmutzt. Vielleicht bin ich voreingenommen und missbilligend, statt den anderen einen Vertrauensvorschuss zu geben.«

Das ist besonders in Beziehungen sehr wichtig. Wir können uns dazu erziehen, die Stärken der anderen zu sehen, aber wir können es uns auch angewöhnen, ihre Schwächen zu bemerken. Wir können uns auf die Dinge konzentrieren, die wir an unserem Ehepartner mögen, und seine Qualitäten verstärken, oder aber wir können uns auf die Dinge konzentrieren, die uns nicht gefallen, und die weniger erwünschten Eigenschaften verstärken, die uns stören.

Aus diesem Grund geraten so viele Beziehungen in Schwierigkeiten. Die Menschen haben die Gewohnheit entwickelt, ihr Gegenüber kritisch zu beäugen. Sie können nichts Gutes mehr entdecken. Ich hörte einmal von einem Mann, der seine Frau bat, ihm zwei Eier zu machen: eines als Spiegelei und eines als Rührei. Sie bereitete die Eier zu und servierte sie auf einem Teller. Als der Mann die Mahlzeit sah, schüttelte er den Kopf.

»Was habe ich denn falsch gemacht?«, wollte die Frau wissen. »Ich habe doch genau das gemacht, worum du mich gebeten hast.«

»Ich wusste, dass das passieren würde«, entgegnete der Mann. »Du hast das falsche Ei zum Spiegelei gebraten.«

Manche Menschen sind so kritisch geworden, dass man es ihnen überhaupt nicht mehr recht machen kann. Sie sehen nie das Gute, das ihr Ehepartner tut. Sie haben vergessen, aus welchen Gründen sie sich in den anderen verliebt haben. Das liegt daran, dass sie die falschen Dinge verstärken.

Wenn auch Sie mit dieser Problematik zu kämpfen haben, dann erstellen Sie doch einmal eine Liste all der Qualitäten, die Sie an Ihrem Partner schätzen. Vielleicht ist er nicht besonders kommunikativ, aber er kann hart arbeiten. Schreiben Sie das auf. Sie mag einige Schwächen haben, aber sie ist eine wundervolle Mutter. Sie ist klug und lustig. Schreiben Sie das in Ihre Liste, und lesen Sie es jeden Tag.

Beginnen Sie, sich auf die guten Qualitäten zu konzentrieren. Wenn Sie ständig aus einer kritischen Haltung heraus agieren, vergiftet das Ihre gesamte Perspektive. Sie werden nicht vernünftig kommunizieren. Sie werden Dinge nicht gemeinsam tun wollen. Es wird jeden Bereich Ihres Lebens beeinträchtigen. Sie müssen den Schalter umlegen. Beginnen Sie, die Stärken des anderen wertzuschätzen, und lernen Sie, seine Schwächen weniger zu beachten.

Jeder hat Fehler und Gewohnheiten, die uns auf die Nerven gehen. Entscheidend ist, worauf wir unser Hauptaugenmerk richten. Wir verstärken die falschen Dinge, wenn wir zulassen, dass unsere kritische Einstellung uns fest im Griff hat. Dann beginnen wir, uns darüber zu beklagen, dass das falsche Ei zum Spiegelei gebraten wurde. Heutzutage kann man viele Ehen beobachten, in denen zwei wundervolle Menschen verheiratet sind, die beide großes Potenzial haben, sich aber von ihrer kritischen Einstellung entzweien lassen. Wenn man kritisch ist, beginnt man zu nörgeln: »*Nie* bringst du den Abfall nach draußen. *Nie* redest du mit mir. *Immer* bist du zu spät dran.«

Die Menschen reagieren auf Lob besser als auf Kritik. Wenn Sie das nächste Mal wollen, dass Ihr Mann den Rasen mäht, dann nörgeln Sie nicht: »Warum mähst du eigentlich nie den Rasen, du Faulpelz?«, sondern sagen Sie: »Habe ich dir eigentlich schon gesagt, wie toll der Rasen aussah, als du ihn neulich gemäht hast? Und wenn du dabei deine Muskeln spielen lässt und der Schweiß an deinem Sixpack herunterläuft, finde ich dich besonders attraktiv.«

Auf diese Weise geben Sie ihm eine positive Verstärkung, sodass er bald täglich den Rasen mähen wird! Die Menschen reagieren eben positiv auf Lob.

Eine kritische Einstellung verdirbt alles

Ich habe Folgendes gelernt: Eine kritische Einstellung folgt Ihnen überallhin. Sie können ihr nicht entkommen. Sie können eine Arbeitsstelle kündigen und ihr verbittert, aufgebracht und verärgert den Rücken kehren: »Man hat mich schlecht behandelt.« Wenn Sie sich jedoch nicht um die Wurzel des Problems kümmern, werden Sie am nächsten Arbeitsplatz dasselbe Problem haben. Ihr Fenster ist verschmutzt, und deshalb glauben Sie, dass alle gegen Sie sind, dass Ihre Kollegen alles falsch machen und Ihr Chef unfähig ist.

Ich ging mit einem Mädchen zur Schule, das so lange ich denken kann, immer an allem herumgemäkelt hat. Selbst als Teenager beschwerte sie sich über Dinge in der Schule, an die ich keinen Gedanken verschwendete. Mir war nie bewusst, wie schlecht es uns an dieser Schule ging, bis sie es mir sagte. Neulich (30 Jahre nach unserem Schulabschluss!) hörte ich, dass sie erneut einen Job geschmissen hatte. Sie sagte, die Leute hätten sie nicht richtig behandelt. Das Traurige ist, dass sie für den Rest ihres Lebens verbittert und frustriert sein wird, weil sie ihre Fenster nicht gereinigt hat.

Sie sieht durch einen Filter, der durch viele Jahre voller Kritik und Verurteilungen getrübt wurde. Ich appelliere an alle Eltern:

Wir müssen dieses Problem ernst nehmen und alles tun, um eine kritische, nörglerische Grundhaltung abzulegen, damit wir diese nicht an unsere Kinder weitergeben. Genau das war nämlich mit dieser jungen Frau passiert. Ich erinnere mich noch, dass ich manchmal mit zu ihr nach Hause ging, als wir noch Kinder waren. Ihre Eltern hatten immer etwas zu kritisieren. Sie beklagten sich über die Stadt, die Nachbarn, den Chef des Vaters, den Arbeitsplatz der Mutter.

Eine kritische Einstellung verdirbt alles. Wie können wir dieses Problem lösen? Erstens müssen wir erkennen, dass unsere Fenster schmutzig sind. Zweitens müssen wir die Angewohnheit, alles negativ zu sehen, ablegen und uns antrainieren, das Gute zu sehen. Wenn Sie zur Arbeit fahren, sollten Sie nicht ständig an all die Dinge denken, die Sie an Ihrem Chef nicht mögen. Konzentrieren Sie sich auf die Tatsache, dass Sie einen Job haben. Seien Sie dankbar dafür, nicht arbeitslos zu sein.

Und wenn Sie auf der Autobahn unterwegs sind, dann sehen Sie nicht nur die Schlaglöcher und die Baustellen und den Verkehrsstau. Trainieren Sie sich an, die guten Dinge zu sehen. Seien Sie dankbar dafür, dass es eine Straße gibt, die Sie benutzen können. Seien Sie dankbar dafür, dass Sie in einem Land leben, in dem es Recht und Ordnung gibt und in dem Sie nicht um Ihre Sicherheit fürchten müssen. Betrachten Sie die Bäume und den Himmel. Atmen Sie die Güte Gottes ein.

Geben Sie einen Vertrauensvorschuss

Wenn Sie versucht sind, Kritik zu üben, dann halten Sie sich zurück. Sie müssen jeden negativen Gedanken einzeln in Angriff nehmen. Wenn Sie jemanden oder etwas sehen, das Sie nicht verstehen oder womit Sie nicht einverstanden sind, dann lassen Sie sich nicht dazu hinreißen, vorschnell zu urteilen. Lassen Sie Ihrer kritischen Grundeinstellung keinen Raum.

Sagen Sie stattdessen: »Wisst ihr, ich verstehe diese Leute nicht und bin vielleicht nicht einverstanden mit dem, was sie tun, aber ich will kein Besserwisser sein. Ich gebe ihnen einen Vertrauensvorschuss.«

Vor einigen Monaten sprach ich nach dem Gottesdienst mit einem jungen Mann und seiner Freundin. Sie hatten mehr Tätowierungen und Piercings am Körper, als ich je an zwei Menschen gesehen habe. Der Mann hatte seine Arme vollständig tätowiert, auch sein Nacken und sogar ein Teil des Gesichts waren mit Zeichnungen übersät. Die junge Frau hatte schätzungsweise hundert Piercings am Körper.

Sie sahen entschieden anders aus als unsere üblichen Gottesdienstbesucher. Wenn wir Menschen sehen, deren äußeres Erscheinungsbild von der Norm abweicht, dann kommt ganz leicht Kritik in uns auf und wir denken: *Warum sehen sie nur so aus? Sie haben bestimmt schwerwiegende Probleme. Oder sie sind kriminell.*

Doch statt die beiden mit kritischen Augen zu sehen, versuchte ich, sie mit Gottes Augen zu sehen. Dadurch hatte ich eine ganz andere Perspektive. Ich freute mich darüber, dass sie sich in der Gemeinde wohl genug fühlten, um zum Gottesdienst zu kommen. Ich freute mich, dass sie sich Zeit genommen hatten, Gott zu ehren.

Als ich mich mit ihnen unterhielt, wurde mir bewusst, dass sie ganz anders waren als das, was ich erwartet hatte. Sie waren ausgesprochen freundliche, respektvolle Menschen. Äußerlich gesehen hätte es jede Menge Gründe gegeben, sie kritisch zu beäugen oder zu verurteilen. Und wenn man die religiöse Brille aufhat, würde man auf alle Fehler deuten und sagen: *Was denken die beiden, wer sie sind? Und was ist ihr Problem?*

Doch eigentlich gibt es keinen besseren Ort für sie als die Gemeinde. Der junge Mann, der etwa 30 Jahre alt zu sein schien, war der Kopf einer sehr erfolgreichen Heavy-Metal-Band, die am Abend zuvor in der Arena ein großes Konzert gegeben hatte. Er sagte: »Ich war nie zuvor in meinem Leben in einer Gemeinde. Es ist das allererste Mal, dass ich meinen Fuß an einen solchen Ort setze.«

Er gab mir eine seiner CDs und empfahl mir, mir die Nummer sieben anzuhören.

»Diesen Song habe ich geschrieben, nachdem ich Sie einmal im Fernsehen predigen hörte«, sagte er.

Wir sollten die Menschen nicht nach ihrem äußeren Erscheinungsbild beurteilen. Wenn wir die Neigung verspüren, kritisch zu sein und nach Fehlern Ausschau zu halten, dann sollten wir uns daran erinnern, dass der Feind »der Ankläger unserer Brüder und Schwestern« genannt wird (Offenbarung 12,10). Woher kommt unsere Neigung zur Kritik? Es ist der Feind, der uns dazu anstiftet. Ich weiß nicht, wie es mit Ihnen steht, aber ich bin nicht auf der Seite des Anklägers; ich halte mich auf Gottes Seite. Ich nehme von meinem Gegenüber lieber das Beste an.

Es mag tausend Dinge geben, die falsch sind, ich werde so lange suchen, bis ich die eine Sache finde, die richtig ist. Mir wurde so viel vergeben, also will ich noch mehr lieben. Wenn ich mich irre, dann irre ich nicht auf der Seite der Verurteilung, sondern auf der Seite der Gnade.

Ich habe gelernt, dass jemand nach außen hin ruppig wirken kann, aber man sollte ein Buch nicht nach seinem Umschlag beurteilen. Wir müssen den Menschen einen Vertrauensvorschuss geben. Wenn wir nicht Gottes Gnade erfahren hätten, wer weiß, ob wir dann nicht genauso geworden wären wie jene Person?

Wenn meine Eltern mich nicht von Kindheit an in die Gemeinde mitgenommen hätten, wer weiß, wo ich jetzt wäre? Ich will niemanden verurteilen. Ich will nicht versuchen, die Fehler zu finden. Ich habe das Fensterputztuch immer griffbereit. Ich halte mein Fenster sauber.

Doch die Menschen sind heutzutage sehr schnell mit Kritik, Vorurteilen und Verdammnis bei der Hand. Viele können nicht verstehen, dass andere so ganz anders sind als sie selbst. Statt einer solchen Person einen Vertrauensvorschuss zu geben, statt erst einmal das Beste anzunehmen, taxieren sie die Person von oben bis unten und picken sich alle Fehler heraus, die sie finden können: »So würde ich mich nie anziehen. Warum fahren sie nur einen solchen Wagen? Ich an ihrer Stelle würde bei einer solchen Wirtschaftslage nicht Urlaub machen. Und wie können sie ihre Kinder nur auf diese Schule schicken? Wenn ich sie wäre, würde ich nicht solchen Schmuck tragen.«

Vergangene Woche erzählte mir ein Besucher, sein Pastor habe sich sechs Wochen freigenommen, um eine Weltreise auf einem Kreuzfahrtschiff zu machen. Er konnte das nicht verstehen. Er beklagte sich darüber und sagte immer wieder, wie falsch das sei. Während ich mir seine Klagen anhörte, musste ich denken, dass jener Pastor vielleicht auf eine Kreuzfahrt ging, um Menschen wie ihm zu entkommen.

Wie jemand sein Geld ausgibt, welches Auto er fährt, wie andere ihre Kinder großziehen, wohin sie in Urlaub fahren, in welcher Gegend sie wohnen – all das geht mich absolut nichts an.

Kümmern Sie sich um Ihre eigenen Angelegenheiten

Ich weiß nicht, wie es Ihnen geht, aber ich habe mit meinem eigenen Leben genug zu tun, als dass ich mich auch noch um das Leben anderer kümmern könnte. Und wenn ich meine Fenster sauber halten will, erweist sich daher der Entschluss, mich um meine eigenen Angelegenheiten zu kümmern, als beste Lösung (sofern die anderen nichts Illegales tun natürlich). Wenn mein Nachbar sich ein Jahr freinimmt, geht mich das nichts an. Wenn ein Freund an jedem Finger einen Ring trägt und zwei an jedem Zeh, dann ist das seine Sache. Wenn ein Mitglied unserer Gemeinde einen dicken Schlitten fährt oder mit dem Boot zum Gottesdienst kommt, dann geht mich das nichts an.

Seien Sie nicht neugierig! **Neugierige Menschen sind kritische Menschen.** Sie wollen alle Einzelheiten und die neuesten brisanten Nachrichten hören – aber nicht etwa, um dafür zu beten oder den Betroffenen zu helfen, sondern weil sie vermuten, dass es da etwas Pikantes geben könnte. Das wiederum nährt ihre Neigung, andere zu verurteilen.

Solche Leute gehen zur Arbeit und sagen: »Hast du es schon gehört? Hast du schon das Neueste gehört?«

Unsere Antwort sollte lauten: »Nein, und ich will es auch nicht hören. Ich will nicht, dass mein Geist vergiftet wird. Meine Ohren sind keine Mülleimer, die man mit Unrat füllen kann.«

Sitzen Sie nicht passiv herum. Klatsch *will* Ihnen etwas Schlechtes über jemand anderen erzählen. »Ich kann nichts dafür. Man hat es mir erzählt«, sagt der Klatsch.

Bevor man Ihnen irgendetwas Negatives erzählen kann, sollten Sie daher einfach sagen: »Wisst ihr was? Ich habe einen dringenden Termin.«

Und wenn Sie nicht fortgehen können, dann seien Sie mutig, und sagen Sie: »Wisst ihr, statt über diese Person zu reden, sollten wir lieber für sie beten.«

Gehen Sie in die Offensive

Lassen Sie sich nicht von anderen vergiften. Wenn Ihre Freunde Kritiker, Besserwisser und Wichtigtuer sind, dann suchen Sie sich neue Freunde. Eine solche kritische Einstellung kann Sie vergiften. Gehen Sie nicht mit Arbeitskollegen zum Mittagessen, die über den Chef herziehen und sich über das Unternehmen beklagen und Klatsch verbreiten.

»Aber dann bin ich allein«, sagen Sie vielleicht.

Ja, aber das ist besser, als innerlich vergiftet zu werden. Ich möchte Sie dazu ermutigen, lieber allein zu sein, als sich mit Personen abzugeben, die keine Ziele haben und Sie daran hindern könnten, Ihre Bestimmung zu erfüllen.

»Nun, wenn ich nicht mit ihnen essen gehe, werden sie vielleicht anfangen, über *mich* herzuziehen.«

Ich will Ihnen ein Geheimnis verraten: Es ist sehr wahrscheinlich, dass sie bereits über Sie reden. Wenn diese Leute über andere in deren Abwesenheit sprechen, dann tun sie vermutlich dasselbe mit Ihnen, wenn Sie nicht dabei sind.

Einer meiner Freunde arbeitete vor Jahren in einem bekannten christlichen Werk. Als er dort begann, war er noch recht jung. Eines Tages war er mit mehreren Mitarbeitern in einer anderen Stadt, um dort eine Konferenz abzuhalten. Am Abend nach der Konferenz luden zwei Mitglieder des inneren Mitarbeiterstabs dieses großen Werkes den jungen Mann zu einem Imbiss in ihrem Hotelzimmer ein. Er ging dorthin und kam sich etwas überflüssig vor. Er schaute sich ein Baseballspiel im Fernsehen an, während die beiden anderen anfingen, über ihren Chef, einen bekannten Pastor, zu reden.

Sie sprachen so kritisch und negativ über diesen, dass der junge Mann geschockt war. Er war gerade erst vom College abgegangen; diese Männer hatten jedoch mehr als 20 Jahre mit besagtem Pastor zusammengearbeitet. Als sie anfingen, schlecht über ihn zu reden, hörte der junge Mann in seinem Innern eine Stimme: *Du musst hier weg. Das hier ist nicht in Ordnung.*

Er entschuldigte sich sehr höflich. Er verlor nie ein Wort darüber, doch in der darauffolgenden Woche bat der Pastor diese beiden Mitarbeiter zu sich und sagte: »Ich habe heute während meiner Gebetszeit gespürt, dass ihr mich nicht mehr unterstützt, deshalb solltet ihr besser gehen.«

Der junge Mann ist heute ein sehr erfolgreicher Pastor. Er predigt in der ganzen Welt. Er erzählte mir: »Ich wusste an jenem Abend, dass ich den Raum verlassen musste, denn sonst hätten die beiden mich vergiftet und ich hätte ebenso kritisch über den Pastor herzogen und hätte ihn wegen irgendwas verurteilt. Wahrscheinlich würde ich dann heute auch nicht das tun, was ich tue.«

Jene beiden Männer besaßen auch gute Gaben. Sie verfügten über Potenzial, doch sie verhaspelten sich. Aufgrund ihrer kritischen Einstellung konnten sie nie völlig erreichen, was Gott für sie bereithielt.

Wenn Menschen in Ihrem Umfeld Probleme verursachen und negativ über ihre Vorgesetzten, ihre Angehörigen oder Freunde sprechen, dann bleiben Sie nicht sitzen und hören zu. Die kritische Einstellung solcher Personen kann Sie daran hindern, Ihre Bestimmung zu erfüllen.

Gott wird Menschen, die eine kritische Grundeinstellung haben und gerne Klatsch verbreiten oder Unfrieden säen, nicht fördern. Wenn Sie mit jemandem ein Problem haben, dann sprechen Sie direkt mit dieser Person, nicht hinter ihrem Rücken. Vielleicht sind Sie nicht mit allem einverstanden. Es mag Dinge geben, die Sie nicht verstehen. Doch seien Sie kein Klatschmaul.

Negative Worte können wie ein Bumerang zu uns zurückkommen

Im Matthäusevangelium, Kapitel 7, Vers 1 werden wir aufgefordert, nicht an anderen herumzunörgeln, uns auf ihre Fehler zu stürzen und sie zu kritisieren, es sei denn, wir selbst möchten so behandelt werden. Eine kritische Einstellung wird wie ein Bumerang zu uns zurückkommen.

Mirjam, die Schwester Moses, kritisierte ihn, weil sie die Frau, die er geheiratet hatte, nicht mochte (nachzulesen in 4. Mose 12). Sie gehörte einer anderen Nationalität an, und Mirjam redete schlecht über sie und Mose und stiftete Unruhe. Mose war derweil glücklich und zufrieden. Er störte sich nicht daran. Er stand darüber. Doch seine kritische Schwester erkrankte an Lepra. Ihre ganze Haut war von dem Aussatz befallen.

Ich weiß nicht, wie es mit Ihnen steht, aber ich rede nicht schlecht über andere. Es gibt Personen, die ich nicht verstehe oder mit deren Handeln ich nicht einverstanden bin. Ich würde mich mit ihnen nicht zusammentun, aber ich würde auch nicht negativ über sie reden, ihren Ruf zerstören oder sie schlecht dastehen lassen. Ich brauche Gottes Schutz. Ich möchte in seinem Schutz geborgen bleiben.

Beschließen Sie doch jetzt gemeinsam mit mir, keine kritische Einstellung zu haben. Üben Sie sich darin, stets das Beste zu sehen. Wenn man danach sucht, kann man in jeder Situation etwas Gutes finden. Beginnen Sie mit Ihren Beziehungen. Erstellen Sie eine Liste der Qualitäten, die Sie bei Ihrem Ehepartner und bei Ihren Kindern schätzen. Fangen Sie an, sich auf das Gute zu konzentrieren. Verstärken Sie das Positive. Geben Sie Ihrem Gegenüber einen Vertrauensvorschuss. Seien Sie kein Besserwisser. Wenn Sie kritisch sind, kann Sie das von der Erfüllung Ihrer Bestimmung abhalten.

Ich glaube, dass Ihr Fenster auf diese Weise sauberer wird. Sie wischen Ihre Neigung zum Verurteilen weg, sind nicht länger kritisch oder versuchen, Fehler zu finden. Vielleicht sind Sie jahrelang durch solche schlechten Gewohnheiten gebremst worden, doch heute ist ein neuer Tag. Der Filter der Kritik wird nicht länger Ihre Sicht verdunkeln.

Sie sehen die Welt durch ein sauberes Fenster, gehen vom Besten aus, sehen das Gute und kümmern sich um Ihre eigenen Angelegenheiten. Wenn Sie das tun, wird Gott Ihre Kämpfe für Sie austragen. Er wird Ihre Feinde besiegen, Unrecht wiedergutmachen und Sie werden das Leben im Überfluss führen, das er Ihnen schenken möchte.

Kapitel 19

Mit den Augen der Liebe sehen

Wie oft verurteilen wir Menschen, ohne ihre Geschichte zu kennen. Wir haben nicht das erlebt, was sie erlebt haben. Wir haben keine Ahnung von den Kämpfen, die sie ausgefochten haben. Wir wissen nicht, wie sie aufgewachsen sind. Wir kennen die Probleme nicht, mit denen sie konfrontiert sind. Wir wissen nur: »Er ist wirklich unfreundlich.« Oder: »Sie zieht sich so seltsam an.« Oder: »Er ist ein bisschen schräg.«

Die Wahrheit ist: Die Menschen sind aus einem bestimmten Grund so, wie sie sind. Wenn wir uns die Zeit nehmen würden, ihren Geschichten zu lauschen, wären wir wesentlich nachsichtiger. Wenn wir ihre Kämpfe, ihren Schmerz und ihre Kränkungen begreifen könnten, dann würden wir ihnen mit Gnade begegnen.

Wir sollten einen anderen nicht kritisch beäugen, weil jemand eine Scheidung durchgemacht hat, an einer Sucht leidet oder unfreundlich und wortkarg ist. Wir wissen nicht, was sich hinter der Bühne abspielt. Wir haben keine Ahnung von dem Stress, unter dem der andere möglicherweise gerade steht.

Viel zu lange haben wir die Menschen mit richtendem Blick betrachtet. Ich habe mir jedoch das Ziel gesetzt, die Menschen mit liebevollem Blick zu betrachten. **Wir sollten andere nicht ständig kritisieren oder sie abschreiben, sondern uns die Zeit nehmen, sie kennenzulernen.** Wir sollten herausfinden, wer sie wirklich sind.

Ich erinnere mich an einen jungen Mann, der während meiner Zeit auf der Highschool in unsere Stadt zog und in die Basketballmannschaft aufgenommen wurde. Er war ein sehr guter Sportler, aber extrem still. Er hatte eine Persönlichkeit, die von der bei uns herrschenden Norm abwich. Wir hielten ihn alle für etwas merkwürdig. Nie lachte er mit uns. Er blieb immer in seiner Ecke und hielt sich von uns fern.

Eines Tages befand ich mich mit ihm allein im Umkleideraum. Ich hatte eigentlich nie zuvor mit ihm gesprochen. Um freundlich zu sein, sagte ich: »Hi! Woher kommst du? Wo bist du aufgewachsen?«

Ich werde nie vergessen, wie ehrlich er mir antwortete. Er öffnete sich und erzählte mir, dass er aus einer zerrütteten Familie stammte. Innerhalb von drei Jahren hatte er in sechs verschiedenen Pflegefamilien gelebt. Er trug so viel Schmerz, Kränkungen und Unsicherheit mit sich herum. Seit ich wusste, woher er kam, sah ich ihn in einem völlig anderen Licht. Meine Freunde und ich bemühten uns fortan, ihn in alle unsere Aktivitäten einzubeziehen. Wir gingen die zusätzliche Meile, damit er das Gefühl bekam, gemocht, akzeptiert, willkommen und Teil unserer Gemeinschaft zu sein. Im Laufe der Jahre konnte ich sehen, wie er aus seinem Schneckenhaus kroch, mehr Selbstvertrauen bekam und sicherer wurde. Als wir von der Schule abgingen, war er so wie wir anderen – zufrieden und unglaublich nett.

Wenn wir die Geschichte einer Person kennen, können wir ihr Auftreten viel besser einordnen. Als ich herausfand, warum mein neuer Mannschaftskamerad so war, wie er war, änderte sich meine Sicht seiner Person. Mir wurde bewusst, wie leicht es für mich war, selbstbewusst und zufrieden zu sein. Ich bin in einem gesunden Umfeld aufgewachsen. Für mich war es leicht, Vertrauen zu haben und mit guten Dingen zu rechnen. Ich war mein Leben lang von liebevollen Menschen umgeben gewesen. Wenn ich nicht in einer so liebevollen Familie aufgewachsen wäre, dann weiß ich nicht, wie ich heute wäre.

Allzu oft beurteilen wir die Menschen vor dem Hintergrund

unserer eigenen Herkunft und der Erfahrungen, die wir gemacht haben. Wenn wir in einem bestimmten Bereich Stärken haben, in dem ein anderer Schwächen besitzt, dann denken wir leicht: *Das würde ich nie tun. Ich wäre nie so unfreundlich wie dieser junge Mann. Ich hätte mich nie scheiden lassen. Ich hätte diese Person erst gar nicht geheiratet.*

Wir wissen aber nicht, was wir in ihrer Situation getan hätten. Wir sind nicht den gleichen Weg gegangen. Wir sind nicht in ihrem Umfeld groß geworden. Wir haben nicht die gleichen Dinge erlebt.

Gehen Sie vom Besten aus

Wir alle haben Stärken und Schwächen. Wir sind in bestimmten Bereichen stark, nicht etwa weil wir so toll sind und uns dazu entschieden haben, sondern aufgrund von Gottes Gnade. Ich bin ausgeglichen und ein Optimist, weil Gott mich mit wundervollen Eltern gesegnet hat. Ich kann aber nicht über das Verhalten eines anderen richten, der nicht auf diese Weise gesegnet wurde. Wenn ich meine Situation mit der meines Mannschaftskameraden hätte tauschen können, so weiß ich nicht, ob ich die Dinge so gut bewältigt hätte wie er.

Statt selbstgerecht zu sein und andere zu verurteilen, sollten wir uns klarmachen: *Ohne Gottes Gnade wäre ich vielleicht auch so.* Ohne Gottes Güte würde ich vielleicht mit einer Sucht kämpfen. Ich wäre vielleicht verunsichert und wütend und würde jede Menge Probleme mit mir herumschleppen. Ich verurteile nicht. Ich bin barmherzig. Ich will nicht kritisieren, sondern den anderen verstehen. Wir wissen nicht, was der andere durchmacht. Wir sollten ihm Raum geben, er selbst zu sein.

Ein guter Freund erzählte mir, sein Chef habe ihn völlig grundlos zur Schnecke gemacht. Er hatte nichts falsch gemacht, und sein Chef hatte ihn dennoch vor der versammelten Mannschaft niedergemacht. Verständlicherweise war er darüber sehr aufgebracht.

Ich riet ihm, was ich auch Ihnen raten möchte: Geben Sie ihm einen Vertrauensvorschuss. Irgendetwas spielt sich da ab. Zwei Wochen später fand mein Freund heraus, dass sein Chef gerade eine Scheidung durchmachte. Dadurch sieht er die Dinge jetzt in einem ganz anderen Licht. Er versteht nun, warum sein Chef so gereizt und überspannt war. Er nimmt die Kritik seines Chefs nicht länger persönlich, sondern sieht es ihm nach. Er ist nachsichtig und tut, was er kann, um ihm seine Last zu erleichtern.

Seien Sie nachsichtig

Wenn jemand gerade schwierig ist oder irgendwie »neben der Spur«, gibt es in den allermeisten Fällen gute Gründe dafür. Wir wissen nicht, was sich hinter verschlossenen Türen abspielt. Wir kennen nicht den Kummer oder den Schmerz, der diese Person zu Boden drückt. Vielleicht gibt sie ihr Bestes, um nicht zusammenzubrechen. Das Letzte, was so jemand gebrauchen kann, ist eine zusätzliche Last, die wir ihm auflegen. Gott schenkt uns keine Begegnungen mit solchen Menschen, damit wir sie verurteilen, kritisieren oder über sie richten. Er schenkt uns diese Begegnungen, damit wir sie lieben und zu ihrer Heilung beitragen.

Wo sind die Menschen, die andere gesund machen? Wo sind die sensiblen Persönlichkeiten, die erkennen, wo andere verletzt sind? Wer ist bereit zu sagen: »Ich spüre, dass es dir nicht gut geht. Du stehst unter Druck. Kann ich dir irgendwie helfen? Kann ich für dich beten? Kann ich dir etwas zu essen kaufen? Kann ich dich besuchen, um dir Mut zu machen?«

Lassen Sie uns aufhören, Menschen zu richten, und damit anfangen, Menschen zu heilen.

Ich stand einmal in einer langen Warteschlange von rund neun Personen an der Kasse eines Lebensmittelgeschäfts. Die junge Frau an der Kasse machte einen sehr gestressten Eindruck. Sie war ausgesprochen barsch zu den Kunden, und einige waren im

Gegenzug auch barsch zu ihr. Sie machte kein Hehl daraus, dass ihr die Arbeit keine Freude bereitete.

Die Stimmung war recht angespannt und verschlimmerte sich noch zusätzlich, als sie auf einmal Probleme mit der Kasse hatte. Sie musste den Geschäftsführer rufen, was zu weiterer Wartezeit führte. Dann musste sie einen Preis nachprüfen lassen. Ich musste so lange warten, dass meine grünen Bananen schon langsam gelb wurden.

Die Kunden in der Schlange murrten über ihr Verhalten, und dadurch schien sie noch barscher zu werden. Sie verhielt sich nicht so, wie sie es sollte. Sie hätte die Kunden nicht unhöflich behandeln dürfen. Doch ihr Verhalten fiel derart aus dem Rahmen, dass offensichtlich etwas dahintersteckte.

Zunächst hatte mich ihre Unhöflichkeit abgeschreckt, doch offensichtlich lag da ein tiefer gehendes Problem als gewöhnlicher Arbeitsstress vor. Ich beschloss, Teil der Lösung statt Teil des Problems zu sein.

Als ich schließlich an die Reihe kam, lächelte ich und versuchte, ihr Mut zu machen.

»Ich glaube, dass Sie wegen irgendeiner Sache unter Druck stehen, und die Leute hier verschlimmern Ihre Stimmung noch zusätzlich. Doch egal, welches Problem Sie auch quält, es wird wieder gut werden. Gott hält Sie in seiner Hand. Er weiß, was Sie gerade durchmachen. Und er hat auch schon eine Lösung für Ihr Problem.«

Dicke Tränen rannen ihr über die Wangen. Zunächst versuchte sie krampfhaft, etwas zu sagen, sie biss sich auf die Lippe, und plötzlich brach es aus ihr hervor. »Mein Baby liegt im St.-Josephs-Krankenhaus, und ich mache mir solche Sorgen«, erklärte sie mir. »Und gestern wurde mein Mann entlassen. Ich weiß nicht, wie wir damit fertigwerden sollen.«

Ich bin dafür bekannt, in allen möglichen Situationen mit Menschen zu beten, doch dies war das erste Mal, dass ich es in einer Warteschlange an der Supermarktkasse tat.

»Ich würde gern mit Ihnen beten«, meinte ich.

Und so beteten wir dort, an dieser Kasse. Als wir fertig waren, kam die Frau, die in der Schlange hinter mir stand, nach vorn und umarmte die Kassiererin.

Ein Mann weiter hinten in der Schlange sagte: »Meine Freundin ist Oberschwester in dieser Klinik. Ich werde sie anrufen und bitten, nach Ihrem Baby zu sehen.«

Die gesamte Stimmung veränderte sich, weil wir die Geschichte der jungen Frau gehört hatten und sie verstanden. Statt ihr Verhalten zu kritisieren, betrachteten wir sie mit den Augen der Liebe. Statt auf ihr barsches Auftreten entsprechend zu reagieren, antworteten wir auf ihre Traurigkeit und Sorge. Wir verstanden sie und fühlten mit ihr, nachdem wir erfahren hatten, warum sie so gereizt war.

Bevor ich das Geschäft verließ, sagte sie noch: »Sie können sich gar nicht vorstellen, was mir das hier bedeutet hat.«

Einige freundliche Worte wirken Wunder

In Sprüche 15, Vers 4 lesen wir, dass eine freundliche Zunge Heilung bringt. **Es ist erstaunlich, was einige freundliche Worte bewirken können.** Es ist erstaunlich, in welcher Weise man eine Person oder eine Situation positiv beeinflussen kann, wenn man sagt: »Hör mal, es wird alles gut werden. Ich bete für dich. Ich glaube an dich. Es wird bald wieder aufwärtsgehen.«

Solche Worte haben heilende Kraft. Wenn jemand barsch zu uns ist, passiert es schnell, dass wir ebenso barsch antworten. Doch statt eine solche Person zu verurteilen, sollten wir lieber versuchen, uns in ihre Lage zu versetzen; so können wir die richtige Brille aufsetzen und die Person mit den Augen der Liebe statt mit richtendem Blick betrachten.

Das bedeutet nicht, dass wir das Verhalten des anderen entschuldigen. Er mag tatsächlich etwas Falsches getan haben. Es ist womöglich seine Schuld, und er hat seine Probleme selbst verursacht. Doch ich habe gelernt, dass nicht ich der Richter bin, sondern Gott. Ich bin nicht hier, um andere zurechtzustutzen. Ich bin hier, um zu ihrer Heilung beizutragen.

Unsere Aufgabe ist es, heilendes Öl auf Wunden zu gießen, den Gefallenen aufzuhelfen, den Einsamen Freund zu sein und die Mutlosen zu ermutigen. Wenn wir nachsichtig sind, statt einem anderen das zu geben, was er verdient, stoßen wir den Heilungsprozess an. Dann können wir sagen: »Ich verstehe. Er hat einen schlechten Tag. Ich verstehe, dass er unter großem Druck steht. Ich verstehe, dass er vom Leben ungerecht behandelt wird.«

Ein älterer Landwirt befestigte ein Schild an seinem Zaun, auf dem zu lesen stand, dass er Hundewelpen zu verkaufen hatte. Ein etwa achtjähriger Junge aus der Nachbarschaft kam vorbei und sagte, er würde gern einen Welpen kaufen. Er kramte eine Handvoll Kleingeld aus der Hosentaschen und meinte: »Ich habe 39 Cent. Ist das genug?«

Der Landwirt lachte. »Ich weiß nicht«, entgegnete er. »Lass mich mal zählen.«

Er zählte jede einzelne Münze. »Das ist genau der richtige Betrag«, sagte er dem Jungen.

Er rief seinen Landarbeiter und trug ihm auf, die Welpen herauszulassen. Vier der niedlichsten kleinen Fellbündel, die man sich nur vorstellen kann, kamen auf den Jungen zugetrippelt. Er beugte sich herab und spielte mit ihnen. Er wollte herausfinden, welchen Hund er mitnehmen sollte.

Dann sah er auf und entdeckte einen kleineren Welpen, der gerade aus dem Welpenkäfig in der Scheune herauskam. Mit den Pfoten an seinen Hinterbeinen stimmte etwas nicht. Er versuchte zu laufen, doch er konnte nur humpeln.

Der kleine Junge fühlte sich sofort zu diesem Welpen hingezogen. Ohne zu zögern, sagte er zu dem Landwirt: »Diesen Welpen möchte ich haben.«

Der Farmer war verblüfft. »Nein, mein Junge. Diesen Welpen willst du sicher nicht. Er wird nie in der Lage sein, zu laufen und zu spielen wie die übrigen Welpen dieses Wurfs. Mit seinen Hinterbeinen ist etwas nicht in Ordnung.«

Der kleine Junge beugte sich herunter und rollte seine Jeans hoch, um die Stahlschienen an seinen Beinen zu zeigen. Zum ersten Mal sah der Landwirt, dass der Junge speziell angefertigte orthopädische Schuhe trug.

»Sehen Sie, ich laufe auch nicht besonders gut«, meinte der Junge. »Dieser Welpe braucht jemanden, der ihn versteht.«

Nehmen Sie sich Zeit, um die Geschichte des anderen zu hören

Diese Welt ist voller Menschen, die jemanden brauchen, der sie versteht. Wir wissen nicht, was andere durchmachen. Wir wissen nicht, welche Schmerzen oder Verletzungen sie erlitten haben. Sie sind anders als andere Menschen, haben seltsame Verhaltensweisen und tun Dinge, die wir nicht tun würden, aber das ist in Ordnung. Wir müssen ihnen Raum geben.

Wenn wir uns die Zeit nehmen würden, ihre Geschichten anzuhören, würden wir nicht an ihnen herumkritteln. Wenn wir versuchen würden, uns in ihre Lage zu versetzen, würden wir herausfinden, warum sie so sind, wie sie sind.

Die Geschichte von den Welpen erinnert mich an jenen tanzenden Mann, der während meiner Kindheit die Gemeinde meines Vaters besuchte. Er war damals rund 30 Jahre alt und tanzte während des gesamten Gottesdienstes. Sobald die Musik begann, stand er auf, streckte die Arme in die Luft und tanzte völlig unbefangen vor sich hin.

Ich war zehn Jahre alt und machte mich mit meinen Freunden über den tanzenden Mann lustig. Wir fanden ihn einfach nur komisch. Wir hielten sogar vor dem Gottesdienst nach ihm Ausschau und setzten uns in seine Nähe, damit wir einen guten Blick auf ihn hatten. Und dann machten wir zu jeder seiner Bewegungen einen Kommentar. »Da, seine Hände gehen hoch. Und jetzt seine Beine!«

Wir konnten einfach nicht verstehen, warum dieser Mann immer so aufgeregt war und die ganze Zeit tanzte. Mein Vater tat dann eines Sonntags etwas, das ihm sehr ähnlich war: Er rief den tanzenden Mann nach vorn und bat ihn, seine Geschichte zu erzählen.

Sie können mir glauben: Wir spitzten unsere jungen Ohren. Schließlich erfuhren wir, was ihn so seltsam erscheinen ließ, warum er in der Gemeinde tanzte. Unsere Einstellung zu seiner Person und unsere Sichtweise veränderten sich, als er zu erzählen begann.

Er berichtete den Gemeindemitgliedern, er habe seinen Vater nicht gekannt, und seine Mutter habe sehr jung Selbstmord begangen. Er war mit Bitterkeit und Wut im Herzen aufgewachsen, ohne Sinn und Ziel für sein Leben.

Er hatte sich stets verloren und einsam gefühlt, bis er die *Lakewood*-Gemeinde besucht hatte. Dort spürte er zum ersten Mal ein Gefühl der Zugehörigkeit. Er fühlte sich geliebt und unterstützt. Diese Ermutigung half ihm, sein Leben völlig umzukrempeln. Er fand eine gute Arbeitsstelle und heiratete. Die Gemeinde meines Vaters gab ihm die Grundlage für sein Leben, die ihm bis dahin gefehlt hatte, und auf dieser Grundlage konnte er etwas Neues aufbauen und Kraft tanken.

»Wenn ich über all das nachdenke, was Gott für mich getan hat, kann ich einfach nicht still sitzen bleiben. Meine Arme heben sich ganz von allein nach oben«, sagte er. »Wenn die Musik beginnt, fangen meine Beine ganz von allein zu tanzen an. Ich bin so glücklich, ich muss Gott einfach preisen.«

Als meine Freunde und ich diese Geschichte hörten, wurden wir ganz klein. Nie wieder machten wir uns über ihn lustig. Wir lernten, dass man eine ganz neue und tiefere Sicht erlangt, wenn man sich in einen anderen hineinversetzt und seine Lebensgeschichte kennt.

Helfen Sie, Wunden zu verbinden

Könnte es sein, dass es einen Grund dafür gibt, dass die Person, die Sie mit kritischen, richtenden Blicken betrachtet haben, so ist, wie sie ist? Vielleicht kämpft sie mit einer Abhängigkeit. Sie neigen vielleicht dazu, sie abzuschreiben, doch haben Sie schon versucht, sich in sie hineinzuversetzen? Wissen Sie, wie diese Person aufwuchs? Wissen Sie, welche Kämpfe sie ausgefochten hat?

Meist wissen wir nicht einmal ansatzweise alles über die Menschen, die wir verurteilen oder kritisieren. Selbst wenn sie etwas Falsches tun: Gott hat uns nicht zu Richtern über sie bestellt. Sie brauchen unsere Barmherzigkeit, unsere Vergebung und unser Verständnis, um wieder auf den richtigen Weg zurückzufinden. Wenn man hart und kritisch ist, trägt man nicht zur Heilung bei. Auf diese Weise stößt man die Menschen noch tiefer hinab, statt ihnen aufzuhelfen.

Im Laufe der Jahre hatte ich mit Tausenden von Menschen zu tun, und ich versichere Ihnen, dass 99,9 Prozent der Menschen nicht schlecht sind. Sie fällen manchmal schlechte Entscheidungen, doch tief in ihrem Innern haben sie ein gutes Herz. Die meisten wollen gern das Richtige tun. Wenn wir sie mit den Augen der Liebe betrachten, können wir dazu beitragen, dass sie sich wieder aufrappeln und ihre von Gott gegebene Bestimmung finden.

Je älter ich werde, desto weniger verurteile ich. Vor einiger Zeit sagte ein Mann nach dem Gottesdienst zu mir: »Joel, das war heute eine verdammt gute Predigt.«

Wissen Sie, dass ich mich keineswegs gekränkt fühlte? Ich hielt die Predigt eigentlich auch für gelungen. Die Wortwahl dieses Mannes zeigte mir bloß, dass er nicht so erzogen worden war wie ich. Bei uns zu Hause war das Wort »verdammt« natürlich sehr negativ besetzt. Die Eltern dieses Mannes besaßen jedoch mehrere Kneipen, und während ich als kleiner Knirps in der Gemeinde saß, hing er als kleiner Junge in Kneipen herum.

Ich bin nicht selbstgerecht. Ich weiß genau: Ohne Gottes Gnade wäre ich heute nicht da, wo ich bin.

Geben Sie den Menschen Raum zu wachsen

Wenn ein Mädchen mit einem schlechten Ruf in meine Gemeinde kommt, dann ist mir das lieber, als dass sie auf der Straße oder in einer Kneipe herumlungert. Jesus sagte: »Nicht die Gesunden brauchen den Arzt, sondern die Kranken« (Lukas 5,31). **Unsere Gemeinden sollten keine Museen sein, die perfekte Menschen ausstellen. Sie sollten Krankenhäuser sein, in denen Verletzten und Einsamen geholfen wird.**

Bevor Sie diese junge Frau oder jemand anderen verurteilen, lassen Sie mich Ihnen folgende Fragen stellen: »Haben Sie sich in diese Person hineinversetzt? Kennen Sie ihre Geschichte? Hatte sie gute Eltern, die ihr vermittelten, wie man ein gutes Leben führt? Weise Entscheidungen fällt? Gaben sie ihr das Gefühl, wertvoll und geliebt zu sein, oder hat man sie ausgenutzt? Haben Sie schon versucht, das Leben aus ihrer Perspektive zu sehen?«

Geben Sie den Menschen Raum, während sie sich in einem Prozess der Veränderung befinden. Vielleicht versucht das Mädchen, das in die Gemeinde kommt, ihr Leben umzukrempeln. Vielleicht hat Gott jenen Arbeitskollegen nicht etwa deshalb an Ihre Seite gestellt, damit Sie über ihn richten, sondern damit Sie ihn lieben und zu seiner Heilung beitragen.

Unsere Einstellung sollte Folgende sein: »Herr, wie kann ich dieser Person helfen, sich weiterzuentwickeln? Was kann ich tun, um sie zu etwas Besserem zu inspirieren? Wie kann ich dazu beitragen, dass sie sich mehr geliebt, akzeptiert, wertvoller und sicherer fühlt?«

Gott ist es vor allem ein Anliegen, verletzten Menschen zu helfen. Die Liebe, die Barmherzigkeit, das Verständnis und die Gnade, die wir anderen erweisen, wird Gott uns zurückgeben.

Paulus zeigt, wie das aussehen kann: »Wenn wir einen starken Glauben haben, ist es unsere Pflicht, die anderen in ihren Schwächen mitzutragen« (Römer 15,1). Wir müssen Mängel akzeptieren und Fehler nachsehen. Wir müssen die Schwächen anderer ignorieren. Die zentrale Botschaft lautet: Überschütten Sie sie großzügig mit Ihrer Barmherzigkeit. Nehmen Sie jeden an, nicht nur diejenigen, die so sind wie Sie.

Bill war ein Student, der für seine wilde Haarpracht und seine lässige Kleidung bekannt war. Jeden Tag trug er dasselbe löcherige T-Shirt, Jeans und Sandalen. Er kümmerte sich nicht um sein Äußeres, aber er war ein sehr intelligenter junger Mann, der nur die besten Noten schrieb. Er war einfach ein bisschen anders.

Eines Tages ging er zu einer Evangelisationsveranstaltung auf dem Unicampus. Sein Herz wurde berührt, und er vertraute sein Leben Jesus Christus an. Der Evangelist ermunterte ihn, sich eine Gemeinde zu suchen. Es gab da eine Gemeinde direkt gegenüber vom Campus. Es war eine kleine, sehr förmliche Gemeinde, sehr konservativ. Die Mitglieder kleideten sich für den Gottesdienst besonders gut.

Sie können sich vorstellen, was die Leute dachten, als Bill zum ersten Mal verspätet zu ihrem Gottesdienst erschien. Der kleine Saal war zum Bersten gefüllt, und Bill fand keinen Platz. Also ging er durch den Mittelgang auf das Podium zu. Er trug wie gewöhnlich sein altes, ramponiertes T-Shirt, Jeans und Sandalen. Er ging suchend Reihe für Reihe entlang, fand aber keinen Platz.

Schließlich erreichte er die erste Reihe, die ebenfalls voll besetzt war. Also ließ er sich auf den Fußboden mitten im Altarbereich plumpsen. Er wollte keinesfalls respektlos sein. Er wusste es einfach nicht besser. Er verhielt sich so, als wäre die Kirche ein Universitätshörsaal, in dem es keine freien Stühle mehr gab.

Inzwischen war der leitende Älteste von hinten auf Bill zugekommen. Der Älteste war rund 80 Jahre alt, ein sehr vornehmer Gentleman mit silbergrauem Haar, Brille und einem teuren Anzug. Er kam langsam mit seinem Gehstock den Gang entlang. Es gab so viel Tumult, dass der Pastor seine Predigt unterbrach und wartete, bis der Älteste vorne angekommen war.

Alle dachten, er würde den seltsamen jungen Mann auffordern, sich einen anderen Platz zu suchen oder aber die Kirche zu verlassen. Alle rechneten damit, dass dieser disziplinierte 80-jährige

Mann nur wenig Verständnis für das Betragen eines undisziplinierten jungen Studenten zeigen würde.

Stellen Sie sich die allgemeine Überraschung vor, als der Älteste vor Bill stehen blieb, seinen Stock auf den Boden legte und sich neben Bill setzte, sodass dieser nicht allein dort hocken musste.

Beim Anblick der beiden Männer, die Seite an Seite auf dem Boden saßen, brach die ganze Gemeinde in Applaus aus. Der Pastor sagte: »An die Predigt, die ich heute halte, werdet ihr euch vielleicht ein oder zwei Wochen lang erinnern, doch die Botschaft, die ihr hier mit euren Augen seht, werdet ihr für den Rest eures Lebens nicht mehr vergessen!«

Wenn wir die Menschen mit den Augen der Liebe betrachten, mit den Augen der Barmherzigkeit und des Verständnisses, werden wir nicht so schnell über sie richten. Wir werden sie nicht länger schnell verurteilen, sondern ihnen schnell einen Vertrauensvorschuss geben. Dieser Älteste hatte eines erkannt: »Bill wurde nicht wie ich erzogen. Er hat einen anderen familiären Hintergrund als ich. Er ist in einem anderen Wertesystem aufgewachsen.« Als er versuchte, sich in Bill hineinzuversetzen, begriff er, warum der Student wahrscheinlich so war, wie er war.

Seien Sie derjenige, der die Last erleichtert

Teddy war ein Fünftklässler, der Probleme in der Schule hatte. Er beteiligte sich nicht am Unterricht, war launisch und nicht gerade umgänglich. Seine Lehrerin, Miss Thompson, sagte immer, sie möge alle ihre Schüler, doch später sollte sie zugeben, dass sie sich anfangs nicht besonders um Teddy bemüht hatte. Sie konnte nicht verstehen, warum er so unmotiviert und so wenig zum Lernen bereit war.

Zu Weihnachten brachten die Schüler Miss Thompson immer Geschenke, die sie vor der Klasse öffnete. Die meisten waren kunstvoll in glänzendes Geschenkpapier eingepackt, während Teddys Geschenk in braunes Packpapier aus dem Gemüseladen eingewickelt war. Als sie es öffnete, fiel ein sehr gewöhnlich aussehendes Armband heraus, an dem schon die Hälfte der Glassteine fehlten, sowie ein halb leerer Flakon sehr billigen Parfüms.

Einige Schüler kicherten, doch Miss Thompson brachte sie zum Schweigen und zeigte sich erfreut; sie sprühte ein wenig von dem Parfüm auf und legte sich das Armband um. Dann hielt sie den Arm in die Höhe und sagte: »Schaut mal, wie schön es ist!«

Nach dem Unterricht kam Teddy zu seiner Lehrerin nach vorn und sagte ruhig: »Miss Thompson, das Armband sieht an Ihrem Arm so schön aus wie am Arm meiner Mutter. Und mit dem Parfüm duften Sie genauso, wie sie geduftet hat.«

Als Teddy hinausgegangen war, ging Miss Thompson ins Sekretariat, um die Akten einzusehen und mehr über Teddys Familie herauszufinden. In dem Dokument las sie Folgendes: »Erste Klasse: Teddy ist ein vielversprechender Schüler, doch seine familiäre Situation ist problematisch. Zweite Klasse: Teddy könnte besser mitarbeiten, doch die Mutter ist ernsthaft erkrankt. Dritte Klasse: Teddy ist ein guter Junge, aber unaufmerksam. Mutter starb dieses Jahr. Vierte Klasse: Teddy lernt nur sehr langsam. Vater zeigt kein Interesse an ihm.«

Nachdem Miss Thompson diese Berichte gelesen hatte, wischte sie ihre Tränen weg und sagte: »Gott, bitte vergib mir.«

Als die Schüler am nächsten Morgen die Klasse betraten, stand vorne eine neue Lehrerin. Miss Thompson war eine andere Person geworden. Sie hatte ihren kritischen Blick durch Augen der Liebe ersetzt. Sie hatte begriffen, warum Teddy so unaufmerksam und unmotiviert war.

Von nun an war ihr der Junge ein persönliches Anliegen. Sie zeigte ihm ihre Zuneigung und ermutigte ihn, gab ihm Nachhilfe und nahm ihn unter ihre Fittiche. Und dass Miss Thompson sich so um ihn sorgte, veränderte Teddys Leben. Jahre nachdem er auf die Highschool gewechselte hatte, erhielt die Lehrerin einen Brief ihres ehemaligen Schülers.

»Miss Thompson, vielen Dank für alles, was Sie in der Grundschule für mich getan haben. Ich werde als Zweitbester meines Jahrgangs von der Highschool abgehen.«

Vier Jahre später kam ein weiterer Brief: »Miss Thompson, nochmals vielen Dank für Ihre Unterstützung vor einigen Jahren. Ich habe als Jahrgangsbester die Universität abgeschlossen.«

Dann kam ein letzter Brief: »Miss Thompson, danke! Ich bin nun Dr. Teddy. Ich habe gerade mein Medizinexamen bestanden. Ich werde bald heiraten und würde Sie gern zur Hochzeit einladen. Ich möchte, dass Sie dort sitzen, wo meine Mutters sitzen würde, wenn sie noch am Leben wäre.«

Es verändert viel in unserem Leben und in dem anderer, wenn wir uns die Zeit nehmen, ihre Geschichten anzuhören. Missbilligung fällt uns leicht. Andere Menschen abzuschreiben ebenfalls. Aber ich bin davon überzeugt, wenn wir uns wie Miss Thompson die Mühe machen, den anderen wirklich kennenzulernen, wird es uns wesentlich leichter fallen, ihm Barmherzigkeit zu zeigen.

Bemühen Sie sich darum, die Menschen mit den Augen der Liebe, nicht mit richtenden Blicken zu betrachten. Seien Sie nicht missbilligend, und schreiben Sie niemanden ab. Geben Sie den anderen einen Vertrauensvorschuss. Gehen Sie die zusätzliche Meile. Bedenken Sie, dass jemand vielleicht große Schwierigkeiten durchmacht und womöglich sein Bestes gibt. Seien Sie derjenige, der die Last eines anderen erleichtert.

Viele Menschen brauchen nur eine Person, die ihnen die Hand entgegenstreckt. Sie könnten derjenige sein, der etwas bewegt. Zeigen Sie Interesse am Leben jenes Arbeitskollegen, der entmutigt ist. Finden Sie heraus, was mit jenem Angehörigen ist, der gerade einen sehr deprimierten Eindruck macht.

Sie können der Katalysator für Wandel sein. Wenn Sie die Menschen mit den Augen der Liebe betrachten und sie nicht länger verurteilen, werden Sie dazu beitragen, Verletzte zu heilen, Gefallene aufzurichten und gebrochene Menschen wiederherzustellen. Glauben Sie mir: Wenn Sie anderen dabei helfen, ein besseres Leben zu führen, wird sich das auch auf Ihr eigenes Leben positiv auswirken.

Teil 5

Lachen Sie oft

Kapitel 20

Die heilende Kraft des Lachens

Als mein Vater 75 Jahre alt war, lachte und scherzte er immer noch wie ein 20-Jähriger. Er war ein ernsthafter Mann mit einem ausgeprägten Verantwortungsbewusstsein, doch er wusste auch, wie man Spaß hat. Als wir einmal in Mexiko waren und die Hauptstraße einer kleinen Stadt entlanggingen, kam ein amerikanisches Paar auf meinen Vater zu.

Sie fragten ihn: »Wissen Sie, wo hier das Postamt ist?«

Mein Vater sah sie ziemlich schräg von der Seite an und entgegnete: »*No comprendre. No comprendre. Español, amigo.*«

Oh, nein. Auch dieser Mann spricht nur Spanisch, dachten die beiden wohl.

Verzweifelt wiederholten sie: »Postamt!«

Daddy schüttelte den Kopf. »*No comprendre.*«

Frustriert versuchten sie es noch lauter: »Postamt! Brief verschicken!«

Daddys Gesicht hellte sich auf, und er sagte: »Post*aamt*?«

Aufgeregt nickten sie ihm zu. »Ja! Ja! Post*aamt*!«

»Ach so. Wenn Sie das Postamt suchen, müssen Sie dort rechts um die Ecke gehen«, entgegnete mein Vater.

»Oh Mann, dafür verdienen Sie eigentlich eine Tracht Prügel«, meinte der Ehemann.

Und wir alle mussten darüber lachen.

Mein Vater war fest davon überzeugt, die Welt wäre gesünder, wenn wir weniger gestresst wären und mehr lachen würden. Und bis zu seinem Tod war er innerlich jung und immer zu Scherzen aufgelegt.

Er wusste: Wenn Menschen angespannt und nervös sind, sind Kopfschmerzen, Verdauungs- und Schlafprobleme und der Verlust von Kraft und Energie nur einige der möglichen Folgen. All diese Probleme würden verschwinden, wenn sie lernten, besser mit ihrem Stress umzugehen.

Eine der großartigsten Möglichkeiten der Stressbewältigung, die Gott uns mit auf den Weg gegeben hat, ist das Lachen. Es ist wie Medizin. Wenn wir lachen, fühlen wir uns besser. Lachen hat auf unseren gesamten Organismus eine heilende Wirkung. Es sorgt dafür, dass der Druck nachlässt und wir uns wiederhergestellt und verjüngt fühlen.

Wann haben Sie zuletzt so richtig herzlich gelacht? Wenn es schon längere Zeit her ist, dann ist Ihr Lachen möglicherweise etwas eingerostet und muss generalüberholt werden. Sie können sich vermutlich nicht vorstellen, wie viel besser Sie sich fühlen und wie viel Energie Sie tanken würden, wenn Sie sich entspannten und lernten, öfter zu lachen – nicht einmal im Monat, nicht einmal pro Woche, sondern jeden Tag.

Viele Menschen sind zu gestresst, um Spaß zu haben. Sie müssen die Work-Life-Balance in ihrem Leben wiederherstellen. Es ist ungesund, nur zu arbeiten und nie zu entspannen. Wenn wir einen Sinn für Humor entwickeln und nach Gelegenheiten zum Lachen Ausschau halten, kann das unsere Lebensqualität erheblich verbessern. Vielleicht sind Sie von Natur aus kein Spaßvogel – Gott hat uns alle einzigartig gemacht –, aber ich empfehle Ihnen trotzdem, daran zu denken, so oft wie möglich zu lachen.

Krankenhaushumor ist kein Scherz

Die Medizin macht sich die Vorteile des Lachens als Therapie für Patienten und zur Verbesserung der Beziehung zwischen Patienten und Pflegekräften zunutze. Es gibt sogar eine »Bewegung für Humor in Krankenhäusern«, die unter anderem »Clown-Teams« beinhaltet, die für die Unterhaltung der Patienten zuständig sind und ihre Stimmung aufhellen. In einigen amerikanischen Krankenhäusern gibt es »Humor-Wagen« mit lustigen DVDs, Comics, Spielen und witzigen Requisiten, die in die Krankenzimmer geschoben werden, damit die Patienten Stress und Schmerz eine Zeitlang vergessen.

Im *St. Joseph's Medical Center* in Houston, der Stadt, in der ich lebe, gab es eines der ersten »Humor-Zimmer« des Landes. Das sind spezielle Zimmer, die dafür zur Verfügung gestellt werden, dass Patienten und ihre Familien lachen und Spaß haben können, ohne andere zu stören. Die Mitarbeiter der Klinik beobachteten, dass Aufenthalte im Humor-Zimmer bei vielen Patienten dazu führten, dass sie das Krankenhaus schneller verlassen konnten, weil Schmerzen und andere Symptome dadurch gelindert wurden.

Ein anderes Krankenhaus bot etwas Derartiges in der Kinderabteilung an. Eines Tages musste ein deprimierter 70-jähriger Krebspatient wegen Bettenmangels vorübergehend ein Bett in der Pädiatrie belegen. Nach seinem Aufenthalt auf dieser Station fühlte er sich so viel besser, dass er darum bat, bei seinem nächsten Klinikaufenthalt wieder mit den Kindern zusammen sein zu können.

Ich hörte von einem weiteren Krankenhaus, in dem Patienten, die einen langen Klinikaufenthalt erdulden müssen, stundenweise in einen Park gebracht werden, wo sie Kindern beim Spielen zusehen können. Ursprünglich wollte man die betreffenden Patienten dadurch mal für eine Weile aus der Klinik herausholen und in eine entspanntere Umgebung bringen. Doch die Ärzte entdeckten, dass der natürliche Heilungsprozess angeregt wurde, wenn die Patienten den Kindern beim Spielen zusahen und ihr Lachen hörten. Allein die Tatsache, dass sie spielenden Kindern zusahen und ihrem Lachen lauschten, veränderte die Prognose der Patienten, die schneller gesund wurden. Wenn schon das Beobachten lachender und spielender Kinder Heilung und Freude und eine positivere Einstellung mit sich bringt, was kann dann wohl unser eigenes Lachen bei jedem von uns bewirken?

Lachen wie ein Kind

Ich habe gelesen, dass ein Kind im Durchschnitt mehr als 200-mal pro Tag lacht, während ein Erwachsener im Durchschnitt täglich lediglich 14- bis 17-mal lacht. Der Druck unseres Alltags, der Stress und die Verantwortung rauben uns nach und nach unsere Freude, wenn wir älter werden. Doch wenn wir unsere Kindheit hinter uns gelassen haben, dann bedeutet das nicht, dass wir ernst sein müssen und nie Spaß haben dürfen. Die meisten Erwachsenen sind einen Großteil ihrer Zeit mürrisch und griesgrämig. Doch jeder gesunde Erwachsene sollte an dem Kind in seinem Innern festhalten. **Es ist wichtig zu wissen, wie man richtig arbeitet, aber vergessen Sie auch nicht, wie man entspannt und Spaß hat.**

Eine Studie hat ergeben, dass Menschen, die die Neunzig erreichen, eines gemeinsam haben: Sie haben Freude am täglichen Leben. Das Lachen ist ihre beste Medizin. Einer meiner Freunde hatte eine gut gelaunte Großmutter, die 102 Jahre alt wurde. Als sie im Alter von 100 ins Krankenhaus musste, rief mein Freund sie an und fragte, was los sei.

»Nun, eine Schwangerschaft haben sie schon mal ausgeschlossen«, entgegnete sie.

Vor einigen Jahren lernte ich unter den auswärtigen Besuchern unserer Gemeinde eine 96-jährige Frau kennen, die ihr ganz ähnlich war. Ihre Augen strahlten, und sie sah überaus gesund und munter aus. Doch am meisten fiel mir auf, wie glücklich sie wirkte.

Es stellte sich heraus, dass sie im Grunde nie Fremden begegnete. Jedermann war nämlich sofort ihr bester Freund. Sie umarmte alle Personen, die gemeinsam mit ihr in der Besucherschlange standen. Sie trug ein helles, bunt gemustertes Kleid und war wie eine frische Brise. Nachdem ich mit ihr gesprochen hatte, umarmte ich sie. Als ich an ihr vorbeiging, sagte ich: »Ich hoffe, dass ich mit 96 so aussehe wie Sie.«

Sie lehnte sich zu mir und flüsterte mir ins Ohr: »Allerdings sollten Sie nicht dieses Kleid tragen.«

Ich dachte: *Kein Wunder, dass es ihr so gut geht. Sie hat noch immer einen Sinn für Humor. Sie kann noch immer lachen.*

Ihre gute Laune war wie ein heilendes Licht, das ihren Körper durchflutete. Ich möchte ihrem Beispiel folgen, wenn ich älter werde, und bin fest entschlossen, niemals ein mürrischer alter Mann zu werden. Ich will nicht zulassen, dass ich mit dem Alter immer verdrießlicher werde. Ich will von Freude erfüllt bleiben. Wenn meine Zeit gekommen ist, will ich mit einem Lächeln auf dem Gesicht, einem Lachen im Herzen und einem Scherz auf den Lippen gehen.

Lachen hält jung

Jedes Mal, wenn wir lachen, reduzieren wir Stresshormone und stimulieren die Produktion des menschlichen Wachstumshormons – auch als »Jugendhormon« bekannt – bis zu 87 Prozent, wie in einigen Quellen nachzulesen ist. Dieses Hormon verlangsamt den Alterungsprozess und sorgt dafür, dass man jünger und frischer aussieht. Ich lache ständig, und ich sehe nicht aus wie 77, oder?

Ich hörte eine Geschichte über Joseph Grimaldi, einen Schauspieler im frühen 19. Jahrhundert, der während seiner 40 Jahre währenden Karriere die Leute unentwegt zum Lachen brachte. Er war dafür bekannt, einen wütenden Mob in ein begeistertes Publikum zu verwandeln, doch er selbst war nicht wirklich glücklich. Er war ein Workaholic und setzte sich unter Druck, damit er immer lustiger wurde. Er war ein Perfektionist, der nie mit seinem täglichen Leben oder seinem Erfolg zufrieden war.

Später wurde er krank, trat aber immer noch auf. Er suchte einen Arzt auf, der ihn bislang noch nicht behandelt hatte, und da

Grimaldi durch Überarbeitung und Stress vorzeitig gealtert war, erkannte der Arzt in dem Patienten nicht den berühmten Komiker. Nachdem er ihn untersucht hatte, teilte er ihm mit, es gebe keine medizinische Ursache für seine Krankheit; sie sei auf Überarbeitung und eine mögliche Depression zurückzuführen.

»Ich weiß nicht, was Sie für ein Leben führen, aber ich schlage Ihnen vor, sich ein wenig freizunehmen und auszuspannen. Sehen Sie sich den großen Schauspieler Joseph Grimaldi an. Er ist diese Woche in unserer Stadt. Ich habe gehört, dass er wahnsinnig komisch ist, und Lachen wird Ihnen besonders guttun.«

Grimaldi sah den Arzt traurig an: »Aber, Herr Doktor, ich *bin* doch Grimaldi.« Einige Wochen später, im Mai 1837, brach Joseph zusammen und starb an Erschöpfung. Traurigerweise konnte er andere zum Lachen bringen, doch er nahm sich nie die Zeit, selbst zu lachen. Machen Sie es anders!

Sicherlich kennen Sie gestresste Menschen wie Joseph Grimaldi, die rasch zu altern scheinen, weil sie sich so sehr unter Druck setzen. Wenn wir gestresst, ernst und mürrisch sind, dann bleiben die chemischen Substanzen, die uns eigentlich jung halten, Stress abbauen, den Blutdruck senken und unser Immunsystem stärken, ungenutzt. Gott hat uns alles gegeben, was wir benötigen, um bis zu einem gewissen Grad gesund zu leben, aber es liegt an uns, diese Dinge auch zu nutzen, indem wir lachen und die lustigen Seiten des Lebens nicht aus dem Blick zu verlieren.

Spiel und Entspannung sind genauso wichtig wie Schlaf

Der Psychiater Dr. Stuart Brown ist der Gründer des *National Institute of Play* (Nationales Institut für Spiele). Er begann, sich für die Auswirkungen von Spielen und Lachen auf unser Leben zu interessieren, als der Gouverneur von Texas ihn 1966 beauftragte, die Schießerei auf dem Campus der Universität von Texas zu untersuchen. Als er das Leben des gestörten jungen Mannes studierte, der 16 Menschen getötet und weitere 32 verletzt hatte, fiel ihm auf, dass dieser junge Mann als Kind nie normal gespielt hatte.

Er wuchs in einer gestörten Familie auf. Seine Möglichkeiten, unbeschwert zu spielen, waren extrem eingeschränkt. Dr. Brown interessierte sich so sehr für dieses Phänomen, dass er auch andere Insassen in der Todeszelle besuchte. Er stellte fest, dass ein großer Teil von ihnen als Kind nie normal und unbeschwert spielen konnte. Dr. Brown zog daraus die Schlussfolgerung, dass das Gegenteil von Spiel und Entspannung nicht Arbeit ist, sondern Depression. Er ist davon überzeugt, dass wir Spiel und Entspannung genauso nötig haben wie Schlaf, wenn wir körperlich und emotional gesund sein wollen.

Im Buch der Sprüche, Kapitel 17, Vers 22 lesen wir: »Ein fröhlicher Mensch lebt gesund; wer aber ständig niedergeschlagen ist, wird krank und kraftlos« (Hoffnung für alle). Wenn wir gut gelaunt und fröhlich sind, uns Zeit zum Lachen und Spielen nehmen, dann ist das so, als nähmen wir Vitamine oder Medizin zu uns. Die Mediziner sagen uns, dass Lachen unser Immunsystem stärkt. Es senkt den Blutdruck. Einige Quellen stellen sogar die Behauptung auf, dass die Gefahr, einen Herzinfarkt zu erleiden, bei Menschen, die regelmäßig lachen, bis zu 40 Prozent niedriger sei als bei denen, die wenig lachen.

Nehmen Sie keine Pille, sondern einen Scherz

Lachen stimuliert auch die rechte Gehirnhälfte, die für Kreativität und Entscheidungen zuständig ist. **Wenn wir lachen, aktivieren wir die natürlichen Beruhigungsstoffe unseres Körpers, sodass wir ruhig werden und besser schlafen.** Heutzutage leiden viele Menschen an Schlaflosigkeit, doch wenn sie mehr lachen würden, könnten sie sich vermutlich besser entspannen und ausruhen.

Eine Frau namens Virginia nahm ständig Beruhigungsmittel, weil sie schon seit Langem nicht mehr richtig schlafen konnte. Doch sie nahm diese Medikamente so häufig, dass sie irgendwann nicht mehr wirkten. Virginia probierte in der Folge verschiedene Diäten, Ärzte und Kräuter aus, doch nichts schien zu helfen.

Dann gab ihr ein Arzt ein sehr ungewöhnliches Rezept: »Schauen Sie sich jeden Abend vor dem Zubettgehen etwas Lustiges an – einen lustigen Fernsehfilm, eine unterhaltsame DVD, eine Sitkom –, irgendetwas, das Sie zum Lachen bringt.«

Virginia befolgte seinen Rat Abend für Abend. Sie schlief zunehmend besser. Schließlich brauchte sie keine Schlafmittel mehr und schlief jede Nacht wie ein Baby.

Was war geschehen? Virginia brauchte chemische Beruhigungsmittel, weil sie die von Gott gegebenen natürlichen Beruhigungsstoffe ihres Körpers nicht aktivierte. Vielleicht würden auch Sie sich besser fühlen, wenn Sie heiterer wären und öfter lachen würden. Vielleicht hätten Sie weniger Kopfschmerzen, Rückenschmerzen, Migräne, chronische Schmerzen oder Erschöpfung, wenn Sie mehr spielen, lachen und das Leben genießen würden.

Als man 1981 bei meiner Mutter Krebs im Endstadium feststellte, achtete sie darauf, weiterhin oft zu lachen. Sie hatte Schmerzen und Sorgen, doch statt im Bett zu bleiben und sich selbst zu bemitleiden, schaute sie sich Zeichentrickfilme im Fernsehen an. Sie saß da und konnte gar nicht mehr aufhören zu lachen.

Meine kluge Mutter zapfte die Quelle der Heilung an, die Gott in ihren Körper hineingelegt hatte. Wenn sie nichts Lustiges im Fernsehen fand, dann beobachtete sie meinen Bruder Paul, denn da hatte sie immer etwas zu lachen.

Falls Sie es noch nicht mitbekommen haben: Meine Mutter lacht heute noch. Die Ärzte gaben ihr damals nur einige Monate zu leben, doch mehr als 30 Jahre später ist sie völlig gesund. Das ist ein Wunder des Glaubens mit einer gesunden Dosis Lachen.

Natürliche Heiler

Unser Immunsystem besteht aus Millionen von Zellen. Einige dieser Zellen erfüllen ausschließlich den Zweck, jeden Fremdkörper anzugreifen und zu töten. Sie heißen »natürliche Killerzellen« (NK-Zellen) und sind dafür verantwortlich, schädliche Bakterien und Viren zu entdecken und zu zerstören. Eine ihrer wichtigsten Funktionen besteht darin, die Zellen anzugreifen, die im Allgemeinen Krebs auslösen. Forscher fanden heraus, dass jeder Mensch regelmäßig diese anormalen Krebszellen entwickelt. Unsere natürlichen Killerzellen machen sich gewöhnlich an die Arbeit und sorgen dafür, dass sie zerstört werden. Doch negative Emotionen wie Stress, Sorgen, Angst und Depression schwächen die natürlichen Killerzellen.

Studien haben gezeigt, dass Menschen, die glücklich sind und regelmäßig lachen, nicht nur mehr natürliche Killerzellen entwickeln als der Durchschnitt, sondern dass bei ihnen auch die Zellaktivität erhöht ist. Wer also ausgeglichen ist, Humor hat und nicht ständig unter Druck steht, bei dem funktionieren diese nutzbringenden Zellen auf höchstem Niveau.

Wenn ich mich umschaue und all die Traurigkeit und die Krankheiten sehe, dann verstehe ich nicht, warum die Menschen sich die heilende Kraft des Lachens nicht stärker zunutze machen. Es ist ein kostenloses Heilmittel ohne Nebenwirkungen. Wir können es so oft einnehmen, wie wir wollen. Ich bin zwar kein Arzt, aber ich möchte Ihnen heute gern etwas verschreiben: Nehmen Sie mindestens dreimal täglich eine anständige Dosis Humor zu sich. Finden Sie etwas Lustiges, über das Sie von Herzen lachen können. Kein Glucksen. Kein stilles Vor-sich-hin-Lachen. Lassen Sie Ihrer Freude freien Lauf, sodass jeder es deutlich hören kann. Stimulieren Sie die Endorphine, Ihre natürlichen Beruhigungsmittel.

Ein befreundeter Arzt erzählte mir von einer Frau mit einer schweren Fibromyalgie. Diese Krankheit, deren Ursachen ungeklärt sind, bewirkt chronische Schmerzen im ganzen Körper. Die Frau verbrachte viele Stunden leidend in ihrem Bett. Sie litt außerdem an chronischer Müdigkeit und Depressionen.

Ihr Arzt behandelte die Schmerzen mit Medikamenten, doch er spürte, dass die Pillen nur die Symptome und nicht die Ursachen bekämpften. Im Gespräch mit ihr wurde ihm bewusst, wie deprimiert sie war. Dann stellte er ihr eine interessante Frage: »Wann haben Sie zuletzt so richtig von Herzen gelacht?«

Die Frau musste einen Moment nachdenken. »Herr Doktor«, sagte sie, »ich habe seit mehr als 30 Jahren, seit ich Kind war, nicht mehr von Herzen gelacht.«

»Nun, dann verschreibe ich Ihnen Folgendes«, entgegnete der Arzt. »Sehen Sie sich jeden lustigen Film an, den Sie finden können. Lesen Sie jedes humorvolle Buch, das Ihnen in die Finger kommt, und lachen Sie so oft Sie nur können.«

Sie befolgte seinen Rat, und nach und nach kehrte ihre Freude zurück. Die Schmerzen ließen nach. Sie hatte neue Kraft, neue Energie. Drei Monate später suchte sie ihren Arzt auf. Als sie sein Zimmer betrat, konnte er sofort die Veränderung sehen. In ihren Augen war ein Blitzen, ihre Schritte waren beschwingter, ein Lächeln war auf ihrem Gesicht.

»Herr Doktor«, sagte sie, »ich habe mich nie zuvor in meinem Leben so gut gefühlt.«

In den darauffolgenden Monaten versuchte sie weiterhin, immer mehr zu lachen. Ihr Lachen reinigte ihren Körper von dem, was ihren Schmerz verursacht hatte.

Lassen Sie mich Ihnen die Frage stellen, die der Arzt dieser Patientin gestellt hatte: Wie lange ist es her, dass Sie so richtig laut gelacht haben? Einen Tag? Eine Woche? Einen Monat? Ein Jahr? Zehn Jahre? Sorgen Sie dafür, dass Sie Ihre Medizin nehmen!

Ich weiß genau, wann ich einen harten, anstrengenden Tag hatte: Ich habe dann Rückenschmerzen, die von Spannungen herrühren. Um diesen Schmerz loszuwerden, mache ich genau das, was ich Ihnen vorschlage. Ich spiele mit meinen Kindern. Sie bringen mich immer zum Lachen. Oder ich sehe mir etwas Lustiges im Fernsehen an.

Nach einigen Minuten Lachen vergeht mein Schmerz jedes Mal. Als hätte ich eine Massage bekommen, allerdings kostenlos. Die Medizin des Lachens wird Ihren Geldbeutel schützen. Sie brauchen keine Schlaftabletten, keine Beruhigungsmittel, keine Antidepressiva!

Gott hat den Kampf um Ihre Gesundheit entschieden

In Psalm 2, Vers 4 lesen wir, dass Gott im Himmel sitzt und lacht. Können Sie sich das bildlich vorstellen? Gott sitzt auf dem Thron. Er macht sich nicht verrückt, weil hier unten so viel schiefläuft. Er macht sich keine Sorgen um die Wirtschaft. Er ärgert sich nicht über Sie und mich. Gott sitzt auf dem Thron und freut sich.

In Psalm 37, Vers 13 wird erklärt, warum er lacht: »Aber der Herr lacht seiner [des Gottlosen]; denn er sieht, dass sein Tag kommt« (Luther). Mit anderen Worten: Gott lacht, weil er das Ende der Geschichte kennt. Er kennt den Ausgang. Die gute Nachricht lautet: Sie und ich gewinnen. Gott führt uns immer zum Sieg!

Es ist so, als stünden wir in einem Kampf, der bereits gewonnen ist. Der Ausgang ist bereits von Gott vorherbestimmt. Stellen Sie sich vor, wir wüssten schon vor dem Anstoß, wer den *Super Bowl* gewinnt. Egal, wie weit der Gewinner hinten liegt, egal, wie schlecht es für ihn aussieht, wir würden uns keine Sorgen machen. Wir haben die Insiderinformation, wir kennen den Ausgang.

Und so spricht Gott zu uns: **Wenn unser Leben schwierig wird und es gar nicht gut aussieht, haben wir trotzdem Grund zum Lachen, denn wir wissen, dass Gott bereits das letzte Kapitel geschrieben hat.** Gott hat bereits den Sieg für uns vorprogrammiert.

Er tröstet uns: »Wenn du in eine Notlage gerätst, wenn es hart auf hart kommt, dann schau dem Problem ins Auge und sage lachend: ›Ich kenne den Ausgang dieser Geschichte. Gott hat mich zum Sieger bestimmt. Er hat meinen Namen bereits in die Trophäe eingraviert. Gott sieht mich bereits als Gewinner auf dem Podium stehen.‹«

Gott gab Abraham eine Verheißung: Er sollte einen Sohn bekommen. Menschlich gesehen war das unmöglich. Er war schon viel zu alt und seine Frau ebenfalls. Doch das Erste, was Abraham tat, als er Gottes Verheißung hörte, war lachen (nachzulesen in 1. Mose 17,17). Es war ein Lachen des Glaubens. Er sagte lachend: »Herr, ich weiß, dass du das zustande bringen kannst. Ich weiß, dass du ein Gott bist, der Wunder vollbringen kann.«

Es kommt oft vor, dass Gott uns eine Verheißung schenkt, die uns unmöglich erscheint. Vielleicht sind Sie krank und Gott hat Ihnen zugesichert, dass Sie wieder gesund werden. Vielleicht stecken Sie in einer finanziellen Notlage, doch Gott hat Ihnen zugesagt, dass Sie wieder im Überfluss leben werden. Er wird Ihnen Erfolg schenken. Vielleicht ist Ihre Familie zerrissen. Gott verspricht, Beziehungen zu heilen.

Vielleicht fällt es Ihnen schwer, das zu glauben. Doch folgen Sie dem Beispiel von Abraham, der auf Gott vertraute und aus vollem Halse lachte, denn es ist nur eine Frage der Zeit, bis diese Verheißungen sich erfüllen. Wir befinden uns in einem Kampf, der bereits entschieden ist.

Ich möchte Sie heute dazu auffordern, Ihre Medizin regelmäßig einzunehmen. Finden Sie täglich einen Grund zu lachen. Halten Sie nach Gelegenheiten Ausschau. Wenn Sie keinen Grund zum Lachen finden können, dann denken Sie daran, dass Sie im Vertrauen auf Gott lachen können. Bewahren Sie eine fröhliche Einstellung, und Sie werden das Leben mehr genießen. Noch besser: Sie werden spüren, wie Gottes natürliche Beruhigungsmittel durch Sie hindurchfließen.

Kapitel 21

Lächle, und die Welt lächelt zurück

Ich wusste, dass eine gesalzene Rechnung auf mich zukam, als ich zum Flugschalter ging, um vier Hin- und Rückflugtickets auf einen anderen Tag umzubuchen. Nachdem ich der Dame am Schalter die Tickets ausgehändigt hatte, bestätigte sie meine Befürchtungen.

»Das macht 50 Dollar zusätzlich pro Ticket«, sagte sie.

Ich lachte und lächelte sie an. »Ja, ich habe mir schon gedacht, dass dabei Kosten anfallen würden.«

Meine Reaktion schien sie zu überraschen. »Warum lachen Sie denn?«, fragte sie. »Die meisten Leute wären verärgert.«

»Keine Ahnung«, erwiderte ich. »Ich bin eben ein glücklicher Mensch.«

Sie schüttelte den Kopf und tippte weiter auf ihren Computer ein. Kurze Zeit später händigte sie mir die neuen Tickets aus und sagte: »Ich werde Ihnen keine zusätzlichen Kosten berechnen. Wir könnten hier mehr glückliche Menschen gebrauchen.«

Den Rest des Tages ging ich lächelnd herum und lachte jedem zu, der mir begegnete. Ich hatte schon oft gehört, dass Glücklichsein sich auszahlt, doch zum ersten Mal hatte ich tatsächlich Geld dafür bekommen.

Ich vermute, dass die Dame am Schalter mit lauter griesgrämigen und gestressten Leuten zu tun gehabt hatte, bevor ich an ihren Schalter kam. Ich war von dem Gedanken, für den Tickettausch

Geld zu bezahlen, nicht gerade begeistert gewesen, doch ich hatte beschlossen, dass die Dame am Schalter daran keine Schuld trug, warum also sollte sie meine schlechte Laune ertragen? Ich hatte beschlossen, sie stattdessen gut gelaunt zu behandeln.

Ein altes Sprichwort sagt, dass man mit Honig mehr Fliegen fängt als mit Essig. Ich habe nie verstanden, warum man unbedingt Fliegen fangen will, aber ich habe den Sinn hinter diesem Ausspruch begriffen: Wenn man nett ist, kommt man weiter, als wenn man sich wie ein Griesgram aufführt.

Gibt es immer eine Belohnung, wenn man lächelt statt die Stirn zu runzeln? Ich glaube, ja. Wie schon an anderer Stelle erwähnt, führt eine positive Lebenseinstellung zu einer besseren Gesundheit, und außerdem zieht man damit mehr Menschen an, die uns unterstützen, ermutigen und Gutes wünschen.

Wenn wir unangenehme Situationen und Herausforderungen durchmachen, brauchen wir einander mehr denn je. Doch so oft schotten sich gestresste Menschen von den anderen ab. Sie werden verspannt und launenhaft und vertreiben die anderen, obwohl sie deren Unterstützung mehr denn je brauchen. Je größer der Druck ist und je isolierter wir uns fühlen, desto mehr sollten wir nach Möglichkeiten Ausschau halten, zu lächeln und mit anderen zu lachen, sodass sie sich zu uns hingezogen fühlen.

Lassen Sie Ihre Freude in der Dunkelheit leuchten

Dieser Tage hört man ständig nur schlechte Nachrichten. Die Wirtschaft ist ins Stolpern geraten. Die Steuern werden erhöht. Das Staatsdefizit steigt sprunghaft an. Häuser werden enteignet. Der Arbeitsmarkt ist angespannt.

Wenn wir nicht aufpassen, tappen wir leicht in die Falle und denken: *Die Zeiten sind so schlecht, dass ich mein Leben nicht genießen kann. Es ist jetzt nicht die richtige Zeit, um zu lachen oder Spaß zu haben.*

Doch wenn die Zeiten schwierig sind, müssen wir mehr denn

je unsere Freude aktivieren. In Hiob 5, Vers 22 lesen wir: »Über Verwüstung und Hunger wirst du lachen ...« (Elberfelder Übersetzung). Auf den ersten Blick scheint das keinen Sinn zu ergeben. Wir sollen angesichts einer Hungersnot lachen? Oder angesichts von Verwüstung?

Doch, es stimmt, denn in harten Zeiten laufen wir viel stärker Gefahr, unseren Sinn für Humor, unsere Lebensfreude zu verlieren; deshalb müssen wir uns unsere gute Laune und unseren Optimismus gerade in den schwierigsten Momenten bewusst bewahren. Wenn wir deprimiert sind, macht unser Gehirn »dicht«, wir verlieren unsere Kreativität, und wir isolieren uns selbst von unseren Freunden und unserer Familie. Doch gerade an den dunkelsten Tagen brauchen wir all diese Aktivposten in besonderer Weise.

Wenn wir fröhlich sind und auch über Kleinigkeiten lachen können, bauen wir Stress ab, steigern unsere Hirnaktivität und unsere Kreativität, und all diese Dinge können uns dabei helfen, schwierige Zeiten zu überwinden. In den meisten Situationen benutzen wir die linke Hirnhälfte, doch wenn wir lachen, stimulieren wir die rechte Hälfte. Untersuchungen haben gezeigt, dass es Menschen, die ein Problem einfach nicht bewältigen können, tendenziell besser geht, wenn sie sich eine Pause gönnen und von Herzen lachen. Die Experten erklären, dass unser Denkprozess ohne Lachen »feststecken« kann; ohne Lachen setzen wir unserer Fähigkeit, Probleme zu lösen, Grenzen.

Das Fazit lautet: Wenn wir uns unseren Sinn für Humor bewahren und regelmäßig lachen, geht es uns trotz aller Schwierigkeiten besser. Wir bekommen frische Ideen und treffen bessere Entscheidungen. Und daraus ergibt sich eine bessere Fähigkeit, Probleme zu lösen.

Manchmal denken wir – insbesondere in unserer Rolle als Eltern oder Leiter –, es wäre ein Zeichen von Reife, wenn wir uns ernst und würdevoll benehmen. Wir wollen zu Hause und bei der Arbeit ein gutes Vorbild sein. Wir wollen verantwortungsbewusste Vorbilder sein, **doch wenn wir ständig ernst sind, ist das für uns und für diejenigen, die zu uns aufschauen, gar nicht gut.** Natürlich gibt es Situationen, die von uns Ernsthaftigkeit und Konzentration erfordern, aber es gibt auch Momente, in denen wir uns entspannen sollten, um zu zeigen, dass wir mit Druck umgehen können und unsere gute Laune nicht verlieren. Auf diese Weise finden wir kreative Lösungen für Probleme.

Lachen und gute Laune bieten einen gemeinsamen Nenner und eine gemeinsame Sprache. Sie bilden Brücken, die Beziehungen zusammenhalten. Ein freundliches Lächeln zieht die anderen an. Herzlichkeit reißt soziale Hindernisse nieder und baut natürliche Vorbehalte ab. Wie oft haben Sie schon mit einem völlig Fremden gemeinsam gelacht? Wie oft hat ein solches Lachen ein Gespräch oder gar eine Freundschaft zur Folge gehabt? Oder eine Romanze? Oder eine Geschäftsbeziehung?

Lachen schafft Verbundenheit

Ein Lächeln reißt Mauern ein. Humor zieht Menschen an und verbindet sie miteinander. Aus diesem Grund beginne ich jede Predigt mit einem Scherz. Die Leute sind dann empfänglicher für die Predigt. In meiner Kindheit veranstaltete die Gemeinde meines Vaters jedes Jahr ein Weihnachtsessen im Festsaal eines Hotels in Houston. Rund tausend Gäste kamen zu dieser Veranstaltung.

Der Höhepunkt dieses Ereignisses war jedes Jahr ein rund 15-minütiger Film mit lustigen Dingen, die in der Gemeinde passiert waren. Wir sahen Clips von Leuten, die während der Predigt meines Vaters schliefen oder gähnten. Es gab auch Zeitlupen-Clips von Theateraufführungen der Kinder. Und wir stellten verschiedene Ausschnitte aus Predigten meines Vaters zusammen, wobei wir ihm lustige Worte in den Mund legten oder das Band stellenweise im Schnelllauf abspielten und ihn die gleichen Worte wiederholen ließen, sodass er wie ein Rapper klang.

Das Publikum lachte eine Viertelstunde lang ununterbrochen. Die Leute lachten noch, als die Vorführung vorbei war und die Lichter wieder angingen. Ich werde nie vergessen, wie auch die Angestellten des Hotels vorbeikamen, um dieses Video mit anzusehen. Die Kellner, die Köche und die Aushilfen stellten sich an den Wänden des Festsaals auf und lachten mit uns.

Da das Hotel zu einem großen Einkaufszentrum gehört, hörten auch Kunden, die ihre Einkäufe erledigten, unser Gelächter. Innerhalb weniger Minuten füllte sich jeder noch freie Platz an den Türen mit Leuten, die hereinschauten und ebenfalls ihren Spaß hatten.

Hin und wieder hörte ich von neuen Gemeindemitgliedern, dass sie zu uns kamen, weil sie ebenfalls im Einkaufszentrum gewesen waren und durch unsere Fähigkeit, zu lachen und Spaß zu haben, aber auch gleichzeitig einen tiefen Glauben zu leben, berührt worden waren. Ich glaube, es ist kein Wunder, dass Videos und Sendungen mit witzigen Missgeschicken im Fernsehen so beliebt sind und zu Klassikern werden.

In Psalm 126, Vers 2 lesen wir: »Wie konnten wir lachen und vor Freude jubeln! Bei den anderen Völkern sagte man damals: Der Herr hat Großes für sie getan!« Wenn wir vor Freude lachen, dann bleibt das nicht unbemerkt. Wir bringen Gott die Ehre, wenn wir ein von Freude und Glauben erfülltes, glückliches Leben führen.

In unserer Welt gibt es zu viel Traurigkeit. Viele Menschen haben ihre Lebensfreude verloren. Sie sind von Problemen, Kummer und Enttäuschungen niedergedrückt. Machen Sie es sich zur Aufgabe, überall, wohin Sie gehen, Freude zu verbreiten.

Es gibt schon genug Menschen, die verbittert sind. Sie und Ihr Lächeln sollten aus der Menge herausstechen. Eines der besten Beispiele, das Sie geben können, besteht darin, so warm zu lächeln und so herzlich zu lachen, dass andere Menschen an Ihrer Freude teilhaben wollen. Sie wollen sich von den dunklen Zwängen der Traurigkeit, Depression und Hoffnungslosigkeit befreien, um im Licht Ihres Optimismus und Ihrer positiven Einstellung zu stehen.

Gott segnet Menschen, die ihre gute Laune nicht verlieren

Ich habe festgestellt, dass Gott seinen Segen über uns ausschüttet, wenn wir eine positive Einstellung beibehalten und freundlich sind. Wenn wir für andere zum Segen werden, beschenkt Gott uns selbst mit Segen. Er belohnt Menschen, die seine Güte widerspiegeln und dazu beitragen, unsere Welt ein Stückchen freundlicher zu machen.

Vor Kurzem begegnete ich einem älteren Mann, den ich auf etwa 70 schätzte. Ich war überrascht, als er mir sagte, er sei bereits 106 Jahre alt. Es waren nicht nur sein faltenloses Gesicht und seine gesunde Erscheinung, die mich so beeindruckten. Er war einfach so glücklich, so geistig auf der Höhe und mit jedermann um sich herum in Kontakt. Er stand rund 40 Minuten lang in der Schlange und wartete darauf, mit mir zu sprechen. Ich meinte zu ihm, wir hätten doch einen Stuhl für ihn hinstellen können.

»Ich brauche mich noch nicht zu setzen«, entgegnete er. »Wenn ich mal alt bin, dann vielleicht schon, aber jetzt noch nicht.«

»Ich kann gar nicht glauben, dass Sie schon 106 Jahre alt sind. Sie haben gar keine Falten im Gesicht«, sagte ich.

»Joel«, sagte er, »*black don't crack.*«*

Dann machte er noch zwei oder drei weitere Scherze. Wir lachten und lachten. Normalerweise mag ich es nicht so gern, wenn jemand in meiner Gemeinde bessere Witze reißt als ich, aber ich vergab ihm trotzdem!

Als er fortging, drehte er sich um und sagte an alle Anwesenden gewandt: »Bis zum nächsten Jahr.«

Ich zweifelte nicht daran, dass Gott ihn mit einem weiteren Lebensjahr belohnen würde, weil er so viel Freude verbreitete. Ich sagte mir, dass es kein Wunder war, dass er so gesund aussah. Er war voller Freude. Er hatte einen großartigen Sinn für Humor. Er lachte wahnsinnig gern. Denken Sie nur an all die natürlichen

* sinngemäß: »Schwarze kriegen keine Falten.« Anm. d. Übers.

Heilstoffe Gottes, die über all die Jahre hinweg durch seinen Körper geflossen waren.

Manchmal denken wir, dass wir mit zunehmendem Alter auch zunehmend ernster sein müssen und weniger Spaß haben dürfen. Ich glaube nicht, dass das Gottes Plan entspricht. In Apostelgeschichte 20, Vers 24 lesen wir: »... wenn es gilt, meinen Lauf mit Freuden zu vollenden ...« (Schlachter). Wenn wir keine Freude haben, nicht regelmäßig lachen und uns keine Zeit nehmen, uns zu amüsieren, wird unser Leben sicher nicht so verlaufen, wie Gott es für uns vorgesehen hat.

Über sich selbst lachen

Vor allem eines fiel mir an diesem 106 Jahre alten Mann auf: seine Fähigkeit, über sich selbst und sein fortgeschrittenes Alter Scherze zu machen. Er nahm das Älterwerden mit Humor, und er lachte über genau die Dinge, über die sich andere in fortgeschrittenem Alter ärgern. **Wenn wir bereit sind, über uns selbst und über das Auf und Ab des Lebens zu lachen, dann besitzen wir eines der größten Geschenke, die man überhaupt bekommen kann.**

Wir alle kennen Menschen, die wütend werden, wenn sie Fehler machen. Manche werfen ihren Golfschläger durch die Luft. Andere ihre Baseballschläger und -Helme. Manche verteilen sogar Fausthiebe. Macht es Spaß, mit solchen Menschen zusammen zu sein? Nein, eher nicht. Wer dagegen über seine Fehler, Schnitzer und Pannen lacht, ist ein Mensch, mit dem andere gern Zeit verbringen.

Als wir in das ehemaligen *Compaq Center* einzogen, gaben mir die Leute vom Sicherheitsdienst einen Schlüssel zum Parkplatz hinter dem Gebäude. Es war ein sehr bizarr aussehender Schlüssel. Er war klein und flach, sehr breit und aus Plastik. Nie zuvor hatte ich einen solchen Schlüssel gesehen. Ich ging auf die Tür zu, um ihn auszuprobieren, aber ich konnte einfach nicht erkennen, wo ich ihn hineinstecken sollte. Es gab kein Schloss dafür. Ich versuchte es mit dem Schlitz im Türgriff, in der Hoffnung, er würde sich vergrößern und den Schlüssel schlucken. Vergebens.

Nachdem ich zehn Minuten lang alles ausprobiert hatte, gab ich auf und ging zum Sicherheitsdienst, wo ich erklärte, dass ich die Tür nicht öffnen könnte.

Der Mann bot mir an, mich zum Parkplatz zu begleiten und es mir zu zeigen. Also gab ich ihm den Schlüssel, und wir gingen gemeinsam zurück. Als wir die Tür erreichten, berührte er eine elektronische Platte neben der Tür. Ich hatte nicht gewusst, dass sich dort eine solche Platte befand.

Als er sie berührte, öffnete sich die Tür automatisch, weil der »Schlüssel«, den er mir gegeben hatte, ein elektronisches Signal aussandte, ähnlich wie bei einem elektrischen Garagentor oder einer Auto-Keycard mit Remote-Zugriff.

Als ich dem Mann erzählte, wie verzweifelt ich versucht hatte, den Schlüssel in den Türgriff zu stecken, lachte er aus voller Kehle.

Ich dachte: *Wie schön für dich, dass du das lustig findest.*

Sicher haben Sie schon den Ausspruch gehört: *Wenn wir sie nicht besiegen können, dann sollten wir uns auf ihre Seite schlagen.* Die ganze Sache war wirklich ziemlich dumm, also lachte ich schließlich mit ihm.

Am nächsten Tag frühstückte ich allein in meinem Hotelzimmer. Als ich fertig war, schob ich den Servierwagen auf den Flur. Im letzten Moment erst bemerkte ich, dass ich noch meine Boxershorts anhatte. Nicht etwa Sport-Boxershorts, sondern meine Unterwäsche.

Ich hatte bereits die Tür geöffnet und den Wagen halb herausgeschoben, als ich es merkte. Ich reckte meinen Kopf vor und sah, dass niemand auf dem Flur war, also schob ich den Wagen vollständig hinaus. Doch die Hinterräder blieben an der Türschwelle hängen. Daher musste ich den Wagen hinten anheben, ihn aus dem Zimmer tragen, auf den Flur treten und den Wagen gegen die Wand schieben.

Während dieser Prozedur vernahm ich ein Klicken.

Das war meine Zimmertür, die zuging und sich automatisch abschloss, während ich in Unterwäsche auf dem Flur stand.

Kennen Sie die Redewendung »ungekämmt und fern der Heimat«?

Nun, ich war nicht nur *ungekämmt*, ich war sogar *unbekleidet*!

Das Herz rutschte mir in die Hose.

Dann sah ich fünf Türen entfernt den Wagen eines Zimmermädchens. Ich rannte so schnell ich konnte darauf zu, nahm mir ein Handtuch und schlang es mir um die Hüften. Das Zimmermädchen kam heraus, und ich fragte es, ob es mir mein Zimmer aufschließen könnte.

»Dazu brauche ich Ihren Ausweis«, sagte sie.

»Der befindet sich in der Brieftasche in meiner Hosentasche, aber die Hose ist im Zimmer«, erwiderte ich.

Ich lächelte, denn ich erinnerte mich daran, wie sehr mir das am Flugschalter weitergeholfen hatte. Auch dieses Zimmermädchen ging darauf ein. Nach einigen Minuten öffnete sie meine Zimmertür, starrte mich mit seltsamem Blick an und sagte: »Wissen Sie, im Fernsehen sehen Sie ganz anders aus.«

»Ja, in der Regel trage ich während meiner Sendungen auch Klamotten.«

Um die Wahrheit zu sagen: Sie lachte ein bisschen darüber, aber ich lachte viel lauter als sie. Man braucht ein gewisses Maß an Selbstbewusstsein, wenn man über sich selbst lachen will, insbesondere, wenn man in der Öffentlichkeit steht und nur seine Unterhosen trägt.

Lachen und lieben

Die Menschen in meinem Umfeld lachen viel. Victoria bringe ich schon seit 24 Jahren zum Lachen – selbst wenn ich es gar nicht darauf anlege. Das ist auch eine gute Sache. Forschungen haben nämlich ergeben, dass Ehepaare und Familien, in denen man gemeinsam lacht, zusammenbleiben. Sie haben eine stärkere Beziehung und sind fester miteinander verbunden. Sie vermuten richtig: Wir sind eine Familie, die fest zusammenhält.

Vor einigen Jahren sagte Victoria mir, kurz bevor ich auf das Podium trat, um zu predigen, dass meine Haare hinten in die Höhe standen.

»Sprüh ein bisschen Haarspray darauf«, riet sie mir.

Ich wusste nicht, wo das Haarspray war.

»Hinten in der Toilette, auf der Ablage, die roten Dose.«

Ich hatte es sehr eilig, also hastete ich zurück und nahm die rote Dose von der Ablage. Dann sprühte ich wieder und wieder auf die widerspenstige Haarsträhne, aber sie blieb hartnäckig oben. Also sprühte ich noch mehr darauf und hastete schließlich zur Tür hinaus.

Nach dem Gottesdienst sagte Victoria: »Warum hast du denn kein Haarspray genommen? Dein Haar stand immer noch hoch.«

»Victoria, ich habe ja gesprüht. Aber dieses Haarspray funktioniert nicht. Ich habe wie ein Blöder gesprüht.«

Sie bot mir freundlich an, mir zu zeigen, wie man Haarspray benutzt. Ich holte die rote Dose und gab sie ihr.

Sie betrachtete die Dose eine Sekunde lang und brach dann in Gelächter aus. »Joel, das ist kein Haarspray. Das ist ein Raumspray.«

Ich lächelte und sagte: »Weißt du was? Auch wenn meine Haare in die Höhe stehen – weit und breit gibt es niemanden, dessen Haar so gut riecht.«

Ein lustiger Haushalt

Lachen ist in jedem Haus ein großes Plus. Der Feind kann den Klang fröhlichen Lachens nicht ertragen. Er kann nicht hören, wenn Ehemänner und -frauen und andere Familienmitglieder miteinander Spaß haben. Er will am liebsten so viel Zank und Spannungen in unserem Haus sehen, dass für Freude kein Platz mehr ist.

Tappen Sie nicht in diese Falle. Das gehört zu den Dingen, die ich so sehr an Victoria liebe: Sie lacht gern. Sie sorgt dafür, dass in unserem Haus eine fröhliche Stimmung herrscht. Wenn Victoria lacht, dann lacht sie nicht innerlich oder mit der Hand vor dem Mund. Wenn sie lacht, dann wird das ganze Haus mit Freude erfüllt.

Ihr Lachen ist so ansteckend, dass auch ich zu lachen anfange, selbst wenn ich in einem ganz anderen Zimmer und mit etwas anderem beschäftigt bin oder fernsehe. Schon nach kurzer Zeit muss ich lachen, und das nur, weil ich sie lachen höre.

Meist muss ich dann unbedingt herausfinden, was sie so zum Lachen bringt. Auch neulich war das so, und als ich sie fand, hielt sie ein Foto unseres Sohnes Jonathan in der Hand, auf dem er sechs oder acht Monate alt war.

Wir hatten dieses Foto schon lange nicht mehr betrachtet. Ich hatte es sogar völlig vergessen. Wir hatten ihm damals eine Perücke und eine Sonnenbrille aufgesetzt, sodass er wie ein kleiner Elvis aussah. Wir lachten aus voller Kehle, vor allem, weil Jonathan heute ein sehr guter Gitarrist ist!

Wenn Sie kleine Kinder haben, dann haben Sie täglich Grund zum Lachen, nicht nur über sie und ihre Mätzchen, sondern auch mit ihnen. **Lassen Sie sich von möglichen Erziehungsproblemen nicht so unter Druck setzen, dass Sie nicht mehr genug Muße haben, sich über Ihre Kinder zu freuen und über ihr kindliches Verhalten zu lachen.**

Als Jonathan ungefähr zwei Jahre alt war, hörte ich ihn eines Nachts laut in seinem Zimmer schreien. Mir war klar, dass er einen Albtraum hatte. Ich lief schnell die Treppe hinauf, öffnete die Tür und sah Jonathan mit tellergroßen Augen aufrecht im Bett sitzen.

»Jonathan, was ist los?«

»Daddy«, sagte er, »der Heilige Geist ist unter meinem Bett.«

Ich versicherte ihm, dass er nichts von dem Heiligen Geist zu befürchten hätte.

Unsere Tochter Alexandra ist ähnlich unterhaltsam. Sie war etwa im gleichen Alter, als ich eines Tages zu Hause in meinem Büro an meinen Wochenendpredigten arbeitete und Alexandra hereingeschlendert kam. »Daddy, können wir zusammen spielen?«

»Nein, Alexandra, nicht jetzt. Ich brauche noch ungefähr eine Stunde.«

Alle fünf Minuten kam sie wieder.

»Daddy, kannst du jetzt kommen?«

Immer wieder stellte sie die gleiche Frage.

Irgendwann war ich ein wenig frustriert und sagte schließlich: »Alexandra, jetzt hör mir mal zu. Ich versuche, mich zu konzentrieren. Du brauchst jetzt nicht mehr zu kommen. Wenn ich Zeit habe, mit dir zu spielen, komme ich zu dir.«

Fünf Minuten später ging erneut die Tür auf, und die helle, niedliche Kinderstimme fragte: »Daddy, versucht du immer noch, dich zu konstipieren?«

»Nein, mein Schatz«, sagte ich, »meiner Verdauung geht es ganz prima.«

Paartherapie

Victoria und ich werden oft von Freunden nach dem Geheimnis einer guten Ehe gefragt. Wir nennen immer zwei Dinge. Erstens: Respekt. Gehen Sie stets respektvoll miteinander um, auch wenn Sie nicht mit Ihrem Partner übereinstimmen. Und zweitens: Lachen. Hören Sie nie auf, miteinander zu lachen. Sorgen Sie dafür, dass Ihr Haus von Freude und Glück erfüllt ist. Wir müssen uns gar nicht besonders darum bemühen; es scheint von ganz allein zu funktionieren.

Neulich kam ich in unser Schlafzimmer und sah Victoria lesend in einer Ecke sitzen. Sie saß mit dem Rücken zu mir. Ich war viel früher als geplant nach Hause gekommen, und mir wurde bewusst, dass sie mich nicht gehört hatte. Erst überlegte ich, ob ich etwas sagen sollte, doch dann beschloss ich, still zu warten, bis sie mich bemerken würde. Ich dachte, dass ich sie auf diese Weise nicht erschrecken würde.

Ich irrte mich. Als sie sich umdrehte und mich dort stehen sah, schoss sie regelrecht in die Höhe. Im Allgemeinen heißt es ja, Weiße könnten nicht besonders hoch springen, aber Victoria schaffte bestimmt 90 Zentimeter aus dem Stand.

Sie sah so geschockt aus, dass ich nicht anders konnte, als in lautes Gelächter auszubrechen.

Doch es gab da ein Problem.

Victoria stimmte nicht in mein Lachen ein. Sie sah ziemlich aufgebracht aus.

Ich versuchte, mein Lachen zu unterdrücken. Wirklich, ich versuchte es, aber ich musste nur noch mehr lachen.

Nachdem sie mich ungefähr eine Minute lang lachen sah, gab Victoria schließlich auf und begann auch zu lachen.

Doch in dem Moment hatte ich meinen Lachanfall überwunden.

Jetzt war sie diejenige, die nicht mehr aufhören konnte. Und so stimmte ich noch einige Momente in ihr Lachen ein, einfach, um sie zu begleiten.

Wenn Ihre Beziehung nicht so läuft, wie Sie es sich wünschen, dann empfehle ich Ihnen eine großzügige Portion Humor, Lachen und Freude. Ich weiß, dass der Druck, der von unterschiedlichen Seiten auf uns ausgeübt wird, auch die besten Ehen belasten und die Liebe der hingebungsvollsten Partner auf eine Probe stellen kann, aber er kann auch dabei helfen, sich daran zu erinnern, warum wir uns anfangs ineinander verliebt haben.

Denken Sie an all die Dinge, die Sie damals gemeinsam gemacht haben, an den Spaß und das Lachen, das so beglückend war, dass sie ständig die Nähe des anderen suchten. Vergessen Sie, was Sie trennt. Kehren Sie zu dem glücklichen Lachen zurück, das Sie damals dazu motiviert hat, ein Paar zu werden.

Wenn Ihnen gelingt, dass diese Freude wieder bei Ihnen Einzug hält, wird Ihre Beziehung wieder frisch und lebendig werden. Ein befreundetes Ehepaar tat genau das. Die beiden waren wirklich nett, hatten aber mit Beziehungsproblemen zu kämpfen. Sie liebten einander, aber sie hatten eine Menge Stress, der sie auseinandertrieb. Sie brauchten eine Pause von all ihren Problemen. Also beschlossen sie, einmal pro Woche alle Sorgen beiseitezuschieben und sich gemeinsam einen lustigen Film anzusehen.

Am ersten Abend konnten sie gar nicht mehr aufhören zu lachen. Es war das erste Mal seit langer Zeit, dass sie nicht Tränen der Traurigkeit, sondern Tränen der Freude miteinander teilten.

In der darauffolgenden Woche passierte das Gleiche. Nach ungefähr einem Monat hatten sie den Eindruck, dass ihre Probleme doch nicht so schwerwiegend waren. Sie stellten fest, dass ihre Gedanken nicht länger um ihre Probleme kreisten, sondern um deren Lösung.

Als ich sie das nächste Mal wiedersah, staunten beide darüber, dass eine so simple Sache wie ein gemeinsamer Abend mit lustigen Filmen einen so entscheidenden Einfluss auf ihre Beziehung und ihr Leben haben konnte.

Ihr Lachen veränderte die Stimmung in ihrem Zuhause. Ihre Freudentränen wuschen ihre Beziehung von ihren trüben Flecken rein. Sie kämpften nicht länger gegeneinander, sondern kuschelten miteinander.

Lachen wie ein Strom

Lachen wird auch Ihrer Beziehung helfen. Heißen Sie es in Ihrem Zuhause willkommen. Geben Sie ihm Raum. Räumen Sie, wenn nötig, das Gästezimmer dafür frei. Öffnen Sie die Türen und Fenster und lassen Sie es Ihr Haus erfüllen.

Im Alten Testament übernahmen feindliche Angreifer Städte, indem sie Brunnen verstopften und somit die Wasserversorgung der Bewohner abschnitten. Sie füllten die Brunnen mit Steinen. So wurden die Menschen in der Stadt gezwungen, auf der Suche nach Wasser die schützenden Stadtmauern zu verlassen. Und dann schlug der Feind zu.

Sie und ich haben Brunnen der Freude in unserem Innern. In unserer Kindheit gaben diese Brunnen Freude im Überfluss ab. Doch allzu oft sind unsere Brunnen mit zunehmendem Alter verstopft. Steine der Enttäuschung, der Kränkungen, der Unversöhnlichkeit, des Stresses und der Zweifel sammeln sich an und blockieren den Freudenstrom.

In 1. Mose 26, Vers 18 lesen wir: »Isaak legte die Brunnen wieder frei, die von den Leuten Abrahams gegraben und nach dessen Tod von den Philistern zugeschüttet worden waren …« Das ist unter anderem deshalb interessant, weil Isaak »Gelächter« bedeutet. Ich glaube, es ist bezeichnend, dass Isaak die Brunnen freilegte. Gott will, dass auch wir unsere Brunnen wieder mit Lachen freilegen, damit seine Güte erneut darin wohnen kann.

Wenn zu Hause eines unserer Waschbecken verstopft ist, kaufe ich »Abflussfrei«, schütte es in den Abfluss und warte eine Viertelstunde. Wenn ich zurückkomme, ist das Becken nicht länger verstopft. Lachen wirkt genau wie »Abflussfrei«. Es spült hinweg, was unser Leben verstopft. Wenn wir regelmäßig lachen, dann ist das so, als reinigten wir unsere »Abflussrohre«.

Die Gebrauchsanweisung auf der »Abflussfrei«-Flasche empfiehlt, das Produkt regelmäßig zu verwenden, damit die Rohre sauber bleiben. Für Lachen gilt das Gleiche. Nutzen Sie es, so oft Sie können. Nehmen Sie Ihren Alltag mit Humor. Lassen Sie Lachen Bestandteil Ihres Lebensstils werden. **Heißen Sie die Freude als festen Bewohner in Ihrem Zuhause willkommen.**

In Hiob 8, Vers 21 lesen wir: »Bestimmt wird er dich wieder lachen lassen und deinen Mund mit frohem Jubel füllen.« Gott möchte uns mit Lachen erfüllen. Er gab dem Lachen die Macht, unseren Körper zu heilen, unseren Geist zu beruhigen, andere Menschen anzuziehen und unsere Beziehungen zu kitten.

Gehen Sie mit Humor daher nicht sparsam um. Wagen Sie es, laut herauszulachen, insbesondere über sich selbst. Beschenken Sie Ihre Lieben mit Ihrem Lachen. Wenn Sie das tun, geben Sie Gott die Ehre, und er wird Sie dafür belohnen. Sie werden Ihren Lauf mit Freude beenden!

Teil 6

Helfen Sie anderen, ihre Träume zu verwirklichen

Kapitel 22

Helfen Sie anderen, erfolgreich zu sein

Ich hörte einmal den Spruch »Du wirst immer haben, was du dir wünschst, wenn du anderen hilfst, das zu bekommen, was sie sich wünschen«. Wenn Sie glücklich und zufrieden sein wollen, dann nutzen Sie Ihren Einfluss, um anderen zum Erfolg zu verhelfen. Nehmen Sie sich Zeit, um andere zu beraten. Bringen Sie sie mit Personen zusammen, die ihnen ebenfalls weiterhelfen können. Rufen Sie jemanden an, und stärken Sie ihm den Rücken, wann immer es möglich ist.

Wenn Sie anderen helfen, erfolgreich durchs Leben zu gehen, dann säen Sie eine Saat, die sich auch positiv auf Ihr eigenes Leben auswirkt. Cheryl, die in einem großen Unternehmen arbeitet, erzählte mir, dass ihre Vorgesetzte sich weigerte, sie in ein neues Computerprogramm einzuführen. Das Unternehmen hatte diese Frau zu einem Fortbildungskurs geschickt, wo sie den Umgang mit dem Programm erlernt hatte, doch sie war anschließend nicht bereit, ihre neu erworbenen Kenntnisse mit ihren Arbeitskollegen zu teilen. Sie befürchtete, die anderen könnten sie überflügeln. Also behielt sie ihr Wissen für sich.

Doch die Wahrheit ist: Wenn wir andere daran hindern, sich weiterzuentwickeln, behindern wir auch uns selbst. Wenn wir dagegen selbstlos sind und anderen dabei helfen, den Punkt zu erreichen, den wir bereits erreicht haben, wird Gott dafür sorgen, dass es jemand anderen gibt, der uns wiederum weiterbringt.

Alec, ein professioneller Bergsteiger, befand sich auf dem Weg zu einem Berggipfel, als ein heftiges Schneetreiben losbrach. Es war kalt, und das Atmen fiel ihm zunehmend schwer. Selbst einige der erfahrensten Bergsteiger machten kehrt.

Ein wenig weiter oben verwandelte sich das Schneetreiben in einen wahren Schneesturm. Sie befanden sich noch sechs Stunden vom Gipfel entfernt. Der Aufstieg wurde extrem schwierig. Jeder Schritt war ein Kampf. Dann sah Alec einen anderen Bergsteiger zusammengekrümmt am Wegrand liegen; er konnte nicht sehen, ob er eingeschlafen war oder ohnmächtig. Was auch immer geschehen war: Er lief Gefahr zu erfrieren. Sein Herzschlag war schwach, und er hatte kaum genug Kraft zum Atmen.

Mehrere Bergsteiger waren an ihm vorübergegangen. Alecs Gruppe forderte ihn ebenfalls auf weiterzugehen.

»Wenn du stehen bleibst, um ihm zu helfen, bringst du dein eigenes Leben in Gefahr«, sagten sie.

Doch Alec konnte den Mann nicht dort liegen und sterben lassen. Er forderte seine Gruppe auf, ohne ihn weiterzugehen. Dann kniete er sich neben den Mann. Er massierte seine Arme und Beine und sein Gesicht, um die Blutzirkulation anzuregen und ihn wachzuhalten. Seine Bemühungen belebten den geschwächten Mann ausreichend, dass er mit Alecs Hilfe auf die Füße kommen und hinabsteigen konnte. Alec rettete ihm also das Leben.

Der Arzt, der beide untersuchte, teilte Alec mit, er habe nicht nur ein Leben, sondern gleich zwei gerettet.

»Ihre Arme und Beine weisen frühe Anzeichen von Erfrierungen auf«, sagte der Arzt. »Sie hätten es nicht mehr höher hinauf geschafft, ohne selbst in große Schwierigkeiten zu geraten. Ihre Anstrengungen, den am Boden liegenden Bergsteiger zu retten, haben Ihnen genauso genutzt wie ihm, denn dadurch wurde Ihre eigene Blutzirkulation angeregt, und außerdem wurden Sie dazu gezwungen, den Berg wieder hinabzusteigen.«

Wie leicht ist man auf dem eigenen Weg nach oben so eingespannt, dass man nicht länger bereit ist, stehen zu bleiben und einem anderen zu helfen. Doch wenn wir uns die Zeit nehmen, anderen in ihren Kämpfen beizustehen, wird Gott uns selbst vielleicht noch größere Siege schenken.

Nutzen Sie Ihren Einfluss

Der Apostel Paulus wäre niemals eine so wichtige Glaubenspersönlichkeit geworden, wenn er nicht die Unterstützung eines anderen Nachfolgers erhalten hätte – Barnabas. Wie Sie sicher wissen, war Paulus nicht immer ein Anhänger von Jesus Christus gewesen. Er war zuvor als Saulus bekannt und hatte Christen verfolgt.

Saulus' Leben änderte sich schlagartig auf dem Weg nach Damaskus, als Gott in sein Leben hineinsprach und ihn in den Apostel Paulus verwandelte, den wir alle kennen und lieben.

Doch Paulus brauchte etwas Zeit, um die anderen Nachfolger Christi davon zu überzeugen, dass er ein Anderer geworden war. In Apostelgeschichte 9, Vers 26 lesen wir, dass die Gläubigen dem neuen Apostel mit Angst und Misstrauen begegneten.

Im darauffolgenden Vers wird beschrieben, dass Barnabas für Paulus eintrat. Er legte ein gutes Wort für ihn ein. Er sagte gewissermaßen: »Hört mal, ich kann mich für Paulus verbürgen. Ich kenne ihn. Er ist wirklich ein echter Nachfolger von Jesus.«

Wenn Barnabas nicht seinen Einfluss geltend gemacht hätte, hätte Paulus vielleicht nicht die Chance bekommen, mehr als die Hälfte des Neuen Testaments zu schreiben. Wir lesen in der Bibel viel über Barnabas. Er stand deutlich im Schatten von Paulus. Doch wenn wir mit Paulus reden könnten, würde er vermutlich sagen: »Ich war so erfolgreich, weil Barnabas das Risiko auf sich nahm und eine Tür öffnete, die ich allein nicht hätte öffnen können. Barnabas glaubte an mich, als kein anderer es tat.«

Noch beeindruckender ist die Tatsache, dass jedes Leben, das Paulus später berührte, in gewisser Weise auch eine Belohnung für

Barnabas darstellte. **Es gibt kein größeres Vermächtnis, als anderen dabei zu helfen, erfolgreich zu sein.**

Gott hat mich reich gesegnet, und ich bemühe mich unablässig darum, meinen Einfluss so zu nutzen, dass andere sich weiterentwickeln und erfolgreich sind. Neulich erhielt ich einen Anruf von einem Pastor aus einer anderen Stadt. Er erklärte mir, seine Gemeinde versuche, von der Stadtverwaltung ein Gebäude zu erwerben. Ich kannte jemanden, der ihm dabei helfen konnte, und so legte ich dort ein gutes Wort für ihn ein. Die Person steht nicht im Telefonbuch. Sie besitzt kein eigenes Unternehmen. Aber ich konnte sie erreichen, und ich war froh, einer anderen Person dabei helfen zu können, ihr Ziel zu erreichen. Wenn wir für jemanden etwas tun, das er selbst nicht tun kann, werden wir über Umwege auch Gottes Segen erfahren.

Strecken Sie die Hand nach unten aus, wenn Sie den Aufstieg geschafft haben

Michael ist ein talentierter Musiker, der bei unseren Gottesdiensten in *Lakewood* Gitarre spielt. Er ist mit großen Musikern auf der ganzen Welt aufgetreten. Er ist ein Spitzenkönner in seinem Fach, aber er geht großzügig mit seiner Zeit um und lässt andere an seinem Wissen und seinem Talent teilhaben. Ich weiß das so genau, weil Michael unseren Sohn Jonathan vor einigen Jahren unter seine Fittiche nahm, als Jonathan Interesse am Gitarrenspiel zeigte.

Wir haben Michael nie gebeten, Jonathan Unterricht zu geben, und er hat auch nie Geld verlangt, obwohl sie mittlerweile seit mehr als acht Jahren zusammenarbeiten. Es ist offensichtlich, dass Michael ein großartiger Lehrer ist, denn mit seiner Hilfe ist Jonathan ein großartiger Gitarrist geworden.

Doch es gibt noch mehr über Michael zu sagen und über seine Bereitschaft, anderen zu helfen. Bevor er nach *Lakewood* kam, lebte er ein völlig anderes Leben als heute. Er nahm Drogen und war ständig auf Partys. Sein Lebensstil führte zu Problemen, doch

Michael nimmt heute keine Drogen mehr. Er geht am Wochenende nicht länger auf Feten.

Heute ist er Anbetungsleiter in unserem »Leben finden«-Kurs, in dem wir Abhängigen und Menschen mit seelischen Verletzungen helfen, davon frei zu werden. Michael hat es geschafft, und nun hilft er anderen, sich von ihren Abhängigkeiten zu befreien.

Unser Sohn Jonathan wird nie vergessen, wie Michael ihm dabei geholfen hat, seine Talente als Gitarrist zu entfalten. Auch in 70 Jahren wird er sich noch daran erinnern: *Ich verdanke Michael einen Teil meines Erfolgs. Er hat mir geholfen, erfolgreich zu sein. Er hat das Beste aus mir herausgeholt.* Wenn Sie jemandem zum Erfolg verhelfen, haben Sie einen Freund fürs Leben. Sie werden immer einen besonderen Platz im Herzen dieser Person einnehmen.

In meiner Anfangszeit als Pastor unserer Gemeinde erhielt ich einen Brief. Damals stieg ich noch mit gemischten Gefühlen aufs Podium. Sonntagmorgens hatte ich nicht besonders viel Selbstvertrauen. Während dieser Phase der Selbstzweifel fand ich jenen Umschlag auf meinem Schreibtisch. Als ich den Namen des Absenders las, erkannte ich ihn sofort.

Der Brief kam von John Maxwell, einem ehemaligen Pastor und Bestsellerautoren.

Ich hatte ihn noch nie zuvor getroffen. Aber ich bewunderte seine Bücher und seine Lehren sehr. Hastig öffnete ich den Brief, und dann war ich zutiefst berührt von dem, was ich las.

»Ich habe Sie am Sonntag im Fernsehen gesehen, und Sie waren hervorragend«, schrieb er. »Ich muss Ihnen einfach sagen: Sie haben das Zeug dazu.« Dann führte er mehrere Dinge auf, die ihm gefallen hatten. »Sie vermitteln die Botschaft auf einfache Weise. Sie haben eine angenehme Persönlichkeit.« Er gab auch einige Ratschläge: »Dies könnten Sie tun, um weniger nervös zu sein. Jenes mache ich, wenn ich mich auf eine Predigt vorbereite.«

John Maxwell, ein Pastor und Bestsellerautor, teilte seine Geheimnisse mit mir. Er machte mir Mut. Er konnte auf eine 40-jährige Erfahrung zurückblicken, und er gab sie freiwillig an einen jungen Mann weiter, dem er nie persönlich begegnet war. Er brauchte das nicht zu tun. Er war bereits erfolgreich. Doch er hatte den Grundsatz verstanden: Wahrer Erfolg besteht darin, die Hand nach hinten auszustrecken und jemand anderen mitzuziehen.

Einige Wochen nach Eintreffen des Briefes – den ich noch immer habe – vereinbarte ich ein Treffen mit John. Für das, was er für mich getan hat, wird John mein Leben lang mein Freund bleiben. Er sprach mir in einer sehr kritischen Phase meines Wegs Mut zu.

Schauen Sie sich in der kommenden Woche doch einmal um. Wen hat Gott in Ihr Leben hineingestellt? Die anderen sind nicht zufällig dort. Gott lässt Menschen zu einem bestimmten Zweck unseren Weg kreuzen. Wir sollten alle mit dem Bewusstsein leben: *Ich bin hier, um Menschen ein Stück auf ihrem Weg zu begleiten. Ich bin hier, um anderen zum Erfolg zu verhelfen.*

Leben Sie nicht mit der Einstellung: *Was könnten die anderen für mich tun? Was haben Sie mir zu bieten?* Stattdessen sollten wir uns fragen, wie wir anderen helfen, was wir ihnen beibringen und welche Kontakte wir mit ihnen teilen können. Machen Sie es wie John Maxwell, und halten Sie nach Möglichkeiten Ausschau, um die Größe ans Tageslicht zu fördern, die Gott in jeden von uns hineingelegt hat.

Helfen Sie anderen, ihre Träume zu erfüllen

Wenn Sie sich bemühen, Ihre Ziele zu erreichen und sich selbst ein gutes Leben aufzubauen, sollten Sie gleichzeitig dafür sorgen, dass Sie mit Ihrem Talent, Ihrem Einfluss und Ihrer Erfahrung auch denen helfen, die einen kleinen Schubs brauchen. Es gibt nichts Lohnenderes, als einen Tag in dem Wissen zu beschließen, dass man einem anderen Menschen dabei geholfen hat, sich der Erfüllung seines Traums anzunähern. Vielleicht haben Sie an diesem Tag Ihre Ziele erreicht, aber es ist noch besser, wenn Sie sich auch die Zeit genommen haben, in eine andere Person zu investieren. Vielleicht haben Sie kurz mit einem Freund oder einer jüngeren

Person telefoniert, um sie zu ermutigen, oder Sie haben sich nach der Arbeit fünf Minuten mit einem Kollegen unterhalten, um ihm den Rücken zu stärken; vielleicht haben Sie Ihrem Kind geholfen, eine Hausarbeit für die Schule fertigzustellen.

Wenn ich auf mein Leben zurückblicke, dann denke ich an vier oder fünf Personen außerhalb meiner Familie, die mir dabei geholfen haben, meine Träume zu verwirklichen; Menschen, die mir besonderes Interesse entgegenbrachten. Ein Trainer auf der Highschool machte mir Mut. Ich war der Kleinste in der Mannschaft, aber irgendwie überzeugte er mich davon, dass ich der größte, härteste, beste Spieler seit Michael Jordan war.

Eine weitere Person war Larry, mein Sonntagsschullehrer. Er ist noch heute Mitglied der *Lakewood*-Gemeinde. Er brachte mir und den anderen Jungen bei, aufmerksam zuzuhören. Er zog nicht einfach nur seine Lektionen durch, sondern sorgte dafür, dass es Spaß machte. Er ging stets die zweite Meile. Heute kann ich sagen: »Einen Teil meines Erfolgs verdanke ich Larry.«

Sie werden weder Larry noch meinen Basketballtrainer, noch die anderen Personen, die mir bei der Erfüllung meines Traums geholfen haben, jemals neben mir auf dem Podium sehen. Doch glauben Sie mir: Diese Menschen stehen jedes Mal, wenn ich dort oben stehe, bei mir. Auch John Maxwell ist mit mir dort oben. Ich bin glücklich und erfolgreich, weil mir so viele Menschen ihre Hand hingestreckt haben. Sie wussten, wie wichtig es ist, einem anderen zu Erfolg und Freude zu verhelfen.

Erfolgreich zu sein bedeutet nicht unbedingt, groß zu sein. **Was uns groß macht, ist die Tatsache, dass wir einem anderen unsere Hand hinhalten, um ihn weiterzuziehen, ihn nach oben zu bringen.** Größe sagt: »Gott hat mich nicht gesegnet, damit ich auf meinem Thron sitze und jedermann sehen lasse, was ich geleistet habe. Nein, ich weiß, dass Gott mich gesegnet hat, um anderen zum Segen zu werden. Gott hat mir geholfen, erfolgreich zu sein, damit ich einem anderen dabei helfen kann, ebenfalls erfolgreich zu sein.«

Größe erlangen Menschen, die sagen: »Gott hat mir geholfen,

diese Sucht zu überwinden, und nun will ich nach jemandem Ausschau halten, der in eine Sucht verstrickt ist, um ihm dabei zu helfen, davon frei zu werden.« Oder: »Gott hat mich mit einer gesunden, glücklichen Familie gesegnet. Ich will nach einer Familie suchen, die mit Schwierigkeiten kämpft, und ihr helfen, wieder alles in den Griff zu bekommen.« Oder: »Gott hat mir geholfen, jenen Kurs auf der Highschool zu bestehen. Jetzt will ich meinem Freund beim Lernen helfen, damit auch er die Prüfung schafft.«

Reichen Sie anderen die Hand

Wir sollten Personen, die noch nicht so weit sind wie wir, nicht nur die Hand hinhalten, um sie zu uns zu ziehen. Wir sollten auch denen die Hand reichen, die Seite an Seite mit uns unterwegs sind. Die Olympischen Spiele von 1936 fanden während der Naziherrschaft in Berlin statt. Hitler wollte nicht, dass Schwarze an den Wettkämpfen teilnahmen, und er wollte noch viel weniger, dass sie gar gewinnen. Ein führender Nazi bezeichnete die Schwarzen sogar als »Untermenschen«. An den Spielen nahm ein junger farbiger Amerikaner namens Jesse Owens teil. Entgegen Hitlers Wünschen hatte er bereits drei Goldmedaillen gewonnen und stand kurz vor der Qualifikation in einem Wettkampf, bei dem er eine vierte Goldmedaille gewinnen konnte.

Es war der Weitsprung. Jesse spürte die Feindseligkeit der Menge und bekam Konzentrationsprobleme. Sein erster Versuch ging fehl. Der Linienrichter ließ die Fahne hochgehen, weil er übergetreten hatte. Auch sein zweiter Versuch wurde nicht gewertet.

Bei einem dritten Fehlversuch wäre er disqualifiziert worden. Es war ganz untypisch für Jesse, aber die Buhrufe und die Beleidigungen der Menge brachten ihn völlig aus dem Konzept.

Jesses größter Konkurrent war ein groß gewachsener deutscher Athlet namens Carl Ludwig »Luz« Long. Sie kannten einander nicht. Jesse nahm wohl an, dass Long, der in seinem Land ein Held war, ebenfalls sein Feind war.

Doch vor Zehntausenden von Zuschauern tat Luz Long etwas völlig Undenkbares. Er ging auf Jesse zu, legte ihm den Arm um die Schulter und gab ihm Hinweise für seine Anlaufeinteilung.

Jesse befolgte seinen Rat und qualifizierte sich mit dem nächsten Versuch. Danach stellte er einen neuen Weltrekord auf und gewann seine vierte Goldmedaille. Im letzten Versuch schlug er Luz Long, doch Long war der Erste, der ihm gratulierte.

Später sagte Jesse Owens: »Long musste eine Menge Mut aufbringen, um mich vor den Augen Hitlers wie einen Freund zu behandeln. Wenn man alle Medaillen und Pokale einschmelzen ließe, die ich gewonnen habe, so würden sie nicht die Freundschaft aufwiegen, die ich in jenem Moment für Luz Long empfand.«

Ich hörte einmal den Spruch: »Niemand befindet sich höher auf der Leiter des Erfolges als derjenige, der die Hand nach unten reicht, um einem anderen zu helfen.« Wenn wir selbstlos leben und bereit sind, anderen Hilfestellung zu geben, wie Luz Long es tat, werden wir auf diese Weise ebenfalls Gottes Segen genießen. Wenn wir anderen helfen, ihre Träume zu verwirklichen, wird Gott dafür sorgen, dass sich unsere eigenen Träume erfüllen.

Ich habe herausgefunden, dass das größte Vermächtnis nicht darin besteht, was wir *für* die anderen, sondern was wir *in* ihnen zurücklassen. Luz Long, der im Zweiten Weltkrieg umkam, hinterließ Jesse Owens ein Vermächtnis von Mut und Freundschaft, das er sein Leben lang im Gedächtnis behielt – und der Rest der Welt mit ihm.

Investieren Sie in den Erfolg der anderen

Glauben Sie an eine Person, *bevor* sie erfolgreich ist. Jeder kann einer erfolgreichen Person seine Freundschaft anbieten, nachdem sie gewonnen, eine Stufe auf der Karriereleiter erklommen oder eine Sucht überwunden hat. Doch der andere braucht uns am meisten, *bevor* er Erfolg hat.

Viele Menschen brauchen nur eine kleine Hilfestellung, einen Rat, ein Wort der Ermutigung. Tun Sie das für andere, was Sie sich selbst von anderen wünschen. Vielleicht verfügen Sie über Erfahrungen, die andere vor Kummer und Not bewahren könnten. Behalten Sie Ihr Wissen nicht für sich. Greifen Sie zum Hörer, und rufen Sie den anderen an. Helfen Sie einer anderen Person, sich weiterzuentwickeln und ihr Potenzial auszuschöpfen.

Wenn Sie sich wünschen, dass Gott Sie segnet, dürfen Sie nicht egoistisch sein. Sie dürfen keine Mühen scheuen, um anderen zu helfen. Sie müssen einige Opfer bringen, um mit anderen Wissen zu teilen oder ihre Fähigkeiten weiterzuentwickeln – was auch immer zu ihrem Glück und ihrer Zufriedenheit beitragen wird.

Ein farbiger Freund von mir wuchs in einer armen Gegend mit heruntergekommenen Häusern auf. Seine Mutter war alleinerziehend. Seine Zukunft sah trostlos aus, obwohl er sehr intelligent war. Er arbeitete hart, und so gelang es ihm, ein Stipendium an einer Elitehochschule zu bekommen.

Die meisten seiner Kommilitonen stammten aus weißen, gut situierten Familien. Er teilte sein Zimmer mit einem aufgeweckten, weißen jungen Mann aus einer wohlhabenden Familie, der bereits die ganze Welt bereist hatte. Mein Freund hingegen hatte sein Stadtviertel nur selten verlassen. Ihr jeweiliges Leben unterschied sich völlig voneinander, und doch wurden die beiden beste Freunde. Mein Freund erzählte seinem Kameraden, er träume seit seiner Kindheit davon, Nachrichtenjournalist im Fernsehen zu werden.

Sein Zimmerkamerad ermutigte ihn, diesen Traum zu verfolgen, doch er fügte noch hinzu: »Wir müssen an deinem Wortschatz arbeiten, damit du auch wirklich eine Chance hast.« Er sah das Potenzial seines Freundes und investierte darin. Sie arbeiteten gemeinsam an seiner Ausdrucksweise, indem sie das Wörterbuch studierten und eine gute Aussprache einübten.

So ging es Tag für Tag, Woche für Woche. Vier Jahre lang brachte er seinem farbigen Freund täglich ein neues Wort bei, und so sorgte er dafür, dass mein Freund seinen Traum verwirklichen konnte. Er selbst war mit einer guten Erziehung und viel größeren Ressourcen gesegnet worden, nun gab er seine Segnungen weiter und investierte in den Erfolg eines anderen Menschen mit einem wesentlich weniger privilegierten sozialen Hintergrund.

Heute ist jener junge Mann aus der Sozialwohnungssiedlung ein preisgekrönter Journalist namens Byron Pitts, den sich Millionen von Zuschauern in der Sendung *60 Minutes*, der meistgesehenen Nachrichtensendung in den USA, anschauen. Er sagte mir: »Ich wäre nicht da, wo ich heute bin, wenn ich nicht meinen Zimmerkameraden gehabt hätte. Niemals hätte ich es so weit geschafft, wenn er nicht so viel Zeit in mich investiert hätte.«

Schenken Sie einen Traum

Wahrer Erfolg stellt sich dann ein, wenn wir selbstlos einen anderen Menschen mit uns nach oben ziehen, so wie es Lutz Long und der Zimmerkamerad meines Freundes taten.

Shay war zehn Jahre alt und sowohl körperlich als auch geistig behindert. Aber er liebte Baseball. Eines Tages spazierte er mit seinem Vater an einem Baseballfeld vorbei, wo einige Jungen in Shays Alter Baseball spielten.

»Meinst du, sie würden mich in einer Mannschaft mitspielen lassen?«, fragte Shay seinen Vater.

Shays Vater wusste, dass er nicht auf dem gleichen Niveau wie die anderen Jungen spielen konnte, aber er wollte seinen Sohn nicht enttäuschen. Also fragte er einen der Jungen auf der Spielerbank, ob Shay mitspielen könnte. Der kleine Junge sah Hilfe suchend seine Freunde an. Schließlich meinte er: »Nun, wir haben nur noch zwei Spielrunden zu spielen, und wir liegen mit drei Punkten hinten. Aber er kann gerne mitspielen. Wir werden ihn auf dem Outfield aufstellen.«

Shay war ganz aufgeregt. Er stellte sich in seinen Bereich und strahlte vor Glück. In der letzten Runde lag seine Mannschaft mit einem Punkt hinten. Zwei Schläger waren bereits rausgeflogen und einer stand noch an der dritten Base, als Shay mit Schlagen an der Reihe war.

Seine Mannschaftskameraden dachten darüber nach, einen Ersatzspieler zu nehmen, um das Spiel vielleicht doch noch gewinnen zu könnten, aber dann beschlossen sie, dass es nicht richtig wäre, Shay wieder aus dem Spiel herauszunehmen. Sie schickten ihn auf das Schlagmal, hegten aber keine großen Hoffnungen, dass er den Ball treffen würde. Sie glaubten das Spiel bereits verloren; darüber hinaus hatte die gegnerische Mannschaft einen sehr guten Werfer.

Dieser holte aus und gab dem Ball so viel Speed, dass Shay ihn nicht kommen sah. Er schwang seinen Schläger zu spät und traf weit daneben. In dem Moment erkannte der Werfer, dass Shay körperlich behindert war, und warf den nächsten Ball mit halber Geschwindigkeit. Doch auch diesmal schlug Shay daneben.

Nun trat der Werfer aus der Abwurfstelle heraus und ging näher an das Schlagmal heran. Er warf den Ball so sachte, wie er konnte, und ob Sie es glauben oder nicht, Shay traf ihn. Der Ball flog etwa anderthalb Meter und blieb vor dem Abwurfmal liegen. Der Werfer rannte los und hob ihn auf.

Instinktiv wollte er ihn zur ersten Base werfen, doch aus dem Augenwinkel heraus sah er Shay so schnell laufen, wie er nur konnte. Das Herz des Werfers war stärker als sein Instinkt. Er warf den Ball über den Kopf des Spielers an der ersten Base hinweg in das *Outfield*.

Shays Vater rief: »Lauf, Shay. Lauf!«

Der Läufer an der dritten Base punktete, während Shay seine erste Runde drehte und auf die zweite Base zu rannte. Mittlerweile hatten alle Jungen begriffen, was hier vorging. Der Outfielder warf den Ball über den Kopf des Shortstop hinweg. Der Spieler hinter dem Shortstop ließ den Ball durch seine Beine rollen.

Shay umrundete die dritte Base, und alle feuerten ihn nun an. Er lief zum Sieg, während sein Vater mit Tränen in den Augen zusah. Shay platzte beinahe vor Freude, als er über die Endbase lief und von seinen Mannschaftskameraden in die Arme genommen wurde.

Shays Mannschaft gewann das Spiel, doch die Jungen gewannen an jenem Tag noch etwas anderes: Gottes Segen. Manchmal müssen wir auf einen bestimmten Sieg verzichten, um etwas noch viel Wertvolleres zu gewinnen. In unserem Beispiel gewannen die Jungen der gegnerischen Mannschaft einen Freund fürs Leben. Sie machten Shay ein Geschenk, das er nie wieder vergessen würde.

Manchmal müssen wir Opfer bringen, damit ein anderer weiterkommt. **Manchmal müssen wir unsere eigenen Träume vorübergehend zurückstellen, um einem anderen bei der Erfüllung seines Traums zu helfen.** Doch wenn wir selbstlos leben und anderen dabei helfen, weiterzukommen, wird Gott dafür sorgen, dass jemand uns weiterbringt.

Ich möchte Ihnen Mut machen, jeden Tag zu einem »Shay-Tag« zu machen. Halten Sie nach jemandem Ausschau, in den Sie investieren können, eine Person, die Sie weiterbringen können. Gehen Sie abends nicht zu Bett, ohne darauf zurückblicken zu können, dass Sie einer anderen Person dabei geholfen haben, ein Ziel zu erreichen, ein Talent zu entdecken oder eine Fähigkeit einzusetzen. Ich möchte uns alle dazu auffordern, anderen bei der Erfüllung ihrer Träume zu helfen. Glauben Sie an jemanden, bevor er Erfolg hat. Helfen Sie ihm dabei, das zur Entfaltung zu bringen, was Gott in ihn hineingelegt hat.

Wenn Sie für andere tun, was sie nicht selbst tun können, wird Gott Sie dafür segnen. Er wird Ihnen dabei helfen, Ihre Träume Wirklichkeit werden zu lassen.

Kapitel 23

Bauen Sie andere auf

Helen war Mathelehrerin in der Mittelstufe einer Schule in Minnesota. Sie brachte den größten Teil der Schulwoche damit zu, schwierige Lektionen der Neuen Mathematik zu vermitteln. Ihre Schüler waren am Ende der Woche stets frustriert und unruhig und begannen, laut zu werden. Also schlug sie ihnen eines Freitags vor, ihre Bücher zur Seite zu legen und ein paar unbeschriebene Blatt Papier auf ihren Tisch zu legen. Dann gab sie folgende Anweisung: Schreib die Namen aller Klassenkameraden auf die linke Seite des Blattes; schreibe rechts daneben jeweils eine Sache, die du an dieser Person magst.

Die Anspannung und der Lärmpegel ließen nach, als die Schüler sich an die Arbeit machten. Auch ihre Laune hob sich, während sie der Aufgabe nachkamen. Immer wieder konnte man Lachen und Kichern vernehmen. Die Schüler sahen sich im Raum um und witzelten miteinander. Als die Glocke das Ende des Schultages ankündigte, war Helens Klasse viel fröhlicher als zuvor.

Sie nahm die Listen übers Wochenende mit nach Hause und verbrachte den Samstag und den Sonntag damit, für jeden Schüler sämtliche positiven Bemerkungen auf jeweils einem Blatt zusammenzutragen, sodass er die netten Dinge über sich lesen konnte, ohne zu wissen, von wem sie stammten.

Am nächsten Montag gab sie jedem Schüler seine Liste. Aufregung und Lachen füllten den Raum.

»Wow! Danke! Wie cool!«

»Ich hätte nie gedacht, dass mich jemand beachten würde!«

»Es gibt jemanden, der mich schön findet!«

Helen hatte diese Übung durchgeführt, um die angespannte Stimmung in der Klasse aufzulockern, doch es geschah noch mehr. Die Schüler bekamen Auftrieb. Sie wuchsen zu einer stärkeren Klassengemeinschaft zusammen, und jeder Einzelne hatte mehr Selbstvertrauen. Sie wirkten alle entspannter und fröhlicher.

Ungefähr zehn Jahre später erfuhr Helen, dass einer ihrer Lieblingsschüler aus jener Klasse, ein charmanter Junge namens Mark, im Vietnamkrieg ums Leben gekommen war. Sie erhielt von Marks Eltern eine Einladung zur Beerdigung mit der persönlichen Bitte, nach der Bestattung auf ihre Farm zu kommen, damit man sich noch einmal miteinander unterhalten konnte.

Als Helen eintraf, wurde sie von den trauernden Eltern beiseite genommen. Der Vater zeigte ihr Marks Brieftasche und holte zwei abgegriffene Blätter liniertes Papier daraus hervor, das über die Jahre unzählige Male auseinander- und zusammengefaltet und geklebt worden war. Helen erkannte ihre Handschrift und fühlte Tränen in sich aufsteigen.

Marks Eltern erzählten, er habe die Liste mit den Komplimenten seiner Klassenkameraden immer bei sich getragen. »Vielen Dank, dass Sie das getan haben«, sagte seine Mutter. »Er hat diese Blätter wie einen Schatz gehütet.«

Helen, die immer noch mit den Tränen rang, ging in die Küche, wo viele von Marks ehemaligen Klassenkameraden aus der Mittelstufe versammelt waren. Sie sahen, dass Marks Eltern die Liste in der Hand hielten. Einer nach dem anderen holten sie ihre eigene Liste aus Brieftaschen und Handtaschen hervor oder sie erzählten, sie hätten ihre Liste in einem Album, einer Schublade, einem Tagebuch oder einer Aktenmappe aufgehoben.

Helen, die Lehrerin, hatte Kinder dabei unterstützt, zu selbstbewussten Persönlichkeiten heranzuwachsen. Sie hatte instinktiv einen Weg gefunden, um ihren Schülern Mut zu machen und sie aufzubauen. Andere aufzubauen bedeutet, ständig in sie zu investieren und das Beste aus ihnen herauszuholen. Man gibt, ohne etwas dafür zu erwarten. Man erteilt einen Rat, schenkt ihnen Selbstvertrauen und motiviert sie dazu, mehr zu erreichen.

Ich habe erkannt, **dass die meisten Menschen im Grunde nur eines brauchen: Auftrieb.** Sie benötigen nur eine kleine Ermutigung, einen kleinen Anstoß, um das zu werden, wozu Gott sie geschaffen hat. Tatsächlich wird keiner von uns sein Potenzial ganz allein ausschöpfen. Wir brauchen einander. Und Sie könnten derjenige sein, der einem anderen Rückenwind gibt. Sie könnten diejenige sein, die die göttlichen Samen in einem anderen Menschen zum Wachsen bringt.

Holen Sie das Beste aus den anderen heraus

Der Baseballspieler Reggie Jackson sagte einmal: »Ein großer Trainer besitzt die Fähigkeit, einem Spieler das Gefühl zu geben, er sei besser als er selbst. Er schenkt dem Spieler Selbstvertrauen. Er zeigt, dass er an den Spieler glaubt, und schon bald entdeckt der Spieler ein Talent, von dem er bisher nichts ahnte.«

Genau das passiert, wenn wir an das Beste in einem anderen glauben. Wir holen dann das Beste aus ihm heraus. Paulus riet genau dazu, als er an die Gemeinde in Thessaloniki schrieb: »Macht also einander Mut und helft euch gegenseitig weiter …« (1. Thessalonicher 5,11). Der Begriff »Mut machen« bedeutet »vorantreiben«. Jeder von uns sollte eine Person haben, an die wir glauben, jemand, den wir vorantreiben, dem wir helfen, Ziele und Träume zu erreichen.

Wie ermutigen wir den anderen? Wir müssen uns mit dieser Person befassen und herausfinden, was sie besonders gut macht. Was begeistert sie? Welche Stärken hat sie? Jemand, der andere ermutigt, sieht oft Dinge, die die Betreffenden selbst gar nicht wahrnehmen. Ein einfaches Kompliment, ein Wort der Ermutigung kann jemandem das Vertrauen schenken, das er braucht, um einen Glaubensschritt zu tun.

Ein junger Mann, der sich verzweifelt bemühte, die richtige Richtung für sein Leben zu finden, kam 1975 vom College nach Hause, um seine Eltern zu besuchen. Er ging in den Schönheitssalon seiner Mutter und traf dort auf Ruth Green, eine treue Kundin, die sich gerade ihre Haare frisieren ließ. Er begrüßte sie und setzte sich. Dann wurde er zunehmend nervöser, weil sie ihn so intensiv ansah.

Schließlich nahm sie die Trockenhaube ab und meinte: »Kann mir bitte jemand ein Blatt Papier und einen Kugelschreiber bringen?«

Dann schrieb sie eine Vision nieder, die ihr gekommen war, als der junge Mann das Geschäft seiner Mutter betreten hatte. Sie gab ihm das Blatt und sagte: »Denzel, du wirst zu Millionen von Menschen sprechen. Du wirst durch die ganze Welt reisen und etwas Positives bewirken.«

Der junge Denzel Washington steckte diese Prophezeiung in seine Brieftasche und verwahrte sie in seinem Herzen. In den folgenden Jahren holte er diesen Zettel immer wieder hervor, wenn er während seiner Schauspielerkarriere den Mut verlor. Er erinnerte ihn daran, dass es da jemanden gab, der an ihn glaubte.

Bis heute trägt der *Oscar*-prämierte Schauspieler diesen Zettel bei sich. Wer weiß, wo er heute wäre, wenn Ruth Green sich nicht die Zeit genommen hätte, eine so positive Aussage über seine Zukunft zu machen. Wer weiß, ob er so erfolgreich geworden wäre, wenn diese Frau nicht den Samen des Glaubens in sein Herz gesät hätte. Wir können nicht wissen, welche Auswirkungen eine kleine Botschaft, ein Wort der Ermutigung haben kann.

Wir können das Beste oder aber das Schlechteste aus einem anderen herausholen. Ich las, dass 75 Prozent der Gefängnisinsassen erzählten, ihre Eltern oder Erzieher hätten ihnen schon in ihrer Kindheit prophezeit, wo sie einmal enden würden. Man hatte falsche Samen gesät und die Erwartungen zu niedrig gesteckt.

Wenn man einem Kind erzählt, man müsste bei ihm mit dem Schlimmsten rechnen, dann wird das Kind sich zum Schlimmsten entwickeln. Ich frage mich oft, was wohl passiert wäre, wenn jemand diesen Gefängnisinsassen früher gesagt hätte, sie würden eines Tages Arzt oder Unternehmer oder Lehrer werden. Wer weiß, wo diese Menschen gelandet wären, wenn es nur eine Person in ihrem Leben gegeben hätte, die sie aufbaut. Wenn nur eine Person an sie geglaubt und sich die Zeit genommen hätte, ihre Talente zu fördern, ihren Träumen zu lauschen, herauszufinden, was sie gut können, und sie zu ermutigen, das Beste aus sich zu machen. Wenn ihnen nur eine Person die Möglichkeit gegeben hätte, Erfolg zu haben, anstatt ihnen zu prophezeien, dass sie scheitern würden.

Erfolg fördern

Robert, ein Freund von mir, hatte einen Onkel, der ihn schon früh auf den Weg des Erfolgs brachte. Dieser Onkel hatte seit seiner Geburt in China gelebt, doch dann kehrte er in die Vereinigten Staaten zurück und traf Robert auf der Veranda der Farm in Iowa, auf der Robert aufwuchs.

Robert sah den Wagen des Onkels auf der staubigen Straße auf das Haus zukommen. Er war ganz aufgeregt, endlich diesen weitgereisten Onkel kennenzulernen. Als er durch das Tor fuhr, rannte der kleine Robert hinaus. Der Onkel stieg aus, drückte den Jungen an sich und schwang ihn herum.

»Du musst Robert sein. Ich habe schon viel von dir gehört«, meinte der Onkel.

Er trat er einen Schritt zurück und betrachtete ihn. Und dann sagte er so aus dem Blauen heraus: »Weißt du was, Robert? Ich glaube, du wirst eines Tages Pastor werden. Ich glaube, du wirst sogar ein ganz toller Pastor werden.«

Warum sagte er das? Es gab keine Pastoren in der Familie. Er hatte nur eine Ahnung tief in seinem Innern, und er war kühn genug, diese Ahnung im Vertrauen auf Gott auszusprechen. Er säte im Herzen des kleinen Robert einen Samen. Und an jenem Abend, als er im Bett lag, betete der Kleine für sich: »Lieber Gott, lass das, was mein Onkel gesagt hat, wahr werden. Lass mich eines Tages Pastor werden.«

Sie wissen vielleicht, dass Robert Schuller, der in Alton, Iowa, aufwuchs, einer der großen Pastoren unserer Zeit wurde. Ist es nicht erstaunlich, was ein einfaches Wort der Ermutigung ausrichten kann? Sehen Sie nur, was es in Roberts Leben bewirkt hat.

Sie können die Träume eines anderen unterstützen, indem sie ihm die Möglichkeit geben, erfolgreich zu sein. Sie können ein Feuer im Innern eines anderen entzünden, das ein Leben lang weiterglüht. Wenn Sie sich die Zeit nehmen, an jemanden zu glauben und Vertrauen in sein Herz säen, dann können Ihre Worte die Saat sein, die Gott aufsprießen lässt.

Ich möchte Sie dazu auffordern, anderen die Möglichkeit zu geben, Erfolg zu haben. Seien Sie jemand, der Samen sät. Seien Sie jemand, der andere aufbaut. Lassen Sie nicht zu, dass Ihre eigenen Träume und Ziele Sie derart in Anspruch nehmen, dass nur Sie selbst weiterkommen. Halten Sie Ausschau nach Menschen, die Sie vorantreiben können. Lernen Sie, in ihnen Vertrauen aufzubauen. Vermitteln Sie ihnen eine größere Vision. Sprechen Sie positive Dinge für ihr Leben aus.

Ich kenne einen älteren Mann, der das sehr gut kann. Jedes Mal, wenn er ein kleines Kind sieht, bittet er die Eltern um die Erlaubnis, das Kind zu sich zu rufen. Dann sagte er ihm: »Junger Mann (oder junge Frau), ich habe ein ganz besonderes Talent, ich kann etwas tun, das nur sehr wenige Menschen können: Ich bin in Lage, einen Gewinner zu erkennen.«

In der Regel werden die Augen des Kindes tellergroß. Dann fragt er das Kind, ob er eine Einschätzung vornehmen darf. Die Eltern spielen natürlich mit. Er tritt einen Schritt zurück, betrachtet das Kind, geht langsam um es herum und sagt: »Okay. Ja. Ich verstehe …«

Wenn die »Einschätzung« beendet ist, sagt er: »Ich habe großartige Neuigkeiten für dich. Ich habe mich noch nie getäuscht. Ich habe immer recht. Du, mein Freund, bist tatsächlich ein Gewinner.«

Die Mine des Kindes hellt sich auf, es läuft zu den Eltern zurück und sagt: »Mama, Papa, stellt euch vor: Ich bin ein Gewinner.«

Mein Freund baut diese Kinder auf, gibt ihnen Rückenwind, flößt ihnen Selbstvertrauen ein und stärkt ihr Selbstwertgefühl.

Es ist so leicht, das zu tun, und viele Menschen können davon profitieren. Sicherlich gibt es viele Menschen in Ihrem Leben – Arbeitskollegen, Nachbarn, Kommilitonen –, die ein Wort der Ermutigung, der Anerkennung gebrauchen könnten. Jemand in Ihrem Umfeld sehnt sich nach Ihrer Bestätigung.

Sie können sich nicht vorstellen, was es für einen anderen bedeutet, von Ihnen Bestätigung zu erfahren und zu hören, dass Sie stolz auf ihn sind und glauben, dass er große Dinge vollbringen wird. **Jeder Mensch braucht Wertschätzung und Anerkennung.** Jeder Mensch braucht diesen Segen.

Geben Sie Ihr Vertrauensvotum ab

Sogar Henry Ford profitierte in jungen Jahren von einer solchen Ermutigung, und einer der Menschen, die ihn gefördert haben, war kein Geringerer als Thomas Edison. Der Pionier-Autobauer wurde Edison als der Mann vorgestellt, »der versucht, einen Wagen zu bauen, der mit Benzin betrieben wird«. Als Edison das hörte, hellte sich seine Miene auf. Er schlug mit der Faust auf den Tisch und sagte: »Sie haben es erfasst! Ein Wagen, der sein eigenes Triebwerk hat. Das ist eine glänzende Idee!«

Bisher hatte sich Henry Ford mit vielen Schwarzmalern herumgeschlagen, die ihn entmutigen wollten. Er war kurz davor, seine Pläne an den Nagel zu hängen, doch dann kam Edison und gab ihm wieder Selbstvertrauen. Es war ein Wendepunkt im Leben von Henry Ford.

»Ich dachte, ich hätte eine gute Idee, doch ich begann, an mir selbst zu zweifeln«, sagte er später. »Dann kam einer der klügsten Köpfe der Menschheitsgeschichte daher und sprach mir seine vollkommene Anerkennung aus.«

Ein einfaches Vertrauensvotum trug dazu bei, die Automobilindustrie anzustoßen. Wir wissen gar nicht, über wie viel Macht wir verfügen. Wir machen uns nicht immer klar, was es für einen anderen bedeutet, wenn wir ihm sagen: »Ich glaube an dich. Du hast das Zeug dazu. Ich stehe hundertprozentig hinter dir.«

Geben Sie Ihr Vertrauensvotum ab. Werden Sie zum größten Fan einer Person. Machen Sie ihr Mut. Muntern Sie sie auf, wenn sie niedergeschlagen ist. Spenden Sie ihr Beifall, wenn sie erfolgreich ist. Beten Sie, wenn sie kämpft. Treiben Sie sie voran. Das bedeutet es, andere aufzubauen.

Wir alle brauchen jemanden, der stärker an uns glaubt als wir selbst, der unser Potenzial erkennt, der weiter sieht und uns in die Richtung leitet, in die wir nach Gottes Willen gehen sollen.

Jesus richtete seinen Blick nicht auf die Fehler der Menschen in seinem Umfeld. Er sah ihr Potenzial. Sein Jünger Petrus war ungeschliffen, jähzornig und vorlaut. Doch Jesus sah über all das hinweg; er sah sein Potenzial. Jesus pflanzte Glauben in ihn hinein und half ihm, sich selbst in einem anderen Licht zu sehen, einen Petrus, der mehr werden konnte als nur ein Fischer. Seine Ermutigung sorgte dafür, dass Petrus schließlich die Person wurde, als die Gott ihn geschaffen hatte.

Im Buch der Sprüche, Kapitel 12, Vers 25 lesen wir, dass freundliche Worte einen Menschen wieder aufrichten. Wenn Sie anderen dabei helfen, größer zu träumen, dann werden sie Dinge tun, die sie zuvor niemals hätten tun können. Ihr Erfolg wird zum Teil das Ergebnis Ihres Glaubens, Ihres Vertrauens in sie und der Saat sein, die Sie gesät haben, um ihr Wachstum zu ermöglichen.

In Erwartungen hineinwachsen

Der Direktor einer kalifornischen Highschool führte ein Experiment durch. Er sagte drei Lehrern, man habe sie zu den klügsten und effizientesten Pädagogen ihres Bezirks erklärt und sie seien infolgedessen für ein neues Programm ausgewählt worden.

»Wir geben Ihnen die neunzig besten Schüler, die Schüler mit dem höchsten IQ, und Sie werden Ihnen Schnellkurse geben«, erklärte man ihnen.

Die Schüler und Lehrer waren natürlich begeistert und stolz, zur »Crème de la Crème« zu gehören. Ihre Leistungen im Rahmen des neuen Programms verbesserten sich dramatisch. Am Ende des Schuljahres hatten diese drei Klassen 30 Prozent mehr gelernt als die übrigen Schüler. Sie waren 30 Prozent weiter im Stoff.

Stellen Sie sich vor, wie geschockt die Lehrer waren, als der Direktor ihnen mitteilte, das Ganze sei ein Experiment gewesen und ihre Schüler seien willkürlich ausgewählt worden und nicht etwa besonders leistungsstark. Die Lehrer staunten darüber, wie gut die Schüler abgeschnitten hatten, und gratulierten sich selbst. Dann gestand der Direktor auch den Rest der Wahrheit.

Sie waren nicht die drei besten Lehrer des Bezirks. Auch sie waren willkürlich ausgewählt worden. Das Experiment des Direktors bestätigte, dass wir in das Niveau unserer Erwartungen hineinwachsen. Wenn wir Menschen in unserem Umfeld aufbauen, dann werden sie in unsere Erwartungen hineinwachsen.

Vielleicht ist es Ihnen nicht bewusst, doch meine Bücher werden nur an die klügsten, intelligentesten, kreativsten, talentiertesten, großzügigsten und glücklichsten Leser der Welt verkauft! Ja, auch Sie sind die »Crème de la Crème«. Ich habe großes Vertrauen in Sie. Ich weiß, dass Sie große Dinge vollbringen werden. Sie werden Gottes Bestimmung für Ihr Leben erfüllen.

Nun, da Sie von mir aufgebaut wurden, tun Sie dasselbe mit anderen. Schauen Sie sich um, wen Gott in Ihr Leben hineingestellt hat, damit Sie ihn inspirieren und motivieren. Selbst kleine Gesten wie ein freundliches Wort, ein Mut machender Brief oder die Anerkennung des Talents einer Person können für jemanden, der Auftrieb braucht, den entscheidenden Unterschied machen.

Freundliche Worte können ein Leben verändern

Ein Teenie-Mädchen kämpfte gegen die Magersucht. Sie war fast 1,80 Meter groß, wog aber weniger als 50 Kilo. Sie nahm nicht mehr als ein paar Hundert Kalorien pro Tag zu sich und bekam Depressionen. Sie brach die Beziehungen zu ihren Freunden und zu ihrer Familie ab. Verhungern schien ihr eine vernünftige Alternative zu sein, da sie keinen Sinn und kein Ziel in ihrem Leben sah.

Eines Tages rief eine langjährige Schulfreundin an und fragte sie, ob sie ihr bei den Mathe-Hausaufgaben helfen könnte. Sie bat dringend um ihre Hilfe, also willigte unser magersüchtiges Mädchen ein, ihr zu helfen. Sie lösten die Aufgaben zusammen, und hinterher sagte die Schulfreundin nebenbei: »Du bist so klug und kannst diese Dinge so toll erklären. Du wärst bestimmt eine klasse Mathelehrerin!«

Dieser einfache Kommentar pflanzte einen Samen in dieses aufgewühlte Mädchen. Die ermutigenden Worte ließen in ihr eine Ahnung davon aufkommen, dass ihr Leben doch Sinn und Zweck hatte. Sie erkannte, dass sie ein Talent besaß und anderen etwas zu geben hatte. Sie bekam eine andere Sicht ihres Lebens, das daraufhin eine neue Richtung nahm. Heute, 20 Jahre später, ist sie eine gesunde, glückliche Mutter von drei Kindern und eine preisgekrönte Mathematiklehrerin, die mit leistungsschwachen Kindern arbeitet. Sie schreibt die Wende in ihrem Leben den Worten zu, die jene Schulfreundin zu ihr gesagt hatte.

Eine einfache Bestätigung, ein Wort der Ermutigung oder ein Lob können viel verändern. Wenn wir jemanden mit unseren Worten segnen, dann säen wir dadurch einen Samen des Glaubens in ihn.

Bei uns zu Hause gab es früher eine Familientradition. Wenn jemand Geburtstag hatte, dann forderte meine Mutter jeden von uns vor dem Essen des Geburtstagskuchens auf, eine positive Bemerkung über das Geburtstagskind zu machen. Als ich noch klein war, graute mir ein wenig davor. Mir fiel einfach nichts Positives ein, das ich über meinen Bruder Paul hätte sagen können. Das

Einzige, was mir einfiel, war ein Satz, den ich oft von anderen hörte: »Euer Bruder sieht wirklich gut aus!«

Als ich jedoch älter wurde, begriff ich immer mehr, wie wichtig und wertvoll es ist, nicht nur positive Worte zu hören, sondern sie auch selbst auszusprechen. Einfache Bestätigungen haben einen so großen Einfluss auf unser Selbstvertrauen und unser Selbstwertgefühl. Selbst ein kleines Lob kann den Tag eines anderen retten oder eine Saat der Hoffnung säen. »Du kannst so toll zeichnen.« Oder: »Du kannst dich so gut ausdrücken.« Oder: »Deine Stimme hat so viel Ausdruckskraft.«

Sie können sich sicher sein, dass niemand es leid wird, Komplimente oder Ermutigungen zu hören. Man kann immer weiter machen und den Leuten sagen, wie wundervoll sie sind – sie werden dessen nie überdrüssig! Das zeigt, wie sehr wir uns danach sehnen, Ermutigung und Richtungsweisung für unser Leben zu bekommen.

John Wooden, das verstorbene Basketball-Genie, sagte seinen Spielern: »Wenn ihr einen Korb geworfen habt, dann seht euch immer nach dem Spieler um, der euch den entscheidenden Ball zugeworfen hat. Zollt ihm Anerkennung. Nickt mit dem Kopf. Lächelt. Zeigt mit dem Finger auf ihn. Macht irgendetwas, um ihm eure Anerkennung zu zeigen.«

»Und wenn er nicht in meine Richtung sieht?«, wollte einer der Spieler wissen.

»Keine Sorge. Er wird zu dir sehen«, erwiderte Wooden.

Wir alle lieben es, Wertschätzung zu erfahren. Wir alle werden gern gelobt und ermutigt.

Mark Twain sagte: »Von einem einzigen Kompliment kann ich ein Jahr lang zehren.« **Wen können Sie mit einer Ermutigung beschenken?** Sparen Sie auch solche Menschen nicht aus, die mehr als die meisten erreicht haben. Jeder braucht Wertschätzung. Abraham Lincoln trug mehrere Dinge bei sich, als er erschossen wurde; sie sind im *Smithsonian Institut* in Washington, D. C., ausgestellt. Er hatte ein Taschentuch mit seinen Initialen bei sich, außerdem einen Fünfdollarschein und einen zusammengefalteten

Zeitungsartikel. Dieser trug die Überschrift: »Abraham Lincoln – einer der größten Staatsmänner aller Zeiten«.

Warum trug er diesen Artikel mit sich herum? Lincoln diente seinem Land in der sehr schwierigen Zeit des amerikanischen Bürgerkriegs, als tiefgreifende Umwälzungen bezüglich der Sklaverei und anderer wichtiger Themen stattfanden, die das junge Amerika erschütterten. Man kritisierte ihn, man machte ihn lächerlich, man machte ihn immer wieder schlecht. So musste sich selbst dieser große Mann dann und wann bewusst daran erinnern, dass es jemanden gab, der ihn schätzte und an ihn glaubte.

Ich weiß nicht, wie es Ihnen geht, aber ich möchte gern jemand sein, der anderen bei der Erfüllung ihrer Träume hilft und dessen Mut machende Worte jemand in seiner Brieftasche mit sich herumtragen kann. Ich möchte gern Vision, Glauben und Segnungen vermitteln, um andere zu inspirieren und zu ermutigen. Sie haben die Macht, einen anderen Menschen dabei zu unterstützen, der Erfüllung eines Traumes näher zu kommen. Die Menschen in Ihrem Leben sind nicht zufällig dort. Glauben Sie an sie? Fördern Sie sie? Sagen Sie ihnen wertvolle Dinge?

Ich möchte Ihnen eine Aufgabe stellen: Suchen Sie sich mindestens eine Person, die Sie aufbauen können. Vielleicht kommen Ihnen auch vier oder fünf verschiedene Menschen in den Sinn. Notieren Sie ihren Namen auf einem Blatt Papier. Schreiben Sie auf, was Ihnen an diesen Personen gefällt, welche Stärken sie haben. Beten Sie für sie. Bitten Sie Gott, Ihnen zu zeigen, wie Sie diesen Menschen zum Segen werden können. Finden Sie dann ermutigende Worte für sie. Schreiben Sie ihnen Mut machende Briefe. Lassen Sie sie wissen, dass Sie an sie glauben.

Wenn diese Menschen Erfolg haben, dann ist das auch Ihr Erfolg. Wenn Sie aus einem anderen Menschen das Beste herausholen, dann wird auch Ihr Bestes hervorkommen. Gehen Sie großzügig mit Komplimenten um. Sagen Sie den anderen, was sie Ihnen bedeuten. Machen Sie es sich zur Gewohnheit, die Menschen in Ihrem Lebensumfeld aufzubauen. Wenn Sie solche Samen säen, wird Gott dafür sorgen, dass sie auch sprießen werden.

Kapitel 24

Helfen Sie, andere zu heilen

Ein gut gekleideter Mann hielt mich vor Kurzem auf einem belebten Bürgersteig an. Seinem Äußeren nach zu urteilen war er ausgesprochen erfolgreich, doch als er mir einen Blick hinter die Fassade gewährte, erkannte ich, dass er Kummer hatte und entmutigt war: Er und seine Frau hatten sich getrennt.

»Ich habe keinen Grund mehr weiterzuleben«, sagte er.

Er konnte gar nicht mehr aufhören zu schluchzen. Mein Mantel war schon ganz nass von seinen Tränen. Ich hatte nicht alle Antworten parat. Ich konnte dort auf dem Bürgersteig nicht all seine Probleme lösen. Aber ich konnte ein wenig heilendes Öl in ihn hineinträufeln, indem ich ihm Mut machte.

»Gott hält Sie in seiner Hand«, sagte ich. »Ich bin fest davon überzeugt, dass unser Zusammentreffen kein Zufall ist. Gott möchte Ihnen durch mich sagen: ›Verlass dich auf mich! Es wird alles gut werden.‹«

Mehr brauchen die meisten Menschen gar nicht zu hören. Wir müssen ihnen keine Predigt halten. Wir brauchen auch nicht 25 Bibelverse zu zitieren oder ein achtstündiges Beratungsgespräch zu führen. Ein paar freundliche Worte können bereits einen Heilungsprozess in Gang setzen.

Nachdem ich mit dem Mann gebetet hatte, bemerkte er, wie nass mein Mantel war. Er war ganz verlegen. »Oh, Joel. Ich fürchte, ich habe Ihren Mantel ruiniert.«

Ich sagte es nicht, aber für mich waren diese Tränen wie Abzeichen. Wir sind Gott selten näher als dann, wenn wir denen helfen, die Kummer haben, und ihre Tränen abwischen.

Gleichgültig, wohin wir uns wenden: Überall gibt es Menschen, die in Not sind. Vielleicht lächeln sie nach außen hin, doch in ihrem Innern sieht es finster aus. Viele Menschen tragen ihren Kummer still mit sich herum und finden keine Heilung. Wir sollten eines nicht vergessen: Gott hat uns allen einen Dienst anvertraut! Vielleicht nicht auf der Kanzel, doch Gott zählt auf jeden Einzelnen von uns, wenn es darum geht, uns nach anderen auszustrecken und ihnen Heilung zu bringen.

Haben Sie ein Gespür für die Nöte der Menschen in Ihrem Umfeld? Für Ihre Freunde? Ihre Nachbarn? Ihre Arbeitskollegen? Oft kommt es vor, dass jemand innerlich verzweifelt ist, aber wie der Mann auf dem Bürgersteig seine Verzweiflung aus Scham und Furcht vor anderen verbirgt. Viele Menschen wissen nicht, wo sie Hilfe finden können, also sollten *Sie* auf sie zugehen, wenn Sie spüren, dass etwas nicht stimmt. Seien Sie jemand, der heilt und Menschen aufhilft. Nehmen Sie sich die Zeit, Tränen abzuwischen.

Es ist nicht unsere Aufgabe, andere zu verurteilen. Gott möchte, dass wir den Gefallenen auf die Beine helfen, den Gebrochenen Trost bringen und die Verletzten heilen.

Allzu oft konzentrieren wir uns aber nur auf unsere eigenen Ziele und Träume und hoffen selbst auf ein Wunder; doch ich habe gelernt, dass Gott mich gebrauchen kann, damit *ich* das Wunder eines anderen sein kann. In unseren Händen ist Heilung. In unserer Stimme ist Heilung. Wir sind Gefäße, die mit Gottes Liebe erfüllt sind.

Wir sind angefüllt mit Ermutigung, Gnade, Wiederherstellung und Heilung. Lassen Sie uns deshalb überall, wohin wir gehen, Gottes Güte weitergeben. Wir können Menschen in Not sagen:

- »Du hast vielleicht Fehler gemacht, doch Gottes Gnade ist größer als jeder Fehler.«
- »Du hast Jahre deines Lebens mit falschen Entscheidungen

vergeudet, doch Gott hat immer noch Mittel und Wege, dich ans Ziel zu bringen.«
- »Du leidest unter einer Sucht, doch die Kraft des Allerhöchsten kann dich davon befreien.«

So können wir Gutes tun: Wir können den Gefallenen aufhelfen, die Mutlosen ermutigen und uns Zeit nehmen, Tränen abzuwischen.

Verlassen Sie Ihren Wohlfühlbereich, um andere zu trösten

Jesus erzählte die Geschichte vom barmherzigen Samariter, der auf seinem Esel unterwegs war und einen Mann sah, der misshandelt und halbtot auf der Straße liegen gelassen worden war. Er hob den Verletzten auf seinen Esel und brachte ihn an einen Ort, an dem er sich erholen konnte. Ich finde es besonders bemerkenswert, dass der Samariter den verletzten Mann reiten ließ, während er selbst zu Fuß ging; denn wenn wir andere trösten wollen, müssen wir manchmal auf unsere eigene Bequemlichkeit verzichten. Manchmal müssen wir den Platz mit denen tauschen, die Kummer haben.

Um zur Heilung eines anderen beizutragen, müssen wir möglicherweise Unannehmlichkeiten auf uns nehmen. Vielleicht müssen wir auf unser Abendessen verzichten, um jemandem die Tränen abzuwischen. Vielleicht müssen wir das Fußballtraining ausfallen lassen, um einem Ehepaar bei der Bewältigung seiner Krise zu helfen. Vielleicht müssen wir sogar die ganze Stadt durchqueren, um einen Arbeitskollegen, der unter einer Sucht leidet, zum Gottesdienst abzuholen.

Wer wirklich Heilung bringen will, nimmt Unannehmlichkeiten in Kauf und ist bereit, Risiken auf sich zu nehmen, wenn es darum geht, denen die Hand zu reichen, die wirklich Hilfe brauchen. Jim Bakker war lange Jahre Pastor und Fernsehprediger, bis sich herausstellte, dass er unter anderem Bilanzbetrug begangen hatte. Er wanderte daraufhin für fünf Jahre ins Gefängnis. Kurz vor seiner Freilassung nahm Franklin Graham, der Sohn von Billy Graham, Kontakt mit ihm auf und teilte ihm mit, seine Familie habe ein Haus für ihn angemietet und ihm einen Wagen besorgt.

»Franklin, das kannst du nicht machen«, sagte Bakker. »Ich trage eine zu schwere Last mit mir herum. Du wirst in die Kritik geraten. Dein Dienst darf nicht mit meinem Namen in Verbindung gebracht werden.«

»Natürlich können wir das tun«, erwiderte Franklin. »Du warst vor dieser Sache unser Freund, und du bleibst es auch hinterher.«

Den ersten Sonntag nach seiner Entlassung aus dem Gefängnis verbrachte Jim Bakker auf Anordnung des Gerichts vorübergehend in einem Resozialisierungszentrum. Ruth Graham, Billy Grahams Ehefrau, rief in diesem Zentrum an und fragte, ob Jim die Erlaubnis erhalten könne, mit den Grahams zur Kirche zu gehen. Der Richter stimmte zu. Als Jim die Kirche betrat, führten sie ihn direkt in die erste Reihe und wiesen ihm den Platz neben Franklin Graham zu.

Zehn oder fünfzehn Mitglieder der Familie Graham saßen schließlich dort; bevor der Gottesdienst begann, blieben neben Jim Bakker aber noch zwei Plätze frei. Er hatte keine Ahnung, für wen sie gedacht waren. Doch als die Musik einsetzte, öffnete sich eine Seitentür, und Billy und Ruth Graham traten ein. Sie setzten sich neben Jim Bakker. Er war erst 48 Stunden zuvor aus dem Gefängnis entlassen worden, doch in aller Öffentlichkeit war klargestellt worden, dass die Grahams Jim Bakker nach wie vor als Freund betrachteten.

Was taten die Grahams mit einem überführten Straftäter? Sie liebten ihn bedingungslos. Sie handelten wie jemand, der Heilung bringt.

Ich hörte einmal jemanden sagen: »Ein wahrer Freund kommt herein, wenn alle anderen hinausgehen. Ein wahrer Freund reitet nicht auf einem Fehler herum, sondern trägt dazu bei, den Fehler auszuradieren.«

Diese Frage sollten wir uns stellen, wenn wir jemanden sehen, der vom Weg abkommt: Reiten wir auf dem Fehler herum oder radieren wir ihn aus? Sind wir Menschen, die heilen und aufrichten, oder solche, die kritisieren und verurteilen?

Gottes Kinder heilen

In der Bibel lesen wir, dass Jesus ein Freund der Sünder war (nachzulesen in Lukas 7,34). Ich weiß nicht, wie Sie darüber denken, aber ich bin entschlossen, jemand zu sein, der andere heilt. Wenn jemand hinfällt und einen Fehler macht, dann trete ich auf den Plan, um dazu beizutragen, den Fehler auszuradieren, und nicht, um darauf herumzureiten.

Das bedeutet nicht, dass wir über Fehler hinwegsehen und so tun sollen, als ob nichts geschehen wäre. Doch wir müssen begreifen, dass auch jeder von uns in eine Situation geraten könnte, da er Heilung benötigt. Wenn wir dem Schuldigen gnädig sind, wenn wir die Mutlosen ermutigen, wenn wir jemanden aufrichten, der von allen anderen heruntergedrückt wird, dann werden wir Gottes Herz in besonderer Weise berühren.

Ich schätze es sehr, wenn mir jemand hilft, doch da ich Vater bin, gibt es nichts auf der Welt, das ich nicht für jemanden tun würde, der einem meiner Kinder in einer Notlage zu Hilfe kommt. Gott ist da nicht anders: Wenn wir es zu unserem Anliegen machen, seinen Kindern, seinen Söhnen und Töchtern, zu helfen, indem wir ihre Tränen trocknen oder sie aufrichten, wenn sie niedergedrückt sind, dann werden wir feststellen: Gottes Güte uns gegenüber wird unendlich größer sein.

Die Sängerin Tammy Trent reiste mit ihrem Mann Trent Lenderink kurz nach ihrem elften Hochzeitstag nach Jamaika. Sie kletterten in den Felsen herum, verbrachten Zeit am Strand, und kurz bevor sie abreisten, beschloss Trent, die blaue Lagune zu erkunden, eine Stelle, die unter Tauchern sehr beliebt war. Trent war ein begeisterter Sporttaucher, doch er hatte seine Ausrüstung nicht dabei. Stattdessen tauchte er nur mit Flossen und einem Schnorchel in die Lagune hinunter, während Tammy zusah. Sie machte sich keine Sorgen, weil Trent schon oft auf diese Weise getaucht hatte. Er konnte beim Freitauchen bis zu zehn Minuten unter Wasser bleiben. Als ungefähr zehn Minuten herum waren, begann Tammy, nach ihrem Mann Ausschau zu halten. Er war noch nicht ein einziges Mal aufgetaucht, um Luft zu schnappen, und sie wurde zunehmend unruhig. 15 Minuten – immer noch nichts. 20 Minuten – jetzt geriet sie in Panik. Tammy wandte sich an die Behörden. Trent war tragischerweise ertrunken. Man barg seine Leiche am darauffolgenden Tag.

Tammy, die schon seit der Highschool mit Trent zusammen gewesen war, erlitt einen Schock. Sie war völlig verzweifelt und ganz allein in diesem fremden Land. Sie rief ihre Eltern an, die versprachen, sofort zu ihr zu kommen. Der nächste mögliche Flug sollte am folgenden Morgen starten, doch es war ausgerechnet der 11. September 2001, an dem die Terroristen ihre Anschläge verübten. Sämtliche Flüge wurden gestrichen. Tammys Eltern konnten nicht zu ihr reisen, und sie selbst konnte Jamaika nicht verlassen.

Sie war vollkommen aufgelöst und betete: »Lieber Gott, wenn du irgendwo da oben bist, dann schicke mir bitte jemanden, der mir helfen kann, jemanden, der mich wissen lässt, dass du dich um mich kümmerst.«

Ein wenig später klopfte es an die Tür ihres Hotelzimmers. Es war das Zimmermädchen, eine ältere Jamaikanerin. Sie sagte: »Ich habe gerade das Zimmer nebenan sauber gemacht. Ich möchte Ihnen nicht zu nahe treten, aber ich hörte Sie weinen, und ich wollte Sie fragen, ob ich vielleicht mit Ihnen beten kann.«

Tammy erzählte ihr, was passiert war. Diese ältere Jamaikanerin nahm sie liebevoll in die Arme und hielt sie fest, als wäre sie ihre eigene Tochter. In diesem Moment wusste Tammy Trent, dass Gott noch immer die Situation in der Hand hatte.

Das jamaikanische Zimmermädchen war jemand, der anderen Heilung anbot. Sie hatte ein Gespür für die Bedürfnisse der Menschen um sie herum. Sie hörte die Hilferufe aus dem anderen

Zimmer. Sie hätte sich sagen können: *Ach, ich habe so viel zu tun. Ich habe wirklich keine Zeit. Und ich habe eigene Probleme.* Stattdessen ließ sie alles stehen und liegen und nahm eines von Gottes Kindern in die Arme. Sie wusste, dass es zu ihrer Lebensaufgabe gehörte, Tränen zu trocknen. In jenem Moment goss sie heilendes Öl auf Tammys Wunden.

Sie schenkte ihr ihre Anteilnahme und Fürsorge. Sie war der erste Baustein in Tammys langem Heilungsprozess.

Folgen Sie dem Strom des Mitgefühls

In der Bibel lesen wir, dass Gott eines Tages alle Tränen abwischen wird (nachzulesen in Offenbarung 21,4). Es wird kein Leid, keine Krankheiten und keinen Schmerz mehr geben. Doch in der Zwischenzeit zählt Gott auf Sie und auf mich, um die Tränen anderer Menschen abzuwischen. **Es ist wundervoll, zur Gemeinde zu gehen und Gottes Güte zu preisen. Doch wenn wir nach dem Gottesdienst hinausgehen, geht unser Dienst weiter.** Seien Sie stets bereit, auf den Plan zu treten und Heilung anzubieten.

Man kann es spüren, wenn jemand leidet. Man fühlt ganz plötzlich einen Strom des Mitgefühls und denkt: *Ich muss für diese Person beten. Ich will sie ermutigen.*

Wenn Sie so etwas spüren, dann gehen Sie nicht darüber hinweg. Gott will durch Sie Heilung bringen. Es gibt Tränen, die getrocknet werden müssen.

Vor einiger Zeit wollte Victoria ihre Freundin Shannon anrufen. Eine junge Frau antwortete und schien ein wenig verwirrt zu sein. Victoria sagte: »Shannon, bist du das?«

Eine dumpfe Stimme antwortet: »Ja, ich bin's, und ich komme schon klar.«

Verwirrt nannte Victoria den vollen Namen ihrer Freundin und fragte erneut, ob sie richtig verbunden sei. Die junge Frau entgegnete: »Nein, Sie haben sich wohl verwählt. Ich bin eine andere Shannon.«

Victoria wollte schon auflegen, als sie diesen Strom des Mitgefühls gegenüber der Frau am anderen Ende der Leitung spürte.

»Shannon«, sagte sie, »es klingt wahrscheinlich ein wenig seltsam für Sie, aber kann ich vielleicht mit Ihnen beten?«

Die Frau begann zu weinen. »Würden Sie das tun? Mein Vater ist gerade gestorben, und ich bin so traurig und weiß einfach nicht, was ich machen soll.«

Victoria betete mit ihr und versuchte, ihr Mut zu machen. Sie tröstete sie, so gut sie konnte, und versicherte ihr, Gott sei an ihrer Seite. Bevor sie auflegte, sagte die junge Frau: »Sie sind mein Engel. Nun weiß ich, dass Gott mich nicht vergessen hat.«

Gott wird uns Begegnungen mit Menschen schenken, damit wir an ihrer Heilung mitwirken. Seien Sie einfühlsam und folgen Sie dem Strom des Mitgefühls.

Ich machte mit einem Freund Besuche im Krankenhaus, als eine Mutter und ihre Tochter mich auf dem Flur erkannten. Sie baten mich, den Flur hinunterzugehen und für den Ehemann beziehungsweise den Vater des jungen Mädchens zu beten.

Ich erklärte mich einverstanden. Als wir das Zimmer erreichten, sagten die beiden, sie wollten draußen warten. Ich fand das ein wenig seltsam, ging aber hinein. Obwohl ich den Mann nicht kannte, unterhielt mich 10 oder 15 Minuten mit ihm. Dann betete ich zum Abschied mit ihm und umarmte ihn.

Als ich aus dem Zimmer kam, grinsten Mutter und Tochter von einem Ohr zum anderen.

»Was ist so lustig?«, fragte ich.

»Kaum zu glauben, dass er Sie hat beten lassen«, sagte die Mutter. »Er kann Sie nicht einmal leiden.«

Ich dachte: *Oh, vielen Dank. Deshalb sollte ich also allein zu ihm gehen.*

Doch wenn wir uns Zeit nehmen, uns um andere zu kümmern, können wir nicht wissen, was Gott daraus macht. Diese Sache passierte vor mehreren Jahren, und heute kommt dieser Mann mit seiner Familie in unsere Gemeinde. Sie versäumen keinen einzigen Sonntag!

Wenn wir als Menschen leben, die Heilung anbieten, dann reißen wir Mauern ein. Wir machen harte Herzen weicher. Liebe verfehlt nie ihr Ziel. Wie sich später herausstellte, war jener Mann Ältester in einer anderen Gemeinde gewesen, wo man ihn schlecht behandelt hatte, sodass er 30 Jahre lang keine Kirche mehr besucht hatte!

Heilender Glaube

Im Brief des Jakobus lesen wir, wie wir uns Personen gegenüber verhalten sollen, die vom Weg abgekommen sind (nachzulesen in Jakobus 5,19–20): Wir müssen ihnen nachgehen. Wenn Sie jemanden kennen, der einst mit Gott unterwegs war, jetzt aber vom Weg abgekommen ist, dann gehen Sie ihm nach. Schreiben Sie ihm einen Brief. Machen Sie ihn ausfindig. Rufen Sie ihn an. Fahren Sie zu ihm nach Hause und sagen Sie: »Hallo, wir haben dich lange nicht gesehen. Wir vermissen dich. Wir brauchen dich. Warum kommst du nicht nach Hause zurück?«

Gehen Sie denen nach, die vom Weg abgekommen sind. Sie brauchen Heilung. Ihre Freude und ihr Glück müssen wiederhergestellt werden. Wir sollten uns folgende Einstellung zu eigen machen: *Ich bin im Auftrag Gottes unterwegs. Wenn du vom Weg abkommst, dann befindest du dich auf gefährlichem Grund. Ich werde dich aufspüren. Ich werde dich in den Schoß der Gemeinde zurückholen.*

Vor vielen Jahren besuchte mein Vater den Gottesdienst in einer befreundeten Gemeinde am anderen Ende der Stadt. Er traf spät ein und setzte sich deshalb in die letzte Reihe. Nach einigen Minuten kam ein junger Mann herein, dem man ansehen konnte, dass er sehr aufgewühlt war. Mein Vater spürte einen Strom des Mitgefühls und nahm sich vor, nach dem Gottesdienst auf diesen jungen Mann zuzugehen.

Doch während des Gottesdienstes verließ der junge Mann den Raum. Mein Vater spürte ein so starkes Mitgefühl, dass er ihm nachging. Er suchte ihn in der Eingangshalle, konnte ihn aber nicht finden. Mein Vater ging auf den Parkplatz hinaus und suchte immer weiter. Der junge Mann war nirgends zu sehen. Schließlich kam mein Vater zurück und suchte auf der Toilette, und dort fand er ihn.

Mein Vater sah ihm in die Augen und sagte: »Ich kenne Sie nicht, aber ich möchte Ihnen sagen, dass Gott seine Hand über Ihr Leben hält. Er hat einen Plan für Ihr Leben. Geben Sie nicht auf.«

Der junge Mann brach in Tränen aus. »Mein Leben ist ein einziges Chaos«, sagte er. »Ich bin nach so vielen Drogen süchtig. Ich hatte mir vorgenommen, noch ein Mal zum Gottesdienst zu kommen, und danach wollte ich nach Hause gehen und alle Tabletten schlucken, die ich finden kann.«

Später erinnerte sich der junge Mann daran, dass er beim Betreten der Kirche als Erstes die Schuhe meines Vaters bemerkt hatte. Als er hinausgegangen war, hatte er gesehen, dass mein Vater ihm folgte, und »wo ich auch hinging, sah ich diese Schuhe, die mir folgten«.

Mein Vater trug die Schuhe eines Mannes, der heilt und wiederherstellt; die Schuhe eines Pastors, der Menschen, die vom Weg abgekommen sind, aufspürt und ihre Herzen verbindet.

Jener Tag war ein Wendepunkt im Leben des jungen Mannes. Heute, mehr als 30 Jahre später, ist er Pastor einer großen Gemeinde. Wo wäre er wohl heute, wenn mein Vater nicht seine heilende Hand nach ihm ausgestreckt hätte?

Wenn sich jemand in 100 Jahren an mich erinnert, dann möchte ich nicht, dass er sagt: »Ach, ja. Joel, das war der Pastor mit dieser großen Gemeinde. Er hat auch ein paar nette Bücher geschrieben. Er war ziemlich bekannt.«

Nein, ich würde mir wünschen, dass man von mir sagen kann: »Dieser Mann war jemand, der andere heilt und wiederherstellt. Er hat die Gefallenen aufgerichtet. Er hat den Verzweifelten Mut gemacht. Er hat den Schuldigen Gnade erwiesen. Er hat sein Leben damit zugebracht, Tränen abzuwischen.«

Vor Kurzem erhielt ich einen Brief von einer Frau, die mir

schrieb, sie sei schon seit mehr als 40 Jahren vom Leben deprimiert und hatte das Gefühl, dass die Kirche sie im Stich gelassen hatte. Man hatte ihr eingebläut, Gott liebe sie nur, wenn sie alle seine Regeln befolgte und den von Menschen aufgestellten religiösen Gesetzen gehorchte.

»Ich habe unter der Religion gelitten«, sagte sie. »Ich war nie gut genug.«

Sie hatte schließlich voller Bitterkeit der Kirche den Rücken gekehrt. 12 Jahre später war sie auf eine Sendung gestoßen, in der ich über Gottes bedingungslose Liebe und über Gottes großen Plan für jeden von uns sprach.

Zum ersten Mal fühlte sie sich frei. Sie erzählte mir, Gott habe neues Leben in sie hineingehaucht.

»Joel, ich weiß, dass du manchmal von anderen dafür kritisiert und verurteilt wirst, dass du ›Christentum light‹ predigst«, sagte sie. »Aber ich kann dir eines sagen: Ich habe 42 Jahre unter ›Christentum heavy‹ gelebt, und das hat mich zerbrochen. Ich war völlig am Ende. Ich war deprimiert. Aber heute geht es mir gut. Ich bin glücklich. Ich bin wiederhergestellt. Und ich helfe anderen.

Mir ist ›Christentum light‹ an jedem Tag der Woche lieber als ›Christentum heavy‹«, schloss sie.

Religion engt die Menschen ein und raubt ihnen ihre Freiheit. Sie kritisiert uns, wenn wir anderen gegenüber nicht hart genug sind. Aber ich liebe diese Worte Jesu: »Denn mein Joch ist sanft, und meine Last ist leicht« (Matthäus 11,30; Luther).

Ich sehe keinen Sinn darin, jemanden fertigzumachen. Das Leben macht genau das mit so vielen Menschen. **Ich möchte Sie dazu ermuntern, ein Mensch zu sein, der andere heilt und ihnen einen neuen Traum schenkt.** Halten Sie nach Personen Ausschau, die Sie aufrichten können. Helfen Sie ihnen, Glück und Lebensfreude wiederzufinden.

Sie sind ein Gefäß, das mit Gott und seinen Gaben erfüllt ist. Geben Sie seine Heilung weiter, wann immer Sie können, und ich versichere Ihnen, dass Gott immer sein Angesicht über Ihnen leuchten lassen wird.

Teil 7

Feiern Sie sich selbst

Kapitel 25

Sprechen Sie sich selbst Mut zu

Einer der Kämpfe, die wir alle auszufechten haben, ist der Kampf gegen die Mutlosigkeit. Unsere Träume erfüllen sich nicht immer so, wie und wann wir uns das vorstellen. Wir erleben Enttäuschungen und Widrigkeiten, die dazu führen, dass wir unsere Begeisterung, unser Glück, unsere Lebensfreude und unseren Antrieb verlieren. In solchen Zeiten ist es gut, eine Familie und Freunde zu haben, die uns Mut machen. Es ist gut, dann einen Mentor, einen Lehrer oder einen Pastor zu haben, der uns anspornt.

Aber ich habe gelernt, dass andere Menschen nicht auf lange Sicht dafür sorgen können, dass wir den Mut nicht verlieren. Sie können uns anspornen. Sie können uns Auftrieb geben. Sie können uns von Zeit zu Zeit helfen. Doch wenn wir unser Leben wirklich erfolgreich meistern wollen, dann muss die Ermutigung aus unserem Innern kommen. Wir müssen lernen, uns selbst Mut zuzusprechen.

Das gilt besonders dann, wenn Schwierigkeiten kommen und die Dinge nicht so laufen, wie wir es uns wünschen. In solchen Momenten haben wir den Eindruck, dass es sich einfach nicht lohnt, nach der Erfüllung unserer Träume zu streben: *Es lohnt sich nicht. Mein Leben wird sich doch nie wieder ändern. Ich stecke einfach fest. Und warum dann noch versuchen, etwas zu ändern?* Ganz tief in unserem Innern brauchen wir dann eine Kraft und Entschlossenheit, die uns sagt: *Ich weigere mich, hier stehen zu bleiben. Ich weiß, dass Gott einen großartigen Plan für mein Leben hat. Ich will nach vorn schauen und die Person werden, als die er mich geschaffen hat.*

Und wie wir in der Bibel nachlesen können, musste König David genau das tun. Er hatte gerade einen großen Rückschlag erlitten. Es war eine der schwierigsten Phasen seines Lebens. Seine Stadt war zerstört, seine Familie entführt worden. Und nun hatten sich seine eigenen Männer gegen ihn gewandt. Die Situation schien völlig aussichtslos zu sein.

Er hätte allen Grund gehabt, aufzugeben und sich hängen zu lassen. Doch wir lesen: »Da suchte David Zuflucht bei seinem Gott, und das Vertrauen auf den Herrn gab ihm wieder Mut und Kraft« (1. Samuel 30,6; Hoffnung für alle).

David hatte diesen Grundsatz verstanden. Ob er neuen Mut schöpfen konnte, hing nicht von seiner Familie, seinen Freunden oder seinen Kollegen ab. Er wusste, wo er Kraft und Mut finden würde. Wenn wir Ermutigung brauchen, sind diejenigen, auf die wir gern zählen würden, manchmal leider nicht präsent. Der Freund, den wir normalerweise anrufen würden, ist gerade verreist. Unser Ehepartner hat gerade viel Stress. Unser Arbeitskollege und unsere Eltern kämpfen mit eigenen Problemen. Wenn wir aber lernen, uns auf unser Vertrauen auf Gott zu besinnen und dort Ermutigung zu schöpfen, finden wir zu wahrer Freiheit.

Es ist einer der Schlüssel zu Davids Erfolg. Er wusste, wie er in seinem Innern Mut und Kraft schöpfen konnte. Wie machte er das? Er begann damit, sich die Siege ins Gedächtnis zu rufen, die Gott ihm in der Vergangenheit geschenkt hatte. Er erinnerte sich daran, dass Gott ihn auserwählt hatte, als er noch ein Hirtenjunge gewesen war. Er dachte daran zurück, wie er Löwen und Bären mit bloßer Hand getötet hatte. Er erinnerte sich daran, wie Gott ihm geholfen hatte, Goliath zu besiegen, und wie Gott ihn beschützt hatte, als König Saul ihm nach dem Leben getrachtet hatte.

Während David vor seinem inneren Auge immer wieder die Güte und Treue Gottes vorüberziehen ließ, bekam er neue Kraft. Er dankte Gott für alles, was er getan hatte. Er dankte Gott dafür, dass er die Situation wenden konnte. David war nicht länger niedergeschlagen und deprimiert, sondern wurde wieder zu einem Kämpfer.

Lassen Sie Siege Revue passieren

Wenn Sie schwierige Zeiten durchmachen und kurz davorstehen, sich unterkriegen zu lassen – sei es durch eine schlimme ärztliche Diagnose, ein Beziehungsproblem oder finanzielle Schwierigkeiten –, dann grübeln Sie nicht über das Negative, über die Aussichtslosigkeit Ihrer Situation und die Gründe nach, aus denen es nicht klappen wird. Greifen Sie zur Fernbedienung. Schalten Sie auf einen anderen Sender. Es gibt noch andere Sendungen. Rufen Sie sich all die Male in Erinnerung, wo Gott Ihnen geholfen, Sie beschützt und Sie befördert hat, obwohl Sie nicht die am besten qualifizierte Person waren.

Sie waren enttäuscht, wenn manche Türen scheinbar verschlossen blieben, doch rückblickend erkennen Sie, dass sich die Dinge zu Ihrem Besten entwickelt haben. Wie war das noch, als Sie einen geliebten Menschen verloren? Sie waren völlig verzweifelt. Sie konnten sich nicht vorstellen, allein zurechtzukommen. Doch schließlich fühlten Sie einen Frieden und eine Kraft, die Sie nie zuvor erlebt hatten.

Jeder von uns hat Gottes Hand in seinem Leben gesehen. Ein Schlüssel zur Ermutigung liegt darin, sich an Prüfungen und damit verbundene Siege zu erinnern. Wenn wir uns die großen Dinge vor Augen halten, die Gott für uns getan hat, wird unser Herz mit Glauben erfüllt. Kraft und Mut werden aus unserem Innern strömen. Egal, womit wir konfrontiert werden, egal, wie schwierig es aussieht, tief in unserem Innern wissen wir: *Gott hat mich nicht so weit gebracht, um mich jetzt loszulassen. Wenn er sich in der Vergangenheit um mich gekümmert hat, wird er es auch in Zukunft tun.*

Wir können unsere Freude wiedererlangen, wenn wir den Sender ändern. Wenn wir uns nur an das Negative erinnern, an das, was nicht gut klappte oder uns verletzt hat und wie ungerecht das war, dann ist es kein Wunder, wenn wir uns niedergeschlagen fühlen. Dann sehen wir die falsche Sendung. Gott hat für jeden von uns etwas Wundervolles getan. Vielleicht hat er Ihnen ein Kind geschenkt. Als dieses Baby geboren wurde, waren Sie ganz aufgeregt. Warum lassen Sie nicht dieses Wunder an Ihrem inneren Auge Revue passieren? Vielleicht hat Gott Ihnen ein Haus geschenkt, eine Beförderung oder eine positive Arztdiagnose. Sie waren damals so froh. Sie waren auf Wolke sieben. Üben Sie es, sich an solche Siege zu erinnern.

Wenn Sie nicht den Mut verlieren wollen, dann sorgen Sie dafür, dass Sie sich die richtige Sendung ansehen. Sie können nicht niedergeschlagen und deprimiert sein, während Sie über die Güte Gottes nachdenken. Jedes Mal, wenn ich unser Gemeindehaus sehe, denke ich bewusst an Gottes Güte. Egal, ob ich nur daran vorbeifahre oder auf dem Weg zum Gottesdienst bin, jedes Mal sage ich: »Danke, Herr, für dieses wundervolle Gebäude.«

Ich staune noch immer über das, was Gott getan hat. Wenn ich unser Gemeindehaus sehe, brauche ich gar nicht mehr bewusst daran zu denken, es kommt ganz automatisch. Ich habe es mir zur Gewohnheit gemacht. Ich habe wohl schon zehntausendmal diesen Satz gesagt. Und wissen Sie, was passiert, wenn ich diesen Dank ausspreche? Jedes Mal macht mir das wieder Mut. Mein Glaube wächst. Ich spüre Kraft in meinem Innern. Ich weiß, dass Gott uns dieses Gebäude gegeben hat. Er kann alles tun.

Unser Sohn Jonathan saß mit unserem Freund Johnny in dessen Wagen, als sie eines Tages auf dem Heimweg an unserem Gemeindehaus vorbeifuhren. Jonathan sagte: »Ich will es anstelle meines Papas sagen: Danke, Herr, für dieses wundervolle Gebäude.« Er hat es mich so oft sagen gehört, dass er es nun selbst sagt. Die Bibel lehrt uns schließlich, dass wir unseren Kindern und Enkeln die großen Taten Gottes erzählen sollen!

Jeder Rückschlag birgt die Gelegenheit für ein Comeback

Ich sehe heutzutage zu viele Menschen, die auf der Stelle treten. Wenn man der Mutlosigkeit nachgibt, verliert man seine Träume. Wer sich mit dem Status quo zufrieden gibt, denkt: *Es lohnt sich nicht. Es hat keinen Wert, um meine Ehe zu kämpfen. Es wird nicht funktionieren.* Oder: *Dieses Kind macht mich fertig. Der Kampf lohnt sich nicht. Ich habe keine Lust mehr, das Richtige zu tun. Ich komme ja doch nicht voran.* Schenken Sie diesen Lügen keinen Glauben. Dieser Geist der Mutlosigkeit versucht, Ihnen Ihre Träume zu stehlen und Sie auf der Stelle treten zu lassen.

Lassen Sie mich Ihnen etwas sagen, das Sie tief in Ihrem Innern bereits wissen: Jede Verheißung, die Gott in Ihr Herz gelegt hat, jeder Traum, den er in Ihr Inneres gepflanzt hat, ist es wert, dass Sie dafür kämpfen. Ihr Kind ist es wert. Ihre Ehe ist es wert. Ihre Gesundheit ist es wert. Ihre Träume sind es wert.

Treten Sie auf keinen Fall auf der Stelle. Vielleicht haben Sie einen Rückschlag erlitten. Wie David in der Bibel haben Sie eine Enttäuschung erlebt. Vielleicht ist eine Beziehung zerbrochen. Vielleicht kämpfen Sie gerade mit einer schlimmen Krankheit. Machen Sie sich bewusst: Jeder Rückschlag birgt die Gelegenheit für ein Comeback.

Vielleicht liegen Sie am Boden, aber Sie sind nicht k. o. Sie müssen wieder aufstehen und den Staub von Ihren Kleidern schütteln. Gott hält Sie in seiner Hand. Wenn Sie trotz Ihrer Schwierigkeiten auf Gott vertrauen, wird er Ihnen nicht nur den Ausweg zeigen, sondern sogar dafür sorgen, dass es Ihnen hinterher besser geht als zuvor.

David lag ebenfalls am Boden, aber er blieb nicht dort liegen. Er ließ seine Siege vor seinem inneren Auge vorüberziehen. Er dankte Gott für das, was er in der Vergangenheit getan hatte. Als er den Sender änderte und eine Haltung des Glaubens und der hoffnungsvollen Erwartung annahm, wurde aus dem Opfer ein Sieger. Er sagte seinen Männern: »Steht auf. Wir werden den Feind angreifen.«

Wir können in der Bibel nachlesen, dass sie nicht nur alles zurückerlangten, was man ihnen gestohlen hatte, sondern sogar noch mehr dazubekamen (nachzulesen in 1. Samuel 30). So möchte Gott mit jedem von uns handeln. Doch alles begann damit, dass David Mut fasste. Er hatte begriffen, dass der entscheidende Kampf nicht draußen, sondern in seinem Innern stattfand.

Als alles gegen ihn sprach – seine Familie war nicht bei ihm, seine Freunde hatten ihm den Rücken gekehrt, es kamen schlechte Nachrichten, um die Wirtschaft stand es schlecht –, da beschloss er: »Ich will mir keine Sorgen machen. Ich weiß, dass der Gott, dem ich diene, in der Lage ist, mich aus all diesen Schwierigkeiten zu befreien.«

Mit anderen Worten: »Ich habe schon früher erlebt, dass Gott mich aus der Grube gezogen hat. Er hat meine Füße auf einen Felsengrund gestellt und ein neues Lied in mein Herz gelegt. Wenn er es früher tat, wird er es auch jetzt wieder tun.« Eine solche Haltung findet Gottes Beachtung.

Ich bin sicher, dass Sie zurückschauen und wie David sagen können: »Wo wäre ich heute, wenn ich nicht Gottes Güte erfahren hätte?« Mit anderen Worten:

- »Ich hätte einen Nervenzusammenbruch erleiden können, als ich die Scheidung durchgemacht habe, aber Gott hat mir Kraft geschenkt.«
- »Ich hätte aufgeben und völlig deprimiert sein können, als mein Schatz gestorben ist, aber durch Gottes Güte bin ich noch immer gesund und munter.«
- »Mein Geschäft hätte vor langer Zeit bankrottgehen können, doch durch Gottes Gnade hat sich die Situation gewendet.«
- »Aufgrund all der Süchte, an denen ich litt, hätte ich innerlich ganz kaputt sein können. Aber durch Gottes Gnade sind meine Ketten zerbrochen, und ich bin heute völlig frei.«
- »Meine Familie könnte völlig zerrüttet sein, doch durch Gottes Gnade sind wir immer noch zusammen.«

Sie können nicht niedergeschlagen und mutlos sein, wenn Sie über die Güte Gottes nachdenken! Schauen Sie sich nicht länger die trübsinnigen Sendungen »Wer hat mir wehgetan?« oder »Ich wurde in die falsche Familie hineingeboren« an.

Schalten Sie stattdessen auf die Sendungen »Mit Gottes Hilfe ist alles möglich«, »Gott kann ...« und »Das Beste liegt noch vor mir«. **Erinnern Sie sich an die guten Dinge, die Gott in Ihrem Leben getan hat, und Ihr Herz wird mit Glauben erfüllt.**

Erstellen Sie eine Ermutigungsmappe

Eine weitere Möglichkeit, um den Mut nicht zu verlieren, ist das Anlegen einer »Ermutigungsmappe«. Wenn Ihnen jemand einen freundlichen Brief oder ein Kompliment sendet, dann legen Sie ihn zu Hause oder im Büro in eine Mappe. Und wenn Sie dann Gefahr laufen, den Mut zu verlieren, holen Sie diese Briefe wieder hervor, und lesen Sie sie erneut. Lassen Sie diese Worte Ihre Stimmung heben. Oft werden Sie dann die Erfahrung machen, dass sich Ihre Haltung völlig verändern wird, nachdem Sie nur fünf Minuten lang daran erinnert wurden, wie viele Menschen Sie lieben und welche guten Dinge Sie in der Vergangenheit tun konnten.

In meinen Anfängen als Pastor legte ich mir eine solche Ermutigungsmappe an. Jedes Mal, wenn mir jemand ein freundliches Wort oder einen netten Brief schickte oder mir ein Kompliment machte, legte ich diese Ermutigung in meine Mappe. Und damals legte ich alles, was nur halbwegs ermutigend war, hinein. Ich erinnere mich noch an jenen älteren Mann, den ich beim Sport traf und der mich immer mit irgendetwas aufzog. Eines Tages schrieb er mir eine kurze Nachricht: »Ich habe gestern Ihre Predigt im Fernsehen gesehen. Ich kann nur sagen: Hoffentlich haben Sie beim nächsten Mal mehr Glück.«

Ich war so froh, dass er meine Predigt überhaupt gehört hatte, und so legte ich seinen Brief in meine Ermutigungsmappe. Manchmal dürfen wir nicht zu wählerisch sein. Gott sei Dank liegt der Brief jenes Mannes heute in der »Ablage P«. Ich brauche ihn nicht mehr.

Kurz nachdem ich Pastor wurde, kam ein etwa fünfjähriger Junge nach der Predigt zu mir und sagte: »Ich höre Ihre Geschichten wirklich gern.«

Das tat mir gut.

Und dann fügte er hinzu: »Wenn ich Sie wäre, würde ich all den übrigen langweiligen Kram weglassen.«

Auch Sie brauchen eine Ermutigungsmappe. In meiner Mappe befinden sich Briefe, Komplimente und Geburtstagskarten. Vor Kurzem schrieb einer meiner Lehrer aus der dritten Grundschulklasse einen Brief an meine Mutter, in dem er sich daran erinnerte, was für ein guter, freundlicher Schüler ich damals gewesen war und dass ich schon damals immer gelächelt hatte. Das machte mir Mut. Ich legte den Brief meines Lehrers in meine Mappe.

Alle paar Monate hole ich diese Mappe dann hervor und blättere einige dieser Briefe erneut durch. Was mache ich da? Ich spreche mir selbst Mut zu. Es ist wie ein gutes Wartungsprogramm. Machen Sie sich regelmäßig Mut.

Selbstaufmunterung funktioniert

Wenn Sie vor dem Problem stehen, dass niemand Ihnen nette Briefe geschrieben, Ihnen Anerkennung gezollt oder ein Kompliment gemacht hat, das Sie in Ihre Ermutigungsmappe legen könnten, dann schlage ich Ihnen Folgendes vor: Schreiben Sie sich selbst ein paar nette Briefe. Schreiben Sie auf, was Sie an sich selbst mögen. Nennen Sie Ihre Stärken. Notieren Sie Ihre Leistungen. Schreiben Sie auf, was Sie für andere getan haben.

Wenn niemand Ihnen Applaus spendet, dann feiern Sie sich selbst. Wenn niemand Ihnen Komplimente macht, dann beglückwünschen Sie sich selbst. Es ist nicht die Aufgabe der anderen, dafür zu sorgen, dass Sie voller Mut sind. Es ist Ihre Aufgabe. Es sollte aus Ihrem Innern kommen.

Gott tat genau das. Er lobte sich selbst. Im 1. Buch Mose lesen wir, dass Gott das Wasser schuf und sagte: »Es war gut.« Er schuf den Himmel und sagte: »Es war gut.« Er schuf die Fische und alle Tiere und sagte: »Es war gut.« Er schuf Sie und mich und sagte: »Es war sehr gut.«

Ich finde es wundervoll, dass Gott sich selbst lobte. Meistens sind wir so selbstkritisch und konzentrieren uns auf das, was wir falsch machen, dass uns gar nicht in den Sinn kommt, uns selbst zu beglückwünschen.

Ich habe diesen und jenen Fehler. Ich kämpfe mit jener Sucht. Ich bin nicht so talentiert wie mein Kollege.

So sollten wir nicht denken. Finden Sie etwas, das Sie gut machen, und sagen Sie: »Wisst ihr was? Das war gut.«

Selbst wenn Sie nach dem Gottesdienst nach Hause gehen, können Sie sich selbst auf den Rücken klopfen und sagen: »Ich habe heute etwas Richtiges getan. Ich habe mir Zeit genommen, um Gott anzubeten. Ich habe etwas Gutes getan.«

Jede Woche, wenn ich von der Kanzel steige, schaue ich in den Spiegel und sage mir: »Das hast du gut gemacht.« Vielleicht war ich nicht so gut wie jemand anders, aber ich habe mein Bestes gegeben, und nur das zählt wirklich.

Ich möchte Ihnen eines begreiflich machen: Wenn Sie sich nicht selbst immer wieder Beifall spenden, werden Sie niemals zu der Person werden, als die Gott Sie geschaffen hat. Seien Sie mit sich selbst zufrieden. Ich meine damit nicht, dass Sie hochmütig sein und denken sollten, Sie seien besser als alle anderen. Ich rede davon, sich anzunehmen und Ja zu sich selbst zu sagen. Glück kommt aus dem Innern. Wenn man mit sich selbst nicht glücklich ist, wird man auch keine Freude am täglichen Leben haben.

Anstatt sich selbst ständig dabei zu erwischen, wie Sie etwas falsch machen, möchte ich Sie zu der Gewohnheit ermuntern, sich bei den guten Dingen zu erwischen. Ich höre so oft, wie die Menschen sich selbst verurteilen. »Da haben wir's wieder – ich habe viel zu viel Geld ausgegeben.« Oder: »Und schon wieder habe ich etwas gegessen, das ich nicht hätte essen sollen.« Oder: »Siehst du – ich habe schon wieder die Beherrschung verloren.«

Sie sehen immer nur das Schlechte, nie das Gute.

»Ich bin sauer auf mich selbst, weil ich letzte Woche kein einziges Mal zum Sport gegangen bin.«

Mag sein, aber Sie haben sich das Fußballspiel Ihres Kindes angeschaut. Das war gut.

»Nun, ich habe meine Freundin nicht zum Abendessen ausgeführt, wie ich es versprochen hatte.«

Mag sein, aber Sie waren zu jener Putzfrau freundlich.

Hören Sie auf, sich ständig bei schlechten Dingen zu erwischen, und fangen Sie an, das zu sehen, was Sie gut machen.

Schalten Sie auf einen anderen Sender

Viele von Ihnen haben vielleicht nie laut gesagt: »Ich bin eine gute Mutter.« Oder: »Ich bin ein guter Vater.« Oder: »Ich bin talentiert und kreativ.« Oder: »Ich bin freundlich und rücksichtsvoll.«

Ich will keineswegs überheblich sein, aber ich mag mich so, wie Gott mich geschaffen hat. Ich mache anderen Menschen sehr gern Komplimente, aber ich habe auch gelernt, mir selbst Beifall zu klatschen. Ich mag die Gaben, die Gott mir gegeben hat. Ich mag meine Persönlichkeit. Ich mag meine Körpergröße. Ich mag mein Alter. Ich mag das, was ich tun kann. Immer wieder denke ich im Laufe eines Tages: *Ich bin ein guter Vater. Ich bin ein guter Ehemann. Ich habe Talente. Ich bin kreativ. Ich bin freundlich. Die Leute sind gern mit mir zusammen.*

Es ist leicht, glücklich und mutig zu sein, wenn man lernt, sich selbst zu loben. Manchmal glauben wir, es sei ein Zeichen von Demut, einen anderen zu loben und sich selbst herabzusetzen.

»Das machst du wirklich gut. Ich könnte das nie schaffen.«

Nein, Sie können genau das tun, wozu Gott Sie geschaffen hat.

Oft sagen mir die Leute: »Ich könnte nie vor einer so großen Menge sprechen.«

Mag sein, aber ich könnte nie ein Flugzeug steuern, wie Sie es tun. Ich könnte keine Häuser entwerfen, wie Sie es tun. Ich könnte niemals Kinder so unterrichten, wie Sie es tun. Tatsache ist: Jeder von uns kann irgendetwas besonders gut. Wir sollten nicht auf den anderen sehen und denken: *Meine Güte, hat der ein Talent. Er ist so kreativ. Er ist so diszipliniert. Er sieht so gut aus. Warum habe ich das alles nicht?*

Nein, sehen Sie vielmehr in den Spiegel, und sagen Sie sich: »Ich bin so begabt. Ich bin so kreativ. Ich bin so diszipliniert. Ich sehe gut aus.«

Sie müssen sich selbst Komplimente machen. Versuchen Sie es einfach mal.

Ein junges Mädchen namens Brittany musste in der Mittelstufe wegen eines Umzugs die Schule wechseln. Die meisten Schüler waren zusammen aufgewachsen und schon seit Jahren befreundet. Es fiel Brittany daher schwer, in diesen Kreis einzudringen und Freundschaften zu schließen.

An jener Schule wurde die Tradition gepflegt, in der Woche vor dem Valentinstag für 25 Cent das Stück Nelken zu kaufen, die man einander schenken konnte. Die Nelken wurden stets während der ersten Stunde am Valentinstag vor der gesamten Klasse geliefert. Es war eine aufregende Sache zu sehen, wie viele Nelken jeder bekam.

Nun, Brittany wusste, dass sie keine Nelken bekommen würde. Sie war neu an der Schule und hatte keine Freunde. Es graute ihr vor diesem Tag, weil sie damit rechnete, außen vor zu bleiben und sich zu schämen.

Doch dann hatte sie eine großartige Idee. Anstatt einfach hinten in der Klasse zu sitzen und zuzusehen, wie alle anderen Blumen bekamen, beschloss sie, sich selbst Blumen zu schicken. Sie ging mit 5 Dollar zum Schulbüro, wo sie 20 Lieferscheine für Nelken kaufte. Dann füllte sie die Scheine in einer stillen Ecke aus, sodass niemand sehen konnte, dass sie sich selbst Blumen schickte.

Am Valentinstag erhielten die meisten jungen Mädchen drei oder vier Nelken. Die beliebtesten Mädchen bekamen vielleicht fünf oder sechs. Doch in Brittanys Klassenzimmer schienen alle Nelken für sie bestimmt zu sein. Ihre Klassenkameraden dachten: *Was ist das wohl für ein Mädchen? Sie hat so viele Freunde.*

Eine Nelke nach der anderen wurde ihr ausgehändigt. Ihre Kameraden fragten: »Von wem ist das?« Und Brittany sah auf den Zettel an der Blume und sagte: »Oh. Das ist ja nett von ihr. Ich kann kaum abwarten, mich bei ihr zu bedanken.«

Die anderen hatten keine Ahnung, dass sie von sich selbst sprach. Man hätte meinen können, Brittany sei das beliebteste Mädchen auf der ganzen Schule. Am Ende des Valentinstags waren alle in ihrer Klasse neidisch auf sie. Sie hatte mehr Nelken als alle anderen.

Wir brauchen ein Stück von Brittanys Einstellung: »Wenn mich heute niemand beglückwünscht, dann beglückwünsche ich mich eben selbst. Wenn niemand mich zum Essen einlädt, dann mache ich mich fein und gehe allein ins Restaurant. Wenn niemand mir ein Geburtstagsgeschenk schickt, dann kaufe ich mir selbst eines.«

Wenn Sie Ihr Glück, Ihre Lebensfreude, Ihr Feuer und Ihre Begeisterung verloren haben, dann liegt das vielleicht daran, dass niemand Sie feiert, niemand Sie anspornt oder Ihnen Mut macht. Also machen Sie es wie David, und sprechen Sie sich selbst Mut zu. Ziehen Sie eine Linie in den Sand und sagen Sie: »Okay. Heute ist ein neuer Tag. Ich habe lange genug deprimiert, entmutigt und ohne Begeisterung gelebt. Dies ist der Tag, den der Herr gemacht hat. Ich bin schon gespannt, welche guten Dinge er mir heute zukommen lassen wird.«

Vielleicht haben Sie einen Rückschlag erlitten, aber bereiten Sie sich dennoch auf ein Comeback vor. Gott hat Sie nicht so weit gebracht, um Sie nun fallen zu lassen. Er hält Sie in seiner Hand. Er kannte schon die Lösung, bevor das Problem auftrat. Er kennt bereits den Ausweg. Gott kennt von Anfang an das Ende. Alles, womit Sie derzeit konfrontiert werden, ist Veränderungen unterworfen. Das bedeutet, dass Gottes Eingreifen jede Situation wenden kann. Wagen Sie es, wie David zu handeln. Schütteln Sie die

Mutlosigkeit ab, und sagen Sie: »Ich liege am Boden, aber ich bleibe nicht liegen. Ich stehe wieder auf und gehe weiter.«

Sprechen Sie sich selbst Mut zu. Wenn die negativen Stimmen laut werden und sagen: »Die Wirtschaft lahmt. Machst du dir keine Sorgen?«

Dann sagen Sie: »Nein, denn Gott sorgt für mich. Er erfüllt alle meine Bedürfnisse.«

»Die Benzinpreise sind sehr hoch.«

»Ja, aber Gott ist in der Lage, sich um mich zu kümmern.«

»Dein Kind hat ein paar Macken.«

»Das stimmt, aber es kann sich noch ändern.«

»Ich habe gehört, dass man dich entlassen hat. Bist du nicht frustriert?«

»Überhaupt nicht. Ich weiß, dass Gott mir eine andere Tür öffnen wird. Ich weiß, dass er etwas Besseres für mich bereithält.«

»Du siehst gar nicht gut aus. Ich habe gehört, du hättest eine schlechte Diagnose erhalten.«

»Ja, das stimmt. Aber ich weiß, dass Gott die Dinge im Griff hat. Er hat versprochen, dass mich nichts aus seiner Hand reißen kann. Deshalb glaube ich, dass ich jede Sekunde ausleben werde, die er für mich geplant hat.«

Das bedeutet es, sich selbst Mut zuzusprechen. Wenn Sie morgens aufstehen, dann denken Sie über die Güte Gottes nach. Lassen Sie vor Ihrem inneren Auge die Siege vorüberziehen, die Gott Ihnen in der Vergangenheit geschenkt hat. Denken Sie nicht an die negativen Dinge. Ändern Sie den Sender, und denken Sie an all die Situationen, durch die Gott Sie hindurchgetragen hat.

Wenn Sie noch keine Ermutigungsmappe haben, dann legen Sie eine an. Wenn Sie Gefahr laufen, den Mut zu verlieren, dann holen Sie die Briefe hervor. Lassen Sie sich davon aufmuntern. Und warten Sie nicht darauf, dass andere Ihnen Komplimente machen. Tun Sie es selbst. Lernen Sie, sich so zu feiern, wie Gott Sie geschaffen hat.

Es liegt an Ihnen, den Mut nicht zu verlieren. Üben Sie keinen Druck auf Ihre Freunde und Ihre Familie aus, damit sie Ihnen ständig den Rücken stärken. Sie können Kraft aus Ihrem Innern schöpfen. Wenn Sie lernen, sich selbst Mut zu machen, dann ist Ihr Glaube am Werk. Wenn Sie das tun, werden Sie das Leben mehr genießen und jedes Hindernis überwinden. Sie werden Ihr Glück und Ihre Freude wiederfinden. Sie werden dazu beitragen, dass jeder Wunsch und jede Verheißung, die Gott in Sie hineingelegt hat, zur Erfüllung kommt.

Selbst wenn Sie am Boden liegen und einen Rückschlag erleiden, wird Gott wie bei David dafür sorgen, dass Sie nicht nur wieder aufstehen, sondern dass es Ihnen noch besser gehen wird als zuvor.

Kapitel 26

Die Stimme des Sieges

Alle möglichen Gedanken und Stimmen strömen wie Radiosender auf uns ein. Wenn wir im Auto unterwegs sind und eine Radiosendung beginnt, die uns nicht gefällt, dann schalten wir einfach auf einen anderen Sender um. Man hört nicht weiter zu und erträgt das Programm. Man drückt einen Knopf und schaltet einen anderen Sender ein. Mit unseren Gedanken funktioniert das genauso.

Den ganzen Tag über gehen uns Gedanken durch den Kopf. Viele davon sind negativ und entmutigend, wie zum Beispiel: »Ich werde nie gesund werden … Meine Träume werden sich nie erfüllen … Ich werde nie einen Mann finden … Ich werde meine Probleme nie in den Griff kriegen.«

Viele Menschen sind sich nicht bewusst, dass sie nicht bei diesem Sender bleiben müssen. Wenn ein Gedanke aufkommt, heißt das noch lange nicht, dass man dabei verweilen muss. Wenn ein Gedanke negativ, entmutigend und deprimierend ist, dann brauchen wir nur den Sender zu wechseln.

Es gibt einen Sender, der seinen Ursprung in Gottes Wort hat. Er verbreitet andere Botschaften: »Du hast eine strahlende Zukunft vor dir … Du bist gesegnet … Du bist gesund … Du hast Vergebung erfahren … Gott hält dich in seiner liebevollen Hand … Du kannst jedes Hindernis überwinden … Du kannst dir die Träume erfüllen, die Gott in dich hineingelegt hat.«

Wenn Sie möchten, dass Ihr Leben erfolgreich, glücklich und voller Freude ist, dann sollten Sie Ihren »Sender« auf die richtige Frequenz einstellen. Sie können den ganzen Tag über Gedanken nachhängen wie: »Ich mag meinen Job nicht … Ich bin übergewichtig … Ich werde meine Schulden nie zurückzahlen können.«

Solche Gedanken rauben Ihnen Energie und Lebensfreude, Glück und Begeisterung. Sie verlieren all die guten Dinge, die Gott in Sie hineingelegt hat. Sie wären erstaunt, wie viel besser Sie sich fühlen würden, wenn Sie in die Offensive gingen anstatt passiv zu sein und ständig all die negativen Gedanken, die Ihnen durch den Kopf gehen, zu nähren. Denken Sie bewusst gute Dinge. Stehen Sie morgens auf, und sagen Sie sich selbst mit lauter Stimme: »Dies wird ein guter Tag. Gott lenkt meine Schritte. Seine Gnade umgibt mich wie ein Schild. Ich freue mich auf diesen Tag.«

Wenn Sie das tun, werden Sie stärker und glücklicher sein und Gottes Gnade in Ihrem Leben auf noch größere Weise erkennen. Achten Sie auf Ihre Gedanken. Manche Menschen hatten ihr Radio so lange auf die Sorgen-Frequenz eingestellt, dass sie diesen Sender gar nicht mehr loswerden.

»Ich mache mir eben Sorgen um mein Kind, um meine Gesundheit, um meine Finanzen.«

Es gibt eine bessere Art zu leben. Wenn diese negativen Gedanken aufkommen, dann müssen Sie sich dazu entschließen, nicht dabei zu verweilen. Nutzen Sie stattdessen das Aufkommen negativer Gedanken als Aufhänger, um Gott dafür zu danken, dass er am Werk ist. Schalten Sie auf einen anderen Sender um, und danken Sie Gott dafür, dass er die Dinge zu Ihren Gunsten verändert.

Sie kontrollieren den Zugang zu Ihren Gedanken

Wenn Ihnen jemand Unrecht tut, dann hören Sie eine Stimme in Ihrem Innern, die sagt: »Räche dich. Trag ihm das nach. Sprich nie wieder mit ihm.« Wenn Sie bei solchen Gedanken verweilen, werden sie Ihr Leben vergiften. Sie können stattdessen eine andere

Frequenz einschalten: »Gott streitet für mich. Er wird mir Recht verschaffen. Was mir schaden sollte, wird er zu meinen Gunsten beeinflussen.«

Das ist die Stimme des Sieges. Wenn wir einen Fehler machen, sagt eine Stimme: »Du hast es vermasselt. Gott wird dich nie segnen. Du brauchst nicht mit etwas Gutem zu rechnen.« Und die andere Stimme sagt: »Gott hat mir vergeben. Seine Gnade ist größer als meine Schuld.« Alles hängt davon ab, für welche Stimme Sie sich entscheiden. Unsere Gedanken prägen die Richtung, die unser Leben nimmt. Welchen Sender haben Sie eingeschaltet? *Ich bin nur ein ganz gewöhnlicher Mensch ohne besondere Gaben. Ich werde nie etwas Großes vollbringen.*

Dann sind Sie auf der falschen Frequenz. Wenn Sie auf die Stimme des Sieges umschalten, werden Sie Folgendes hören: *Ich bin einzigartig. Ich bin ein Meisterwerk Gottes. Ich trage Samen in mir, aus denen etwas ganz Großes werden kann. Ich werde in meiner Generation Spuren hinterlassen.*

Achten Sie auf Ihre Gedanken. Sorgen Sie dafür, dass Sie den richtigen Sender eingeschaltet haben. Vielleicht fahren Sie durch ein schönes Stadtviertel und sehen ein wundervolles Haus, und dann kommen Gedanken auf wie: *Ich werde nie ein solches Haus besitzen. Ich komme beruflich einfach nicht weiter. Meine Schulden sind zu hoch. Niemand in meiner Familie ist wirklich erfolgreich.*

Schalten Sie auf eine andere Frequenz um. **Sie müssen über Ihre Gedanken wachen.** Wenn Sie solchen Lügen lange genug Glauben schenken, werden Ihre eigenen Gedanken Sie von dem Besten, das Gott für Sie vorgesehen hat, abschneiden. Schalten Sie auf die Stimme um, die Ihrem Leben eine gute Richtung gibt: »Herr, du hast gesagt, wenn du in meinem Leben Priorität hast, wirst du mir die Wünsche meines Herzens erfüllen. Du hast gesagt, dass du mir nichts Gutes vorenthältst, wenn ich rechtschaffen lebe. Du hast gesagt, dass ich zur rechten Zeit ernten werde, wenn ich nicht aufgebe, und ich will ich dir danken, dass die rechte Zeit kommen wird. Ich weiß, dass meine Zeit kommen wird.«

So sieht es aus, wenn man die Stimme des Sieges einschaltet.

Manche Menschen haben ihren »Sender« so sehr auf negative Erwartungen eingestellt, dass sie entmutigende Gedanken unbesehen schlucken. Sie lassen die Schultern hängen und leben als Besiegte.

Aber es gibt auch solche, die sich an hoffnungsvolle Gedanken klammern. Auch wenn tausend negative Gedanken auf sie einstürmen: Sobald ein positiver Gedanke aufkommt – ein kleiner Satz wie »Alles wird gut« –, sortieren sie all die negativen Gedanken aus und beschließen, sich auf diesen einen Gedanken zu konzentrieren.

Trainieren Sie Ihre Ohren

Sie sollten Ihre Gedanken so diszipliniert im Auge haben, dass Sie entmutigende Gedanken gleich aussortieren und an ermutigenden Gedanken festhalten. Wir müssen unsere Ohren entsprechend trainieren.

Wir haben zwei ganz erstaunliche Hunde, Daisy und Spirit. Spirit hat ein ungewöhnlich feines Gehör. Sie kann Personen, die auf die Haustür zukommen, schon lange vorher hören. Sie beginnt schon 10 oder 15 Sekunden vor dem Klingeln der Türglocke zu bellen. Sie hat es sich selbst antrainiert, das zu hören, was sie hören will.

Spirit liebt auch Käse, und wenn wir einen Beutel mit Käse öffnen, kann sie das sogar vom Garten aus hören. Dann kommt sie sofort in die Küche gerannt, setzt sich zu unseren Füßen und wartet auf ihr Stück Käse.

Wenn die ganze Familie in der Küche versammelt ist, gibt es jede Menge verschiedener Geräusche. Jonathan schüttet sich seine Cornflakes in eine Schale, Alexandra öffnet eine Chipstüte, ich benutze den Mixer, und Victoria verpackt Lebensmittel. Spirit sitzt ganz still, sie zuckt noch nicht einmal. Doch sobald jemand den Käse berührt, wird sie hellwach.

Sie denkt: *Das ist mein Moment. Ich bin bereit für meinen Snack.*

Früher versuchte ich dann und wann, ein Stück Käse aus dem Kühlschrank zu holen, ohne dass sie es hört. Ich sagte zu meinen Kindern: »Schaut genau zu.« Ich öffnete den Kühlschrank. Ich nahm den Käse noch nicht einmal heraus, sondern ließ ihn im Kühlschrank liegen, um kein Geräusch zu machen. Ganz langsam und vorsichtig öffnete ich dann den Frischhaltebeutel. Spirit war im Nebenzimmer, etwa zehn Meter entfernt, und schlief. Doch diesen Hund kann man einfach nicht überlisten. Entweder hat sie eine übernatürliche Offenbarung oder ein außergewöhnliches Hörvermögen.

Es ist unmöglich, sie vom Kühlschrank fernzuhalten, wenn man einen Beutel mit Käse öffnet. Warum? Sie hat es sich selbst antrainiert, das zu hören, was für sie wichtig ist. Sie kümmert sich nicht darum, wenn ich Brot aus dem Schrank hole. Es ist ihr auch gleichgültig, wenn ich eine Tüte Chips öffne oder Salat auswickele. Alles andere geht in ein Ohr hinein und durch das andere wieder hinaus. Das Einzige, was sie interessiert, ist der Käse, und sie hat einen ausgeprägten Sinn für das damit verbundene Geräusch entwickelt.

Selektives Hören

Auf welche Klänge sind Sie »eingestellt«? Manche Menschen haben es sich angewöhnt, nur die negativen Klänge zu hören. Sie werden davon angezogen; es ist beinahe, als würden sie sich davon ernähren. Wenn ein Gedanke aufkommt wie *Das ist ein fürchterlicher Tag*, dann beißen sie direkt an: »Oh ja, das ist wirklich ein fürchterlicher Tag.«

Sie wachen auf und denken: *Heute bist du völlig deprimiert.*

»Oh ja, ich bin deprimiert.«

Machen Sie es anders. Sie müssen Ihre Ohren neu trainieren. Sie hören die falschen Dinge. Stellen Sie die negativen Gedanken ab, und beginnen Sie, Gedanken Gehör zu schenken, die Ihrem Vertrauen auf Gott Raum geben. Wenn Sie das tun und dann morgens aufwachen, werden Sie schließlich hören: »Dies ist der Tag, den der Herr gemacht hat. Es wird ein wundervoller Tag werden.«

Wenn Sie sich antrainiert haben, das Schlechte zu hören, dann können Sie es sich auch antrainieren, das Gute zu hören. Wenn wieder ein negativer Gedanke aufkommt, sagen Sie einfach: »Nein danke, das ist nichts für mich.«

Es wird niemals besser werden. Du stößt an deine Grenzen.

»Nein danke. Ich lasse diesen Gedanken nicht zu.«

Du hast zu viele Fehler gemacht.

»Nein danke. Ich höre etwas anderes: Mir wurde vergeben.«

Du wirst dich nicht mehr erholen. Es ist vorbei.

»Nein danke. Ich höre etwas anderes: Gott wird meine Gesundheit wiederherstellen.«

Du wirst dieses Haus nie abbezahlen.

»Nein danke, das ist nichts für mich. Ich werde kein Geld aufnehmen, sondern anderen etwas leihen.«

Vielleicht müssen Sie tausend negative Gedanken aussortieren, bis Sie einen positiven Klang hören. Die Stimme Gottes sagt: »Mit Christus kannst du alles tun. Deine besten Tage liegen vor dir. Die Situation wird sich wenden.«

Klammern Sie sich an das Gute. Wenn Sie diese Gedanken hören, dann handeln Sie wie Spirit und kommen Sie angerannt: »Das ist was für mich. Ich glaube. Ich empfange. Ich werde es schaffen.« Lassen Sie sich solche Gedanken immer wieder durch Ihren Kopf gehen. Der Kampf spielt sich in Ihren Gedanken ab.

Lassen Sie die negativen Gedanken wie Wasser vom Gefieder eines Vogels abprallen. Sitzen Sie wie Spirit da, und ignorieren Sie das Geräusch der Chipstüte, der Cornflakes und des Brotes. Blenden Sie die Gedanken aus, die nicht produktiv und positiv sind.

Schließlich werden Sie den richtigen Klang hören. Positive Gedanken wie *Ich habe Talent* werden aufkommen. Es wird eine Art Wecker in Ihrem Innern sein. Stehen Sie auf, und sagen Sie: »Ja, diesen Gedanken nehme ich gern an. Ich habe Talent.«

Dann wird auch der Gedanke *Ich bin gesegnet* nicht weit sein.

»Ja, diesen Gedanken nehme ich gern an. Ich kann es schaffen. Ich kann etwas Großes aus meinem Leben machen.«

Konzentrieren Sie sich auf das Gute

Neulich sah ich mir eine Fernsehdokumentation über eine Fledermausart im Urwald an, die kleine Frösche frisst – aber nur ganz bestimmte Sorten. Einige Frösche im Urwald sind giftig. Sie sehen genauso aus wie die unschädlichen Frösche. Die Fledermaus erkennt den Unterschied zwischen den Fröschen anhand der Geräusche, die die Frösche machen, und lauscht daher nur auf die Frequenz der ungiftigen Frösche.

Nachts geben alle Frösche ein hohes, zirpendes Geräusch von sich, doch der Ton der giftigen Frösche ist ein wenig höher als der der anderen Frösche. Die Fledermäuse haben ein so scharfes Gehör, dass sie nach fünf oder zehn Minuten Zuhören auf die richtige Frequenz eingestellt sind.

In dem Dokumentarfilm wurden 20 Urwaldfrösche in einen kleinen, zusammengeschusterten Pferch gesteckt. Die Urwaldfledermaus suchte die richtige Wellenlänge und stieß dann herab, um die ungiftigen Frösche aus der Mitte all ihrer giftigen Cousins herauszupicken. Wie konnte die Fledermaus das tun? Sie hatte ihr Gehör darauf trainiert, die richtige »Froschfrequenz« zu hören.

Genauso sollten wir es mit den Gedanken tun. **Wir müssen unsere Gedanken so trainieren, dass der Köder des Feindes keine Chance hat.** Wir müssen auf die hoffnungsvollen, positiven, glaubensvollen Gedanken hören.

Wenn ein eifersüchtiger Gedanke aufkommt und sagt: *Warum bekommt sie nur alles? Ist sie etwa so klug? Das ist nicht gerecht*, dann machen Sie sich klar, dass Ihre Gedanken auf die falsche Frequenz eingestellt sind. Die Gedanken erscheinen in dieser Situation vielleicht anziehend, und Sie laufen Gefahr, dabei zu verweilen, doch Ihr Instinkt sollte Ihnen sagen, dass es sich um giftige Gedanken handelt.

Wenn ein Gedanke aufkommt wie *Du bist so schluderig, hast keine Disziplin, nichts machst du richtig,* dann wäre es ein Leichtes, sich davon herunterziehen zu lassen, aber Sie müssen diesen Köder nicht schnappen. Erkennen Sie, dass es sich dabei um giftige Gedanken handelt. Sie werden Sie von Ihrer Bestimmung abhalten.

Ich möchte Sie dazu einladen, äußerst sorgfältig darauf zu achten, welchen Gedanken Sie Raum geben. Welchen Gedanken erlauben Sie, Wurzeln zu schlagen? Giftigen oder ungiftigen Gedanken? Hilfreichen oder schädlichen Gedanken? Haben Sie Ihr Gehör wie die kleine Spirit darauf trainiert, selektiv nur auf das zu hören, was wirklich wichtig ist? Sind Ihre Sinne scharf genug wie die jener Fledermäuse, um die giftigen Gedanken auszublenden?

Wachen Sie über Ihre Gedanken

Wie kann das aussehen? Im Philipperbrief lesen wir: »Richtet eure Gedanken auf das, was schon bei euren Mitmenschen als rechtschaffen, ehrbar und gerecht gilt, was rein, liebenswert und ansprechend ist, auf alles, was Tugend heißt und Lob verdient« (Philipper 4,8).

Wir müssen unseren Geist mit der richtigen Software programmieren. Wenn wir ihn mit den richtigen Gedanken füllen, bleibt kein Raum für die falschen Gedanken. Denken Sie bewusst gute Dinge über sich selbst und über Ihre Zukunft. Es reicht nicht, einfach nur negative Gedanken zu vermeiden. Wenn Sie Ihr Inneres nicht mit guten Gedanken an all den Segen füllen, den Gott schon über Ihnen ausgeschüttet hat, werden die negativen versuchen, wieder Raum zu gewinnen. Bleiben Sie lieber in der Offensive.

In der Bibel lesen wir: »Herr, du gibst Frieden dem, der sich fest an dich hält und dir allein vertraut!« (Jesaja 26,3; Hoffnung für alle). Denken Sie den ganzen Tag lang darüber nach, was Gott über Sie sagt: »Ich schenke dir meine Kraft … Ich habe dir gute Gaben geschenkt … Ich habe dir deine Schuld vergeben … Gute

Dinge erwarten dich … Das Beste kommt erst noch.« Wenn Ihr Inneres von solchen positiven Gedanken erfüllt ist, werden negative Gedanken das Schild »Kein Zimmer frei« vorfinden. Sie werden nicht eindringen können.

Mit dieser Einstellung zu leben ist außerordentlich wirksam. Sie entscheiden über die Richtung, die Ihr Leben nimmt. Sie entscheiden über Ihre Stimmung. Sie entscheiden über Ihre Einstellung.

Vielleicht müssen Sie einen Frühjahrsputz in Angriff nehmen und Ihr Inneres von all den negativen, verurteilenden Gedanken befreien, damit Gedanken wie *Mit Gottes Hilfe ist mir alles möglich* und *Ich werde es schaffen* einziehen können. Es gibt nicht genug Platz für negative *und* positive Gedanken.

In 5. Mose 30, Vers 19 werden wir vor die Wahl gestellt; werden wir Segen oder Fluch wählen? Wenn wir unseren Geist mit positiven Gedanken nähren, wählen wir den Segen; dann haben wir uns dafür entschieden, jeden Tag glücklich zu leben. Wir wählen Freude und Sieg. Wenn wir dagegen passiv sind und negativen Gedanken Raum geben, werden wir das Beste, das Gott für uns bereithält, verpassen.

Ich möchte Sie dazu ermutigen, Ihren Geist mit Dank und Lobpreis zu füllen. Rechnen Sie mit guten Dingen. Wenn Sie Rückschläge und Enttäuschungen erleben, müssen Sie besonders auf der Hut sein. Anstatt sich zu beklagen und deprimiert zu sein, sollten Sie sagen: »Ich weiß, dass Gott diese Situation wenden wird. Es ist schwierig, aber auch dies wird vorübergehen.«

Halten Sie das »Kein Zimmer frei«-Schild hoch, um negative Gedanken auszusperren. Ihre Gedanken kontrollieren Ihr Leben. Sie schließen doch auch Ihre Haustür ab, damit keine Fremden hereinkommen können. Es ist schließlich Ihr Zuhause. Sie wohnen hier. Nehmen Sie die gleiche Haltung gegenüber Ihren Gedanken ein: »Das bin ich. Das ist meine Zukunft. Ich werde nicht einfach irgendetwas hereinlassen. Ich sorge dafür, dass meine Gedanken positiv sind. Ich höre mir nur den Sender an, auf dem die guten Dinge zu hören sind.«

Jemand drückte es folgendermaßen aus: Wenn man einen Wohnkomplex besitzt und 80 Prozent der Wohnungen an Drogendealer, Einbrecher und Betrüger vermietet und 20 Prozent an normale, ehrbare Bürger, dann werden die Drogendealer und Betrüger die normalen Mieter nach wenigen Monaten vertreiben. So ist es auch mit der Kontrolle unserer Gedanken. Wenn wir ständig über unsere Probleme nachgrübeln und darüber, was wir nicht haben und wie finster die Zukunft aussieht, werden diese negativen Gedanken jeden positiven Gedanken verdrängen.

Geben Sie Ihren Problemen keinen Raum in Ihren Gedanken. Vermieten Sie diesen kostbaren Bereich nicht an Selbstmitleid und auch nicht an Gedanken wie *Ich kann das nicht, ich schaffe das nicht, es wird nie klappen.* Der Platz in Ihrem Innern ist begrenzt. Nehmen Sie eine Bestandsaufnahme davon vor, womit sich Ihre Gedanken beschäftigen.

Erteilen Sie negativen Gedanken einen Räumungsbefehl: *Es tut mir leid, aber eure Zeit ist abgelaufen. Euer Aufenthalt hier ist offiziell beendet. Ich habe euch viel zu lange Raum vermietet, und nun steht ein neuer Mieter bereit. Er ist die Stimme Gottes, und er braucht allen verfügbaren Platz.*

Entgiften Sie Ihre Gedankenwelt

Wir hören viel darüber, dass wir unseren Körper entgiften müssen und dass es Stoffe in der Nahrung gibt, die uns schaden können, außerdem bestimmte Hormone und Bakterien, die sich anreichern können, und nicht zuletzt Schadstoffe in der Luft. Viele Menschen wissen gar nicht, dass ihr Körper mit toxischen Stoffen angefüllt ist und dass sie deshalb krank sind. Die meisten Spezialisten empfehlen in dem Fall eine Fastenkur, um den Körper zu entgiften; anschließend muss der Betroffene Diät halten und die schädlichen Stoffe vermeiden. Nach Ansicht der Experten wird man auf diese Weise die Gifte mit der Zeit von allein los und wieder gesünder sein.

Mit unserem Geist verhält es sich genauso. Alle möglichen Gifte können sich in unserem Innern anreichern. Wenn wir darüber nachgrübeln, was wir nicht tun können und welche Personen uns verletzt haben und mit welchen Problemen wir kämpfen, dann konzentrieren wir uns auf toxische Gedanken, die genauso viel Schaden anrichten können wie die giftigen Stoffe in unserem Körper.

Giftige Gedanken reichern sich an und werden zu Giftmüll, der schließlich unser gesamtes Leben verseuchen wird. Sie beeinflussen unsere Einstellung, unser Selbstbild und unser Selbstvertrauen. Sie werden ein Teil unseres Selbst. Deshalb heißt es auch im Buch der Sprüche, Kapitel 4, Vers 23: »Mehr als auf alles andere achte auf deine Gedanken, denn sie entscheiden über dein Leben.« Machen Sie es zu Ihrer Priorität, über Ihre Gedanken zu wachen; setzen Sie das ganz oben auf Ihre »Zu erledigen«-Liste. Wenn Ihre Gedanken verseucht sind, wird Ihr gesamtes Leben Schaden nehmen.

Sicher kennen Sie Menschen, die verbittert, zynisch und chronisch unzufrieden sind. Sie erwarten das Schlimmste. Warum? Sie haben zugelassen, dass giftige Gedanken in ihnen Wurzeln schlagen konnten. Diese negativen Gedanken vergiften ihre Zukunft.

Welche Lösung gibt es dafür? Diese Menschen müssen eine Entgiftung vornehmen – eine Entgiftung ihrer Gedanken. Der einzige Weg, um frei zu werden und zu dem zurückzukehren, wozu Gott sie geschaffen hat, führt über die Entgiftung ihrer Gedanken.

Vielleicht müssen Sie von Bitterkeit, geringem Selbstwertgefühl, negativen Dingen, die man über Sie gesagt hat, verurteilenden Worte über vergangene Fehler und Mutlosigkeit, die versucht, ein Teil Ihrer Persönlichkeit zu werden, entgiftet werden.

Wie kann diese Entgiftung ganz praktisch aussehen? Sie müssen beschließen, nicht länger an diesen negativen Gedanken festzuhalten. Geben Sie diesen Giften keine Nahrung mehr.

Ich kenne Menschen, die Fastenkuren machen, um ihren Körper zu entgiften. Sie essen eine Zeit lang nichts oder nur ganz bestimmte Nahrungsmittel. So sollten wir es auch mit den giftigen

Gedanken tun, den Sorgen, dem geringen Selbstwertgefühl und den *Ich kann das nicht*-Gedanken. Diese Gedanken vermitteln Ihnen: *Es wird dir nie gut gehen. Du hast gehört, was der Arzt gesagt hat. Du wirst nie glücklich sein. Du bist zu oft verletzt worden. Du wirst deine Träume niemals erfüllen.* Doch anstatt diesen Gedanken Raum zu geben, sollten Sie sagen: »Nein, darauf lasse ich mich nicht ein. Ich grübele nicht über meine Verletzungen nach, ich denke nicht an das, was ich nicht habe, oder an meine Fehler. Ich denke darüber nach, was Gott über mich sagt. Er hat mir vergeben. Er hat versprochen, an meiner Seite zu sein, wenn mir Unrecht geschieht. Er sagt, ich sei in der Lage, meine Bestimmung mit seiner Hilfe zu erfüllen. Er sagt, dass meine besten Tage vor mir liegen.«

Wenn Sie keine Freude und kein Glück verspüren und das Gefühl haben, dass Ihnen nichts gelingt, dann liegt es vielleicht daran, dass Sie sich ungesund ernähren. Nicht körperlich, sondern mental. Ihr Inneres ist von zu viel ungesunder Nahrung vergiftet.

Ich bin so durchschnittlich. Ich habe meine Grenzen erreicht. Ich habe so viele gute Gelegenheiten versäumt. Ich bin zu verletzt, um jemals wirklich glücklich sein zu können.

Reinigen Sie Ihre Gedankenwelt, und halten Sie sich an eine gesunde Diät. Solche giftigen Gedanken gehören nicht in Ihr Leben. Ich möchte Sie heute dazu auffordern, eine Fastenkur zu machen. Nicht für Ihren Körper (obwohl Ihnen das möglicherweise nicht schaden würde), sondern für Ihren Geist. Eine Fastenkur zur Entgiftung von negativen Gedanken, Verurteilung, Verbitterung, »Ich kann das nicht«-Gedanken und zerbrochenen Träumen.

Geben Sie diesen Giften keine Nahrung. Geben Sie Ihnen keine Macht über sich. Jeden Morgen beim Aufwachen können Sie eine mentale Reinigung durchführen. Lassen Sie jede Verbitterung los, vergeben Sie denen, die Ihnen wehgetan haben, und legen Sie jede Enttäuschung ab. Beginnen Sie den Tag im festen Vertrauen darauf, dass Gott an Ihrer Seite ist. Geben Sie diesen Giften nicht die Möglichkeit, sich in Ihrem Innern anzureichern.

Wenn Sie morgens vor dem Aufstehen im Bett liegen, sagen Sie sich: »Dies wird ein wundervoller Tag. Ich rechne mit Gottes Gnade. Ich weiß, dass ich dazu in der Lage bin, meine Bestimmung zu erfüllen. Mit Gottes Hilfe kann ich jedes Hindernis überwinden. Ich bin stark genug, um über Kränkungen hinwegzugehen. Ich habe genug Gnade, um über jegliche Enttäuschung hinauszuwachsen. Auch wenn heute nicht alles nach meinen Vorstellungen verlaufen wird, weiß ich, dass Gott die Dinge in der Hand hat, und ich entscheide mich jetzt ganz bewusst dafür, glücklich zu sein und diesen Tag zu genießen.«

So reinigt man seinen Geist. Man befreit ihn von allen Giften, all den negativen Dingen, all den verurteilenden Gedanken. Wenn im Laufe des Tages Situationen entstehen, in denen Sie »guten« Grund hätten, gekränkt, verärgert oder entmutigt zu sein, dann lassen Sie solche Gedanken nicht zu. Verbannen Sie sie von Ihrem mentalen Speiseplan.

Wenn jemand unhöflich zu Ihnen ist oder Sie verletzt und negative Gedanken in Ihnen aufkommen, dann geben Sie diesen Gedanken keinen Raum, sondern lernen Sie zu sagen: »Ich werde mich nicht aufregen. Ich weiß, dass dieser Tag ein Geschenk Gottes ist, und ich entschließe mich dazu, in seinem Frieden zu bleiben.«

Auf diese Weise können Sie eine gesunde mentale Diät einhalten. Die giftigen Gedanken können Ihnen nichts anhaben, wenn Sie ihnen den Zutritt verwehren.

Entgiften Sie sich von negativen Bemerkungen anderer

Schenken Sie den verletzenden Worte anderer, die Ihnen sagen, was Sie nicht können und was Sie nicht werden und dass Sie nicht so intelligent sind wie ein anderer, keinen Glauben. Lassen Sie es nicht zu, dass solche Lügen in Ihrem Geist Wurzeln schlagen. Sie sind nicht das, was andere Leute über Sie sagen. Sie sind das, was Gott über Sie sagt. Und er sagt: »Du bist begabt. Du bist kreativ.

Du bist gesalbt. Du bist stark. Du bist entschlossen. Du hast Vertrauen. Du bist kein Opfer, sondern ein Sieger.«

Neulich erzählte mir eine Frau von dem negativen Umfeld, in dem sie aufgewachsen war. Ihre Eltern setzten sie ständig herab, und sie hatte das Gefühl, sich nicht mit ihrer Schwester messen zu können. Sie schien nie Glück zu haben, und es gelang ihr nicht, Freundschaften aufzubauen, die von Dauer waren. Schließlich sagte sie: »Es ist, als ob meine Eltern meine Zukunft mit einem Fluch belegt hätten. Ich erlebte eine Enttäuschung nach der anderen.«

Ich sagte ihr das, was ich auch Ihnen sage: Bevor irgendjemand einen Fluch auf Sie legen kann, hat Gott bereits seinen Segen auf Sie gelegt. Egal, was andere über Sie sagen, egal, welche Gefühle sie Ihnen eingetrichtert haben – der Segen wird immer stärker sein als der Fluch.

Pflegen Sie Ihre Beziehung zu Gott, und beginnen Sie, die negativen Worte anderer abzuschütteln. Sagen Sie: »Nein, vielen Dank. Das gehört nicht zu meinem Diätplan. Ich weiß, wer ich bin. Ich bin ein Kind des Allerhöchsten. Ich bin gesegnet, und niemand kann mich verfluchen. Gott schenkt mir seine Gunst. Er hat mich mit allem ausgerüstet, was ich brauche, um mein Leben zu meistern.«

Wenn Sie so denken und sprechen, werden die giftigen Gedanken nichts mehr ausrichten können. Denken Sie immer daran: Sie sind nicht das, was andere von Ihnen sagen, sondern Sie sind das, was Gott von Ihnen sagt. Die Leute sagen vielleicht, dass Sie nie Erfolg haben werden. Gott sagt aber, dass alles, was Sie berühren, blühen wird, wenn Sie mit ihm unterwegs sind.

Die Leute sagen vielleicht, dass es Ihnen nie gut gehen wird. Gott sagt aber, dass er Sie mit Leben im Überfluss beschenken will. Die Leute sagen vielleicht, dass Sie eine bestimmte Herausforderung nie meistern werden. Gott sagt aber, dass er Ihnen immer zum Sieg verhelfen wird, wenn Sie an seiner Seite bleiben. Die Leute sagen vielleicht, dass Ihre Familie nie auf den richtigen Weg finden wird. Gott sagt aber, dass Sie und Ihr Haus ihm dienen werden.

Ich glaube, dass sich in Ihrem Innern eine Reinigung vollzieht, während Sie dieses Buch lesen. Festungen, die Sie jahrelang blockiert haben, beginnen zu bröckeln. Genießen Sie Ihre neue Freiheit! Schütteln Sie negative Gedanken ab und bauen Sie neues Vertrauen auf. Während Sie sich von den giftigen Gedanken befreien, wird Gott Sie an Orte führen, von denen Sie sich nie hätten träumen lassen.

Sie sind ein Kind Gottes

Ein Junge lebte mit seiner alleinerziehenden Mutter in den Hügeln von Tennessee. Zu jener Zeit und speziell in jener Gegend wurden Kinder unverheirateter Frauen sehr stark diskriminiert. Als der Junge gerade drei Jahre alt war, ließen die Nachbarn ihn nicht mit ihren eigenen Kindern spielen. Sie sagten: »Was macht er überhaupt hier? Man weiß ja noch nicht mal, wer sein Vater ist.«

Sie behandelten ihn, als hätte er die Pest. Samstags ging er mit seiner Mutter in den Dorfladen, und stets bekam er abfällige Bemerkungen von den Leuten zu hören. Sie sagten verletzende Dinge bewusst so laut, dass er und seine Mutter sie hören mussten: »Da sind sie schon wieder. Kein Mensch weiß, wer der Vater ist.«

Der kleine Junge wuchs mit einem Gefühl der Unsicherheit auf, man machte sich über ihn lustig und gab ihm das Gefühl, dass etwas mit ihm nicht stimmte. Als er zwölf Jahre alt war, kam ein neuer Pastor in die Stadt. Es war ein junger Mann, er war sehr begabt und sehr leidenschaftlich. Er sorgte für einige Aufregung.

Der Junge war bisher nie zur Kirche gegangen, doch eines Sonntags beschloss er, sich eine Predigt dieses neuen Pastors anzuhören, von dem alle sprachen. Er kam ein wenig zu spät, schlich in die Kirche und setzte sich in die letzte Reihe, damit niemand ihn bemerkte. Als er der Predigt zuhörte, spürte er eine Liebe und eine Annahme, die er nie zuvor erlebt hatte. Er hatte eigentlich vorgehabt, schon bald wieder zu gehen, doch er war so gebannt von dem, was er da hörte, dass der Gottesdienst im Nu vorbei war.

Weil so viel Gedränge herrschte, konnte der Junge nicht unbemerkt hinausschlüpfen. Als der junge Pastor jeden begrüßte, der die Kirche verließ, entdeckte er auch den Jungen. Er war ihm nie zuvor begegnet und wusste nichts über ihn. Doch er bemerkte, dass der Junge ganz allein gekommen war.

»Mein Junge, wessen Kind bist du?«, begrüßte er ihn.

Plötzlich wurde es ganz still im Raum. Der Pastor hatte die Frage gestellt, die alle anderen sich schon immer gestellt hatten. Der Junge wusste nicht, was er sagen sollte. Von klein auf hatte er gehört, dass er ein Ausgestoßener und ein vaterloses Kind sei. Also senkte er nur den Kopf.

Der Pastor spürte, dass etwas nicht in Ordnung war, etwas, von dem er offensichtlich nichts wusste. Doch Gott schenkte ihm Weisheit. Er erlangte rasch seine Fassung wieder, sah den Jungen an und sagte: »Oh, ich weiß, wer dein Vater ist. Ich kann die Ähnlichkeit ganz deutlich sehen. Du bist ein Kind des allmächtigen Gottes.«

Dieser Tag war der Wendepunkt im Leben des Jungen. All die Leute, die stets so schlecht über ihn geredet hatten, verließen mit gesenktem Kopf den Raum. Die Festung der Unsicherheit und Minderwertigkeit war zerstört. Der Junge sah sich nicht länger als der Ausgestoßene, zu dem die Leute ihn gemacht hatten, sondern er sah sich als ein Kind des allmächtigen Gottes.

Der Junge wurde mit der Zeit sehr erfolgreich und führte ein glückliches, gesegnetes Leben. Viele Menschen sind ohne Vater aufgewachsen. Ich wünschte, es wäre nicht so, doch wenn Sie einer von ihnen sind, dann möchte ich Ihnen sagen, was der junge Pastor diesem Jungen sagte: Ihr Vater ist der allmächtige Gott. **Sie wurden vor der Grundlegung der Welt von ihm auserwählt.** Sie sind nicht zufällig hier. Ihre Existenz ist kein Unfall. Gott hat seinen Atem in Sie hineingehaucht. Er hat Samen in Ihr Inneres gelegt, aus denen Großes hervorkommen wird. Sie haben eine Bestimmung zu erfüllen, eine Aufgabe, etwas, das niemand sonst tun kann.

Lassen Sie nicht zu, dass das, was andere über Sie sagen oder nicht sagen, Ihr Leben beeinträchtigt. Ihr irdischer Vater hat sich vielleicht nicht so um Sie gekümmert, wie er es hätte tun sollen; möglicherweise kennen Sie ihn nicht einmal. Doch Ihr himmlischer Vater sagt: »Ich bin stolz auf dich. Du hast eine wundervolle Zukunft vor dir. Du wirst große Dinge tun.«

Füllen Sie Ihr Denken mit Gottes Gedanken

Ich kann mich noch gut an eine junge Frau erinnern, die vor einigen Jahren nach dem Gottesdienst mit zwei kleinen Kindern, einem Mädchen und einem Jungen, auf mich zukam. Die Kinder waren sehr anhänglich. Der kleine Junge drückte sich an mich und wollte gar nicht mehr gehen; er war ungefähr fünf Jahre alt. Ich drückte ihn, und wir unterhielten uns eine Weile. Schließlich verabschiedeten wir uns, und sie gingen fort.

Ein paar Minuten später kam der Junge zurück und sagte, er wolle mir etwas ins Ohr flüstern. Ich beugte mich zu ihm herunter, und was er dann sagte, werde ich nie vergessen:

»Ich wünschte, du wärest mein Daddy.«

Es brach mir fast das Herz. Ich sagte ihm, was ich auch Ihnen sage: Schauen Sie jeden Morgen, wenn Sie aufstehen, nach oben, und stellen Sie sich vor, wie Ihr himmlischer Vater auf Sie herablächelt. Er sagt: »Du bist mein Augapfel. Du bist mein wertvollster Besitz.«

Die Bibel sagt, dass Gott ein »Vater der Waisen« ist (Psalm 68,5). Viele Menschen können nicht ihr volles Potenzial ausschöpfen, weil sie Identitätsprobleme haben. In ihrem Kopf kreisen ständig Gedanken wie: *Du stammst aus der falschen Familie. Du hast noch nicht mal einen Vater. Kein Wunder, dass du keinen Erfolg hast.*

Schenken Sie diesen Lügen keinen Glauben. Halten Sie sich an Ihre Diät, nämlich an folgende Gedanken: *Ich bin das, was Gott über mich sagt. Ich habe vielleicht keinen irdischen Vater, aber ich habe einen himmlischen Vater. Die Leute haben schlecht über mich geredet, doch ich weiß: Bevor irgendjemand mich verfluchen konnte, hatte Gott bereits seinen Segen auf mich gelegt.*

Wenn man negative Dinge über Sie gesagt hat, die Ihre Zukunft vergiften könnten, dann kehren Sie zu den Wurzeln dieser Gedanken zurück. Wer hat gesagt, Sie seien nicht klug genug, um zur Universität zu gehen? Wer hat gesagt, Sie würden nie Erfolg haben? Wer hat gesagt, Sie hätten nicht das Zeug dazu? Wer hat gesagt, Sie würden nie heiraten? Wer hat gesagt, dass Sie dieses Hindernis nie überwinden werden? Wer hat gesagt, Ihre besten Tage lägen hinter Ihnen?

Ich kann Ihnen versichern, dass es nicht Gott war, der Ihnen solche Gedanken eingegeben hat. Befreien Sie sich von all diesem Müll. Befreien Sie sich von dem, was Ihr Exmann über Sie gesagt hat. Befreien Sie sich von dem, was Ihr Lehrer über Ihre Unfähigkeit gesagt hat. Befreien Sie sich von dem, was Ihr Chef über Ihr Unvermögen gesagt hat. Befreien Sie sich von dem, was jene Kritiker über Ihr Nichtkönnen gesagt haben.

Ich möchte Ihnen heute eine neue Diät verordnen. Diese Diät wird sämtliche Giftstoffe aus Ihrem Körper schwemmen. Sie wird Sie von allen negativen Gedanken, den *Ich kann das nicht*-Gedanken, den *Ich bin nicht gut genug*-Gedanken befreien. Ich verordne Ihnen Glaubenskost. Wenn Sie diese Kost zu sich nehmen, dann sind Sie wie Popeye, der Spinat isst, oder wie Clark Kent, der in die Telefonzelle hineingeht und als Superman herauskommt. Eine Verwandlung wird eintreten, wenn Sie sich von den negativen Gedanken befreien, die Sie doch nur verurteilen, und Ihren Geist mit allem füllen, was Gott über Sie sagt.

Wurzelbehandlung

Wir haben ein paar Kaninchen zu Hause, und vor einiger Zeit fanden wir, dass eines davon nicht so gesund aussah. Es rieb sich ständig eine Seite des Kopfes, als ob dort etwas Störendes wäre. Wir konnten allerdings nichts entdecken. Einige Tage später war die betreffende Gesichtshälfte stark geschwollen. Es sah aus wie eine große Wucherung.

Also brachten wir unser Kaninchen zum Tierarzt. Es bekam Antibiotika, doch nach einer Woche war es noch nicht besser. Unser Kaninchen sah ziemlich schlimm aus. Wir fuhren also erneut zum Tierarzt, wo es wieder untersucht wurde. Diesmal stellte der Tierarzt fest, dass ein Fliegenei seinen Weg in die Nase des Kaninchens gefunden hatte. Die Fliegenlarven waren herangewachsen und standen kurz vor dem Ausschlüpfen. Deshalb war das Gesicht des Kaninchens so entzündet.

Egal, wie viele Antibiotika das Kaninchen bekam, sie führten keine Besserung herbei. Wir mussten erst die Wurzel des Problems erkennen. Als die Quelle der Entzündung gefunden war und entfernt wurde, ging es dem Kaninchen wieder gut.

Auf diese Weise handelt auch der Feind. Er versucht, Lügen in unseren Geist zu pflanzen, die unser Denken infizieren. Oft behandeln wir das Problem nur oberflächlich und versuchen, eine gute Einstellung und ein positives Selbstbild zu haben, aber es ist ein permanenter Kampf, so als ob wir ständig einen Berg erklimmen würden.

Könnte es sein, dass es bei Ihnen wie mit dem Tierarzt ist, der die Symptome, aber nicht das wirkliche Problem des Kaninchens behandelte? Kümmern Sie sich um das Äußere und ignorieren die Wurzel des Problems, nämlich eine negative Einstellung gegenüber sich selbst? Möglicherweise sind Ihre Gedanken in irgendeinem Bereich infiziert.

Vielleicht versuchen Sie, eine Sucht zu überwinden, doch tief in Ihrem Innern hören Sie noch immer die Worte: *Du wirst ein Alkoholiker werden, genau wie dein Vater*. Vielleicht bemühen Sie sich, Ihre Ehe zu retten, doch da ist immer wieder dieser eine Gedanke: *Deine Ehe wird genauso scheitern wie die Ehe deiner Eltern*.

Vielleicht wollen Sie sich selbstständig machen oder Sie streben eine Beförderung an, doch in Ihrem Innern meldet sich immer wieder diese Stimme: *Du hast nicht das Zeug dazu. Du wirst es nicht schaffen. Denk daran, was deine Lehrer gesagt haben. Vergiss nicht, was dein Vorgesetzter über dich gesagt hat.*

Diese Stimme lügt, und die Lügen infizieren Ihr Denken. Es gibt einen Weg, sich von solchen Gedanken zu befreien: Sie müssen über das nachdenken, was Gott über Sie sagt. Gott fordert uns in der Bibel dazu auf, Tag und Nacht über sein Wort nachzusinnen (nachzulesen in Josua 1,8). Mit anderen Worten: Wir sollten permanent positiven Gedanken Raum geben: *Ich bin begabt. Ich bin kreativ. Ich bin gesalbt. Ich bin ausgerüstet. Ich bin ermächtigt. Ich bin gesegnet. Ich bin erfolgreich. Ich bin diszipliniert. Ich bin frei von Süchten. Ich besitze die Gunst Gottes.*

Wenn Sie solche Gedanken immer wieder durchspielen, finden die giftigen Gedanken keinen Raum mehr. Ihre Denkweise ist erneuert. Stellen Sie sich ein Glas mit trübem Wasser vor, in dem sich jede Menge Schmutzpartikel befinden. Wenn ich kontinuierlich klares Wasser hineinschütte und das Glas einfach immer wieder überlaufen lasse, wird der Schmutz irgendwann vollständig beseitigt und das Wasser vollkommen sauber und klar sein.

Ich brauchte gar nicht zu versuchen, das schmutzige Wasser auszuschütten. Ich brauchte nur immer weiter sauberes Wasser nachzufüllen, und schon nach kurzer Zeit war der Schmutz verschwunden. So läuft es auch mit unseren Gedanken. **Wenn wir die Gewohnheit entwickeln, die richtigen Gedanken einzufüllen – Gedanken des Glaubens, der Hoffnung, der Ermutigung, *Ich kann das*-Gedanken –, dann wird unsere Denkweise irgendwann verwandelt.** Wir werden positiv, voller Hoffnung, stark und mutig sein.

Konzentrieren Sie sich auf Ihr Bestes

Ich las vor Kurzem die Geschichte eines Kindes, dessen Eltern auf der Flucht vor dem Holocaust einige Jahre vor seiner Geburt von Deutschland in die USA gezogen waren. Der Vater war ein international tätiger, sehr erfolgreicher Geschäftsmann. Er wünschte sich, dass sein Sohn eines Tages in sein Geschäft eintreten würde.

Doch der Junge hatte enorme Schwierigkeiten in der Schule. Er gab sich die größte Mühe, doch Lesen, Schreiben und Rechnen stellten wirklich ein Problem für ihn dar. Seine Eltern behandelten ihn sehr hart; sie nannten ihn einen »Dummkopf«.

Der Junge, dessen Dyslexie erst entdeckt wurde, als er schon über 30 war, war durch die harten Worte seiner Eltern am Boden zerstört. Er hatte einen Minderwertigkeitskomplex und hielt sich für dumm. Das Einzige, was ihn in der Schule rettete, war sein Sinn für Humor. Er hatte ein Talent dafür, die anderen Kinder zum Lachen zu bringen.

Er erzählte Witze über sich selbst und wurde bei seinen Klassenkameraden sehr beliebt. Bei der Rhetorik- und Theaterarbeit glänzte er, sodass er sich in diesen Fächern besonders engagierte – sehr zum Leidwesen seiner Eltern.

Sie glaubten, er würde es nie zu etwas bringen. Allerdings änderten sie ihre Meinung, als ihr Sohn Henry ein TV-Star wurde. Sie konnten es nicht fassen, als ihr unsicherer Junge ein Diplom der *Yale Drama School* erhielt und der Star einer Sendung mit Spitzeneinschaltquoten wurde, in der er einen coolen Hochschulabbrecher spielte.

Es ist gewissermaßen eine Ironie des Schicksals, dass die erste große Sendung *Happy Days* hieß, denn Henry Winkler – heute ein berühmter Schauspieler, Autor, Regisseur und Filmproduzent – erinnert sich an jene Tage als die glücklichsten seines Lebens.

Denn endlich konnte er sich von den giftigen Gedanken, die andere ihm eingeflüstert hatten, befreien und der begabte und kreative Mann werden, der er nach dem Plan seines himmlischen Vaters werden sollte. Er konzentrierte sich auf das Beste, das Gott in ihn hineingelegt hatte, und nicht auf das, was andere über ihn sagten.

In der Bibel nennt Gott Gideon einen Mann großen Mutes.

Gideon jedoch sah sich bei seiner Berufung um und sagte: »Wen meint er? Ich kann es ja wohl nicht sein.«

Gott hatte eine Aufgabe für Gideon; er sollte etwas Großes vollbringen, doch Gideon hatte seine Denkweise noch nicht erneuert. Er gab giftigen Gedanken Raum. Gott sah in ihm einen starken Mann, doch Gideon hielt sich selbst für schwach, unterlegen und unfähig.

Gott wollte, dass Gideon das Volk Israel anführte und die feindliche Armee besiegte. Doch Gideon sagte: »Gott, das kann ich nicht tun. Ich bin der Geringste im Haus meines Vaters. Ich komme aus der ärmsten Familie. Ich habe nicht die nötige Bildung, die Fähigkeiten, den Mut.«

Beachten Sie, wie Gideon sich selbst einschätzte im Gegensatz zu der Einschätzung, die Gott von ihm vornahm. Gott sagte, er sei ein furchtloser Mann mit großem Mut. Wenn Gott Sie heute rufen würde, würde er nicht sagen: »Hallo, du schwaches Würmchen. Hallo, du Versager. Hallo, alter Sünder. Wie geht's denn meinem Verlierer heute?«

Gott würde mit Ihnen reden wie mit Gideon: »Hallo, Maria, du starke Frau voller Mut.« Oder: »Hallo, Robert, du starker Mann voller Mut.«

Ich frage mich, ob Sie dann wie Gideon sagen würden: »Herr, mit wem sprichst du? Weißt du nicht, aus was für einer Familie ich komme? Hast du nicht gesehen, wie viele Fehler ich gemacht habe? Ich will dich gern an einige davon erinnern. Herr, ich bin nicht so begabt. Warum nennst du mich dann eine starke Frau/einen starken Mann?«

Das Problem ist, dass Sie es zugelassen haben, dass diese falschen Gedanken Ihr Denken infizieren. Doch Gott sei Dank ist heute ein neuer Tag. Sie beginnen eine neue Diät. Sie beginnen eine Fastenkur, indem Sie alle negativen, entmutigenden und *Ich kann das nicht*-Gedanken abschalten.

Wenn diese falschen Gedanken aufkommen, dann sagen Sie nicht wie Gideon: »Ich kann das nicht. Wer bin ich denn schon?« Sagen Sie es genau andersherum: »Ich weiß, wer ich bin. Ich bin dazu fähig. Ich bin bereit für meine Aufgabe. Herr, ich bin das, was du von mir sagst.«

Ich glaube, dass Gott Ihnen künftig neue Gelegenheiten schenken wird. Neue Türen werden sich öffnen. Neue Menschen werden Ihren Weg kreuzen. Vielleicht wird es sogar eine neue Karrieremöglichkeit geben. Wenn Sie weiterkommen wollen, müssen Sie Ihr Denken erneuern. Sie müssen sich von Ihrer alten Denkweise freimachen, um für die neue Raum zu haben. Ich möchte Sie dazu auffordern, all den Müll zu entsorgen, alle Gedanken darüber, was Sie nicht sind und was Sie nicht können. Zerstören Sie diese Festungen. Verabschieden Sie sich von klein gewordenen Träumen. Legen Sie ein zu geringes Selbstwertgefühl ab. Werfen Sie die negativen Worte hinaus. Halten Sie sich an Ihre Diät.

Nehmen Sie jeden Morgen eine sorgfältige Reinigung vor. Beginnen Sie den Tag voller Glauben. Wenn Sie über Ihre Gedanken wachen und nicht zulassen, dass giftige Gedanken Wurzeln schlagen können und stattdessen Ihr Inneres mit Gedanken des Glaubens füllen, dann verspricht Gott, dass Sie jedes Hindernis überwinden, dass Sie jeden Feind besiegen und dass sich jeder Traum und Wunsch, den Gott in Ihr Herz gelegt hat, erfüllen wird.

Kapitel 27

Genießen Sie Ihre Segnungen

Vor einigen Jahren wurde ich von einem bekannten Journalisten als »der lächelnde Prediger« bezeichnet. Diese Geschichte fand großen Anklang und ging um die ganze Welt. Doch manche Menschen benutzen diesen Ausdruck eher abfällig, nach dem Motto »Warum lächelt er ständig? Irgendetwas stimmt da nicht. So glücklich kann doch niemand sein«.

Ich war damals jung und noch recht neu in meinem Dienst, und zuerst dachte ich: *Nun, vielleicht sollte ich nicht so viel lächeln. Die Leute machen sich darüber lustig.* Doch dann wurde mir bewusst, dass ich Gottes Segnungen nicht zu verstecken brauche. Ich muss mich nicht dafür entschuldigen, dass ich ständig lächele. Ich freue mich doch darüber, dass Gott mich so sehr segnet.

Wenn wir Gott den ersten Platz in unserem Leben einräumen und unser Bestes geben, um ihn zu ehren, dann verspricht Gott: »Die ganze Fülle seines Segens wird euch zuteilwerden« (5. Mose 28,2). Das bedeutet, dass wir wirkliches Glück finden und uns geistlich weiterentwickeln werden, dass Gott uns in vieler Hinsicht *weiter* bringt und wir auch immer wieder Ruhepausen bekommen, sogar solche, die wir nicht unbedingt verdienen. So belohnt Gott diejenigen, die mit ihm unterwegs sind.

Wir sehen diesen Grundsatz im Alten Testament im Buch Rut. Rut war auf den Feldern und ging hinter den Arbeitern her, um die abgefallenen Ähren einzusammeln.

Eines Tages befahl Boas, der Eigentümer der Felder, seinen Arbeitern, büschelweise Weizen extra für Rut zurückzulassen. Nun musste Rut sich nicht mehr abstrampeln. Sie musste nicht mehr Tag und Nacht arbeiten. Rut kam in den Genuss von Segnungen, die ihr buchstäblich zu Füßen lagen.

Jeder von uns kann sich wahrscheinlich rückblickend an Zeiten erinnern, in denen Gott uns büschelweise Segnungen zuteilwerden ließ, Dinge, die wir nicht verdienten, um die wir nicht kämpfen mussten, um die wir nicht einmal gebeten hatten. Wir erhielten sie einfach so. Deshalb hier ein Rat: **Entschuldigen Sie sich nicht für Gottes Güte.** Spielen Sie nicht herunter, was Gott in Ihrem Leben getan hat. Machen Sie keine Ausflüchte, weil ein Freund möglicherweise eifersüchtig ist. Versuchen Sie nicht, Gottes Segnungen zu verbergen, weil ein Arbeitskollege Sie vielleicht verurteilen und denken könnte, dass das ungerecht ist.

Ein Schlüssel zum Glück und zur Lebensfreude ist das Genießen unserer Segnungen. Vielleicht haben wir nicht den Eindruck, dass wir sie verdienen, doch Gunst ist nicht immer gerecht. Es ist einfach die Güte Gottes. Wenn Sie sich für das entschuldigen, was Gott Ihnen gegeben hat, und seine Güte herunterspielen, wird Gott vermutlich jemand anderen finden, dem er seine Gunst zuwenden kann.

Ich sage aber auch keinesfalls, dass Sie angeben und mit dem prahlen sollen, was Sie haben und wie großartig Sie sind. Doch Sie sollten damit prahlen, wie groß Gott ist. Als wir Kinder waren, sangen wir oft ein Lied mit dem Titel »Sieh, was der Herr getan hat«. Ein solches Lied sollten wir singen. Den ganzen Tag über sollten wir Gottes Güte besingen. Wenn wir das tun und ihm alle Ehre geben, dann genießen wir unsere Segnungen auf die richtige Weise.

David sagte in einem seiner Psalmen: »Der Herr hat dieses Wunder vollbracht« (Psalm 118,23). Das ist eine großartige Einstellung. Geben Sie Gott für alles, was passiert, die Ehre: »Der Herr hat dieses Wunder vollbracht.«

»Weißt du, was dieses wunderschöne Gebäude ist? Es ist ein Werk Gottes.«

»Meine Mutter ist immer noch am Leben, obwohl man vor 30 Jahren Krebs im Endstadium bei ihr festgestellt hat. Weißt du, was das ist? Gott hat dieses Wunder vollbracht, davon bin ich fest überzeugt.«

Wenn Sie stets die Beförderung, die Ruhepause, die Heilung, das Neue und die Möglichkeiten, die sich Ihnen auftun, als »von Gott« annehmen, werden Sie kein Problem damit haben, Ihre Segnungen zu genießen.

Ich hatte früher oft ein schlechtes Gewissen, weil Gott mir so ein wundervolles Leben geschenkt hat. Ich war immer glücklich und bin mit wundervollen Eltern und Großeltern, einer wunderschönen Frau und wundervollen Kindern gesegnet. Immer wieder haben Victoria und ich diese »büschelweisen« Segnungen bewusst wahrgenommen.

Wir sind gesegnet, und das »kommt vom Herrn«. Doch wenn ich Menschen sah, die mit großen Schwierigkeiten zu kämpfen hatten, dann versuchte ich herunterzuspielen, wie sehr Gott mich gesegnet hat, um mich diesen Menschen gegenüber nicht unwohl zu fühlen. Doch ich habe gelernt, dass wir auf diese Weise Gott nicht die Ehre geben. Gott möchte, dass wir anderen zeigen, wie gütig er ist. Ich muss mich daher nicht dafür entschuldigen, wenn ich »büschelweise« Segnungen bekomme und ein anderer nicht.

Keine Entschuldigung nötig

Sie brauchen Ihr Glück, Ihren Frieden, Ihren Erfolg oder das, was Sie besitzen, nicht zu verstecken. Sie müssen nicht den Kopf senken und den Eindruck erwecken, Sie seien arm, bemitleidenswert oder deprimiert, um den Leuten zu zeigen, wie demütig Sie sind. Wenn Sie Ihre Segnungen genießen, alles Gott zuschreiben, von seiner Güte reden und ihm für das danken, was er getan hat, dann geben Sie Gott wirklich die Ehre.

Wenn Gott Sie mit finanziellem Erfolg oder Heilung gesegnet oder Ihnen durch eine schwierige Situation in einer Beziehung, im

Beruf oder Ihren Finanzen hindurchgeholfen hat, dann genießen Sie diese Segnung. Erzählen Sie jedem, was Gott für Sie getan hat. Wenn die anderen sich über Sie lustig machen, wie manche es mit mir tun, und Sie fragen, warum Sie so glücklich sind, dann sagen Sie einfach: »Ich freue mich über den Segen, den Gott über mich ausgeschüttet hat. Gott war so gut zu mir, dass ich das einfach nicht für mich behalten kann. Ich muss es weitersagen. Ich war verloren und bin gefunden. Ich sollte eigentlich tot sein, aber ich lebe. Schau dir nur an, was Gott für mich getan hat!«

Einige Kritiker und Zweifler werden vielleicht einwenden: »Komm mal wieder runter. Diese Glückssache ist doch übertrieben.« Lassen Sie das in ein Ohr hinein- und durch das andere wieder hinausgehen. Genießen Sie weiterhin Ihre Segnungen, und mit der Zeit wird Ihre Begeisterung für Gott auf die anderen abfärben und nicht umgekehrt.

Wenn Sie sich gut kleiden können, dann genießen Sie Ihre Segnungen. Wenn Sie eine Beförderung bekommen, genießen Sie Ihre Segnungen. Wenn Gott eine Tür öffnet und Sie in dieses neue Haus ziehen dürfen, dann werden sich möglicherweise die Neider zu Wort melden. Doch lassen Sie es nicht zu, dass Menschen, die eine negative Haltung haben, die neidisch, wertend, verbittert oder verärgert sind, Sie herunterziehen.

Wenn Sie Gott gefallen und glücklich leben möchten, dann gehen Sie nicht geknickt, niedergeschlagen und deprimiert durchs Leben. Genießen Sie Ihre Segnungen. Erklimmen Sie eine neue Stufe. Genießen Sie Gottes Gunst. Seien Sie stolz auf das, was Sie sind und was Gott in Ihrem Leben getan hat.

Leben Sie für den Allerhöchsten

In der Bibel lesen wir: »Der Herr ist groß! Er sorgt dafür, dass sein Vertrauter in Glück und Frieden leben kann« (Psalm 35,27).

Ich sage dies mit allem Respekt, aber meines Erachtens müssen wir eine religiöse Auffassung bekämpfen, die uns einzureden versucht, dass wir armselig, geknickt und unterlegen durchs Leben gehen müssten, um jedermann zu beweisen, wie demütig wir doch sind. Wenn wir armselig, geknickt und unterlegen sind, dann beweist das nichts anderes, als dass wir armselig, geknickt und unterlegen sind. Niemand wird das haben wollen, was wir haben. Man kann auch armselig, genickt und unterlegen sein, ohne Gott zu dienen. Wir sind vielmehr dazu berufen, Beispiele dafür zu sein, was es bedeutet, für den Allerhöchsten zu leben.

Wir sollten so gesegnet, so freundlich, so großzügig, so voller Lebensfreude und voller Frieden sein, dass die Menschen um uns herum das haben wollen, was wir haben. Wenn Sie glauben, dass Sie Gott zeigen, wie heilig und demütig Sie sind, indem Sie Ihre Segnungen nicht genießen und jene Beförderung nicht annehmen, dann hindern Sie Gott im Grunde daran, etwas Neues in Ihrem Leben zu tun.

Erweitern Sie Ihre Vision

Sie müssen Ihre Sicht der Dinge vergrößern. Gott besitzt alles. Wenn Gott Sie in größerem Stil segnet, dann wird das den Himmel nicht in die roten Zahlen bringen. Wenn Sie sich wünschen, dass Gott lächelt, dann freuen Sie sich darüber, dass Sie ein Leben im Überfluss leben können.

Victoria und ich fanden ein Stück Land, das wir kaufen wollten, um eines Tages ein Haus darauf zu bauen. Es war ein großes Grundstück in Stadtnähe. Gott hat uns durch unsere Bücher und andere Einkünfte gesegnet. Wir geben den Zehnten und spenden großzügig, aber wir glauben, dass es auch gut ist, vernünftige Investitionen zu machen. Ich betete und überlegte, ob wir dieses Grundstück kaufen sollten. Ich dachte: *Eigentlich brauchen wir keinen halben Hektar Land. Es ist doch ganz prima, wie wir momentan leben.*

Doch tief in meinem Innern wünschte ich mir dieses Grundstück. Es war wirklich ein Herzenswunsch, aber ich hatte ein schlechtes Gewissen; ich dachte, es sei mehr, als wir tatsächlich benötigten.

Eines Tages war ich in einem Flieger unterwegs. Es war ein klarer, wunderschöner Tag. Ich saß am Fenster und schaute herab.

Da hörte ich, wie Gott mir etwas sagte. Es war keine hörbare Stimme, eher ein innerer Eindruck. Er sagte: *Du fragst dich, ob du das Grundstück kaufen sollst. Was meinst du, wie dieses Land für mich aussieht, aus meiner Sicht, aus meiner Perspektive?*

Da war ich nun, zehn Kilometer über dem Erdboden, und ein halber Hektar Land war nur ein kleiner Punkt, so als berührte man mit einem Stift die Erde. Es war nichts. Ich fühlte, wie Gott mir sagte: *Ich gebe dir die Erlaubnis. Es ist in Ordnung, ein Grundstück zu besitzen, das aus meiner Sicht nur die Größe eines Stecknadelkopfs hat.*

Genießen Sie Ihre Segnungen

Manchmal denken wir so klein. Wir begrenzen unsere Möglichkeiten und unser Potenzial. Doch Gott besitzt alles. »Dem Herrn gehört die ganze Erde mit allem, was darauf lebt« (Psalm 24,1). Wir müssen unsere Perspektive erweitern.

Wie oft fragen wir uns: »Ist es falsch, dass ich in einem schönen Haus leben möchte? Ist es falsch, dass ich mir ein größeres Grundstück wünsche? Ist es selbstsüchtig von mir, dass ich einen schönen Wagen fahren möchte? Ist es in Ordnung, dass ich meine Kinder segnen und ihnen ein Erbe hinterlassen möchte?«

Gott sagt: »Es ist in Ordnung. Genieße deine Segnungen.« Solange Gott das Wichtigste in unserem Leben ist und wir nicht egoistisch leben und materielle Dinge nicht zu Götzen erheben, wird Gott uns unsere Herzenswünsche erfüllen. Es macht ihm Freude, seine Kinder zu segnen.

Ein junger Mann aus unserer Gemeinde kam zu mir, nachdem er in einem großen Handelsunternehmen eine tolle Beförderung erhalten hatte. Er war der jüngste Mitarbeiter, der je diese Position in diesem Unternehmen innegehabt hatte. Er war so glücklich. Er wusste, dass er dies nur Gottes Gunst zu verdanken hatte.

Doch er stand durch die Beförderung über Arbeitskollegen, die viel länger im Betrieb arbeiteten als er und über größere Erfahrung verfügten. Sie waren zuvor befreundet gewesen, doch nun spürte er, wie sie ihm aus dem Weg gingen. Er vermutete, dass sie hinter seinem Rücken über ihn herzogen.

»Ich weiß, dass Sie in solchen Situationen gerne Epheser 3, Vers 20 anführen«, sagte er. »Sie haben gerade noch darüber gepredigt, aber ich habe ein schlechtes Gewissen, ich habe das Gefühl, etwas falsch gemacht zu haben.«

Ich sagte ihm, was ich auch Ihnen heute sage: So sieht es aus, wenn Gott uns segnet. Erfreuen Sie sich daran. In der Bibel heißt es: »Gott selbst kommt und hält Gericht: Die einen stürzt er, die anderen macht er groß« (Psalm 75,8).

Wenn Sie Ihre Segnungen nicht mit einer dankbaren Haltung genießen, wissen Sie, was dann passiert? Gott wird diesen Segen jemand anderem geben! Machen Sie sich keine Sorgen, wenn andere neidisch sind oder sich gegen Sie wenden. Ich habe gelernt, dass manche Menschen so lange mit uns befreundet sind, bis wir weiter vorankommen als sie. Arbeitskollegen gehen vielleicht mit Ihnen zum Mittagessen, solange sie auf derselben Hierarchieebene sind wie Sie, doch wenn Sie befördert werden und »büschelweise« Segen erfahren, werden die gleichen Kollegen neidisch versuchen, Sie schlecht dastehen zu lassen. Zerbrechen Sie sich darüber nicht den Kopf. Seien Sie dankbar für Gottes Güte.

Wir können in der Bibel ein Beispiel dafür finden, und zwar in der Geschichte, als Isaak eine Hungersnot erlebte. Das Land wurde seit langer Zeit von einer großen Dürre heimgesucht, und es war kein Ende der Hungersnot in Sicht. Isaak ging auf sein Feld und pflanzte mitten in dieser Situation Feldfrüchte. Es schien keinen Sinn zu machen, doch in jenem Jahr erhielt Isaak ohne genügend Wasser eine hundertfältige Ernte, weil Gott ihn segnete (nachzulesen 1. Mose 26,12).

Beachten Sie, woher der Segen kam: vom allmächtigen Gott. Es war eine Handvoll Extrasegen, eine übernatürliche Vermehrung. Interessant ist die Reaktion der Philister, seiner Freunde, die in der Gegend wohnten: Als sie sahen, wie Isaaks Ernte ausfiel und wie sehr Gott ihn gesegnet hatte, wurden sie plötzlich neidisch.

Solange Isaak mit ihnen Hunger litt, war alles in Ordnung; solange sie alle im selben Boot saßen, gab es keine Probleme, doch als Isaak durch Gott besonders gesegnet wurde, »wurden die Philister neidisch« (1. Mose 26,14).

Machen Sie sich keine Gedanken, wenn Menschen hinter Ihrem Rücken schlecht über Sie reden

Wenn Sie sich ständig darüber Gedanken machen, ob alle Menschen Sie mögen, dann werden Sie ein Problem haben, wenn Gott Sie segnet, denn wenn wir Segen erfahren, treten unwillkürlich Neider auf den Plan. Wenn wir uns in irgendeiner Hinsicht hervortun, werden Menschen hinter unserem Rücken darüber reden. Wenn wir unsere Segnungen genießen und bewusst annehmen, dann dürfen wir uns nicht wundern, wenn manche Leute neidisch werden.

Wenn sie uns angreifen, sollten wir einfach demütig sagen: »Ich genieße meinen Segen trotz der Kritik und des Neides der anderen. Wenn meine Freunde sich nicht über meine Segnungen freuen, dann wird es Zeit, dass ich mir neue Freunde suche, die sich mit mir freuen, so wie ich mich mit ihnen freue, wenn sie etwas Derartiges erleben.«

Einer meiner Freunde ist Pastor einer kleinen Gemeinde, die sich in dem Auditorium einer Schule versammelt. Jeden Sonntag müssen sie all ihre Ausrüstungsgegenstände mitbringen und nach dem Gottesdienst wieder mitnehmen. Das ist eine Menge Arbeit. Er träumt davon, eines Tages ein eigenes Auditorium zu bauen.

Als er uns in *Lakewood* besuchte, hatte ich einige Bedenken, ihn herumzuführen, weil unser Gebäude so groß ist. Ich wollte nicht den Eindruck erwecken, dass ich mit unserer Gemeinde prahlte, und ich wollte auch nicht, dass er sich schlecht fühlt. Daher war ich versucht, die Größe unserer Gemeinde herunterzuspielen und mich sogar dafür zu entschuldigen.

Doch dann wurde mir bewusst, dass ich nicht auf etwas stolz war, das *wir* getan hatten, sondern auf etwas, das *Gott* getan hatte. Ich musste diese Schuldgefühle also abschütteln, und dann machte ich mit meinem Freund die Runde und sagte: »Schau mal, dies hier hat der Herr getan.«

Bevor er uns verließ, meinte ich dann noch zu ihm: »Wenn Gott es für uns getan hat, kann er es auch für dich tun!«

Der Preis des Segens

Meine Eltern hatten 40 Jahre lang »gesät«, bevor ich schließlich das Pastorenamt in *Lakewood* übernahm. Ich ernte also die Früchte eines generationsübergreifenden Segens. Meine Großmutter väterlicherseits verdiente während der Weltwirtschaftskrise 1929 zehn Cent pro Stunde, indem sie für andere Leute Wäsche wusch. Sie arbeitete 12 Stunden pro Tag und verdiente so 1,20 Dollar. Mein Vater musste aufgrund der Armut seiner Familie mit Rissen in der Hose zur Schule gehen und Pappe in die Löcher seiner Schuhsohlen stecken.

Meine Großeltern und Eltern brachten große Opfer, damit wir heute dort sind, wo wir sind. Ich genieße meine Segnungen. Es gibt Menschen, die uns dafür kritisieren. Es gibt Menschen, die uns verurteilen. Sie mögen herumnörgeln, doch sie wissen nicht, was es kostete, uns dorthin zu bringen, wo wir heute sind.

Sie waren nicht da, als die Kinder in unserer Familie noch das alte Kirchengebäude fegen und sauber machen mussten. Sie waren nicht da, als mein Vater wochenlang Missionsreisen unternahm und meine Mutter sich derweil allein um fünf Kinder kümmerte. Sie waren nicht da, als man bei meiner Mutter Krebs im Endstadium diagnostizierte und wir den guten Kampf des Glaubens kämpften. Sie waren nicht da, als mein Vater starb und ich mit großen Ängsten das Amt des Pastors übernahm.

Manche Menschen treten erst nach unseren Kämpfen in unser Leben und sehen uns, wie wir jetzt sind: gesegnet, gesund, gelassen, frei und glücklich. Sie wollen verurteilen und kritisieren, doch das Problem ist, dass sie die schwierigen Jahre nicht erlebt haben. Sie sehen nicht, welche Opfer gebracht wurden. Sie haben die Kämpfe nicht gesehen, die ausgefochten wurden – jene Zeiten, als man versucht war aufzugeben, aber trotzdem seinem Weg weiter folgte; jene Nächte, in denen man aufstand und betete, glaubte, gab und diente. Sie haben nicht gesehen, welcher Preis gezahlt werden musste, damit wir jetzt dort sind, wo wir sind.

Ein Segen scheint nicht mit Kosten verbunden zu sein, doch in Wirklichkeit ist er mit einem Preisschild versehen. Ruts Segen kam erst, nachdem sie ihren Mann und ihren Schwiegervater begraben hatte. Sie hatte viel Kummer und Leid erlitten.

Ich bin sicher, dass einige der Feldarbeiter damals sagten: »Das ist nicht fair. Warum soll diese Frau all den Weizen bekommen, während wir hart arbeiten müssen?« Sie wussten nicht, dass Rut den Preis bereits bezahlt hatte. Sie hatte bewiesen, dass sie treu war. Sie hatte sich um ihre Angehörigen gekümmert. Gott belohnte sie.

Lassen Sie sich von niemandem ein schlechtes Gewissen einreden, weil Gott Ihnen seine Gunst, Freude, Frieden und Erfolge schenkt. Jemand hat dafür gezahlt. In der Bibel lesen wir: »Dann gab ich euch dieses Land, um das ihr euch nicht gemüht habt, und seine Städte, die ihr nicht gebaut habt. Ihr wohnt darin und esst Trauben von Weinstöcken und Oliven von Bäumen, die ihr nicht gepflanzt habt« (Josua 24,13). Das sind generationsübergreifende Segnungen. Gott belohnt uns unter Umständen für das, was andere gesät haben.

Erst vergangene Woche hielt mich ein Mann an und erzählte mir, wie er in den 1970er-Jahren in der Innenstadt von Houston zufällig meinem Vater in die Arme gelaufen war. Mein Vater kannte den jungen Mann nicht, doch er befand sich an einem

Tiefpunkt seines Lebens. Er hatte gerade die Schule abgebrochen und wusste nicht, wie es weitergehen sollte. Mein Vater kam auf ihn zu und gab ihm 100 Dollar. Er sagte: »Junger Mann, ich kenne Sie nicht, aber Gott hat einen wundervollen Plan für Ihr Leben. Machen Sie weiter, schauen Sie nach vorn.«

Es war der Wendepunkt im Leben dieses jungen Mannes. Er kehrte auf die Schulbank zurück und machte seinen Abschluss. Heute ist er ein sehr erfolgreicher Arzt mit einer eigenen Praxis.

Wenn ich meine Segnungen genieße, ehre ich nicht nur Gott, sondern auch meinen irdischen Vater, der sein Leben lang anderen Menschen half. Ich ehre meine Mutter, die sich um so viele Menschen kümmerte. Ich ehre meine Großmutter, die unablässig schuftete. Ich ehre meinen Großvater, der gab und diente.

Wenn Sie heute sehen, dass ich glücklich, gesund, gesegnet und wohlauf bin, dann entschuldige ich mich nicht dafür. Es ist Gottes Güte, die von einer Generation auf die nächste überging. Ich will das nicht herunterspielen. Ich werde keine Ausflüchte machen. Ich weiß: **Gott freut sich darüber, wenn es seinen Kindern wohlergeht.**

Verkünden Sie die Güte Gottes

Wir sollten nicht sagen: »Sieh mal, wie großartig ich bin. Schau mal, was ich alles habe.« Nein, wir sollten sagen: »Sieh nur, wie groß Gott ist. Sieh nur, was der Herr in meinem Leben, in meiner Familie getan hat.«

Den ganzen Tag lang sollten wir die Güte Gottes verkünden. Wir haben sie nicht verdient. Oft handelt es sich dabei um eine Handvoll Extra-Segen. Lassen Sie es nicht zu, dass ein paar negativ eingestellte, verurteilende, neidische Menschen oder sogar Ihre eigenen Gedanken Sie davon überzeugen, die Segnungen Gottes nicht zu genießen.

Wenn Sie Ihre Segnungen genießen und stets Gott die Ehre geben, dann gibt es keine Grenzen für die Orte, an die Gott Sie bringen kann. Gott wird Sie zu einem Beispiel dafür machen, was es bedeutet, ein fröhliches, gesegnetes, blühendes und überfließendes Leben zu führen.

Wie ich bereits im ersten Kapitel schrieb, besitzt jeder von uns die Macht, sich jeden Tag neu für das Glück zu entscheiden. Das bedeutet nicht, dass wir unsere Probleme ignorieren sollten oder jederzeit alles kontrollieren können, was uns widerfährt. Es bedeutet, mit Gottes Hilfe bewusst positiv auf die unvermeidlichen Rückschläge und harten Zeiten des Lebens zu reagieren. Es liegt an uns, den Blick auf die Lösungen zu richten, uns mit Menschen zu umgeben, die uns den Rücken stärken, über Kritik und Mutlosigkeit hinauszuwachsen und unser Vertrauen auf Gott und seinen Plan für unser Leben zu setzen. Seien Sie mit sich selbst, so wie Gott Sie geschaffen hat, zufrieden, und genießen Sie jeden Tag, den er Ihnen schenkt. Wenn Sie das tun, werden Sie ganz einfach glücklich leben.

Danksagung

Wenn man ein Buch verfasst, dann droht der unweigerliche Ablauf unterschiedlicher Fristen. Dank vieler talentierter, hart arbeitender Personen haben wir alle unsere Fristen eingehalten und ein inspirierendes, aufbauendes Buch verfasst, das ich hier voller Stolz präsentieren darf.

Wie so oft hat Gott mich auch diesmal durch den gesamten Prozess hindurchgeleitet, wobei mir folgende Personen zur Seite standen: Mein Verleger Rolf Zettersten von *Faith Words/Hachette* sowie der Hauptgeschäftsführer von *Hachette*, David Yound, ebenso die Mitglieder meines Führungsteams, Chris Murphy, Martha Otis und Harry Helm.

Ich danke außerdem meinen Literaturagenten Shannon Marven und Jan Miller Rich von *Dupree Miller & Associates*, die während des gesamten Ablaufs erneut bewiesen haben, dass sie von unschätzbarem Wert sind.

Mein besonderer Dank gilt Wes Smith, einem wahren Wortschöpfer, dessen Geschwindigkeit auf der Tastatur nur von seiner Arbeitsethik und seiner guten Laune übertroffen wird.

In diesem Buch gebe ich viele Geschichten wieder, in denen Freunde, Mitglieder unserer Gemeinde und Personen vorkommen, die ich rund um den Globus kennengelernt habe. Ihre Beiträge und ihre Unterstützung bedeuten mir sehr viel. Einige der in diesem Buch genannten Personen sind mir nicht persönlich bekannt, und in wenigen Fällen haben wir die Namen geändert, um die Privatsphäre der betreffenden Personen zu wahren. All diesen Menschen möchte ich meine Anerkennung und Wertschätzung aussprechen. Als Sohn eines Gemeindeleiters und in meiner Eigenschaft als Pastor habe ich darüber hinaus unzählige Predigten und Vorträge gehört, und so kommt es, dass ich mich in einigen Fällen nicht an die genaue Quelle der Geschichte erinnern kann.

Mein Dank gilt allen, die mein Leben mit ihrem Leben berührt haben. Ich habe dieses Buch geschrieben, um erfahrene Segnungen weiterzugeben und Gott zu ehren.

Auch möchte ich allen Pastoren überall in den Vereinigten Staaten danken, die Mitglieder unseres *Champions Networks* sind, darunter vor allem dem Vorsitzenden der Gruppe, Pastor Phil Munsey, und seiner Frau Jeannie von der *Life Church* in Irvine, Kalifornien.

Und ich bin dem tollen Mitarbeiterstab der *Lakewood Church* zu Dank verpflichtet. Der Dienst dieser Mitarbeiter im Reich Gottes macht jeden Tag zu einem Freudentag für mich. Ich bin dankbar für die treuen Mitglieder von *Lakewood*, deren Erlebnisse mich inspirieren, deren Leben mich segnet und deren Loyalität mich mit Demut erfüllt. Auch möchte ich den Tausenden selbstlosen Menschen danken, die in den USA und rund um den Globus unsere Arbeit großzügig unterstützen und es möglich machen, einer Welt in Not Hoffnung zu bringen. Ich danke auch den Millionen Menschen, die weltweit unsere Dienste über das Fernsehen, das Internet oder Podcasts in Anspruch nehmen. Ich betrachte jeden von Ihnen als geschätzten Teil unserer *Lakewood*-Familie.

Ich habe das Vorrecht, von einer Familie kluger und talentierter Personen unterstützt zu werden, die dazu beitragen, dass unsere Arbeit weiterläuft, darunter mein Bruder Paul und seine Frau Jennifer, meine Schwester Lisa und ihr Mann Kevin sowie mein Schwager Don und seine Frau Jackelyn. Doch eine Person übertrifft alle anderen und inspiriert uns in besonderer Weise: meine Mutter Dodie Osteen, die uns ein wundervolles Beispiel dafür gibt, wie man jeden Tag ganz einfach glücklich und voller Lebensfreude leben kann.